U0462879

**GREEN BOOK**

智 库 成 果 出 版 与 传 播 平 台

本书得到文化和旅游部资源开发司支持

乡村遗产旅游绿皮书
## GREEN BOOK OF RURAL HERITAGE TOURISM

# 中国乡村遗产旅游发展报告（2023）

ANNUAL REPORT ON THE DEVELOPMENT OF RURAL HERITAGE
TOURISM IN CHINA (2023)

主　编／闵庆文　张晓莉　孙业红　王　静
副主编／孙梦阳　刘志华

社会科学文献出版社
SOCIAL SCIENCES ACADEMIC PRESS (CHINA)

图书在版编目（CIP）数据

中国乡村遗产旅游发展报告 . 2023 ／ 闵庆文等主编；
孙梦阳，刘志华副主编.--北京：社会科学文献出版社，
2024.3
（乡村遗产旅游绿皮书）
ISBN 978-7-5228-3138-1

Ⅰ.①中… Ⅱ.①闵… ②孙… ③刘… Ⅲ.①乡村旅
游-文化遗产-旅游业发展-研究报告-中国-2023
Ⅳ.①F592.3

中国国家版本馆 CIP 数据核字（2023）第 255134 号

乡村遗产旅游绿皮书
中国乡村遗产旅游发展报告（2023）

主　　编／闵庆文　张晓莉　孙业红　王　静
副 主 编／孙梦阳　刘志华

出 版 人／冀祥德
组稿编辑／任文武
责任编辑／方　丽
文稿编辑／王　敏
责任印制／王京美

出　　版／社会科学文献出版社·城市和绿色发展分社（010）59367143
　　　　　地址：北京市北三环中路甲 29 号院华龙大厦　邮编：100029
　　　　　网址：www.ssap.com.cn
发　　行／社会科学文献出版社（010）59367028
印　　装／三河市东方印刷有限公司

规　　格／开　本：787mm×1092mm　1/16
　　　　　印　张：27.5　字　数：412 千字
版　　次／2024 年 3 月第 1 版　2024 年 3 月第 1 次印刷
书　　号／ISBN 978-7-5228-3138-1
定　　价／128.00 元

读者服务电话：4008918866

# 《中国乡村遗产旅游发展报告（2023）》
## 绿皮书编委会

# 本书编撰人员名单

**总 报 告**

撰稿人　闵庆文　孙业红　张晓莉　程佳欣

**专题报告**　（以报告出现先后为序）

撰稿人　王金伟　曹淑婷　孙业红　闵庆文　王博杰

　　　　王　静　姚灿灿　张晓莉　张永勋　苏明明

　　　　王梦晗　董航宇　孙梦阳　房文静　刘志华

　　　　刘　铮　时少华　孙媛媛　杜汇芳　李　悦

　　　　姜　慧　毛诗梦　汪秋菊　张小瑞　王　玥

　　　　唐承财　李奕霏　王希羽　湛　蓝　蔡敏怀

　　　　田彩云　裴正兵　吴春焕　李燕琴　张鹏飞

　　　　王　恒　张爱茹　徐　雪　陶　慧　杨　洋

　　　　张梦真

**典型案例篇**　（以报告出现先后为序）

撰稿人　唐承财　吴粟琛　卢思懿　任倩莹　刘佳依

　　　　焦雯珺　于周囡　杨　伦　张冰彬　何思源

　　　　王博杰　刘某承　叶入瑜　孙业红　陈振婷

　　　　薛嘉成　武　晴　赵靖蓉　付　娟

# 主要编撰者简介

闵庆文　中国科学院地理科学与资源研究所自然与文化遗产研究中心副主任，旅游研究与规划设计中心副主任、研究员，中国科学院大学岗位教授、博士研究生导师，北京联合大学特聘教授。兼任中国生态学学会副理事长，东亚地区农业文化遗产研究会执行主席，农业农村部全球重要农业文化遗产专家委员会主任委员、中国重要农业文化遗产专家委员会委员，中国农学会农业文化遗产分会主任委员，中国自然资源学会国家公园与自然保护地体系研究分会主任委员，任 *Journal of Resources and Ecology*、《生态学报》、《自然资源学报》和《中国生态农业学报（中英文）》等编委，曾任联合国粮农组织全球重要农业文化遗产科学咨询小组主席、中国农业历史学会副理事长等。在农业文化遗产发掘与认定、生态服务价值评估与生态保护补偿机制、动态保护与可持续利用、旅游资源潜力与产业融合发展等方面做出了开拓性工作。获省部级科技进步奖一等奖、二等奖各 1 项，以及联合国粮农组织"全球重要农业文化遗产特别贡献奖"、中国科协"全国优秀科技工作者"、人力资源和社会保障部等"全国创新争先奖状"、中国文物保护基金会"薪火相传——文化遗产筑梦者杰出个人奖"等荣誉称号。出版相关专著与科普读物 50 余部，发表相关学术论文 250 余篇。

张晓莉　文化和旅游部资源开发司乡村旅游和创意产品指导处处长。长期从事非物质文化遗产、乡村旅游、文创等领域的行政工作，推动制定相关法规及政策文件。曾组织实施向联合国教科文组织申报人类非物质文化遗产代表作名录及履约工作、向联合国世界旅游组织申报"最佳旅游乡村"工作、中国传统工艺振兴计划、中国非物质文化遗产传承人研修培训计划等，参与制定非遗与旅游融合系列标准。

**孙业红** 北京联合大学旅游学院旅游管理系主任、教授，中国科学院地理科学与资源研究所高访客座研究员，农业农村部全球重要农业文化遗产专家委员会委员，中国农学会农业文化遗产分会常务理事，中国自然资源学会旅游资源研究专业委员会委员，中国管理科学学会旅游管理专业委员会委员，北京生态文化协会理事，中国旅游协会休闲农业与乡村旅游分会专家，以及《旅游学刊》副主编，*Tourism Management* 和 *Journal of Heritage Tourism* 编委等。致力于乡村旅游、遗产与文化旅游、可持续旅游、农业文化遗产动态保护以及旅游资源开发与规划领域的研究。主持国家自然科学基金面上项目与青年项目、文化和旅游部项目、农业农村部相关项目等 30 余项；发表学术论文 90 余篇，出版专著、译著 8 部；曾获联合国粮农组织"全球重要农业文化遗产保护与发展科学研究贡献奖"、文化和旅游部优秀研究成果著作类二等奖、北京市青年教学名师奖等。

**王　静** 北京联合大学旅游学院党委常务副书记、教授，兼任中国旅行社协会特聘专家、北京旅游发展委员会行业评审专家、中国地质学会旅游地学与地质公园研究分委员会委员。主要研究方向为文化旅游、博物馆旅游、旅游目的地管理等。主持"首都文化旅游产品质量提升研究""旅游文化休闲产业的人才支撑体系研究与实践""互联网+背景下旅游企业经营模式转变研究""2017 北京旅游节庆发展报告""旅游博览会绩效评估报告"等科研项目 20 余项，发表学术论文 30 余篇，出版专著 4 部。

**孙梦阳** 北京联合大学旅游学院旅游消费者研究院执行院长、教授，国家高级营销师，北京联合大学"双师素质"教师，主要研究方向为旅游目的地营销、游客行为分析以及旅游服务贸易等。主持完成国家社科基金项目和国家科技支撑计划子课题，参与国家自然科学基金项目、科技部科技支撑项目、北京市哲社办和原国家旅游局项目等 30 余项，以及企业委托项目 10 余项。在《旅游学刊》《江西财经大学学报》等期刊以及国内外会议上发表学术论文 30 余篇，独立撰写专著 2 部，参与撰写专著 4 部、教材 3 部。

**刘志华**　北京联合大学旅游学院旅游管理系副主任，电子商务师，北京联合大学"双师素质"教师，主要研究方向为旅游信息化管理、旅游目的地网络营销。主持并参与国家级、省部级课题 10 余项，局委办及横向课题 10 余项，撰写多篇科研、教研论文，出版多部教材及专著。2016 年获评"北京市师德先锋"称号，多次被评为北京联合大学"师德先进个人""优秀共产党员"。

# 摘　要

中国是一个农业大国和农业古国，悠久的农耕文明和广袤的国土造就了丰富多样的乡村遗产。包括系统性农业文化遗产、非物质文化遗产和传统村落等在内的乡村遗产，既是乡土中国发展的印迹，也是全面乡村振兴的重要内容和资源基础。研究与实践表明，旅游是乡村遗产保护与活化利用的重要途径，并已发展出乡村研学旅游、乡村康养旅游、乡村生态旅游、乡村美食体验旅游、乡村民宿旅游等多种业态。本书从农业文化遗产旅游发展、乡村非物质文化遗产旅游发展与传统村落旅游发展三个方面，分析了当前乡村遗产旅游发展的现状和存在的问题，并在此基础上提出了乡村遗产旅游的发展建议，包括开展乡村遗产要素普查和旅游潜力分析；明确乡村遗产旅游定位和发展原则与路径；加强多部门协同，制定促进乡村遗产保护与旅游发展的支持政策；促进乡村基础设施建设与完善；提升对乡村遗产旅游可持续发展理念的认识；挖掘乡村遗产的历史文化内涵与生态服务价值，借力科技手段促进乡村遗产旅游发展；加强相关科学研究与科学普及，强化能力建设，加大人才培训力度。

《中国乡村遗产旅游发展报告（2023）》是我国第一部关注乡村遗产旅游的研究报告，分为总报告、专题报告和典型案例篇三个部分。总报告回顾了乡村遗产旅游发展的背景与历程，分析了中国乡村遗产旅游发展的现状与存在问题，提出了乡村遗产旅游发展的对策与措施。专题报告包括农业文化遗产旅游发展、乡村非物质文化遗产旅游发展和传统村落旅游发展三个部分。农业文化遗产旅游发展部分重点阐释了农业文化遗产旅游资源与产品、

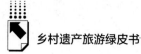

以旅游为核心的产业融合发展、旅游发展的社区参与，以及旅游形象建构和推广，利用大数据技术构建了中国农业文化遗产旅游发展评价指标体系并对发展现状进行了分析；乡村非物质文化遗产旅游发展部分聚焦乡村传统习俗旅游、乡村传统技艺旅游、乡村饮食文化旅游以及乡村传统节事活动旅游，分析了发展现状，提出了相应对策；传统村落旅游发展部分梳理了传统村落旅游发展的主要模式，分析了传统村落旅游中的乡村民宿发展、主客交往交流交融、女性参与情况，利用大数据技术分析了中国传统村落旅游发展中的问题。典型案例篇主要介绍了北京爨底下村、浙江青田稻鱼共生系统、浙江德清淡水珍珠复合养殖系统、江苏兴化垛田传统农业系统、北京门头沟京白梨栽培系统和云南红河哈尼稻作梯田系统的旅游资源、发展现状、存在问题与相应对策。

**关键词：** 乡村遗产　旅游发展　农业文化遗产　非物质文化遗产　传统村落

# 目 录 ↖↘

## I 总报告

## II 专题报告

### 农业文化遗产旅游发展

皮书数据库阅读**使用指南**

# 总 报 告

## General Report

**G.1**

# 2023年中国乡村遗产旅游
# 及其发展报告

闵庆文　孙业红　张晓莉　程佳欣*

**摘　要：** 中国是一个农业大国和农业古国，悠久的农耕文明和广袤的国土造就了丰富多样的乡村遗产。包括系统性农业文化遗产、非物质文化遗产和传统村落等在内的乡村遗产，是乡土中国发展的印迹，对其开展保护和活化利用是乡村振兴的重要内容。研究和实践表明，乡村遗产旅游是保护与活化利用乡村遗产的重要途径，已发展出乡村研学旅游、乡村康养旅游、乡村生态旅游、乡村美

* 闵庆文，博士，中国科学院地理科学与资源研究所自然与文化遗产研究中心副主任、研究员，中国科学院大学岗位教授、博士研究生导师，北京联合大学特聘教授，农业农村部全球重要农业文化遗产专家委员会主任委员，曾任联合国粮农组织全球重要农业文化遗产科学咨询小组主席，主要研究方向为农业文化遗产保护；孙业红，博士，北京联合大学旅游学院旅游管理系主任、教授，中国科学院地理科学与资源研究所高访客座研究员，主要研究方向为遗产与文化旅游、农业文化遗产动态保护、旅游资源开发与规划；张晓莉，文化和旅游部资源开发司乡村旅游和创意产品指导处处长，主要研究方向为非物质文化遗产、乡村旅游、文创等；程佳欣，北京联合大学硕士研究生，主要研究方向为旅游地理、农业文化遗产旅游。

食体验旅游、乡村民宿旅游等多种业态。本文在界定乡村遗产、乡村遗产旅游概念与内涵的基础上，总结了当前乡村遗产旅游的业态构成、主要特征和主要模式，分析了当前乡村遗产旅游发展中存在的问题，并提出了相关对策与措施，包括开展乡村遗产要素普查和旅游潜力分析；明确乡村遗产旅游定位和发展原则与路径；加强多部门协同，制定促进乡村遗产保护与旅游发展的支持政策；促进乡村基础设施建设与完善；提升对乡村遗产旅游可持续发展理念的认识；挖掘乡村遗产的历史文化内涵与生态服务价值，借力科技手段促进乡村遗产旅游发展；加强相关科学研究与科学普及，强化能力建设，加大人才培训力度。

**关键词：** 乡村遗产　乡村遗产旅游　农业文化遗产　非物质文化遗产　传统村落

中国是世界上最早进入农业社会的国家之一，建构了最庞大、持续时间最久的农耕文明体系，也因此形成了最丰富、最具代表性的乡村遗产。国家高度重视乡村遗产保护和利用工作，先后出台了多个政策文件支持乡村遗产保护和可持续利用。乡村遗产的保护与可持续利用源自我国对乡村及其旅游发展的重视。20 世纪 50 年代，我国开始发展乡村旅游，国家层面出台了一些支持乡村遗产保护与利用的政策，推动了乡村遗产旅游发展。1998 年，原国家旅游局推出"华夏城乡游"，通过青山秀水、乡村风情、农村新景、六业兴旺四个方面展示了中国农村的景观，推动了中国乡村旅游的快速发展，其中乡村的传统农业文化、传统景观、传统技艺、传统村落等都成为重要的旅游资源。2004 年中央一号文件提出将乡村旅游作为解决"三农"问题的重要手段，进一步强化了乡村旅游发展的重要性，乡村遗产也得到了更好的保护和利用。

2006 年，原国家旅游局将年度旅游主题定为"中国乡村游"，标志着乡村旅游进入了新的发展阶段，中央层面加大了对乡村遗产旅游发展的政策扶持力度，提高了对乡村遗产旅游资源的认知，推动了乡村遗产可持续利用。乡村旅游也被写入了"十一五"规划，2006年，原国家旅游局在全国倡导创建的全国农业旅游示范点达359家，遍及31个省（区、市），[①] 乡村旅游对于将农业资源、农业文化带入旅游市场起到了重要的推动作用。2009年，原国家旅游局发布的《全国乡村旅游发展纲要（2009—2015年）》提出，乡村旅游发展要充分挖掘利用当地乡村的传统文化资源，注重挖掘、整理传统文化的内涵，加大文化传扬的力度。此后的一系列文件，都不断提出要重视在乡村旅游发展中保护和利用文化资源、遗产资源，提升乡村旅游产品的品质。2014年，国务院印发的《关于促进旅游业改革发展的若干意见》提出，乡村旅游要依托当地区位条件、资源特色和市场需求，挖掘文化内涵，发挥生态优势，突出乡村特点，开发一批形式多样、特色鲜明的乡村旅游产品。2016年中央一号文件提出，要大力发展休闲农业和乡村旅游，针对乡村旅游的规划要重视文化的保护和传承；2017年中央一号文件指出，支持传统村落保护，维护少数民族特色村寨整体风貌，有条件的地区实行连片保护和适度开发，第一次明确提出要支持重要农业文化遗产保护，并提出加快建立乡村优秀文化遗产保护传承机制，坚持保护与开发有机结合，打造推出一批特色鲜明、风格多样的乡村精品文化遗产旅游景区、景点和线路。

为深入贯彻落实《中共中央　国务院关于实施乡村振兴战略的意见》和《乡村振兴战略规划（2018—2022年）》文件精神，2018年，文化和旅游部等17个部门联合印发的《关于促进乡村旅游可持续发展的指导意见》提出，要挖掘乡村传统文化和乡俗风情，加强乡村文物保护利用和文化遗产保护传承，在保护传承基础上创造性转化、创新性发展，提升农村农民精神面貌，丰富乡村旅游的人文内涵。《促进乡村旅游发展提

---

[①] 《乡村旅游：三十年与三个华丽转身》，光明网，2008年11月7日，https://www.gmw.cn/01gmrb/2008-11/07/content_857020.htm。

质升级行动方案（2018 年—2020 年）》《中共中央　国务院关于做好
2022 年全面推进乡村振兴重点工作的意见》等一系列政策文件都提出，
要大力推进乡村休闲旅游提升计划实施，促进乡村高质量绿色发展，更
好地推进乡村振兴。这些政策文件对乡村遗产旅游的发展起到了重要的
推动作用。

此外，一些关于城乡发展的政策文件也很好地促进了乡村遗产资源
的保护和利用。比如，2021 年，中共中央办公厅、国务院办公厅印发的
《关于在城乡建设中加强历史文化保护传承的意见》提出，"到 2025 年，
多层级多要素的城乡历史文化保护传承体系初步构建，城乡历史文化遗
产基本做到应保尽保，形成一批可复制可推广的活化利用经验，建设性
破坏行为得到明显遏制，历史文化保护传承工作融入城乡建设的格局基
本形成。到 2035 年，系统完整的城乡历史文化保护传承体系全面建
成……历史文化保护传承工作全面融入城乡建设和经济社会发展大局，
人民群众文化自觉和文化自信进一步提升"。2022 年，党的二十大报告
也提出，要"加大文物和文化遗产保护力度，加强城乡建设中历史文化
保护传承"。这些政策为乡村的物质和非物质文化遗产资源保护提供了有
力保障。

随着乡村遗产在推动乡村旅游发展、促进全面乡村振兴、实现农村三次
产业融合发展和促进农民增收致富等方面发挥着越来越不可替代的作用，社
会各界对乡村遗产与乡村遗产旅游的关注度也越来越高。

# 一　乡村遗产与乡村遗产旅游

## （一）乡村遗产

### 1. 乡村遗产的概念

乡村遗产，顾名思义是位于乡村地区的遗产。乡村遗产是在漫长的历史
时期，由当地居民通过独特的生产生活方式持续作用于一定的自然环境而形

成的，是处于乡村地区具有遗产价值的一种社会生态系统。[①] 2011 年，国际古迹遗址理事会文化景观科学委员会发起了"全球乡村景观倡议"，其目的是为乡村景观遗产建立全面而系统的保护准则，[②] 并明确提出了乡村景观遗产的概念，即乡村地区的物质及非物质遗产，其物理特征包括生产性土地本身、结构形态、水、基础设施、植被、聚落、乡村建筑和中心区、本土建筑、交通和贸易网络等，以及更广阔的物理、文化与环境关系及背景。显然，乡村景观遗产包括相关的文化知识、传统、习俗、当地社区身份及归属感的表达、过去和现代族群和社区赋予景观的文化价值和含义，以及涉及人与自然关系的技术、科学及实践知识。

有些学者将乡村遗产分为乡村景观、风土建筑、特色物产和知识技术[③]，也有学者将其界定为乡土建筑、传统村落、村落文化景观等，反映了以历史、艺术为中心的遗产认定标准向生活化、日常化的认定标准转变的趋势，还有一些学者的界定中还包括更加具象化的符号遗产、生物遗产、环境遗产等[④]。本文所提出的乡村遗产概念与国际古迹遗址理事会提出的乡村景观遗产概念十分接近，是位于乡村地区，凝结于乡村地域范畴内具有历史、艺术、科学价值的物质与非物质文化资源的地域集合体，[⑤] 是乡村文化传承和乡村价值维系的承载体，既包括乡村自然遗产也包括乡村文化遗产，既包括有形遗产也包括无形遗产。

### 2. 乡村遗产的内涵

乡村遗产兼具"历史文化遗产""乡村生产生活承载地"的双重特性，

① 陈耀华、秦芳：《乡村遗产的韧性能力与可持续演进——以普洱景迈山古茶林文化景观遗产为例》，《中国园林》2023 年第 1 期。
② 莱奥内拉·斯卡佐西、王溪、李璟昱：《国际古迹遗址理事会〈关于乡村景观遗产的准则〉(2017) 产生的语境与概念解读》，《中国园林》2018 年第 11 期。
③ 凌霄、张姮：《2000 年以来国际乡村遗产旅游研究特征与趋势——基于 CiteSpace 知识图谱分析》，《衡阳师范学院学报》2020 年第 6 期。
④ 樊友猛、谢彦君：《记忆、展示与凝视：乡村文化遗产保护与旅游发展协同研究》，《旅游科学》2015 年第 1 期；张玉坤、贾博雅、张早：《乡村遗产类型的文化学解读》，《城市环境设计》2022 年第 4 期。
⑤ 陶慧、张梦真、刘家明：《共生与融合：乡村遗产地"人—地—业"协同发展研究——以听松文化社区为例》，《地理科学进展》2022 年第 4 期。

不仅包含山水、建筑、植被等有形要素，更蕴含生产技术、生活智慧等人文要素。乡村遗产与乡村背景密不可分，并且关乎人与自然的互动、生计维持以及人们的生活质量。乡村遗产是人与自然持续互动的结果，也是研究乡村人地关系的有力参照，在传承优秀文化、发展乡村旅游和文化产业、建设美丽乡村和特色村镇等方面发挥着极为重要的作用。

综合来看，乡村遗产是乡村自然和文化的承载体，是乡村性的集中表达，也是乡村区别于城市的重要物质和非物质体现。我国乡村遗产范围很广，如乡村聚落、建筑、技术、技艺、景观、知识、文化等，承载体也有很多名称，具有法定保护身份的主要包括农业农村部的重要农业文化遗产，住房和城乡建设部的历史文化名村、传统村落，文化和旅游部的非物质文化遗产等。

## （二）乡村遗产的主要类型

### 1. 农业文化遗产

现代农业依托工程技术、生物技术等快速发展，在粮食保障与食品安全方面取得了重大进展，但也存在一系列问题，如环境污染、生物多样性减少、水土流失加剧、农业生态系统功能退化等。随着问题的进一步凸显，人们逐渐认识到农业生产不仅要提高产量，还要提高产品质量、确保食品安全；不仅要提高土地产出率，使农民获得经济利益，还应发挥生态系统的多种功能，促进农业与农村的可持续发展。历史上，世界各地的人民以不同的自然条件为基础，通过人与自然协同进化、动态适应，以勤劳和智慧创造了类型多样、各具特色、经济价值和生态价值高度一致的传统农业系统。这些系统体现了自然遗产、物质文化遗产和非物质文化遗产的综合特点，是人与自然协同进化的产物，是重要的农业文化遗产，并具有鲜明的复合性。[①]

2002 年，联合国粮农组织（FAO）发起全球重要农业文化遗产

---

① 闵庆文：《农业文化遗产旅游：一个全新的领域》，《旅游学刊》2022 年第 6 期。

（Globally Important Agricultural Heritage Systems，GIAHS）保护倡议，旨在构建保护全球重要农业文化遗产及相关景观、生物多样性、知识和文化的保护体系，以确保其得到充分保护和传承。联合国粮农组织将全球重要农业文化遗产定义为农村与其所处环境长期协同进化和动态适应下所形成的独特的土地利用系统和农业景观，这种系统与景观具有丰富的生物多样性，而且可以满足当地社会经济与文化发展的需要，有利于促进区域可持续发展。① 截至 2023 年 12 月，联合国粮农组织先后认定了 86 项全球重要农业文化遗产，分布在 26 个国家和地区，其中中国以 22 项位居世界第一。

作为实施 GIAHS 项目的成果之一，加上传承、弘扬传统乡村文化和发展休闲农业与乡村旅游的需要，原农业部启动了中国重要农业文化遗产的发掘与保护工作，并委托有关专家将 GIAHS 的遴选标准与中国的实际情况相结合，编制了中国重要农业文化遗产（China-NIAHS）遴选办法与标准，中国成为世界上第一个开展国家级农业文化遗产发掘与保护的国家。截至 2023 年 9 月，农业农村部先后发布了 7 批共 188 项中国重要农业文化遗产。中国重要农业文化遗产是指"人类与其所处环境长期协同发展中，创造并传承至今的独特的农业生产系统，这些系统具有丰富的农业生物多样性、传统知识与技术体系和独特的生态与文化景观等，对我国农业文化传承、农业可持续发展和农业功能拓展具有重要的科学价值和实践意义"②。中国重要农业文化遗产数量排在前五位的省份分别为：浙江（17 项）、四川（11项）、江苏（10 项）、山东（10 项）、湖南（9 项）。分布密度较高的地区为长三角、皖赣交界处、珠江三角洲、武陵山片区和黔湘桂交界地带（见表 1）。

---

① 《【专家解读 2023 年中央一号文件】加强重要农遗传承 助力乡村全面振兴》，光明网，2023 年 2 月 15 日，https://m.gmw.cn/baijia/2023-02/15/36368769.html。

② 《农业部关于开展中国重要农业文化遗产发掘工作的通知》，中华人民共和国农业农村部网站，2012 年 4 月 20 日，http://www.moa.gov.cn/nybgb/2012/dsiq/201805/t20180514_6141988.htm。

**表1 中国重要农业文化遗产分布情况**

单位：项

| 省（区、市） | 数量 | 省（区、市） | 数量 |
|---|---|---|---|
| 北京 | 4 | 湖北 | 5 |
| 天津 | 2 | 湖南 | 9 |
| 河北 | 8 | 广东 | 7 |
| 山西 | 4 | 广西 | 7 |
| 内蒙古 | 7 | 海南 | 3 |
| 辽宁 | 5 | 重庆 | 5 |
| 吉林 | 5 | 四川 | 11 |
| 黑龙江 | 2 | 贵州 | 5 |
| 上海 | 1 | 云南 | 8 |
| 江苏 | 10 | 西藏 | 4 |
| 浙江 | 17 | 陕西 | 6 |
| 安徽 | 8 | 甘肃 | 4 |
| 福建 | 7 | 青海 | 1 |
| 江西 | 8 | 宁夏 | 4 |
| 山东 | 10 | 新疆 | 6 |
| 河南 | 5 | | |

资料来源：根据中华人民共和国农业农村部网站的数据整理，不包括香港、澳门、台湾。

### 2. 乡村非物质文化遗产

"非物质文化遗产"（非遗），这一中文译名是由联合国教科文组织第32届大会通过的《保护非物质文化遗产公约》（Convention for the Safeguarding of the Intangible Cultural Heritage）中文文本最终确定的。在此之前有"非物质遗产""无形文化遗产""口传与非物质遗产""人类口述与无形遗产""人类口头与非物质遗产""口述与无形遗产""传统民间文化""民间传统文化"等多种表述。① 非物质文化遗产是活的遗产，语言、文学、音乐、舞蹈、游戏、神话、礼仪、习惯及其他艺术都是其表现形式。

有关非物质文化遗产的分类，不同的机构和学者提出的观点不甚相同。明确非物质文化遗产的类别有助于进行有针对性的调查、研究、保护与开发，促

---

① 梁保尔、马波：《非物质文化遗产旅游资源研究——概念、分类、保护、利用》，《旅游科学》2008年第2期。

进非物质文化遗产研究体系的完善。2003 年，联合国教科文组织第32 届大会通过的《保护非物质文化遗产公约》将非物质文化遗产分为 5 类，分别为口头传说和表述，表演艺术，社会实践、礼仪、节庆活动，有关自然界和宇宙的知识和实践，传统手工艺技能。我国发布的《国家级非物质文化遗产代表性项目名录》将非物质文化遗产分为 10 类，分别是民间文学，传统音乐，传统舞蹈，传统戏剧，曲艺，传统体育、游艺与杂技，传统美术，传统技艺，传统医药，民俗。学者们对非物质文化遗产的分类比较有代表性的是"七分法"，将非物质文化遗产分为民间文学、表演艺术、传统工艺美术、传统生产知识、传统生活知识、传统仪式及传统节日七类。另外，还有从宏观、中观、微观三个层面将非物质文化遗产分为民间文学、民间音乐、民间舞蹈、传统戏剧、曲艺、杂技与竞技、民间美术、传统手工技艺、传统医药、民俗；根据社会文化生活属性将非物质文化遗产分为语言文字类、传统艺术类、传统技艺类、传统体育、民间知识类、民间信仰类、民间习俗类七个主类。①

2005 年 3 月，国务院办公厅颁发了《关于加强我国非物质文化遗产保护工作的意见》，该意见对非物质文化遗产保护的意义、目标、方针和制度等做出了具体规定，标志着我国正式开始系统地保护传承非物质文化遗产。截至 2023 年 6 月，我国已公布五批国家级非物质文化遗产代表性项目名录，共包含 3610 项国家级非物质文化遗产（见表2）。国家级非物质文化遗产在150 项以上的省份有浙江（257 项）、山东（186 项）、山西（182 项）、广东（165 项）、河北（162 项）、江苏（161 项）、贵州（159 项）及四川（153项）（见表3）。在分布格局上，国家级非物质文化遗产主要集中在华东、华北、西南地区，东北地区数量最少；南方地区国家级非物质文化遗产数量占比明显高于北方地区。中国悠久的历史孕育了丰富的非物质文化遗产资源，乡村地区更是非物质文化遗产的重要承载地。非物质文化遗产是乡村文化的重要组成部分，也是传统农耕文明在历史中的印迹和在当代的展现。乡村振

---

① 苑利、顾军：《非物质文化遗产分类学研究》，《河南社会科学》2013 年第 6 期；周耀林、王咏梅、戴旸：《论我国非物质文化遗产分类方法的重构》，《江汉大学学报》（人文科学版）2012 年第 2 期。

兴不仅包括物质文明振兴，还包括精神文明振兴，传承非物质文化遗产对助力乡村文化振兴具有重要作用。

**表 2　国家级非物质文化遗产名录公布情况**

单位：项

| 年份 | 批次 | 项目数量 |
|---|---|---|
| 2006 | 第一批国家级非物质文化遗产名录 | 763 |
| 2008 | 第二批国家级非物质文化遗产名录 | 1352 |
| 2011 | 第三批国家级非物质文化遗产名录 | 567 |
| 2014 | 第四批国家级非物质文化遗产代表性项目名录 | 463 |
| 2021 | 第五批国家级非物质文化遗产代表性项目名录 | 465 |

资料来源：根据中国非物质文化遗产数字博物馆官网数据整理。

**表 3　中国各省（区、市）国家级非物质文化遗产数量**

单位：项

| 省（区、市） | 国家级非物质文化遗产数量 | 省（区、市） | 国家级非物质文化遗产数量 |
|---|---|---|---|
| 浙江 | 257 | 安徽 | 99 |
| 山东 | 186 | 陕西 | 91 |
| 山西 | 182 | 江西 | 88 |
| 广东 | 165 | 青海 | 88 |
| 河北 | 162 | 甘肃 | 83 |
| 江苏 | 161 | 上海 | 76 |
| 贵州 | 159 | 辽宁 | 76 |
| 四川 | 153 | 广西 | 70 |
| 云南 | 145 | 吉林 | 55 |
| 湖北 | 145 | 重庆 | 53 |
| 福建 | 145 | 天津 | 47 |
| 新疆 | 140 | 海南 | 44 |
| 湖南 | 137 | 黑龙江 | 42 |
| 河南 | 125 | 宁夏 | 28 |
| 北京 | 120 | 香港 | 12 |
| 内蒙古 | 106 | 澳门 | 11 |
| 西藏 | 105 | | |

资料来源：根据中国非物质文化遗产数字博物馆官网数据整理，不包括台湾。

注：因同一个项目可能由多个地区联合申报，及有的项目不是按地区，而是按部门或协会申报，故中国各省（区、市）的国家级非物质文化遗产数量的直接相加并不等于国家级非物质文化遗产名录数。

### 3. 传统村落

村落广泛分布于农村地区，是长期聚居在边缘清晰的特定地域中的农业人群所构成的空间，是相关范围内所有居民进行长期生存生活、社会交互活动、繁衍生息的空间较为固定的社会单元，区别于城市中的社区。[①] 我国的传统村落（原名古村落），主要是指民国以前所建的村。2012 年 9 月，经传统村落保护和发展专家委员会第一次会议决定，将习惯称谓"古村落"改为"传统村落"，并对其概念进行了正式界定。传统村落是指那些"形成较早，拥有较丰富的传统资源，具有一定历史、文化、科学、艺术、社会、经济价值，应予以保护的村落"[②]。传统村落在漫长的农耕文明传承中逐渐形成，凝聚着人们对历史的回忆，体现着人们对文明的推进，是我国乡村历史、文化与自然遗产的"活化石"和"博物馆"，是中华传统文化的重要载体和中华民族的精神家园。传统村落不仅具有历史文化传承等方面的功能，而且对于推动农业现代化进程、推进生态文明建设等具有重要价值。随着时代的演进和经济的蓬勃发展，对传统村落保护和利用的重视程度也在日益提高。

2012 年，我国国家层面启动实施传统村落保护工程，建立名录并实施挂牌保护制度。截至 2023 年 6 月，我国共公布了六批中国传统村落保护名录，累计 8155 个传统村落。中国传统村落数量在 100 个以上的省份共有 19 个（见表 4），数量排在前五位的分别是云南省（777 个）、贵州省（757 个）、湖南省（704 个）、浙江省（701 个）、山西省（619 个）。其中，云南省自然地理环境复杂，民族文化多元，边地文化、茶马文化影响久远，[③] 经济发展相对落后，形成并保留了大量类型丰富、有极强地方文化特色的传统村落，具有重要的研究价值。云南省列入保护名录的传统村落数量占比为

---

① 张秀梅、李明：《系统视角下传统村落保护理论与保护实践变迁研究》，《遗产与保护研究》2017 年第 4 期。

② 《住房城乡建设部 文化部 国家文物局 财政部关于开展传统村落调查的通知》，中国政府网，2012 年 04 月 24 日，https://www.gov.cn/zwgk/2012-04/24/content_2121340.htm。

③ 李哲雯、唐雪琼：《云南省传统村落的空间分布及其影响因素》，《红河学院学报》2017 年第 1 期。

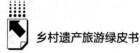

9.5%，此外，云南还有大量未申报的传统村落，是我国传统村落保护发展的重要区域。

### 表4 中国传统村落数量分布情况

单位：个

| 省（区、市） | 第一批 | 第二批 | 第三批 | 第四批 | 第五批 | 第六批 | 合计 |
|---|---|---|---|---|---|---|---|
| 北京 | 9 | 4 | 3 | 5 | 1 | 4 | 26 |
| 天津 | 1 | 0 | 0 | 2 | 1 | 4 | 8 |
| 河北 | 32 | 7 | 18 | 88 | 61 | 70 | 276 |
| 山西 | 48 | 22 | 59 | 150 | 271 | 69 | 619 |
| 内蒙古 | 3 | 5 | 16 | 20 | 2 | 16 | 62 |
| 辽宁 | 0 | 0 | 8 | 9 | 13 | 15 | 45 |
| 吉林 | 0 | 2 | 4 | 3 | 2 | 12 | 23 |
| 黑龙江 | 2 | 1 | 2 | 1 | 8 | 12 | 26 |
| 上海 | 5 | 0 | 0 | 0 | 0 | 0 | 5 |
| 江苏 | 3 | 13 | 10 | 2 | 5 | 46 | 79 |
| 浙江 | 43 | 47 | 86 | 225 | 235 | 65 | 701 |
| 安徽 | 25 | 40 | 46 | 52 | 237 | 70 | 470 |
| 福建 | 48 | 25 | 52 | 104 | 265 | 58 | 552 |
| 江西 | 33 | 56 | 36 | 50 | 168 | 70 | 413 |
| 山东 | 10 | 6 | 21 | 38 | 50 | 43 | 168 |
| 河南 | 16 | 46 | 37 | 25 | 81 | 70 | 275 |
| 湖北 | 28 | 15 | 46 | 29 | 88 | 64 | 270 |
| 湖南 | 30 | 42 | 19 | 166 | 401 | 46 | 704 |
| 广东 | 40 | 51 | 35 | 34 | 103 | 29 | 292 |
| 广西 | 39 | 30 | 20 | 72 | 119 | 62 | 342 |
| 海南 | 7 | 0 | 12 | 28 | 17 | 12 | 76 |
| 重庆 | 14 | 2 | 47 | 11 | 36 | 54 | 164 |
| 四川 | 20 | 42 | 22 | 141 | 108 | 63 | 396 |
| 贵州 | 90 | 202 | 134 | 119 | 179 | 33 | 757 |
| 云南 | 62 | 232 | 208 | 113 | 93 | 69 | 777 |
| 西藏 | 5 | 1 | 5 | 8 | 16 | 45 | 80 |
| 陕西 | 5 | 8 | 17 | 41 | 42 | 66 | 179 |
| 甘肃 | 7 | 6 | 2 | 21 | 18 | 54 | 108 |
| 青海 | 13 | 7 | 21 | 38 | 44 | 60 | 183 |
| 宁夏 | 4 | 0 | 0 | 1 | 1 | 20 | 26 |
| 新疆 | 4 | 3 | 8 | 2 | 1 | 35 | 53 |

资料来源：根据中国传统村落数字博物馆网站数据整理，不包括香港、澳门、台湾。

### （三）乡村遗产旅游

#### 1. 乡村遗产旅游的概念

简言之，乡村遗产旅游是以乡村遗产资源为主要吸引物所进行的旅游活动。乡村遗产旅游是乡村旅游的重要组成部分，但与一般意义上的乡村旅游有着很大区别，更强调历史文化特色，而且其发展要以乡村遗产保护为前提。乡村遗产旅游属于遗产旅游的范畴，但区别于城市遗产旅游，更强调乡村文化认同，农耕文化、乡村生活、田园景观等是其主要特色。

#### 2. 乡村遗产旅游的内涵

乡村遗产旅游基于乡村旅游发展的大背景，是提升乡村旅游品质和在"文旅融合"环境下激活乡村生命力不可或缺的途径，也是乡村遗产保护和利用的有效方式。乡村遗产旅游发展的重要特点在于乡村社区的广泛参与。与其他旅游的社区参与相比，乡村遗产旅游中的社区参与有其自身特性[1]：第一，它更强调社区对乡村遗产保护的重要作用，鼓励社区居民长期从事乡村遗产经营；第二，它更强调社区对旅游发展的重要作用，当地社区居民要参与旅游发展与利益分配，部分居民可直接参与旅游发展决策；第三，它更强调传统资源的多重价值在旅游发展中的重要作用，如传统农业资源在提供粮食的同时，或因规模宏大而产生景观效应，或因特殊的物质品种、历史悠久的传统农业生产技术和特殊结构而产生生态、教育、休闲、科研等功能与效益。

#### 3. 相关概念及区别

##### （1）休闲农业

作为一种产业形式，休闲农业首先兴起于意大利、奥地利等国家，之后在欧美国家得到了快速发展。国内外学者对于休闲农业的概念有不同理解，但普遍认同休闲农业是以增加农民收入、促进农民就业为发展目标，以开发具有休闲旅游价值的农业产品为前提，以观光、美食品尝、娱乐等旅游功能

---

[1] 王英、孙业红、苏莹莹等：《基于社区参与的农业文化遗产旅游解说资源研究——以浙江青田稻鱼共生系统为例》，《旅游学刊》2020年第5期。

为目的，以市场经济为主导，以金融资本为基础的农业生产活动和旅游活动。因此，休闲农业不仅涵盖了农业和旅游业，而且集优化农村生态环境、丰富生活体验、促进农业生产、满足旅游休闲需求以及提升社会文化功能于一体，形成了独具特色的产业体系。①休闲农业是在社会发展要求下顺势而生的，它是与现代旅游业相结合而发展形成的农业旅游新模式。休闲农业通过开发农业的多种功能，提高农业收益水平并化解传统农业单一生产所面临的自然风险和市场风险问题，将传统农耕文化和乡村景观、农业生产资源有机结合。休闲农业所在地区以乡村为主，虽然由企业或乡村精英等少数主体进行开发建设，但是休闲农业的主要参与群体仍为农户。

与休闲农业以农业生产和农业休闲体验为主不同，乡村遗产旅游以遗产资源和乡村教育体验为主；休闲农业的主要目标是满足游客农业休闲观光和生活体验的需求，而乡村遗产旅游以在保护当地遗产资源的同时传播优秀文化为目的。

（2）乡村旅游

乡村旅游是旅游业的重要组成部分。乡村旅游的概念界定目前还未完全统一，在乡村旅游的外语语境中，"乡村旅游"所指涉的词汇可分为"agricultural tourism"和"rural tourism"两类，前者指的是农业旅游，后者指的是"农村或乡村旅游"。乡村旅游活动最早出现于19世纪中叶的欧洲，1994年，欧盟和经济合作与发展组织将乡村旅游定义为发生在乡村的一系列旅游活动，并进一步提出乡村性是乡村旅游整体推销的核心和独特卖点。这一界定既强调了乡村旅游发生地与旅游吸引物是乡村旅游最根本或核心的组成元素，也重点凸显了乡村性对于游客的吸引力。

我国的乡村旅游研究起步于20世纪90年代。有学者认为，乡村旅游是

① 成升魁、徐增让、李琛等：《休闲农业研究进展及其若干理论问题》，《旅游学刊》2005年第5期；宁夏、罗丽、孔令孜等：《国内外休闲农业发展经验对广西的启示》，《江西农业学报》2018年第9期；高忠锐：《现代休闲农业发展研究》，《山西农经》2019年第11期；李月星、周扶摇、孙芳：《中国休闲农业研究综述》，《河北北方学院学报》（社会科学版）2020年第4期。

一种以观光游览和景观欣赏为主要形式的旅游活动，指由乡村地区提供的一种独特的旅游体验；也有学者指出，乡村旅游是农村与城市融合发展的产物，并将其定义为"依托于农业生产而形成的具有一定规模、满足游客特定需求的旅游业态或产业形态"；还有学者提出，乡村旅游作为一种以农民为中心的新型旅游方式，可以为城市居民提供休闲旅游活动的机会。①《中国乡村旅游指南（2009 版）》将乡村旅游定义为一种以乡村独特的自然风光、农户村落、田园景观等优势资源为基础，为游客提供休闲、观光、娱乐等活动，将常规旅游形式和特色旅游内容相结合的新型旅游活动。乡村旅游是将乡村生活环境、乡村旅游空间和乡村特色文化等有机结合，并经过合理的规划和发展建设创造出的一种由本地社区居民亲身参与的全新旅游方式。

乡村旅游的目的是使旅游者远离城市的喧嚣，感受乡村生活和环境。乡村遗产旅游作为乡村旅游的重要组成部分，目的是使旅游者在了解乡村地区传统文化习俗及历史遗迹、满足基本体验需求的同时，为乡村遗产资源保护提供助力。

（3）遗产旅游

"遗产"一般是指由祖先传承下来的事物。自 20 世纪 70 年代以后，"遗产"的含义开始被广泛引申，地方文脉、历史名人等被视为一种珍贵的文化遗产，并被越来越多地运用于商业领域。在这种情况下，遗产的内涵和外延也发生了变化，遗产从最初作为一种文化现象逐渐演变为具有一定商业功能的物质形态。遗产依据不同的层次可分为世界遗产、国家遗产、本地遗产和个人遗产；根据物质形态可分为物质遗产及非物质遗产；根据特点可分为自然遗产、文化遗产、混合遗产。此外，还衍生出工业遗产、农业遗产、水利遗产、军事遗产以及线性遗产等。

---

① 李志飞、吴锦超、张晨晨：《从乡村性到后乡村性：乡村旅游的理论展望》，《旅游导刊》2021 年第 6 期；林刚、石培基：《关于乡村旅游概念的认识——基于对 20 个乡村旅游概念的定量分析》，《开发研究》2006 年第 6 期；冯晶晶：《"乡村旅游"概念叙事：内涵演变、脉络特点及发展趋向——基于旅游人类学视角》，《西南民族大学学报》（人文社会科学版）2022 年第 10 期。

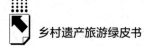

20 世纪 80 年代末，一些民间艺术及民族建筑风格被认为是遗产，遗产进入大众化阶段，以遗产地为目的地的文化旅游日益兴起，在旅游市场中占据了重要地位。世界旅游组织将遗产旅游定义为"深度接触其他国家或地区自然景观、人类遗产、艺术、哲学以及习俗等方面的旅游"。① 遗产旅游的概念目前还存在争议，国外总体上是从其文化属性进行界定的，而国内遗产旅游基本是以观光为主，包括自然遗产、文化遗产以及自然文化复合型遗产。② 国内有学者将遗产旅游定义为"以遗产资源为旅游吸引物，到遗产所在地去欣赏遗产景观，体验遗产文化氛围的一种特定形式的旅游活动，从而使旅游者获得一种文化上的体验"③。本质上，乡村遗产旅游也属于一种遗产旅游，其区域被限定为乡村地区。

## 二 乡村遗产旅游的业态构成与特征

### （一）乡村遗产旅游的业态构成

目前，乡村遗产旅游的主要业态包括乡村研学旅游、乡村康养旅游、乡村生态旅游、乡村美食体验旅游、乡村民宿旅游等。

#### 1. 乡村研学旅游

研学旅游起源于 16~17 世纪欧洲地区的大游学，目的是为中小学生提供以日常生活场景为基础的游览和研究性学习活动，以引导他们从自然和社会等多个角度进行探索和研究。随着经济的蓬勃发展和国民收入水平的不断提高，以素质教育为核心的研学旅游呈现蓬勃发展的态势。乡村地区拥有丰富的研学旅游资源，例如，生产体验型旅游资源能够提供真实的农村生产体

---

① 《遗产旅游与民间文学类非物质文化遗产保护的"一二三模式"——从中德美三国的个案谈起》，中国非物质文化遗产数字博物馆网站，2018 年 8 月 16 日，https：//www.ihchina.cn/luntan_details/7345.html。
② 张朝枝：《遗产责任：概念、特征与研究议题》，《旅游学刊》2014 年第 11 期。
③ 刘庆余、弭宁、张立明：《遗产旅游的概念与内涵初探》，《国土与自然资源研究》2008 年第 1 期。

验、文化节事型旅游资源使游客了解乡村的发展历程、景观观光型旅游资源使游客身临其境感受历史文化特色。研学旅游是乡村振兴的重要助力，乡村也是开展高质量研学旅游的重要空间。研学旅游有助于乡村地区吸引全年龄段人群进行旅游观光和学习，激发市场活力，为乡村产业发展提供有力支撑。此外，发展研学旅游不仅能够推进乡村生态环境建设，也能够开拓乡村经济发展的新渠道，促进乡村文化繁荣，加强乡村社会治理，吸引更多人积极参与乡村建设。

目前，我国乡村研学旅游以红色教育、非物质文化遗产教育、自然教育、环境教育及农业文化遗产教育为主。其中，位于乡村地区的农业文化遗产是独特且丰富的自然和文化研学旅游资源，有较大的发展潜力。农业文化遗产不仅有着丰富的生物多样性、独特的土地利用系统和农业景观，也拥有较高的历史文化价值，其所蕴含的农业教育资源丰富多样，教育利用价值巨大，且契合研学旅游的性质特点与发展需求，极具研学旅游发展潜力。利用农业文化遗产开发研学旅游项目，不仅可以实现传统农业知识和农耕文化在代内和代际的有效传递，也能够推动农业文化遗产的动态保护和适应性管理，从而促进遗产地的可持续发展。

**2. 乡村康养旅游**

康养旅游的起源可以追溯到古希腊和古罗马时期，以温泉疗法为主。目前的康养旅游主要有海滨康养、森林康养、山岳康养以及乡村康养等。乡村地区拥有丰富的康养旅游资源，如地文景观、生物景观、水域风光及人文活动等。乡村康养旅游可定义为利用乡村康养资源达到享受乡村天然环境、绿色食材，强身健体，促进身心愉悦等目的的休闲活动，相比其他旅游形式，康养旅游更注重对乡村天然康养资源的利用。随着社会经济发展与人民生活水平提高，人们对精神文化生活提出了更高的要求，乡村康养旅游作为一种新兴的旅游业态，在满足国民健康和养生需求方面发挥着至关重要的作用，同时也是推动农村产业转型和升级的关键所在。

相对于传统旅游而言，乡村康养旅游依托农村的清新空气、自然生态、优美环境、健康饮食和民俗文化，从促进游客身心愉快出发，把人与环境的和谐相处作为发展重点，着重满足游客体验需求、感知需求以及健康休养需求。乡村康养旅游注重"养"，明显不同于传统医疗旅游和度假观光旅游。乡村康养旅游一般分为民俗康养旅游、宗教康养旅游、历史文化遗产康养旅游等类型，主要康养旅游产品包括乡村康养产品、森林康养产品、运动康养产品、饮食养生产品等。我国乡村地区拥有大量得天独厚的康养旅游资源，乡村康养旅游开发依托山川秀美的乡村生态环境，与乡村振兴战略相结合能最大限度地发挥地方独特农业资源优势，并向旅游者传递康体养生的理念。

### 3. 乡村生态旅游

生态旅游活动的出现最早可以追溯到19世纪初，与传统旅游不同，生态旅游的规模更小，将旅游者人数限定在环境承受能力范围之内，且强调自然保护、游客教育和社区利益，是旅游发展的主要趋势之一。乡村地区具有丰富的发展生态旅游的资源，如特色农产品、传统农业物种、传统村落和乡村生态环境等。乡村生态旅游区别于严格意义上的纯生态旅游，依托乡村的生态资源，既重视乡村自然生态资源的旅游开发与介绍，又重视乡村生态环境保护，并且乡村生态旅游能够满足旅游者休闲娱乐、观光旅游、农业学习的需要，还具有生态体验、生态教育等作用。乡村生态旅游重点是保护资源与环境、保障农村经济环境协调发展和农村地区社会稳定。

目前，乡村生态旅游产品类型不断多样化，包括生态景区类、自然保护区类、自然探险类等。农业文化遗产地开发生态旅游是将生态理念融入其保护与传承，例如，涉县旱作石堰梯田系统积极开展生态旅游活动，在保护生态的基础上打造了梯田生态游，不仅使村民从生态旅游中获得了收益，还增强了其对梯田的保护意识。

### 4. 乡村美食体验旅游

乡村美食体验旅游是一种新兴的乡村旅游业态，也是乡村旅游高质量发展的路径之一。美食旅游研究兴起于21世纪初，其标志是2000年在塞浦路斯举办的全球首届关于地方特色美食和旅游的国际会议。乡村美食作为兼具自然与人文双重属性的特殊旅游资源，极具区域特色与文化内涵，是能够诱发旅游动机并产生经济价值的食物原料、饮食制作技艺、饮食习俗与传统等因素的总和。乡村美食资源以食材资源、菜肴资源、面点小吃资源、茶酒饮品资源、特色宴席资源、饮食民俗资源、美食地风景资源为主，具有地域性、文化性、历史性和康乐性等特点。乡村地区传统农业物种和特色农产品都是发展乡村美食体验旅游的重要基础资源。目前乡村美食体验旅游产品主要包括手信食品、美食节庆和美食街区等。

乡村美食文化具有浓厚的地方特色，反映了当地的传统文化和历史，以及当地人民的生活和习惯，使游客能够亲身感受当地的文化魅力。乡村美食文化与农业息息相关。乡村拥有丰富的农产品资源，游客可以通过参观农田、果园、养殖场、加工厂等场所，深入了解农产品的种植和养殖过程，享受当地传统饮食文化带来的味觉和视觉盛宴。乡村美食一般以健康环保为核心，讲求原料与烹饪方式的清新自然，这与现代人追求的健康饮食不谋而合，也吸引了更多旅游者选择乡村美食体验旅游，尽享健康美食与优美环境的乐趣。乡村美食是乡村旅游资源中极富魅力的部分，已经成为推动乡村旅游经济增长的重要力量。在游客体验需求和乡村发展需求的共同推动下，乡村美食体验旅游成为旅游发展和乡村经济发展的核心动力。

### 5. 乡村民宿旅游

我国民宿最早兴起于台湾，大陆民宿行业的发展相对较晚，最初以农家乐为主，为游客提供住宿和餐饮服务，功能相对单一。2015年以来，民宿得到重视并快速发展。乡村民宿旅游是指利用位于农村地区的居民自有住宅或其他合法建筑，结合本地人文环境、自然景观、生态资源及生产生活方式，为旅游者提供住宿、餐饮服务的新业态。乡村地区特有的自然与人文景观、传统建筑、乡土民俗、生态环境都是发展民宿旅游的重要资源基础。目前，具有代表性的特色乡村民宿包括自然风光体验型民宿、传统建筑体验型民宿、生活生产方式体验型民宿和非物质文化遗产体验型民宿等。

乡村民宿旅游发展迅速，逐渐成为国内外旅游者体验中国乡村文化的热门选择和促进区域旅游高质量发展的新动力。如今，随着旅游者对住宿安全性和空间感的关注日益增强，其对于高品质度假体验的需求也越来越强烈，高端乡村民宿的入住率显著提高，进一步推动了乡村民宿的深度发展。乡村民宿作为发展乡村旅游的重要载体和业态，是遗产功能的拓展，并且在展示乡村生活方式、促进乡村经济发展、挖掘乡村文化、增加乡村居民就业等方面发挥着重要作用。①

## （二）乡村遗产旅游的业态特征

### 1. 季节性强

自然物候与景观特征具有季节性。不同季节的农事活动和民俗活动有较大差异，对城市游客群体能够产生较大的吸引力，如春耕、夏耘、秋收等。这些活动通常在每年固定的季节进行，因此乡村遗产旅游的游客数量在不同季节会有较大的差异，有较强的季节波动性。同时，乡村地区的自然物候与景观也会随着季节的变化而呈现不同的特色。春天的花海、夏天的梯田、秋天的累累硕果和冬天的银装素裹等吸引着对不同季节感兴趣的游客。乡村地区经常会举办一些季节性的民俗活动来吸引游客，如春节庙会、夏日采摘、秋季农产品展销会、冬季冰雪节等。这些活动在特定的季节举行，极具吸引力，提高了游客的参与度。

旅游需求也是造成乡村遗产旅游季节性强的原因，不同季节游客的需求有所不同。夏季最受欢迎的是户外活动和水上娱乐，而秋季则是赏秋景、采摘水果等活动。因此，乡村遗产旅游的各业态需要在不同季节根据游客需求调整产品和服务。

### 2. 教育性强

乡村遗产综合了科学、历史和艺术价值，能够满足人们多方面的精神文化需求。它们本身就是真实生动的教育素材，森林、农田、博物馆、文物、建筑群、遗址和风景名胜等都具有丰富的内涵和特色。通过开展多种形式的

---

① 闵庆文、王博杰：《守正创新——农业文化遗产地的乡舍民宿及其发展路径》，《世界建筑》2021年第8期。

旅游活动，人们可以通过观赏、体验、休闲和娱乐等方式享受这些价值。

乡村遗产旅游强调自然环境保护和可持续发展，通过展示乡村的自然景观、生态系统和生物多样性，向游客传递环境保护的重要性。游客可以参与生态保护活动，了解农业生产的生态影响，学习可持续农业和生态旅游的实践经验。乡村遗产旅游还是农业教育的大课堂，为游客提供了解农业生产和农村经济的机会，游客可以参观农田、果园、农庄等农业景点，了解农业生产的过程和技术，体验农事活动，学习农村的发展模式和农产品加工技术，学习农业文化遗产相关的知识。

同时，乡村遗产旅游通过展示历史建筑、古迹和文物，向游客传递历史文化的重要性。游客可以通过参观传统村落、古老庙宇、古堡和纪念碑等，了解乡村的历史演变和文化传承，体验历史文化的魅力。

此外，乡村遗产旅游鼓励游客与当地社区居民互动交流，了解社区的生活方式、社会组织和社区发展的经验。通过与当地居民互动，游客可以了解遗产地社区的价值观、社会关系和社区治理模式，增进对遗产地风土人情的了解。因此，乡村遗产旅游具有较强的教育性。

### 3. 地域性强

遗产地具有较强的地域特征，因此乡村遗产旅游的各种业态也同样体现了地域性。不同地域的气候条件和土壤类型不同决定了这些地区农业生产方式存在差异。在北方，农业生产更加依赖畜牧业和旱作农业；在南方，水稻种植和梯田则成为主导的农业生产方式。在这一过程中，各地形成了丰富多样的农业技术、传统的作物种植方法和品类繁多的农作物品种。此外，农民通过对土地的管理来适应不同的气候和地形，如梯田、水渠等。这种地域差异不仅反映在农业生产方式上，也影响了农业文化的形成和发展，进而对当地的文化产生了深远影响。

传统村落作为乡村遗产的重要组成部分有着较强的地域差异，在建筑风格、艺术表现、风俗习惯等方面各具特色。在南方，传统村落多采用丰富多彩的木雕、石雕、砖雕等工艺装饰；在北方，传统村落则多为四合院式建筑，注重建筑与自然的和谐统一。此外，各地传统村落在历史、地理、人文等方面也有显著差异。例如，沿海地区的传统村落常常与海洋文化密切相关，而内陆地区的传统村落则更多地保留了农耕文化的特色。

乡村非物质文化遗产是地方文化的结晶，地域性更强、地方特色更加明显。以社区为代表的地方要素被列为非物质文化遗产的必要组成部分。根据《保护非物质文化遗产的伦理原则》的要求，保护实践必须建立以社区为中心的保护体系，强调非物质文化遗产的地方性，将地方与非物质文化遗产紧密地联系在一起。乡村非物质文化遗产是指那些源于民间、传承至今的文化表现形式，如民俗节日、民间艺术、民俗活动等，它的地域差异主要表现在地区性、民族性、年代性和艺术性上。在南方地区，如广东、福建等地，传统的粤剧、潮剧等戏曲艺术以及客家山歌、龙舟赛等民俗活动具有鲜明的地域特色。而在北方地区，如山东、山西等地，民间剪纸、泥塑、吹糖人等手工艺品以及庙会、庙戏等民俗活动也独具魅力。

### 4. 综合性强

乡村遗产旅游融合了多个产业、多种文化元素，并产生了多种社会价值，满足了游客的文化、经济、环境和创新等多重需求，具有综合性强的特征。乡村地区通常拥有悠久的历史和独特的文化遗产，如传统建筑、民俗活动、手工艺品等。通过乡村遗产旅游，游客可以深入了解当地的文化传统，体验乡土气息，促进文化的传承和保护。

乡村遗产旅游对于当地经济的发展也有积极的影响。乡村地区面临着经济发展的挑战，而乡村遗产旅游为当地农民和农业合作社提供了增加收入的机会。吸引游客到乡村旅游，可以带动相关产业的发展，如农产品加工、手工艺品销售等，促进当地经济繁荣发展。

在旅游开发过程中，要充分考虑环境保护和资源的合理利用，避免对乡村生态环境和文化遗产造成破坏。乡村遗产旅游强调社区居民的参与和利益共享，确保他们从旅游业中获得可持续的收益，促进社区的可持续发展。乡村遗产旅游还鼓励开发和创新多元化的旅游产品和服务。除了传统的观光游览，还可以开展农业体验、特色美食品尝、农事活动参与等形式的旅游活动，满足不同游客的需求，提供更加丰富多样的旅游体验。

### 5. 脆弱性强

乡村遗产旅游具有脆弱性强的特点，这是由其旅游资源本身的脆弱性所决定的，主要体现为自然环境的脆弱性和文化环境的脆弱性。乡村遗产资源被过度开发和过度使用，会对当地的生态系统造成负面影响，过度开发和建设基础设施可能破坏农田、湿地和森林等自然环境，过多的游客可能导致水源污染、生态系统平衡破坏等问题。

文化冲突也是乡村遗产旅游发展的重要挑战。文化冲突可以发生在不同的层面，包括不同文化的价值观、信仰、习俗和行为方式的冲突。乡村遗产旅游常常涉及不同文化的交流和互动。游客来自不同地区和国家，他们可能具有不同的文化背景和习俗。这种文化差异可能导致误解和冲突。乡村遗产旅游可能会对当地社区的文化传统产生影响。游客的涌入可能导致当地文化的商业化和娱乐化，甚至可能导致文化的失真和丧失。当地居民可能感到对自己的文化失去主导权，产生文化认同的危机。乡村遗产旅游还可能引发不同文化之间的价值观冲突。例如，当地居民可能将某些景点视为神圣的地方，而游客可能将其视为纯粹的旅游景点。这种价值观的冲突可能导致对资源的争夺和使用方式的分歧。

### 6. 依赖性强

乡村遗产旅游发展有较强的依赖性，高度依赖资源禀赋和政策支持。良好的生态环境及生态景观、深厚的民族文化、淳朴的民风、丰富的农业资源为乡村遗产旅游提供了独特的自然景观和农业文化环境，吸引游客前来参观和体验。非物质文化遗产、农业文化遗产、传统村落等资源更是乡村遗产旅游赖以存在的基础。

由于乡村的基础设施、人力资源、经济水平等相对较弱，乡村遗产旅游的发展更加依赖政府的政策支持。政府的政策支持不足会在很大程度上阻碍乡村遗产旅游的发展，有些地方政府由于对农业文化遗产的认知程度不高，将农业文化遗产旅游等同于休闲农业，没有很好地发挥其传播农业文化遗产价值的作用，也没有争取到足够的保护资金，不少农业文化遗产地旅游发展的可持续性受到较大影响。

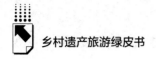

# 三 乡村遗产旅游的发展现状与问题

## （一）乡村遗产旅游发展总体情况

### 1. 乡村遗产旅游发展阶段特征

乡村遗产旅游目前发展的主要特征是不均衡，主要体现在发展程度不均衡和政策支持不均衡两个方面。

（1）发展程度不均衡

从时间上来看，农业文化遗产旅游、乡村非物质文化遗产旅游和传统村落旅游目前处于不同的发展阶段。总体来看，传统村落旅游发展相对成熟，而农业文化遗产旅游和乡村非物质文化遗产旅游正处于发展的初级阶段，不同的发展阶段存在不同的问题。

在传统村落旅游方面，我国传统村落的保护和开发始于 20 世纪 80 年代。江苏昆山周庄和安徽黟县西递村是传统村落的代表。20 世纪 90 年代，长江三角洲、皖南、江西吉安等地区开始初步形成传统村落的保护和开发群。1999 年，联合国教科文组织第 24 届世界遗产委员会会议将西递村、宏村两处古民居列入世界文化遗产名录，开启了我国传统村落保护和开发的热潮。目前，我国的传统村落群主要分布在太湖流域、皖南、川黔渝交界以及晋中南等地，基本上反映了不同地域历史文化村镇的传统风貌。随着人民生活水平的提高，"寻找失去的家园""逃离城市"成为新的旅游时尚，我国现存传统村落的巨大价值通过市场继续体现，成为拉动经济发展的重要旅游资源。

我国传统村落旅游主要有两大特征：第一，强调文化本身的价值而非文化的可消费性；第二，旅游发展定位为地方民俗文化大看台，以其原始建筑景观和人文风貌为核心吸引物，由建筑景观、博物馆、名人故居以及遗址组成主要产品，向游客展示最传统的民俗文化元素。由于过度强调文化价值，文化转化形式单一，传统村落旅游静态呆板，仅仅能够满足游客最基础的观光需求。作为供给方的传统村落以景区形式出现，"门票经济"现象突出，收入模式单一；作为需求方的游客旅游消费形式单一，停留时间短。

在农业文化遗产旅游方面，自2005年浙江青田稻鱼共生系统等成为全球重要农业文化遗产保护试点以来，旅游发展和发掘保护工作同步推进。农业文化遗产具有显著的生产、生态、社会和文化等多重功能，为三次产业融合奠定了良好的基础。许多重要农业文化遗产地依托遗产资源发展现代农业，在乡村地区脱贫攻坚的过程中发挥了重要支撑作用。各地区的农业文化遗产旅游发展并不平衡，少数知名度高的重要农业文化遗产地，如云南红河、浙江湖州等的旅游发展已极具规模，成为享誉世界的知名旅游目的地。但绝大多数农业文化遗产地的旅游发展缓慢，产品类型单一，仅是简单地挂一个"重要农业文化遗产"头衔，继续发展农家乐、采摘园和民宿等传统单调的旅游活动。

在乡村非物质文化遗产旅游方面，非物质文化遗产在旅游活动中主要作为旅游吸引物出现。不同地区的乡村非物质文化遗产旅游发展不平衡，一些地区拥有丰富多样的非物质文化遗产，如传统音乐、舞蹈、戏曲、手工艺等，而另一些地区则相对匮乏。这导致了一些地区能够较好地利用非物质文化遗产吸引游客，而其他地区则面临发展的困境。例如，彝族火把节带热了当地的乡村旅游，2023年8月，西昌邛海湿地、建昌古城、大石板古村成为外地游客的旅游目的地，两日内累计20余万人参与火把节系列活动，西昌市共接待游客71.62万人次。[①] 相比之下，一些地区的非物质文化遗产旅游活动吸引力不强，乡村非物质文化遗产旅游在空间上呈现不均衡。

（2）政策支持不均衡

乡村遗产旅游的发展离不开政策的引导和支持，旅游政策在一定程度上影响着乡村遗产旅游的发展方向和规模。国家各级政府出台了关于农业文化遗产、乡村非物质文化遗产、传统村落保护和发展的政策，但对农业文化遗

---

① 《烟花、篝火、歌舞 彝族火把节燃起凉山旅游热》，"中国经济网"百家号，2023年8月14日，https：//baijiahao. baidu. com/s? id=1774152237962213761&wfr=spider&for=pc。

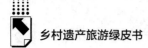
产、乡村非物质文化遗产和传统村落的支持存在不均衡。

就国家层面而言，针对传统村落的保护政策和实践相对较多。2012年，我国建立了中国传统村落保护名录制度，先后组织了6次全国性调查，分6批将有重要保护价值的6819个传统村落列入国家级保护名录，同时推动江西、江苏等16个省份将7060个村落列入省级保护名录。2014~2019年，中央财政对列入保护名录的4350个中国传统村落给予每个村300万元补助。[①]此外，住房和城乡建设部表示，将继续开展中国传统村落的调查认定，指导各地完善省级传统村落保护名录，将有重要保护价值的村落纳入名录进行管理，统筹保护、利用传统村落和自然山水、历史文化、田园风光等资源，发展乡村旅游、文化创意等产业，让传统村落焕发新的活力。这些举措充分体现了国家对传统村落保护和利用的重视。

同世界上其他国家相比，中国的农业文化遗产保护政策支持力度较大。比如，中国是首个进行国家级农业文化遗产评选的国家。2023年，文化和旅游部开始将农业文化遗产地列入国家级旅游线路进行推介，这是农业文化遗产保护和利用政策的努力尝试。然而，相对而言，国家对于农业文化遗产的支持力度还较小，还未启动国家层面的农业文化遗产普查，对已经评选为全球重要农业文化遗产和中国重要农业文化遗产的项目也没有提供专门的保护资金，文化和旅游部也还没有专门针对农业文化遗产旅游项目提供支持。

相比国家层面的政策支持和倡导，地方政府对当地乡村遗产旅游发展所做的努力不均衡，问题也比较多。各地政府对乡村遗产旅游的引导还停留在规划古文化街、非物质文化遗产商品化等阶段，很少针对当地居民的生计提供支持，促进当地产业融合发展的政策指导也较少，各地针对乡村遗产旅游发展的政策指导还需加强。

**2. 乡村遗产旅游的主要业态现状**

乡村遗产旅游的发展离不开乡村旅游发展的大背景。近年来，我国乡村

---

① 《保护传统村落推动乡村振兴》，中国政府网，2022年4月25日，https://www.gov.cn/xinwen/2022-04/25/content_5686979.htm。

旅游发展迅速，乡村旅游接待人数和营业收入年均增速均超过 10%，2022
年，全国休闲农业和乡村旅游营业收入超过 8000 亿元。其中依托乡村遗产
资源的收入占了很大一部分，研学旅游、康养旅游、生态旅游、民宿旅游和
美食体验旅游等在我国都有一定发展。

乡村研学旅游是乡村遗产旅游的重要业态。2016 年，教育部等 11 个部
门印发《关于推进中小学生研学旅行的意见》，将研学旅游正式纳入中小学
教育教学计划，研学旅游市场发展潜力巨大。2018~2022 年，中国研学旅游
市场整体发展迅速，2023 年中国研学旅游市场规模达到 1469 亿元。截至
2023 年，全国有中小学生研学实践教育基地超过 1600 个，研学企业 30000
多家，科普教育、文博院馆、红色游学、文化遗产等研学路线受到旅游者的
广泛关注。① 近年来很多乡村遗产地研学旅游发展潜力突出，因为农业文化
遗产地拥有独特且丰富的自然与文化研学旅游资源，出现了不少好的研学案
例。湖州桑基鱼塘系统作为农业文化遗产研学旅游代表，与有关院校合作，
以非遗文化、鱼桑文化、农耕文化和美食文化为主题进行研学旅游课程的设
计和开发，打造了行走的研学课堂。湖州荻港徐缘生态旅游开发有限公司与
北京联合大学旅游学院和湖州南太湖农业文化遗产保护与发展研究中心签订
了合作协议，成立农业文化遗产保护与可持续旅游研究中心，为湖州鱼桑研
学旅游及遗产保护与开发提供更高质量的人才支撑。

乡村康养旅游市场规模在不断发展壮大。原国家旅游局发布的《国家
康养旅游示范基地标准》标志着我国康养旅游逐渐走向规范化、标准化。
《乡村振兴战略规划（2018—2022 年）》提出，要开发乡村康养产业项目。
《国务院关于印发"十四五"推进农业农村现代化规划的通知》指出，要推
动农业与旅游、教育、康养等产业融合。2023 年的中央一号文件进一步指
出，要健全城乡融合发展体制机制和政策体系，畅通城乡要素流动，梯度配
置县乡村公共资源，发展城乡学校共同体、紧密型医疗卫生共同体、养老服

---

① 《艾媒咨询｜2023 年中国亲子服务市场大数据调查》，搜狐网，2023 年 8 月 1 日，https：//
www.sohu.com/a/707952880_120536144。

务联合体。这些政策支持为乡村康养旅游的发展提供了新机遇和新动能。2015 年康养旅游市场规模约为 400 亿元，2018 年达到 691 亿元，2019 年市场规模将近 830 亿元，2020 年康养旅游市场规模小幅下降至 813 亿元，2021 年行业恢复增长，市场规模接近 900 亿元。[①] 乡村地区康养产业资源相对丰富，乡村康养旅游产业体系主要以构建良好的生态环境、提升服务感知能力等为重点。江西省金溪县气候适宜、自然环境优美，县域内传统村落数量庞大，具有独特的村落布局、传统建筑和民俗遗存，拥有丰富的农业生产资源，金溪县突出传统村落休闲、恬静、自然的生活方式，逐步完成基础设施的适老化改造、医疗配套建设等工作，吸引人们旅居养老。浙江省丽水市平田村在 2014 年被列入中国传统村落保护名录，对村内 28 处老房子进行修缮，打造了集住宿、餐饮、休闲、农耕于一体的乡村康养体验区。

生态旅游市场规模也在不断扩大，年均增长率超过 20%，2022 年，我国生态旅游市场规模已超 3000 亿元，预计到 2025 年，中国休闲农业与乡村生态旅游行业的市场规模将达到 7.6 万亿元。传统村落和农业文化遗产地是生态旅游的热门目的地，农业文化遗产地发展生态旅游既要重视保护资源与环境，还要关注社区参与，使当地居民从旅游业的发展中获益，在增加农民收入的同时，提高农民对农业文化遗产价值的认知及主动保护意识。崇义客家梯田系统乡村生态旅游将美丽乡村、生态环境和传统农业有机融合，是壮美梯田生态景观与悠久客家文化的完美结合，其以传统农耕技术为依托，集保护、观光、休闲、体验、科研于一体，在充分整合上堡乡自然风光、客家文化、民间艺术和当地饮食的基础上开启了具有上堡特色的全新乡村生态旅游模式。

乡村美食是乡村遗产旅游吸引物中的一个关键组成部分，同时也是乡村遗产旅游地吸引旅游者的重要现实资源。2019 年，中国餐饮业收入 46721 亿元，占 GDP 的 4.7%。2019 年，中国餐饮业法人企业数量为 29918 个，

---

① 《康养基地行业深度分析报告 康养基地行业迎来快速发展热潮》，中研网，2023 年 7 月 14 日，https://www.chinairn.com/hyzx/20230714/16414976.shtml。

个体工商户占比最高，达到96.2%；有限责任公司占比为2.7%，个人独资企业占比为0.8%。① 加强食物和旅游的联系是促进乡村遗产旅游可持续发展和经济发展的重要方式，要结合乡村地区的自然及文化景观、特色农产品和传统文化习俗等。四川青林口村豆腐宴是当地特色，怀胎豆腐、菊花豆腐、脆皮豆腐等都是用当地的山泉水制作的，口感清香细嫩，吸引了很多游客前来品尝。陕西省袁家村借助美食开发乡村遗产旅游，推广地方特色美食，吸引了大量旅游者，既解决了当地村民的就业问题，又增强了当地村民对村落的保护意识。

近年来，乡村民宿的数量不断增加、规模不断扩大，类型和模式也日益多样化，这使得乡村民宿产业逐渐成为推动乡村建设的充满情感、温度和活力的重要力量。在乡村振兴战略大力推广和实施之下，各地的经济发展水平得到了快速提升，各区域内的乡村民宿旅游也得到了快速发展，随着游客对民宿旅游的要求不断提高，各地区的乡村民宿旅游质量也不断提高。2010～2017年，我国乡村民宿数量已经超过40000家。云南由于旅游资源丰富，民俗文化浓郁以及地理位置优越，在发展民宿旅游方面具有独特优势。此外，江西婺源县思口镇作为婺源明清古宅的聚集地，目前已建成花满堂、西冲院、明训别院、将军府、正经堂、花田溪等19家高端古宅民宿。② 位于北京市延庆区的山楂小院与乡村共生共荣、利益联结，其运营模式已被中国扶贫基金会作为旅游扶贫的有效模式在河北省涞水县南峪村推广，取得了巨大的成功。

### （二）乡村遗产旅游发展的主要模式

目前，乡村遗产旅游逐渐形成了三种发展模式，分别为市场主导模式、社区主导模式和混合模式。

---

① 《餐饮旅游行业行业发展概况》，搜狐网，2022年8月16日，https：//news.sohu.com/a/577326088_121336686。

② 《婺源"非遗+民宿"助推全域旅游》，婺源县人民政府网站，2017年12月25日，http：//www.jxwy.gov.cn/jxwy/bmdt/201712/d9d3eb786f2442b79634ec9851f7f521.shtml。

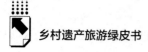
### 1. 市场主导模式

市场主导模式（外来资本式发展模式）多由当地政府招商引资而来的外来企业主导发展，乡村遗产旅游主要受益方是投资企业，具有代表性的有安徽宏村、婺源篁岭村、广西龙胜龙脊梯田系统等。在这种模式下，乡村遗产旅游景区往往采用现代企业运营模式，以经济效益为主要目标，因此对当地政府的税收贡献通常高于社区主导型模式下的乡村遗产地。由于在治理过程中决策权和发展权主要由外来资本控制，社区居民难以依靠自身力量完成要素集聚，从长期看不利于乡村遗产地的内生发展。相比之下，外来资本式乡村遗产旅游发展的收益与社区居民没有直接关系，景区员工对景区旅游业发展关心度也不高，并且因乡村遗产旅游开发而失去田地的农民在旅游业变动中韧性更差，对乡村遗产地的认同感降低，对发展的信心也降低。

### 2. 社区主导模式

社区主导模式的乡村遗产旅游，是以村集体、村旅游组织、社区组织为主导，村委会和社区农户为主要利益相关者的社区参与型乡村遗产旅游，具有代表性的有陕西袁家村、云南红河哈尼稻作梯田系统和浙江青田稻鱼共生系统等。它具有投资规模合理、参与性强、适用面广、示范性强、效益高、发展可持续等特点。社区主导模式的乡村遗产旅游是农民参与旅游开发的重要形式，它能从根本上增加农民收入、增加农村就业机会，有利于农村产业结构调整。同时，乡村遗产旅游的开发建设能够加快乡村现代化进程，增强农民环保意识，促进乡村城镇化发展，最终实现乡村经济社会可持续发展的目标。

### 3. 混合模式

除了上述两种乡村遗产旅游发展模式，随着乡村遗产旅游内部分工的不断细化，还形成了一些混合模式，具有代表性的有浙江湖州桑基鱼塘系统、浙江庆元香菇文化系统和江苏兴化垛田传统农业系统。混合模式的乡村遗产旅游是指推动乡村遗产旅游地的对外开放，政府在积极引导社区深度参与的同时，充分发挥旅游市场的作用，这对于拉动乡村遗产旅游需求来说十分重要。混合模式的乡村遗产旅游，结合了政府引导、市场主导以及社区参与的优点。

"市场+社区+公司+旅游协会""政府+社区+企业+旅行社"等都是多方主体参与的混合模式。"市场+社区"模式是在旅游企业的介入下，吸纳农户参与乡村遗产旅游的经营与管理，充分利用社区农户闲置资产和富余劳动力，开发各类丰富的旅游活动，向游客展示真实的乡村遗产文化的发展模式。运用这一模式，可以通过引进旅游公司的管理，对农户的接待服务进行规范，提高服务水平，避免不良竞争损害游客利益，促进乡村旅游的健康发展。"政府+社区"模式由政府部门引导村里"能人"成立合作社，政府起主导作用，通过政策激励引导农户加入社区合作社。

## （三）乡村遗产旅游发展中存在的主要问题

### 1. 旅游项目同质化，发展模式单一

乡村遗产旅游具有教育意义，其主要目的是提升人们对农业文化遗产、非物质文化遗产、传统村落的保护意识，而不仅仅是简单的观光，但目前很多乡村遗产旅游项目简单化、同质化趋势严重。同质化现象主要体现在乡村遗产旅游地与旅游产品上，很多地方旅游活动粗放型发展，旅游项目彼此模仿，不能给游客带来新鲜感，无法体现乡村地域特色。传统村落在经过模式化的旅游开发之后，已经出现了雷同化、同质化、商品化的现象，原有的一些村落文化被肢解、异化和歪曲。如首批中国传统村落保护名录中的河北省张家口市怀来县鸡鸣驿村，在2014年前后，外人入村需买门票，村里主街道两侧开设了多家古玩店、玉器店，众多明清时期的古建筑都上了锁，付费才能参观，在一定程度上破坏了村落的原有风貌，影响了村民的生活。

过度商业化导致乡村遗产旅游产品同质化。非物质文化遗产的核心在于其所承载的文化，工艺品是非物质文化遗产的表现形式，但旅游市场却使非物质文化遗产工艺品的形式发生了变化，一些商家为了追求工艺品的美学价值和经济价值而忽视了对传统文化的保护，放弃对原有宗教、神话意义的追求，使非物质文化遗产丧失原真性，变为纯粹的商品，非物质文化遗产工艺品失去了原有的意义而变得千篇一律。

目前，乡村遗产旅游的发展模式还比较单一。以农业文化遗产为例，浙江省青田县方山乡的稻鱼共生系统处于较为偏远的乡村地带，虽然以农业文化遗产进行宣传营销产生了一定的吸引力，然而仅依靠景观效果一般的稻田养鱼以及农家菜和野味，不足以支撑旅游业的发展。但过度注重旅游开发，又会将世代相传的农业生产活动，朴素的生活方式，传统的农耕经验、农业技术知识以及农耕文化呈现为单薄的展示活动，[1] 在农业文化遗产旅游开发过程中，造成旅游产品缺乏特色、产品雷同等现象。

### 2.基础设施建设较为滞后

多数乡村遗产地距离城市较远，或位于城市的郊区，开发程度不高，交通较为闭塞，各旅游区之间互通性差，需要花费较长时间才能到达。由于交通不便，游客对农业文化遗产地了解较少，也不能深入了解当地的风土人情及非物质文化遗产，乡村遗产旅游的教育功能没有得到发挥，影响游客体验。

乡村环境卫生条件也亟待改善。部分地区为了追求短期经济效益，将农业文化遗产不合理地融入乡村遗产旅游，不仅破坏了传统村落景观的完整性和原真性，而且开发程度超过了农业文化遗产的承载力，引起了一系列环境问题，使非物质文化遗产要素的传承失去了物质空间。此外，有些乡村遗产地整体基础设施处于初步建成阶段，乡村环境问题较为严重，部分传统民居改造工程未充分渗透，村民实际居住环境简陋，室内生活设施陈旧，没有随着外观改造而得到深度修缮，旅游可持续性存在较大问题。同时，一些细节问题，如厕所卫生差、餐饮服务粗放等也会影响游客的游玩体验，降低游客的重游率。

此外，在一些远离城市的传统村落，网络还未完全普及，无线网络覆盖范围较小，给游客使用电子设备造成不便。在乡村遗产旅游发展中，不少地区忽视了网络的宣传作用，乡村遗产地的旅游项目以及相关信息传播度较低，游客不了解传统村落的自然景观，对农业文化遗产、非物质文化遗产的

---

① 曾艳艳：《对农业文化遗产"旅游化生存"的思考》，《农业展望》2013 年第 4 期。

重要性也认识不足，对乡村遗产的保护未能起到助力作用。

### 3. 可持续发展的理念有待加强

目前的乡村遗产旅游开发，更注重乡村旅游带来的短期经济效益，缺乏可持续发展的理念。一个成熟的农业文化遗产地应保持该区域的生物多样性，维持其多种生态服务功能。但不少遗产地在旅游开发的过程中破坏了生物多样性，打破了生态系统的平衡，违背了遗产的可持续利用原则。例如，广西龙胜龙脊梯田的客流量增多导致用水量增加，使部分梯田的水流量减少，出现了土地旱化和抛荒的现象。游客激增，超过当地承载量，还可能引起外来物种的入侵，对当地农作物造成威胁，破坏生态系统平衡。

有些乡村遗产地的旅游经营者追求短期经济效益，急功近利，不能因地制宜地进行开发，建设人造景观、模仿城市园林的造景手法，对原有地貌造成破坏，引发水土流失、生物多样性减少等一系列环境问题，对传统村落自然景观造成破坏。人类对传统村落自然景观的破坏主要包括两个方面：一是破坏森林及不合理挖采造成的物理性伤害；二是农药化肥带来的化学性伤害。当地一些居民只考虑商业利益，为满足日益增多的城市游客品尝农家菜的餐饮需要，过度使用农药化肥，实施反季节种植，使土壤质量下降，破坏了乡村遗产地的生态环境和景观。此外，很多具有丰富历史文化价值和人文观赏价值的乡村遗产地由于旅游开发单纯追求短期流量，缺乏深入挖掘和包装，许多有价值的内容没有充分表现出来。

### 4. 科学化管理水平有待提高

首先，缺乏统一的管理机构。部分地区发展乡村遗产旅游的时间较短，未形成科学的管理模式，存在多部门管理的情况，不同部门的管理制度存在冲突，缺乏统一的管理主体，对于发展方向的认识还不够清晰，导致乡村遗产旅游的形象较为模糊，对乡村遗产采取与普通乡村要素相同的方式进行规划，或者完全按照景区的模式规划，没有突出当地乡村遗产的特点。

其次，管理制度不健全。对乡村遗产旅游的管理粗放，导致乡村遗产旅游的层次较低，内涵挖掘不够，目前还以吃农家饭、果树采摘、休闲游览为主，仅仅停留在单纯的农业观光层面，忽略了乡土文化、乡村民俗，缺少对

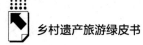

非物质文化遗产要素的深度挖掘和展现，没能使游客感受到鲜明的当地文化。

最后，相关法律法规不完善。遗产保护与经济发展的矛盾比较突出，相关的法律法规不够健全。一些乡村遗产地的政府未发挥主导作用，对乡村遗产保护的重视程度不足，一些针对传统村落文化保护的法律法规存在局限性，文物保护部门更注重古迹的保护维修，而村民的基层组织更注重经济效益，在遗产保护和利用的过程中存在矛盾，难以形成保护合力。

### 5. 政策支持力度有待加大

乡村遗产旅游发展受政策条件制约较强，我国目前已经开始逐步加强对乡村遗产旅游的政策支持，但地方政府为当地的乡村遗产发展所做的努力还不够。在部分经济条件落后的地区，由于相关基础设施不完善和人才缺乏，乡村遗产保护工作较难推进，乡村遗产旅游的发展水平较低。此外，各地区开展乡村遗产旅游的积极性不高，对地方文化、农业文化、遗产保护的资金支持也存在不足。

虽然中国传统村落已被纳入中央财政支持范围，但农业文化遗产还没有获得中央专项资金支持，这影响了各地对农业文化遗产申报的积极性，地方对农业文化遗产保护的资金投入不足，特别是贫困地区，地方财政捉襟见肘，很难顾及农业文化遗产保护。此外，各地政府对乡村遗产旅游的引导还停留在规划古文化街、非物质文化遗产商品化阶段，很少针对当地居民的生计提供支持，针对当地三次产业融合发展的政策指导较少，各地对乡村遗产旅游发展的政策指导还需加强。

### 6. 居民参与程度较低

乡村遗产旅游开发未充分认识到居民的重要性。居民是乡村遗产保护的重要主体，也是其传承者，代表着乡村遗产地独特的地域精神，同时他们对当地乡村遗产也有深入了解，应成为乡村遗产旅游开发的重要参与者。

以农业文化遗产旅游为例，由于遗产性质特殊，农业文化遗产地社区居民的重要性尤其突出，一方面他们是旅游资源的重要供给者，另一方面他们本身就是重要的旅游资源。没有了社区居民，农业文化遗产保护就无从谈起，更别提旅游发展。然而，目前很多农业文化遗产地并没有意识到这个问题，过分强调游客的需求，忽视了居民的利益。景区化就是对居民重要性认识不足的一种表现。有些旅游公司出于盈利考虑，希望把全部或者部分居民迁出，地方政府也积极争取外部资本进入，进一步挤占了当地社区的发展空间。

此外，大众对于乡村遗产旅游的了解程度不够、认知程度不高、认同感不强。以农业文化遗产为例，目前农业文化遗产地旅游研究仍停留在将农业文化遗产作为一种旅游资源进行开发研究的状态，对于农业文化遗产资源缺乏深度挖掘，文化内涵发掘不足、形象塑造缺乏特色、旅游产品结构单一，公众对农业文化遗产的了解及认知不足，农业文化遗产旅游功能未得到有效发挥。

传统村落也同样面临社区参与程度低、居民保护意识不强的问题。绝大多数居民认为古民居破旧难看，为改善居住条件，在原址进行改建、乱搭乱建，严重破坏了古建筑和古村落的整体性。随着生活水平的提高，居民弃旧居、选新址、建新房，致使大部分古民居无人居住或仅留老人居住，古村落逐渐成为空心村，部分房屋因无人管理或无钱修缮导致年久失修而倒塌。

# 四　乡村遗产旅游发展的若干建议

## （一）开展乡村遗产要素普查和旅游潜力分析

当前乡村遗产旅游发展过程中同质化趋势日益严重，区分、突出遗产要素，加强乡村遗产的保护、利用和传承成为近年来工作的重点。要扩大遗产要素普查，摸清相关底数，深化遗产要素认定，为下一步保护工作奠定基础。加强旅游目的地或者乡村遗产地的文化开发，挖掘其历史文化特色，并与当地传统民俗文化、农耕文化等丰富的生态概念联系起来，通过与地方文化有机结合，培育和发展一系列具有特色的遗产旅游项目。

此外，根据乡村遗产地的独特优势，加强对乡村遗产旅游潜力的分析，将具有高性价比、独属当地的非物质文化遗产创意产品引入文化遗产地，或与相关企业合作开发农业文化遗产旅游纪念品，让游客在进入乡村遗产地观光、游览、饮食、住宿、购物、娱乐时感到新鲜、与众不同、不单调，而不是盲目借鉴其他景区的成功案例，直接生搬硬套，以复制、重现为主，没有自己的特色。推动可持续利用原有村镇建筑。例如，一群大学生在浙江义乌将原本准备废弃、闲置的传统房屋建筑进行文创改造，通过展品展览以及文化艺术品创作，增添了文化气息，一度成为新的人流聚集地。

### （二）明确乡村遗产旅游定位和发展原则与路径

独特的乡村生活方式是乡村遗产旅游的核心。乡村遗产旅游发展的首要任务就是充分利用这种乡村生活方式，营造乡村遗产旅游氛围。要明确乡村遗产旅游发展原则和路径。在规划农业文化遗产相关设施时，必须深入挖掘乡村生活方式的内在特质，使农业文化遗产旅游不再局限于简单的"农家宴"或"农家游"，乡村遗产是传承下来的具有一定价值和意义的物质载体，是宝贵的不可再生资源，合理利用乡村遗产有助于当地经济的发展。

对于非物质文化遗产旅游产品，应避免过度商业化，以免单调乏味、缺乏个性；要将传统村落的固有优势与民众需求有机结合，打造更具吸引力的文化产品。很多乡村发展遗产旅游都会陷入误区，将乡村遗产旅游变为简单的观光游，将乡村遗产地打造为景区，过度重视商业性、经济收益，破坏了遗产的原真性，本末倒置。乡村遗产旅游需要为游客提供遗产体验和遗产教育传播功能，让游客在参与遗产旅游的过程中更好地认识乡村遗产，从而增强其保护意愿。

### （三）加强多部门协同，制定促进乡村遗产保护与旅游发展的支持政策

乡村遗产旅游开发要重视多部门协同，不要只局限于农业部门，要从发改部门、文旅部门、自然资源部门等多口径争取遗产保护与乡村旅游发展的

相关支持政策，既包括国家层面的政策与支持，也包括省级、地市级层面的政策和项目支持。

此外，也要关注利益主体的配合，包括政府、社区、企业以及外部支持力量等的配合。要格外注意的是，乡村遗产旅游资源开发要尊重和保障乡村地区社区居民的主体地位，加强其社区能力建设，激发其内生动力。村民是乡村的创造者和传承者，他们有权参与本地旅游发展，包括如何参与、如何进行利益分配、如何缩小社区收入差距等。此外，还需考虑客源地游客需求，针对不同需求的游客提供不同类型的因地制宜的乡村遗产旅游产品。

### （四）促进乡村基础设施建设与完善

多方面多举措完善乡村遗产地基础设施。在交通方面，在维持传统风貌的同时修复路面设施，修缮原本坑洼的土地，增设石板路，提高路面的平整度，并陆续开通汽车客运站、火车站、高铁站、通用机场到乡村遗产旅游地的专用旅游线路，提高旅游的交通便捷性。

在环境卫生方面，开展集中整治活动，拆除违规建筑，及时清理生活垃圾，不留卫生死角。积极推动"美丽乡村"建设，实施垃圾分类、整治村容、处理脏乱差等治理项目。一方面对游客进行环保宣讲，提升其环境保护意识，增强环保观念；另一方面鼓励乡村遗产地政府及农民依据自身特色生产模式，逐步完善基础设施，保证农业生产系统、生态系统和生活环境的协调。

在网络基础设施方面，加强现代科技支撑，提升乡村遗产旅游的信息化水平。为乡村遗产旅游者提供手机充电宝，在公共场所安装免费 WiFi，确保网络畅通无阻，提高旅游者的体验感和安全系数，使旅游者在有需求时能够及时与他人取得联系。

### （五）提升对乡村遗产旅游可持续发展理念的认识

乡村遗产旅游发展亟须提高对可持续发展理念的认识。目前，乡村遗产旅游发展中的前瞻性不足、忽视生态保护等问题较为普遍，导致接待人数、旅游开发等超过乡村环境承受能力，造成环境破坏。对于传统村落而言，可持续发展需要依托村落，减少过度开发对村落原真性的破坏。例如，羌族萝卜寨村经灾后重建，在对保护建筑等进行修缮的同时，对房屋内部结构进行了改造、更新，提升了居民居住质量，拆除了破损建筑，在保留原真性的前提下适度开发。乡村非物质文化遗产不似实物遗产现实存在，较容易受到破坏。促进非物质文化遗产的可持续发展，最主要的方法就是非遗教育，培养传承人，营造非遗学习的氛围，结合现代生活对非遗文化加以传承，让非遗传承逐渐走向国际化。农业文化遗产旅游发展尤其要重视在旅游开发过程中对农业生产系统进行保护，不能因为旅游发展而忽视或者放弃农业生产和生态系统，造成农业文化遗产的旅游性破坏。

此外，要将乡村遗产旅游与新农村建设、现代农业建设有机结合，通过政策创新、体制创新、示范引领等方式，将乡村遗产旅游发展与农民生产生活条件改善、农村社会事业发展相结合，促进农业产业链延伸、价值链提升、增收链拓宽，带动农民增收、农村发展、农业升级，实现可持续发展。

## （六）挖掘乡村遗产的历史文化内涵与生态服务价值，借力科技手段促进乡村遗产旅游发展

在乡村遗产旅游开发中，要进行科学的指导和管理，充分挖掘乡村遗产的历史文化内涵和生态服务价值，根据当地的发展动向以及特有的文化遗产进行适当开发，因地制宜，深度挖掘地域性乡村遗产资源，并加以合理利用。要增强创新意识，乡村遗产旅游资源创新开发是实现乡村共同富裕的重要动力和有效途径，资源创造性利用是乡村遗产旅游促进共同富裕的重要基础和关键动力。

此外，乡村遗产旅游资源开发应充分发挥科技的支撑和保障作用，提升乡村遗产旅游资源利用与活化、保护与传承的广度和深度。借助数字化场景，运用"5G+VR"等技术，推动实现资源的创造性转化。借助数字化手段，实现乡村遗产资源的调查、监测、评估、归档，构建新型数字乡村遗产档案库，如"数字文物资源库""数字生态博物馆"等。

（七）加强相关科学研究与科学普及，强化能力建设，加大人才培训力度

科学研究与科学普及对于丰富乡村遗产旅游产品的内涵以及综合提升乡村遗产地的旅游品质至关重要。人才在其中发挥重要作用，农业文化遗产、非物质文化遗产、传统村落等乡村遗产的旅游发展都依赖其所拥有的人才资源，科学研究有助于人才的培养。对于乡村遗产旅游，要注重对高端专业人才的培养，保证旅游的服务质量。要留住青年优秀人才，吸引包括返乡精英在内的更多创新型人才，发挥他们连接城和乡、主和客的桥梁作用，将乡村遗产的美更好地呈现给游客。要做好农耕文化传承人的培训，传授种植和保护技巧，增强乡村遗产地年轻村民的文化自信，让其扎根乡村、扎根土地。

要加强定期培训。很多村民文化程度较低、服务意识不足，要进行全过程培训并开展定期的讲座和宣讲，让优秀村民传授服务经验，提高村民的理论知识、实战经验，为乡村遗产旅游的发展打下坚实基础。将原有的文化资源转化成实际的社区资源，进行社区能力培训，提升村民主人翁意识，增强村民对乡土的敬畏感、责任感和依恋感，提高村民的参与度。

此外，乡村遗产旅游也要重视学校教育，学校应加大人才培养力度并与乡村遗产地结对引进，开展相应课程或阶段性讲座，使学生了解乡村遗产，并呈现、评比学生的学习成果，让中小学生进入完整真实的乡村遗产世界，进而真正认识、了解、传播、传承乡村遗产，让青少年对遗产地文化有更深入的了解，丰富他们的文化知识和精神世界，促进乡村文化的传承与传播。

# 专题报告

Special Reports

·农业文化遗产旅游发展·

# G.2
# 2023年中国农业文化遗产旅游
# 大数据发展报告

王金伟　曹淑婷　孙业红　闵庆文*

**摘　要：** 本文基于中国农业文化遗产旅游大数据指标体系，分析了我国农业文化遗产旅游产业的发展现状，运用网络大数据平台对全国农业文化遗产旅游发展以及139项中国重要农业文化遗产项目的网络热度总体态势进行了分析，通过构建中国农业文化遗产旅游大

---

* 王金伟，博士，北京第二外国语学院旅游科学学院副教授、硕士研究生导师，主要研究方向为旅游经济、乡村旅游、旅游地理；曹淑婷，北京第二外国语学院旅游科学学院、北京旅游发展研究基地研究助理，主要研究方向为乡村旅游、旅游经济、旅游政策；孙业红，博士，北京联合大学旅游学院旅游管理系主任、教授，中国科学院地理科学与资源研究所高访客座研究员，主要研究方向为遗产与文化旅游、农业文化遗产动态保护、旅游资源开发与规划；闵庆文，博士，中国科学院地理科学与资源研究所自然与文化遗产研究中心副主任、研究员，中国科学院大学岗位教授、博士研究生导师，北京联合大学特聘教授，农业农村部全球重要农业文化遗产专家委员会主任委员，曾任联合国粮农组织全球重要农业文化遗产科学咨询小组主席，主要研究方向为农业文化遗产保护。

数据指标体系分析了全国 31 个省级行政区（不含港澳台地区）、7 个地理分区农业文化遗产旅游的发展现状。结果显示，我国农业文化遗产旅游发展综合指数得分较高的地区多集中于农业文化遗产资源、旅游资源较为丰富的南部地区，排名前 10 的省级行政区域依次为浙江省、山东省、江苏省、云南省、广西壮族自治区、安徽省、四川省、湖南省、广东省、福建省。从地域来看，东部地区、南部地区具备显著优势，7 个地理分区综合指数得分排序依次为华东地区、西南地区、华北地区、华中地区、西北地区、华南地区、东北地区。

**关键词：** 农业文化遗产　旅游大数据　网络关注度

# 一　中国农业文化遗产旅游大数据指标体系的构建

## （一）中国农业文化遗产旅游大数据指标体系的意义

习近平总书记指出，走中国特色社会主义乡村振兴道路，必须传承发展提升农耕文明，走乡村文化兴盛之路。[①] 农业文化遗产是特殊的旅游资源，[②] 其丰富的内涵与外延、独特的禀赋和价值对我国实施乡村振兴战略具有极其重要的文化、经济和社会价值。[③] 而旅游为农业文化遗产活态保护提供了新的载体，是实现全面乡村振兴的重要途径。[④] 农业文化遗产旅游兼具生态旅

[①] 中共中央党史和文献研究院编《十九大以来重要文献选编》（上），中央文献出版社，2019。

[②] 孙业红、闵庆文、钟林生等：《少数民族地区农业文化遗产旅游开发探析》，《中国人口·资源与环境》2009 年第 1 期。

[③] 陈茜：《农业文化遗产在乡村振兴中的价值与转化》，《原生态民族文化学刊》2020 年第 3 期。

[④] 孙业红、武文杰、宋雨新：《农业文化遗产旅游与乡村振兴耦合关系研究》，《西北民族研究》2022 年第 2 期。

游和农业旅游的特点，是旅游业的重要组成部分。剖析中国农业文化遗产旅游发展的现状和未来、评估农业文化遗产旅游环境影响和社会效益；拉动消费者的农业文化遗产旅游需求，规范引导文旅投资，已经成为推动旅游产业融合高质量发展的重要课题。

本文以大数据视野分析了全国 31 个省级行政区（不含港澳台地区）及 7 个地理分区农业文化遗产旅游的发展现状，从农业文化遗产的基础资源效应、文化传播效应、经济发展效应、环境支撑效应 4 个维度的 18 项大数据指标出发，分析了中国农业文化遗产旅游产业发展的基础条件、潜在力量和舆情，解析了各省农业文化遗产旅游发展情况，以期洞悉其发展的管理水平和服务水平，为现存问题提供有针对性的解决方向，为政府和旅游企业提供科学的决策依据，有利于保护和传承中国农业遗产和农耕文化，推动人与自然和谐发展，为探索新时代新格局下中国式现代化乡村旅游高质量发展路径提供指导建议。

## （二）指标体系的构建

### 1. 一级指标的构建

本文结合旅游高质量发展的要求，基于相关产业数据、相关大数据测算综述，分析了 2022 年全国农业文化遗产旅游事业，构建了中国农业文化遗产旅游大数据指标体系。在构建指标体系的过程中，本文以农业文化遗产构建基础、旅游产业融合发展、旅游发展水平指标评价、遗产旅游等相关文献为基础，借鉴有关农业文化遗产旅游的资源基础、文化内涵和环境支撑的研究，构建了基础资源效应、文化传播效应、经济发展效应和环境支撑效应四个一级指标（要素层）。[①] 基础资源效应是指农业文化遗产旅游对地方资源的利用和价值创造能力；文化传播效应是指农业文化遗产旅游对文化传承和交流的影响力；经济发展效应是指农业文化遗产旅游对地方经济的推动作用；环境支撑效应是指政策、社会基础条件、自然环境等对农业文化遗产旅

---

① 贺小荣、史吉志、徐海超：《农业文化遗产旅游对乡村振兴的驱动机制研究》，《干旱区资源与环境》2023 年第 8 期。

游发展的支持力度。通过以上四个一级指标对农业文化遗产资源、文化传播、经济发展以及环境支撑进行评估，有助于了解农业文化遗产的开发利用现状，明确旅游发展中的问题，确保旅游活动与环境的协调发展，推动农业文化遗产资源的可持续利用。

## 2. 二级指标的构建

中国农业文化遗产旅游大数据指标体系由 4 个一级指标，18 个二级指标（指标层）构成。其中，基础资源效应包含中国重要农业文化遗产数量、遗产资源密度、遗产资源稀缺度；文化传播效应包含乡镇文化站数量、群众文化机构组织文艺活动次数、头条搜索指数、抖音搜索指数、百度搜索指数、360 搜索指数；经济发展效应包含旅游业总收入、接待游客总人数、农村居民经营净收入、农村居民工资性收入；环境支撑效应包含乡村旅游政策数量、互联网宽带接入用户数、路网密度、森林覆盖率、生活垃圾无害化处理率（见表1）。

表 1　中国农业文化遗产旅游大数据指标体系

| 目标层 | 要素层 | 指标层 | 计算方法 |
|---|---|---|---|
| 农业文化遗产旅游发展综合指数 | 基础资源效应 | 中国重要农业文化遗产数量 | 农业文化遗产数量累加 |
| | | 遗产资源密度 | 资源数量/行政区划面积 |
| | | 遗产资源稀缺度 | 地区同类型资源数量/全国同类型资源数量 |
| | 文化传播效应 | 乡镇文化站数量 | 乡镇文化站数量累加 |
| | | 群众文化机构组织文艺活动次数 | 群众文化机构组织文艺活动次数累加 |
| | | 头条搜索指数 | 各关键词在头条网页搜索中搜索频次的加权 |
| | | 抖音搜索指数 | 各关键词在抖音中搜索频次的加权 |
| | | 百度搜索指数 | 各关键词在百度网页搜索中搜索频次的加权 |
| | | 360 搜索指数 | 各关键词在 360 网页搜索中搜索频次的加权 |
| | 经济发展效应 | 旅游业总收入 | 各地区旅游业总收入累加 |
| | | 接待游客总人数 | 各地区接待游客总人数累加 |
| | | 农村居民经营净收入 | 各地区农村居民经营净收入累加 |
| | | 农村居民工资性收入 | 各地区农村居民工资性收入累加 |

| 目标层 | 要素层 | 指标层 | 计算方法 |
|---|---|---|---|
| 农业文化遗产旅游发展综合指数 | 环境支撑效应 | 乡村旅游政策数量 | 乡村旅游政策数量累加 |
| | | 互联网宽带接入用户数 | 互联网宽带接入用户数累加 |
| | | 路网密度 | 路网长度（km）/区域面积（km$^2$） |
| | | 森林覆盖率 | 森林面积/陆地国土面积 |
| | | 生活垃圾无害化处理率 | 生活垃圾无害化处理量/生活垃圾总量 |

### （三）大数据指标的数据处理

#### 1. 数据来源

中国农业文化遗产旅游大数据指标的数据来源包括中国政府网、国家统计局网站、中华人民共和国农业农村部网站、各地政府官网、各地统计年鉴、各地文化和旅游部门官网、北大法宝、百度指数、巨量算数、360趋势等，具体如表2所示。

**表2  中国农业文化遗产旅游大数据指标的数据来源**

| 一级指标 | 二级指标 | 数据来源 |
|---|---|---|
| 基础资源效应 | 中国重要农业文化遗产数量 | 中国政府网、中华人民共和国农业农村部网站 |
| | 遗产资源密度 | 中国政府网、中华人民共和国农业农村部网站 |
| | 遗产资源稀缺度 | 中国政府网、中华人民共和国农业农村部网站 |
| 文化传播效应 | 乡镇文化站数量 | 各地统计年鉴 |
| | 群众文化机构组织文艺活动次数 | 各地统计年鉴 |
| | 头条搜索指数 | 巨量算数 |
| | 抖音搜索指数 | 巨量算数 |
| | 百度搜索指数 | 百度指数 |
| | 360搜索指数 | 360趋势 |
| 经济发展效应 | 旅游业总收入 | 各地统计年鉴、各地文化和旅游部门官网 |
| | 接待游客总人数 | 各地统计年鉴、各地文化和旅游部门官网 |
| | 农村居民经营净收入 | 各地统计年鉴 |
| | 农村居民工资性收入 | 各地统计年鉴 |
| 环境支撑效应 | 乡村旅游政策数量 | 北大法宝 |
| | 互联网宽带接入用户数 | 各地政府官网 |
| | 路网密度 | 国家统计局网站 |
| | 森林覆盖率 | 各地统计年鉴 |
| | 生活垃圾无害化处理率 | 各地统计年鉴 |

## 2. 数据处理

以 31 个省级行政区、7 个地理分区为空间测量单位处理多元数据，建立基础指标体系，并对数据进行正向化和负向化的量纲处理。通过预处理以平均值补充有缺失的样本数据，数据为 0 的样本对象填补数值 0.001，以便选取完整样本量进行熵值法分析。

同时，为提高数据的可读性，本文对各指标得分进行同比例放大，将数值标准化的区间设定为 [1，100]，具体处理见下文。

## 3. 权重的确定

熵值法是根据各指标熵值的大小来确定指标权重的一种客观赋权方法。熵值越小，表明指标提供的有用信息越多，指标也就越重要；熵值越大，表明指标提供的有用信息越少，指标也就越不重要。各指标权重计算步骤如下。

第一步，为消除各指标在量纲、尺度和正负方向等方面的差异，需要使用极差标准化方法对原始数据进行标准化处理。如果指标值越大表明关注度越高，采用正向指标的公式进行标准化处理，如果指标值越小表明关注度越高，则采用负向指标的公式进行标准化处理。由于本体系指标均为正向指标，其标准化公式如下。

$$\text{正向指标 } X'_{ij} = \frac{X_{ij} - \min X_j}{\max X_j - \min X_j} \ (i=1,2,\cdots,m;j=1,2,\cdots,n) \tag{1}$$

第二步，明确各指标值比重。

$$S_{ij} = \frac{X'_{ij}}{\sum_{i=1}^{m} X_{ij}} \ (i=1,2,\cdots,m;j=1,2,\cdots,n) \tag{2}$$

第三步，计算各指标的信息熵值。

$$P_j = \frac{1}{\ln m} \sum_{i=1}^{m} S_{ij} \ln S_{ij} \ (i=1,2,\cdots,m;j=1,2,\cdots,n) \tag{3}$$

第四步，计算指标权重。

$$W_j = \frac{1 - P_j}{\sum_{j=1}^{n} 1 - P_j} \ (i = 1, 2, \cdots, m; j = 1, 2, \cdots, n) \tag{4}$$

第五步，计算案例得分。

$$Q_i = \sum_{j=1}^{n} W_j X'_{ij} \ (i = 1, 2, \cdots, m; j = 1, 2, \cdots, n) \tag{5}$$

其中，$X'_{ij}$ 为标准化指标值，$X_{ij}$ 为观测值，$\max X_j$ 和 $\min X_j$ 分别为同一指标的最大值和最小值，$i$ 为案例编号，$j$ 为指标编号。[①] 计算得出中国农业文化遗产旅游大数据指标权重如表3所示。

表3 中国农业文化遗产旅游大数据指标权重

| 一级指标 | 一级指标权重 | 二级指标 | 二级指标权重 | 综合权重 |
|---|---|---|---|---|
| 基础资源效应 | 0.196 | 中国重要农业文化遗产数量 | 0.245 | 0.048 |
| | | 遗产资源密度 | 0.400 | 0.079 |
| | | 遗产资源稀缺度 | 0.355 | 0.070 |
| 文化传播效应 | 0.414 | 乡镇文化站数量 | 0.128 | 0.053 |
| | | 群众文化机构组织文艺活动次数 | 0.168 | 0.069 |
| | | 头条搜索指数 | 0.158 | 0.065 |
| | | 抖音搜索指数 | 0.175 | 0.072 |
| | | 百度搜索指数 | 0.164 | 0.068 |
| | | 360搜索指数 | 0.207 | 0.085 |
| 经济发展效应 | 0.239 | 旅游业总收入 | 0.230 | 0.055 |
| | | 接待游客总人数 | 0.224 | 0.053 |
| | | 农村居民经营净收入 | 0.208 | 0.049 |
| | | 农村居民工资性收入 | 0.338 | 0.080 |

---

① 朱喜安、魏国栋：《熵值法中无量纲化方法优良标准的探讨》，《统计与决策》2015年第2期。

| 一级指标 | 一级指标权重 | 二级指标 | 二级指标权重 | 综合权重 |
|---|---|---|---|---|
| 环境支撑效应 | 0.151 | 乡村旅游政策数量 | 0.323 | 0.050 |
| | | 互联网宽带接入用户数 | 0.338 | 0.052 |
| | | 路网密度 | 0.159 | 0.025 |
| | | 森林覆盖率 | 0.146 | 0.022 |
| | | 生活垃圾无害化处理率 | 0.033 | 0.005 |

# 二 中国农业文化遗产旅游网络热度总体态势

## （一）中国农业文化遗产旅游网络关注度

2022年是联合国粮农组织提出"农业文化遗产"概念、发起"全球重要农业文化遗产"保护倡议20周年。2022年农业农村部一号文件也强调要加强农业文化遗产的合作引领，积极开展"农业文化遗产里的中国"等系列宣传活动。随着全球重要农业文化遗产大会的召开以及各项农业节事活动的举办，农业文化遗产旅游热度呈现上升态势。在各大指数平台分别以"农业遗产""农业文化遗产""农业文化遗产旅游"为关键词，检索2019年1月1日至2022年12月31日全国31个省（区、市）的农业文化遗产旅游数据（包括PC端和移动端），并将数据累加，代表2019~2022年中国农业文化遗产旅游网络关注度，结果如图1所示。2019~2022年中国农业文化遗产旅游网络关注度整体呈现上升趋势，其中2019~2021年中国农业文化遗产旅游网络关注度平稳上升，但数据整体偏低；2021~2022年，中国农业文化遗产旅游社会关注度增加，相关活动及媒体报道迅猛增长，其网络关注度也因此大幅增长，同比增速高达1836%。

通过指数平台获得2022年中国农业文化遗产旅游网络关注度月度分布（见图2），可以看出2022年中国农业文化遗产旅游网络关注度呈现明显的

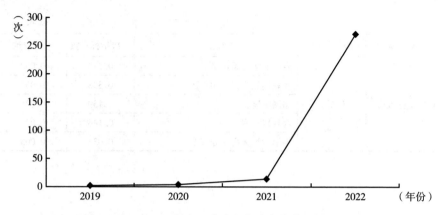

**图1　2019~2022年中国农业文化遗产旅游网络关注度**

资料来源：百度指数、巨量算数（头条搜索指数、抖音搜索指数）、360趋势。

波动趋势。其中，2022年3月、7月、10月、12月的网络关注度相对较高，尤其是3月和7月，呈现明显的爆发式增长趋势，其他月份变化相对较小且网络关注度整体偏低。造成这种现象的可能原因包括国家在2022年3月对农业文化遗产的重视加强以及2022年7月浙江举办了全球重要农业文化遗产大会和丰富的文化节庆等活动。

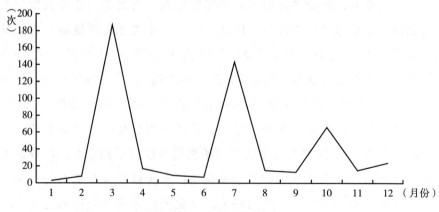

**图2　2022年中国农业文化遗产旅游网络关注度月度分布**

资料来源：巨量算数（头条搜索指数）。

　　基于各大指数平台网络搜索指数，对139项（含扩展项目）中国重要农业文化遗产项目的网络热度进行排名，排名前10的项目如表4所示。我们可以观察到，网络热度较高的项目多为早期审批通过的农业文化遗产项目，其发展时间长、资源品质卓越、基础设施相对完备、旅游文化节事活动丰富，吸引了众多游客的关注，同时较高的网络热度也反映了人们对于农耕文化、传统农业技艺、农业自然景观和乡村旅游的浓厚兴趣。网络平台传递了丰富的农业文化内涵，为中国农业文化遗产的传承与发展注入了崭新的动力。

表4　中国重要农业文化遗产项目网络热度排名前10

| 项目 | 综合得分（分） | 排名 |
| --- | --- | --- |
| 广西龙胜龙脊梯田系统（第二批） | 100.000 | 1 |
| 山东章丘大葱栽培系统（第四批） | 87.946 | 2 |
| 安徽黄山太平猴魁茶文化系统（第四批） | 54.522 | 3 |
| 新疆吐鲁番坎儿井农业系统（第一批） | 44.535 | 4 |
| 山东莱阳古梨树群系统（第六批） | 40.544 | 5 |
| 云南普洱古茶园与茶文化系统（第一批） | 33.035 | 6 |
| 广东潮安凤凰单丛茶文化系统（第二批） | 32.691 | 7 |
| 浙江杭州西湖龙井茶文化系统（第二批） | 11.445 | 8 |
| 福建松溪竹蔗栽培系统（第六批） | 3.585 | 9 |
| 四川盐亭嫘祖蚕桑生产系统（第四批） | 1.000 | 10 |

## （二）中国农业文化遗产旅游关注用户画像

　　关注农业文化遗产旅游的游客大多来自中东部地区经济较为发达的省份和城市。利用巨量算数收集头条搜索指数，以"农业遗产""农业文化遗产""农业文化遗产旅游"为关键词，检索2022年1月1日至2022年12月31日全国31个省（区、市）关注农业文化遗产旅游的人群画像，结果显示，关注度排名前十的用户分别来自广东、山东、河南、江苏、四川、河北、湖北、浙江、山西和广西，表明关注农业文化遗产的用户大多来自旅游资源丰富的地区。

根据巨量算数（头条搜索指数）数据，得到关注中国农业文化遗产旅游的用户的性别和年龄分布情况，性别分布如图3所示，可以看出，男性用户对农业文化遗产旅游的关注度为68%，偏好度为108，关注度和偏好度较高。相比之下，女性用户对农业文化遗产旅游的关注度和偏好度较低。

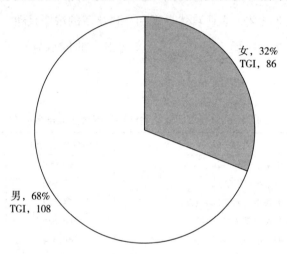

**图3 关注中国农业文化遗产旅游的用户的性别分布**

资料来源：巨量算数（头条指数）。
注：TGI 为偏好度。

在年龄分布方面，对农业文化遗产旅游的关注度和偏好度随用户年龄增长整体呈逐渐上升的趋势（见图4）。其中，18~23岁和24~30岁的用户对农业文化遗产旅游的关注度相对较低，用户数量占比分别为2.95%和9.85%，偏好度分别为64.68和76.44，反映了年轻群体关注农业文化遗产旅游的人数相对较少，但其对中国农业文化遗产旅游存在一定的偏好和兴趣。相对而言，31~40岁、41~50岁、51岁及以上的用户对农业文化遗产旅游显示出较高的关注度。这三个年龄段的用户数量占比和偏好度都相对较高，用户数量占比分别为35.69%、26.84%、24.67%，偏好度分别为96.26、124.73、102.97。可以看出，中年人群对农业文化遗产旅游具有较高的关注度，对农业文化遗产旅游体验也具有浓厚的兴趣。

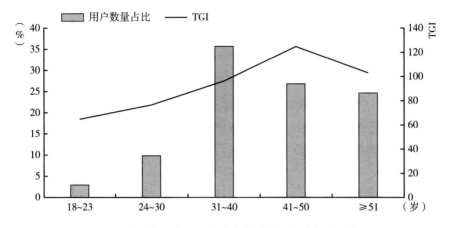

**图4　关注中国农业文化遗产旅游的用户的年龄分布**

资料来源：巨量算数（头条搜索指数）。

注：TGI 为偏好度。

# 三　2022~2023年中国农业文化遗产旅游大数据报告

## （一）中国各省（区、市）农业文化遗产旅游发展综合指数

根据指标体系及基础数据，对31个省级行政区（不含港澳台地区）的农业文化遗产旅游发展综合指数进行排名，具体如表5、图5所示。其中，12个省级行政区的农业文化遗产旅游大数据综合指数超过全国平均41.671；排名前10的分别是浙江省、山东省、江苏省、云南省、广西壮族自治区、安徽省、四川省、湖南省、广东省、福建省。总体而言，排名前10的地区农业文化遗产资源、旅游资源较为丰富，且多集中在南部地区。

**表5　中国各省（区、市）农业文化遗产旅游发展综合指数及排名**

| 省（区、市） | 综合指数 | 排名 |
|---|---|---|
| 北京市 | 41.013 | 13 |
| 天津市 | 34.679 | 18 |

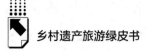

续表

| 省(区、市) | 综合指数 | 排名 |
|---|---|---|
| 河北省 | 45.736 | 12 |
| 山西省 | 19.332 | 29 |
| 内蒙古自治区 | 40.427 | 14 |
| 辽宁省 | 29.798 | 21 |
| 吉林省 | 25.675 | 25 |
| 黑龙江省 | 21.956 | 28 |
| 上海市 | 22.559 | 27 |
| 江苏省 | 69.262 | 3 |
| 浙江省 | 100.000 | 1 |
| 安徽省 | 61.848 | 6 |
| 福建省 | 53.492 | 10 |
| 江西省 | 50.757 | 11 |
| 山东省 | 80.804 | 2 |
| 河南省 | 38.509 | 15 |
| 湖北省 | 38.331 | 16 |
| 湖南省 | 57.683 | 8 |
| 广东省 | 56.051 | 9 |
| 广西壮族自治区 | 63.228 | 5 |
| 海南省 | 27.647 | 24 |
| 重庆市 | 35.939 | 17 |
| 四川省 | 60.968 | 7 |
| 贵州省 | 32.693 | 19 |
| 云南省 | 63.798 | 4 |
| 西藏自治区 | 5.682 | 30 |
| 陕西省 | 28.970 | 22 |
| 甘肃省 | 28.523 | 23 |
| 青海省 | 1.000 | 31 |
| 宁夏回族自治区 | 24.577 | 26 |
| 新疆维吾尔自治区 | 30.861 | 20 |
| 全国平均 | 41.671 | — |

注：数据不包括香港、澳门、台湾。

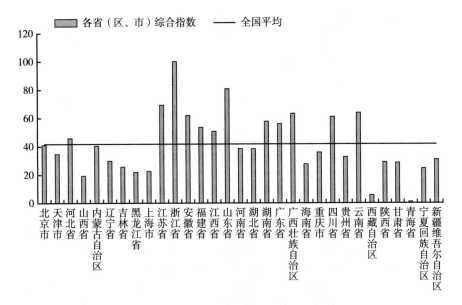

**图5 中国各省（区、市）农业文化遗产旅游发展综合指数**

注：数据不包括香港、澳门、台湾。

## （二）中国各省（区、市）农业文化遗产旅游发展分项指数

根据指标体系和基础数据测算 4 个要素层指标的指数排名，具体结果如表 6、图 6 所示。

基础资源效应指数排名前 15 的省（区、市）为浙江省、江苏省、湖南省、云南省、四川省、江西省、山东省、内蒙古自治区、安徽省、福建省、广东省、广西壮族自治区、陕西省、河北省、新疆维吾尔自治区。我们可以观察到，基础资源效应指数排名靠前的省（区、市）主要聚集在南部地区，拥有丰富的农业文化资源、农业遗产资源以及旅游资源。其中，排名第一的浙江省拥有 14 项中国重要农业文化遗产项目，排名前五的湖南、云南、四川拥有丰富多样的非物质文化遗产，在传统农业文化传承和多元文化融合方面具有优势。

表6 中国各省（区、市）农业文化遗产旅游发展分项指数情况

| 省（区、市） | 基础资源效应 | | 文化传播效应 | | 经济发展效应 | | 环境支撑效应 | |
|---|---|---|---|---|---|---|---|---|
| | 指数 | 排名 | 指数 | 排名 | 指数 | 排名 | 指数 | 排名 |
| 北京市 | 24.135 | 21 | 16.558 | 18 | 59.563 | 11 | 17.610 | 22 |
| 天津市 | 28.607 | 17 | 9.332 | 24 | 36.545 | 19 | 13.365 | 23 |
| 河北省 | 33.156 | 14 | 51.133 | 5 | 55.681 | 14 | 59.207 | 7 |
| 山西省 | 13.841 | 28 | 20.761 | 13 | 35.683 | 20 | 27.244 | 17 |
| 内蒙古自治区 | 39.622 | 8 | 15.212 | 20 | 15.472 | 24 | 11.528 | 25 |
| 辽宁省 | 28.624 | 16 | 19.168 | 14 | 39.010 | 18 | 32.406 | 15 |
| 吉林省 | 28.283 | 18 | 5.227 | 27 | 26.894 | 21 | 5.249 | 28 |
| 黑龙江省 | 14.108 | 27 | 9.456 | 23 | 16.979 | 23 | 21.263 | 19 |
| 上海市 | 1.000 | 30 | 34.262 | 10 | 53.978 | 15 | 22.658 | 18 |
| 江苏省 | 59.569 | 2 | 66.793 | 3 | 100.000 | 1 | 100.000 | 1 |
| 浙江省 | 100.000 | 1 | 100.000 | 1 | 76.266 | 7 | 70.071 | 5 |
| 安徽省 | 37.090 | 9 | 35.680 | 9 | 66.549 | 10 | 47.381 | 8 |
| 福建省 | 35.683 | 10 | 10.872 | 22 | 58.022 | 13 | 39.408 | 12 |
| 江西省 | 48.456 | 6 | 17.577 | 15 | 89.569 | 5 | 36.913 | 13 |
| 山东省 | 47.793 | 7 | 82.146 | 2 | 90.159 | 4 | 80.778 | 3 |
| 河南省 | 20.161 | 24 | 44.705 | 8 | 91.165 | 3 | 66.191 | 6 |
| 湖北省 | 14.396 | 26 | 4.010 | 30 | 72.210 | 9 | 43.270 | 10 |
| 湖南省 | 53.841 | 3 | 23.238 | 12 | 84.913 | 6 | 45.958 | 9 |
| 广东省 | 34.655 | 11 | 49.902 | 6 | 42.812 | 17 | 86.324 | 2 |
| 广西壮族自治区 | 33.955 | 12 | 6.281 | 26 | 94.239 | 2 | 42.429 | 11 |
| 海南省 | 19.378 | 25 | 1.000 | 31 | 13.130 | 25 | 4.256 | 29 |
| 重庆市 | 23.214 | 23 | 17.120 | 16 | 10.324 | 27 | 34.961 | 14 |
| 四川省 | 51.743 | 5 | 51.938 | 4 | 12.500 | 26 | 71.747 | 4 |
| 贵州省 | 28.160 | 19 | 16.182 | 19 | 72.354 | 8 | 11.982 | 24 |
| 云南省 | 52.278 | 4 | 25.505 | 11 | 59.394 | 12 | 18.866 | 21 |
| 西藏自治区 | 13.798 | 29 | 5.207 | 28 | 1.312 | 30 | 1.000 | 31 |
| 陕西省 | 33.772 | 13 | 16.793 | 17 | 43.496 | 16 | 31.330 | 16 |
| 甘肃省 | 26.271 | 20 | 14.266 | 21 | 24.032 | 22 | 20.613 | 20 |
| 青海省 | 1.000 | 30 | 4.012 | 29 | 1.611 | 29 | 2.410 | 30 |
| 宁夏回族自治区 | 24.034 | 22 | 7.406 | 25 | 1.000 | 31 | 6.187 | 27 |
| 新疆维吾尔自治区 | 30.928 | 15 | 49.022 | 7 | 10.044 | 28 | 8.419 | 26 |

注：数据不包括香港、澳门、台湾。

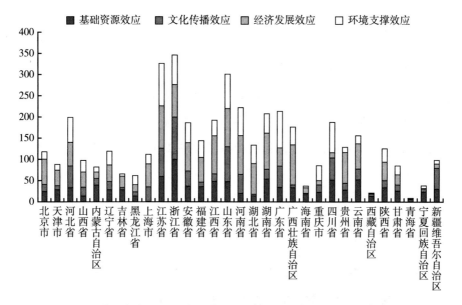

**图6　中国各省（区、市）农业文化遗产旅游发展分项指数情况**

注：数据不包括香港、澳门、台湾。

文化传播效应指数排名前15的省（区、市）为浙江省、山东省、江苏省、四川省、河北省、广东省、新疆维吾尔自治区、河南省、安徽省、上海市、云南省、湖南省、山西省、辽宁省、江西省。总体而言，排名前15的省（区、市）涵盖了东部、中部、西部等多个地理区域，反映了农业文化遗产传播效应影响广泛以及不同地域的农业文化遗产在传播效应方面都有重要的贡献。同时，这些地区在文化保护、非遗传承和展示农业遗产方面的卓越努力对其文化传播效应的提升起到了积极作用。

经济发展效应指数排名前15的省（区、市）为江苏省、广西壮族自治区、河南省、山东省、江西省、湖南省、浙江省、贵州省、湖北省、安徽省、北京市、云南省、福建省、河北省、上海市。根据排名结果可以发现，农业文化遗产旅游具有突出的经济效应，并且具有多元化、地方特色鲜明的特点。其中部分大城市（如北京市、上海市）经济发展效应指数排名靠前，揭示了地区经济水平对农业文化遗产经济效应的发挥具有重要作用。

环境支撑效应指数排名前15的省（区、市）为江苏省、广东省、山东省、四川省、浙江省、河南省、河北省、安徽省、湖南省、湖北省、广西壮族自治区、福建省、江西省、重庆市、辽宁省。根据排名结果可知，中国东部地区农业文化遗产旅游环境支撑效应突出，占主导地位，省际协同、重视环境治理、发挥生态旅游潜力，且具有地域广泛性和生态保护意识完备的特征，为地区农业文化遗产旅游发展提供了更为发达的环境基础和支持体系。

## 四　中国农业文化遗产旅游发展总体分析

随着旅游业蓬勃发展和农业文化遗产在社会意识中的日益凸显，中国农业文化遗产旅游逐渐崭露头角，成为焦点。尤其在当前乡村旅游蓬勃兴起的大背景下，农业文化遗产旅游的发展愈发引人注目。通过对国内7个地理分区农业文化遗产旅游发展综合指数以及基础资源效应、文化传播效应、经济发展效应和环境支撑效应的指数排名分析，可以发现中国农业文化遗产旅游发展对于地区基础条件具有较高的依赖性，且不同地区呈现差异化发展（见表7、图7）。

表7　中国7个地理分区农业文化遗产旅游发展指数

| 地区 | 综合指数 | | 基础资源效应 | | 文化传播效应 | | 经济发展效应 | | 环境支撑效应 | |
|---|---|---|---|---|---|---|---|---|---|---|
| | 指数 | 排名 | 指数 | 排名 | 指数 | 排名 | 指数 | 排名 | 指数 | 排名 |
| 华东地区 | 100.000 | 1 | 100.000 | 1 | 100.000 | 1 | 100.000 | 1 | 100.000 | 1 |
| 西南地区 | 31.018 | 2 | 49.734 | 2 | 27.452 | 2 | 21.514 | 4 | 31.545 | 3 |
| 华北地区 | 27.510 | 3 | 25.418 | 3 | 26.540 | 3 | 30.671 | 3 | 27.880 | 5 |
| 华中地区 | 21.024 | 4 | 10.429 | 5 | 12.765 | 5 | 33.186 | 2 | 38.170 | 2 |
| 华南地区 | 12.584 | 6 | 6.943 | 6 | 8.205 | 6 | 14.095 | 5 | 29.521 | 4 |
| 西北地区 | 13.710 | 5 | 15.952 | 4 | 19.902 | 4 | 6.783 | 6 | 4.787 | 6 |
| 东北地区 | 1.000 | 7 | 1.000 | 7 | 1.000 | 7 | 1.000 | 7 | 1.000 | 7 |
| 平均值 | 29.549 | — | 29.295 | — | 27.981 | — | 29.607 | — | 33.272 | — |

注：数据不包括香港、澳门、台湾。

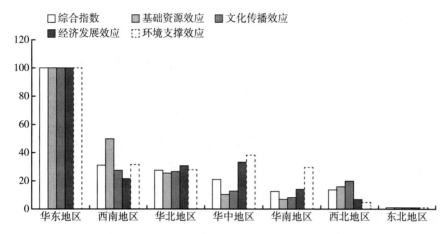

**图7　中国7个地理分区农业文化遗产旅游发展指数**

注：数据不包括香港、澳门、台湾。

华东地区的综合指数和基础资源效应、文化传播效应、经济发展效应、环境支撑效应各分项指数均位列第一。该地区在农业文化遗产旅游发展方面具备强大的整体实力，农业文化资源丰富多样、旅游基础设施完备、文化传承活跃、经济回报显著、环境保护有效。

西南地区的综合指数和基础资源效应、文化传播效应分项指数排名第二，显示该地区在农业文化遗产资源的丰富度和传播力度上具备较强的优势，西南地区丰富的农业自然景观、特色民族文化和珍贵的非遗技艺等资源是吸引游客的主要因素。然而，该地区在经济发展效应和环境支撑效应方面还有提升的空间，需要加强政策支持、加大资金投入、增加居民收入、提升居民生活水平、激发乡村旅游以及农业文化遗产旅游市场活力，并加强地区农业文化遗产的保护与传承。

华北地区的环境支撑效应指数排名略靠后，显示该地区在农业文化遗产保护和政策支持、环境保护等方面还有提升空间。华北地区作为中国重要的经济、政治和文化中心，仍然具备较大的发展潜力，特别是在基础资源效应、文化传播效应、经济发展效应方面，华北地区拥有丰富的历史遗存和文化积淀，可以借此推动农业文化遗产旅游的发展。加强政策扶持、

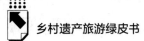

促进区域协同发展以及资源的可持续发展将有助于增加华北地区的旅游吸引力。

华中地区的经济发展效应、环境支撑效应分项指数均排名第二，显示该地区持续的经济增长态势以及可持续发展理念为农业文化遗产旅游提供了稳健的经济、政策和生态环境支持，在农业文化遗产旅游发展、农业文化遗产政策支持与环境保护等方面成效显著。然而，该地区综合指数和基础资源效应、文化传播效应分项指数排名略靠后，需要进一步整合农业遗产与旅游资源，探索创新型传播策略，提升品牌知名度，发挥华中地区农业文化遗产旅游的独特优势。

华南地区和西北地区在中国农业文化遗产旅游发展中具有各自的特点，各指标反映了一定的优势和不足。华南地区农业文化遗产旅游发展各指数排名居中下游，蕴含着较大的发展潜力，具有较大的发展空间，其坚实的经济实力、强劲的城市发展动能以及独特的农业文化遗产资源将为农业文化遗产旅游发展提供强大的市场支持。西北地区经济发展效应、环境支撑效应分项指数排名均偏低，但其特有的草原文化、农耕传统、牧民习俗和古老遗迹是农业文化遗产旅游的宝贵资源，有待深入挖掘和整合，打造丰富的文化旅游产品。

东北地区在综合指数以及各分项指数排名中均居于末位，反映了该地区在农业文化遗产旅游发展方面相对较弱。这可能与地区发展不均衡、资源挖掘不充分等有关，需要在加强历史文化资源挖掘和整合、丰富文化传播途径、引入投资促进多业态融合发展等方面进行提升和改善。

综上所述，中国农业文化遗产旅游发展在不同地区呈现差异化的特征，且具有丰富的多样性和巨大的潜力，各地区可以根据自身特点，充分发挥自身优势，通过加强整合基础资源、优化文化传播策略、推动产业融合和促进环境可持续发展等策略，不断提升农业文化遗产旅游的吸引力和影响力，给予游客独特而丰富的旅游体验，同时也为地方经济增长和文化传承注入新的动力。

# 2023年农业文化遗产旅游
# 资源的内涵、特征与评价

闵庆文　王博杰*

**摘　要：** 研究与实践均表明，旅游是农业文化遗产动态保护与适应性管理
的重要途径之一，农业文化遗产旅游也成为农业文化遗产保护与
遗产旅游的重要研究领域。本文在系统梳理相关文献的基础上，
结合农业文化遗产旅游发展实践，提出了农业文化遗产旅游资源
的概念、内涵与类型，在此基础上进一步分析了农业文化遗产旅
游资源的主要特征及其潜力挖掘过程中需重点关注的问题。研究
发现，农业文化遗产旅游资源具有动态性、区域性、生产与生活
耦合性，以及生态与文化复合性的特点，建议在旅游资源开发前
期，对相关资源的价值、开发适宜性和开发利用潜力以及关联性
旅游资源进行系统评价，在考虑农业文化遗产地整体资源特征的
基础上，合理审慎进行开发利用。

**关键词：** 农业文化遗产　旅游资源　动态保护　适应性管理

---

\* 闵庆文，博士，中国科学院地理科学与资源研究所自然与文化遗产研究中心副主任、研究
员，中国科学院大学岗位教授、博士研究生导师，北京联合大学特聘教授，农业农村部全球
重要农业文化遗产专家委员会主任委员，曾任联合国粮农组织全球重要农业文化遗产科学咨
询小组主席，主要研究方向为农业文化遗产保护；王博杰，中国科学院地理科学与资源研究
所博士研究生，主要研究方向为自然保护地管理、遗产旅游与生态旅游。

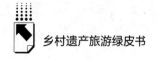
# 一 农业文化遗产旅游资源及其分类

## （一）农业文化遗产及其保护简要回顾

历经 20 年的发展，截至 2023 年 12 月，全球已有 26 个国家的 86 项传统农业系统被联合国粮农组织（FAO）列入全球重要农业文化遗产（GIAHS）保护名录，这极大地推动了国际社会对农业文化遗产保护工作的认同，而 GIAHS 对于区域的可持续发展以及联合国可持续发展目标的实现均发挥着重要作用。2022 年 10 月，联合国粮农组织总干事屈冬玉在 FAO 纪念 GIAHS 保护倡议发起 20 周年大会上指出，GIAHS 作为保护传统农业系统的开创性举措，已在国际上形成广泛的合作网络，同时密切配合地方治理系统，为各级合作提供了有效模式。[①] 不同于以往的文化遗产、自然遗产、文化景观和非物质文化遗产，农业文化遗产是一类典型的"社会-经济-自然"复合系统，具有鲜明的复合性。[②] GIAHS 在全球各地的农村社区改善小农生计、推广农业旅游、宣传地方特色产品和文化、保护生物多样性、创造绿色农业就业岗位、为妇女和青年赋权等方面发挥着积极表率作用。

截至 2023 年 12 月，我国已有 22 项传统农业系统入选 GIAHS 保护名录，数量居全球首位。2022 年 7 月，习近平主席在向全球重要农业文化遗产大会所发的贺信中强调，人类在历史长河中创造了璀璨的农耕文明，保护农业文化遗产是人类共同的责任。中国积极响应联合国粮农组织全球重要农业文化遗产倡议，坚持在发掘中保护、在利用中传承，不断推进农业文化遗产保护实践。中方愿同国际社会一道，共同加强农业文化遗产保护，进一步挖掘其经济、社会、文化、生态、科技等方面价值，助力落实联合国 2030

---

[①] 《关于公开征求〈广东饶平单丛茶文化系统保护与发展规划（2023—2035 年）〉（征求意见稿）意见的公告》，饶平县农业农村局，2023 年 7 月 20 日，http：//www. raoping. gov. cn/czrpnyj/gkmlpt/content/3/3853/mpost_3853913. html#23744。

[②] 闵庆文：《农业文化遗产旅游：一个全新的领域》，《旅游学刊》2022 年第 6 期。

年可持续发展议程，推动构建人类命运共同体。①

2012 年，农业农村部（原农业部）开始了中国重要农业文化遗产（China Nationally Important Agricultural Heritage Systems，China-NIAHS）的发掘与保护工作，截至 2023 年 12 月已发布 7 批 188 项。2015 年，中国发布并实施《重要农业文化遗产管理办法》，是世界上第一个关于农业文化遗产管理的法律文件。此后，农业农村部先后组织开展了全国农业文化遗产普查工作，成立了全球/中国重要农业文化遗产专家委员会，启动了农业文化遗产监测评估工作，出台了全球重要农业文化遗产预备名单，逐步形成了"政府主导、多方参与、分级管理"的重要农业文化遗产管理体系。我国的农业文化遗产保护工作已取得了显著成果，为推动乡村文明和生态文明建设，将乡村文化资源转化为文化红利，促进乡村文化和旅游深度融合，以及维护粮食安全，维系地方生计，保护物种、粮食品种和文化的多样性，进而推动实现乡村全面振兴提供了强大助力。

## （二）农业文化遗产旅游资源概念

作为旅游学科视角和行业实践过程的一个重要概念，旅游资源（tourism resources）是指一切可用于发展旅游业的自然资源和人文资源的总称②，是一个复杂且极具包容性的系统③。国内旅游业发展始于 20 世纪 70 年代末，地理学、经济学学者最早进入旅游研究领域，依据旅游资源的客观物理属性对其进行定义与开发利用评价；20 世纪 80 年代，旅游逐渐市场化，对旅游资源的认识逐渐拓展到主体、客体和市场视角并不断完善；20 世纪 90 年代初，旅游吸引物（tourism attraction）的概念进入中国④，在实际应用层面，中文

---

① 《习近平向全球重要农业文化遗产大会致贺信》，"人民网"百家号，2022 年 7 月 19 日，https：//baijiahao. baidu. com/s?id = 1738728319337732816&wfr = spider&for = pc。
② Jafari，J.，*Encyclopedia of Tourism*，London：Routledge，2001.
③ 郭来喜、吴必虎、刘锋等：《中国旅游资源分类系统与类型评价》，《地理学报》2000 年第 3 期。
④ 保继刚、陈苑仪、马凌：《旅游资源及其评价过程与机制：技术性评价到社会建构视角》，《自然资源学报》2020 年第 7 期。

"旅游资源"和英文"tourism attraction"均用以指代对旅游者具有吸引力的各种事物和现象。

旅游资源是旅游目的地发展的基础条件，旅游资源的概念随着旅游业的发展而不断拓展。旅游业由改革开放初期的外事接待事业逐步发展为国民经济产业，并发展为国民经济的战略性支柱产业。相应地，旅游资源开发的导向性更加显著，对多元化的旅游产品和个性化的旅游体验的需求催生了诸多新的旅游产品,[1] 如乡村旅游、城市旅游、工业旅游、农业旅游、生态旅游、研学旅游、科普旅游、文化旅游、康养旅游、遗产旅游、体育旅游、夜间旅游等，这些旅游产品使人们对旅游资源的认识不断拓展。

研究与实践表明，旅游是农业文化遗产动态保护与适应性管理的有效途径。在以系统性、活态性为主要特征的农业文化遗产系统中，"农业"并非一般意义上的单纯经济活动，而是具有深厚生态和文化价值的特殊产业，这种特殊的价值使得传统农业系统成为自然保护地或文化遗产地，因而农业文化遗产旅游不能简单地等同于农业旅游或乡村旅游等；"文化"并非一般意义上的乡土文化，农业文化遗产中的"文化"植根于农业，同时集成了生态文化、农耕文化、民族文化、建筑文化、饮食文化、服饰文化、民俗文化等要素；"遗产"也并非固态的遗址、古迹或记忆，而是具有原初性农业生产功能的活态遗产，需要关注其可持续发展的问题。

综合来看，农业文化遗产作为复合生态系统，具有农业生产、生态系统、乡村景观、乡村文化等多重特征，是具有突出生态价值、经济价值、社会价值、文化价值、科研价值和示范价值的遗产。[2] 因此，农业文化遗产旅游资源及其产品的内涵丰富，形式也呈现交叉耦合特性，既具有遗产旅游的特性，也兼具生态旅游、农业旅游、乡村旅游等的特征，同时具有发展研学旅游、康养旅游等多种旅游产品的潜力。

---

[1] 郭为、秦宇、黄卫东等：《旅游产业融合、新业态与非正规就业增长：一个基于经验与概念模型的实证分析》，《旅游学刊》2017年第6期。

[2] 孙业红、闵庆文、刘某某：《农业文化遗产地旅游资源利用的多类型比较——以技术型、景观型和遗址型遗产为例》，《资源科学》2013年第7期。

农业文化遗产主要包括农业生物多样性、传统农业技术和知识体系、农业生态景观、农业文化等核心要素，这些要素也是农业文化遗产最具吸引力的旅游资源。据此可将农业文化遗产旅游资源定义为与农业文化遗产相关且能对旅游者产生吸引力，可为旅游业开发利用并能够产生经济效益、社会效益和生态效益的各种事物与现象。

## （三）农业文化遗产旅游资源内涵

农业文化遗产是一个复杂的人地关系系统，除了其核心要素已经取得共识，学者们对于其旅游资源是否应当包括由其核心要素所衍生的自然、人文景观以及各类文化现象等资源要素仍存在不同观点。在农业文化遗产旅游资源的划分上，学界有两类观点：一是将农业文化遗产旅游资源分为主体要素和辅助要素，其中主体要素为农业文化遗产的核心要素，辅助要素则是由主体要素衍生的各类可供发展旅游的资源；二是将农业文化遗产旅游资源泛化为农业文化遗产地旅游资源，即凡是在农业文化遗产地范围内的旅游资源均可被视为农业文化遗产旅游资源。考虑到上述两种观点以及农业文化遗产所具有的系统性、复合性和活态性，农业文化遗产旅游资源可以从广义和狭义两个方面进行理解。[①] 广义的农业文化遗产旅游资源等同于农业文化遗产地旅游资源，而狭义的农业文化遗产旅游资源则更强调农业文化遗产系统及其核心要素。

农业文化遗产旅游与观光旅游、乡村旅游、生态旅游、农业旅游、非物质文化遗产旅游、康养旅游等旅游形式存在共通之处，但在本质上是不同的。与传统的观光旅游相比，农业文化遗产旅游更强调农业知识的传递和农业活动的体验；与乡村旅游相比，农业文化遗产旅游更突出遗产的历史价值和传承底蕴；与一般的自然生态旅游、非物质文化遗产旅游、传统村落旅游相比，农业文化遗产旅游同时包含以上旅游要素，能够提供更为多元和丰富的旅游体验。农业文化遗产旅游资源与不同旅游业态之间的联系如图1所示。

---

① 闵庆文、孙业红、成升魁等：《全球重要农业文化遗产的旅游资源特征与开发》，《经济地理》2007年第5期。

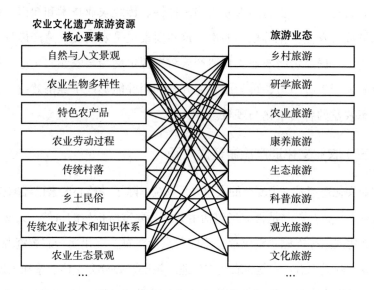

农业文化遗产旅游资源
核心要素

旅游业态

自然与人文景观 → 乡村旅游
农业生物多样性 → 研学旅游
特色农产品 → 农业旅游
农业劳动过程 → 康养旅游
传统村落 → 生态旅游
乡土民俗 → 科普旅游
传统农业技术和知识体系 → 观光旅游
农业生态景观 → 文化旅游
...   ...

**图1 农业文化遗产旅游资源与不同旅游业态之间的联系**

农业文化遗产旅游资源的核心是"遗产资源",属于文化旅游、生态旅游、遗产旅游和乡村旅游交叉的范畴,其重要功能是确立遗产地的文化身份。与此同时,大多数农业文化遗产地也是重要生态功能区或自然保护地,有着重要的生态功能,这是它与乡村旅游和农业旅游的重要区别。① 农业文化遗产旅游资源发展的核心在于帮助旅游者对农业文化遗产进行系统体验、学习和了解,包括了解当地传统农业生产和与之相关的传统技术与知识体系以及体验生态景观、农业生物多样性、独特文化与民俗、生活方式等。② 在此基础上,农业文化遗产地发挥教育和科普的功能,通过旅游项目、旅游产品、旅游服务等构成的旅游产品体系增强所有利益相关者对农业文化遗产的内源性保护意识,同时通过对农业文化遗产准确和有趣的解说实现传统农业

---

① Min, Q. W., Wang, B. J., Sun, Y. H., "Progresses and Perspectives of the Resource Evaluation Related to Agricultural Heritage Tourism", *Journal of Resources and Ecology*, 2022, 13 (4): 708-719.

② Tian, M., Min, Q. W., Jiao, W. J., et al., "Agricultural Heritage Systems Tourism: Definition, Characteristics and Development Framework", *Journal of Mountain Science*, 2016, 13 (3): 440-454.

文化在代内和代际的传递。因而农业文化遗产旅游可以视作融合了农业旅游、乡村旅游、生态旅游等多元业态特点的特殊遗产旅游类型。

## （四）农业文化遗产旅游资源类型

农业文化遗产旅游资源包括农业生物多样性、传统农业技术和知识体系、农业生态景观、农业文化等核心要素。[①] 这些资源类型提供了多样化的体验，让游客从不同角度深入了解农村生活和文化。通过实际参与农业活动、了解传统艺术、欣赏自然景色以及亲近农业历史，游客可以感受到浓厚的地域特色。[②] 基于《旅游资源分类、调查与评价》（GB/T 18972—2017）可以将农业文化遗产旅游资源划分为以下类别（见表1）。

**表1 农业文化遗产旅游资源主要类别**

| 类别 | 主要特征 |
| --- | --- |
| 自然与人文景观 | 遗产地最具代表性且具有旅游功能的自然与人文景观 |
| 农产品 | 遗产地生产的特色农产品 |
| 非物质类技术与文化遗存 | 遗产地长期生产与实践中形成的农业生产技术、传统知识、地方习俗、民间文学艺术、传统服饰装饰、演艺等 |
| 天气与气候现象 | 遗产地的特殊天气、气候、物候等现象 |
| 岁时节令 | 遗产地与农业生产相关的传统节日、宗教活动和农业节事活动等 |
| 手工工艺品 | 遗产地依托传统农业生产系统所形成的各类手工工艺制品 |
| 人文景观综合体 | 遗产地各类历史或现代的人文建筑与设施场所 |
| 生物景观 | 遗产地范围内的生物资源及其栖息地景观 |
| 水域景观 | 遗产地范围内河、湖、海、冰川等涉水景观 |
| 地文景观 | 遗产地范围内特殊的地质或地貌景观 |

按资源提供的不同体验，上述农业文化遗产旅游资源可分为生产体验型旅游资源、文化节事型旅游资源、自然生态型旅游资源和农业景观型旅游资源四种类型。

---

[①] 闵庆文、孙业红、成升魁等：《全球重要农业文化遗产的旅游资源特征与开发》，《经济地理》2007年第5期。

[②] 孙业红、闵庆文、成升魁等：《农业文化遗产旅游资源开发与区域社会经济关系研究——以浙江青田"稻鱼共生"全球重要农业文化遗产为例》，《资源科学》2006年第4期。

### 1. 生产体验型旅游资源

生产体验型旅游资源的核心在于提供真实的农村生产体验，将游客从旁观者变为参与者，这类旅游资源满足了游客亲近自然和体验农耕生活的需求。生产体验型旅游资源侧重于传承农耕农事活动的实际操作和体验，让游客能够亲自参与农业活动，如农作物的种植与收获、畜牧业及渔业农产品养殖等，从而能更深入地了解传统农业技术和生产过程。

以研学为核心的旅游资源开发能够较好地体现此类农业文化遗产的价值。作为可传承的活态遗产和传统农业生产方式，农业文化遗产不仅涵盖丰富的生物多样性和独特的土地利用系统，还蕴含深厚的历史文化价值，其内含的农业教育资源多种多样，具备巨大的开发价值，且与研学旅游的性质和需求相契合，为研学旅游的发展提供了强大动力。利用农业文化遗产发展研学旅游，不仅有助于传统农业知识和农耕文化在代内和代际传承，还可以促进农业文化遗产的动态保护和适应性管理。目前大多数农业文化遗产旅游是观光游览，尚未充分发挥遗产地的研学功能和教育科普潜力。因此，更好地推动农业文化遗产地的研学旅游发展，实现其研学功能，进而增强中小学生对农业文化遗产的认知和内源性保护意识，对于农业文化遗产的可持续保护至关重要。一方面，此类旅游资源为游客提供了关于农业生产、生态保护、可持续发展等方面的教育机会，让游客可以更深入地了解食物的来源、农村社区的重要性等；另一方面，游客可以体会农业生产的不易以及传统农业生产系统的历史价值，增进游客对遗产保护的认同。

### 2. 文化节事型旅游资源

文化节事型旅游资源通过呈现农业文化遗产中的农村文化、地域文化或民族文化等，从历史、艺术、社会等角度展示农业文化的丰富性和传统农业系统的独特文化魅力。此类旅游资源强调农业文化遗产的历史背景、社会意义以及与当地文化传统的关联，游客可以在互动、学习和体验中获得这些信息。[1] 文化节事型旅游

---

[1] 李永乐、闵庆文、成升魁等：《世界农业文化遗产地旅游资源开发研究》，《安徽农业科学》2007年第16期。

资源强调农业的历史、演变和传承，游客可以了解农村社区的发展历程以及不同历史时期的农业实践和技术，通过展示农村文化的方方面面，如民间艺术、传统工艺、乡村建筑等，向游客传递当地文化的独特魅力。

饮食文化是农业文化遗产文化节事型旅游资源的重要方面。地方特色农产品及独特的美食文化，不仅满足了游客的基本饮食需求，还为游客提供了了解乡土文化的窗口。农业文化遗产地拥有丰富、高品质且原生态的农产品。由于地域、物产、气候、风俗等方面的差异，再加上原料选择、烹饪方法、口味和饮食习惯等方面的不同，每个遗产地都形成了独特的地方美食。除了满足基本的饮食需求，这些地方的饮食文化还展示了原真性和活态传承性，具有重要的展示和体验功能。农业文化遗产地的游览及住宿空间可以充分利用这些本土饮食资源，在保证饮食文化原汁原味的前提下，结合本土饮食环境、餐具和饮食展示等，打造独具特色的餐饮文化产品。

利用文化节事型旅游资源，游客与农村居民互动，了解农村的生活方式、价值观和传统习俗，增进了不同文化之间的相互理解与尊重。同时，利用文化节事型旅游资源开展艺术表演、民间传统活动等，让游客在观赏中了解农村文化的内涵，为游客提供了学习机会，使他们能够更深入地了解农村社区的历史、文化背景、人类与环境的关系。

### 3. 自然生态型旅游资源

自然生态型旅游资源包含两个层面。第一，自然生态类知识的教育传递。这类旅游资源可以将游客引入传统农业系统所处的自然环境和农村，给游客提供了解农业生产的机会，强调农业与自然生态的相互关系，并提供真实的自然体验，促进文化传承、环境教育和社区发展的融合。[1]自然生态型旅游资源将自然景观与农村文化相融合，展现了农业在自然环境中的独特地位和作用，游客可以在美丽的乡村环境中欣赏梯田、茶林、草地等风光，同时了解生态系统、生物多样性保护等方面的知识，

---

[1] 闵庆文、孙业红、成升魁等：《全球重要农业文化遗产的旅游资源特征与开发》，《经济地理》2007 年第 5 期；孙业红、闵庆文、成升魁等：《农业文化遗产的旅游资源特征研究》，《旅游学刊》2010 年第 10 期。

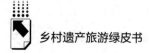

提高游客对农业文化遗产生态功能的认知，提升环境保护意识。

第二，康养旅游产品的提供。利用农业文化遗产地优越的自然环境、丰富的文化、多元优质的农产品，突出康养和生态为产品的核心价值，推动养老、养生、休闲、健体等理念融合，提供康养旅游产品。例如，利用农产品资源，发展药膳、药浴等康养旅游活动；将康养健身与体育产业相结合，开展乡间越野、遗产地马拉松、农遗自然生态探险等活动；利用自然生态型旅游资源，发展生态旅游，促进健康养生、自然教育、体育休闲的多元融合，发挥农业文化遗产地优越的自然生态资源禀赋。

**4. 农业景观型旅游资源**

农业景观型旅游资源将传统农业文化景观作为旅游资源，通过展示农村地区的景色、田园风光和农业活动，向游客传递遗产地的独特魅力，强调自然景观与农村生活方式的融合。此类旅游资源主要包括复合的农业生产景观和传统乡村建筑景观。

农业生产景观，也就是一般意义上的田园景观，体现了遗产地的生态特色和历史底蕴，游客在欣赏或壮阔或精巧的农业生产景观的同时，能直接感悟其与周边生态环境的互惠共存关系；传统乡村建筑景观包括乡舍、传统村落、寺观庙宇等，充分体现了遗产地的地方特色和传统文化色彩。农业景观型旅游资源利用遗产地独特的自然人文复合美景和农业文化，为游客提供了一个走近自然、了解遗产的机会。

## 二　农业文化遗产旅游资源的主要特征

### （一）动态性

农业文化遗产旅游资源具有动态性特征，在短期内随季节变化，在长期内受外界因素扰动而不断演变。农业文化遗产旅游资源在不同季节呈现截然不同的面貌，这与农业生产和自然环境的季节性变化密切相关。作为一种农业生产系统，农业文化遗产旅游资源随着春耕、夏耘、秋收、冬藏等农业生产活动在不同的季节呈现不同的风貌和魅力，森林植被与田园景观具有明显的物候特征，农业生产衍生的乡村文化活动，如传统节事、民间习俗等也遵循固定的周期。这些现象与活动周而复始，呈现明显的季节性、周期性。另外，农业文化遗产旅游资源受到社会、经济和文化因素的影响会随着时间的推移发生变化。农业生产技术可能随着科技进步而演变，传统农业文化也可能受到外部文化的冲击和影响而逐渐改变。同样，旅游资源的开发和管理也会引入新的元素，以满足游客需求和环境保护的要求。因此，农业文化遗产旅游资源在长期中会随着社会变革和文化发展不断变化。

## （二）区域性

农业文化遗产旅游资源具有区域性特征，并且同时具备区域相似性和差异性。不同地区的农业文化遗产旅游资源可能存在一些相似性，这源于共同的农业传统以及自然环境，因此产生了诸多相似的农业系统。例如，稻鱼共生景观既存在于浙江青田稻鱼共生系统中，也存在于黔东南的从江侗乡稻鱼鸭系统中；梯田景观不仅广泛分布于南方的山地地区，还分布于北方旱地地区。这种相似性使得游客可以在不同地区之间寻找共通之处，也有助于不同地域进行旅游资源发展的对比和交流。

农业文化遗产旅游资源受地理、气候、历史、文化等因素的影响，在不同地区之间也展现了显著的差异性。不同地区的农村文化具有不同的特点，从种植习惯、饮食文化到农村节庆，都可能因地区而异。同时，自然环境的多样性也会导致不同地区的农业系统景观存在差异，如山地农业、平原农业等。这种差异性使得游客可以在各个地区体验不同的文化和景观，拓宽视野，深入感受不同遗产地的独特魅力。

## （三）生产与生活耦合性

农业文化遗产旅游资源与遗产地的生产和生活息息相关。传统农业系统通过农业、文化、生态与社会的耦合，以农业体验、文化传承、环境教

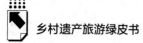

育等方式为游客提供综合性体验，让其更加深入了解遗产地的生活和文化。

遗产地的生产、生活与遗产的保护与发展密切相关，当地的生产生活也就成为一种体验型旅游资源。游客可以参与农业生产活动与农户日常生活，例如种植、收获、节事活动等，通过参与体验，游客能够深入了解农村生活的方方面面，感受真实的乡土社会。

农业文化遗产旅游资源使游客更接近食物的生产过程。农业文化遗产是一种传统农业生产系统，其重要功能在于提供食物与维持农户生计，这也是连接生产与生活的重要纽带，游客通过直接参与食物的生产与制作过程，不仅可以品尝新鲜的农产品，同时可以更好地理解食品与生产、生活的关联。

此外，农业文化遗产旅游资源通过历史与现实的结合，将传统农业生产方式与现代生活联系起来，让游客体会到农村社区的历史传承及在现代社会中保留的特色。

## （四）生态与文化复合性

农业文化遗产是在特定生态环境下人类与自然相互作用和相互影响的文化产物，体现了生态系统与文化的紧密关系。农业文化遗产旅游资源具有显著的生态与文化复合性特征，强调人与自然的和谐共生，注重传统知识、价值观和生活方式在生态环境中的传承和应用。

遗产地的居民在生产与生活中，逐渐形成了适应特定生态环境的知识、技能和价值观，这些生态适应性也使得遗产地的文化带有显著的生态特色，传递着关于生态系统、自然资源和生物多样性的丰富知识，这种知识可以作为生态教育与游憩观光的重要内容，为游客提供生态文化相关的丰富体验。

农业与生态系统的强关联性也使得文化与生态共生共存，遗产地社区在生态环境中生生不息。文化和生态系统共同构成了完整的生态社区，相互依存、相互促进，在维系遗产系统的同时，也使得农业文化遗产旅游资源带有明显的生态与文化复合性特色。

# 三　农业文化遗产旅游资源评价

## （一）资源价值评价

农业文化遗产和已有的自然与文化遗产以及非物质文化遗产密切相关，它具有复合性、活态性和战略性，拥有多层次的价值体系。[①] 从资源价值的角度来看，农业文化遗产旅游资源具有审美价值、文化价值、历史价值、产品价值、精神价值等。

### 1. 审美价值

审美价值，又称美学价值，是指农业文化遗产旅游资源赋予游客的生理和心理上的美感。这种价值源自农业生产和生活空间形成的文化景观，还包括语言、艺术、哲学、宗教等要素，它体现在三个方面：审美感知价值、审美体验价值和审美理想价值。审美感知价值指人们在观察审美对象时，从其内在和外在属性，如形态、色彩、声音、质地等，获得的感受和知觉。这是美的直接体验，是由感官对审美对象的属性进行感知而产生的。审美体验价值建立在审美感知的基础上，通过审美经验产生情感体验和心理验证。审美体验价值涵盖了个体在审美过程中产生的情感体验，是对审美对象更深层次认知的反映。审美理想价值是关于审美对象外在形态美和内在本质美的综合性认知和理想化追求。审美理想价值表现为对审美对象外在美和内在美的综合认知，以及在审美追求中所体现的审美趣味。审美价值在农业文化遗产旅游资源价值中具有重要地位，不仅为人们带来美感体验，还反映了人们对农业文化遗产的深刻认知和情感体验。体验审美价值能够让人们更好地理解和欣赏农业文化遗产所蕴含的独特之美。

### 2. 文化价值

文化价值是指农业文化遗产所具备的特有的物质和非物质的文化特征，

---

[①]　张永勋、闵庆文、李先德：《红河哈尼稻作梯田旅游资源价值空间差异评价》，《中国生态农业学报》2018 年第 7 期。

这些特征是在漫长的历史发展中逐渐形成的，能够作为旅游资源进一步开发利用，并对游客产生吸引力。文化价值包括文化多样性价值、文化特色价值和文化传承价值。文化多样性价值是指农业文化遗产以人地关系为基础，孕育了多种形式的文化，例如农耕文化、饮食文化、民俗文化以及建筑文化等。文化特色价值则强调这些文化特质在时间和空间上与非农产业、其他地区农业相比具有的独特差异。文化传承价值强调农业文化遗产在历史发展中，对不断变化的文化的坚持，体现了文化的稳定性。深入探索这些文化价值，游客可以更好地了解和体验农业文化遗产的丰富内涵，有助于农业文化遗产的弘扬和传承。

### 3. 历史价值

农业文化遗产旅游资源的历史价值是指这些资源所蕴含的信息能够反映人类农业活动的发展历程以及遗产地自然和文化的变迁。历史价值具有鲜明的时代特征，能够帮助人们还原农业历史、解读农业思想、回顾农业活动，进而梳理丰富的农业文化。同时，历史价值对于认识特定地域和族群的农业发展具有重要的意义，为我们把握农业发展方向提供了宝贵的参考。历史价值可以进一步分为以下几个方面。一是历史传承价值，指的是农业文化遗产通过延续一个或多个方面的农业文化，保留了重要的物种、生产方式、社会风俗等。这些传承体现了人类农业活动的历史脉络，将过去的农业生产方式和文化特点传承下来。二是历史反映价值，农业文化遗产作为见证者，通过物质和非物质的方式，反映了遗产地不同历史时期的社会生活及发展状况。通过遗产的展示和解读，人们可以窥见过去的生活场景和社会变迁。三是历史证实价值，农业文化遗产是人类历史发展的证据支持。从农业工具到农耕方式，这些实物和文化元素都是历史发展的见证，为研究人类社会的历史演进提供了实物依据。农业文化遗产旅游资源具有的历史价值为游客提供了深入了解和体验传统农业文化的机会。在游览这些遗产的过程中，游客可以感受到厚重的历史，进一步探索人类与农业紧密交织的历史轨迹。

### 4. 产品价值

农业文化遗产旅游资源的产品价值体现在其对人和社会发挥重要的经济

作用，具体表现在其能够提供实物产品和休闲产业。产品价值可以进一步分为直接产品价值和间接产品价值。直接产品价值指的是农、林、牧、渔等产品以及副产品所获得的经济效益，它们进入市场，满足人们的需求，为生产者带来实际收益。这些产品源自农业文化遗产，可以作为旅游商品或旅游纪念品加以销售，收益即是其实际经济产出，对于当地农民的生计和地方经济的增长有着直接显著的影响。间接产品价值则是建立在农业文化遗产基础上的旅游和文化产业所创造的价值。旅游和文化产业能够吸引游客和文化爱好者，为农村地区带来了新的经济动力，创造就业机会，促进相关服务业的发展，从而间接推动地方经济的增长。农业文化遗产旅游资源的产品价值不仅带动了农村地区的经济发展，也丰富了当地居民的收入来源，为社会的可持续发展注入了新的活力。

5. 精神价值

农业文化遗产旅游资源的精神价值包括人与自然互动，尤其是在人类对自然适应的过程中所凝聚的民族精神、思想精髓、气质情感等。精神价值在农业活动中扮演着重要角色，也为游客理解农业文化遗产的内在价值提供了有力指引。具体而言，精神价值可从以下几个方面进一步阐述。一是宗教信仰价值，指在农事生产和日常生活中的宗教体系，它能够激发人们勤劳耕作、追求善良品德。宗教信仰为农业文化注入了深刻的情感和灵性内涵，推动人们在农事活动中保持对自然的尊重和谦逊。二是文化认同价值，凸显了个体受群体文化影响，对自己所处地域、民族甚至国家的文化有强烈的认同感。这种认同不仅加深了个体与农业文化遗产的情感联系，也构建了更加紧密的社会群体。三是情感表达价值，这是群体集体气质和精神的体现，如坚韧不拔、敢于攻坚克难、开拓前进等品质，这些特质能够促进农业文化的传承和发展。情感表达价值在农业活动中的深化，为农村地区带来稳定的农业生产和文化传承环境。四是思想价值，强调在遗产地范围内长期的人地关系所塑造并传承至今的人生观、世界观、价值观。这些思想价值不仅反映了农业与人类生活的关系，也凸显了农业文化遗产的特质和意义。农业文化遗产旅游资源的精神价值不仅关乎历史，还涉及民族精神、思想

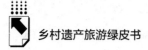
精髓和情感体验等多个层面，深入理解和体验这些精神价值，游客可以更加全面地认识农业文化遗产的内在魅力，有助于农业文化遗产的传承与发展。

## （二）开发适宜性评价

农业文化遗产旅游资源开发适宜性评价是在深入探究农业文化遗产特点的基础上，对遗产地旅游资源从资源要素价值、时间适宜性和空间适宜性角度进行全面综合评估，旨在明确是否适宜进行农业文化遗产旅游资源的开发与利用。[①] 农业文化遗产旅游资源作为遗产地资源的一部分，具有整体性、复合性和全域性的特征。充分了解农业文化遗产的内涵，将保护传承与经济效益相结合是开展开发适宜性评价的核心目标。农业文化遗产旅游资源开发适宜性评价包括历史文化价值、艺术观赏价值、科学研究价值、自然环境条件、交通可达性、资源规模潜力、游客舒适度等指标。以历史文化价值、艺术观赏价值和科学研究价值为核心的资源要素价值指标决定了农业文化遗产资源的旅游开发程度；以资源规模潜力、自然环境条件、交通可达性和游客舒适度为核心的空间适宜性和时间适宜性指标决定了农业文化遗产旅游资源开发价值。结合农业文化遗产的特征，农业文化遗产旅游资源的开发适宜性评价需要注意以下几个方面。

第一，重点考虑旅游资源禀赋的季节性特征。农业文化遗产旅游资源的活动和景观在不同季节和时间段会有所变化。这意味着开发者需要对资源的季节性变化有清晰的认识，以便在不同的时间段为游客提供有吸引力的体验。这需要合理规划旅游活动，以便最大限度地利用不同季节的资源。

第二，充分考虑旅游资源的空间差异性。不同地区的农业文化遗产地具有不同的特点和资源。因此，在开发适宜性评价中，需要考虑不同地区的差异，确定每个地区最适合开发的旅游类型，以满足不同游客的需求。

---

① 王博杰、何思源、闵庆文等：《开发适宜性视角的农业文化遗产地旅游资源评价框架——以浙江省庆元县为例》，《中国生态农业学报》（中英文）2020 年第 9 期。

第三，活态性也是开发适宜性评价中的关键要素。农业文化遗产旅游资源的活态性决定了开发不仅要关注静态展示，还要考虑如何让游客参与其中。这需要规划互动性较强的活动，让游客能够参与农业生产的过程、了解农民的劳作和生活，从而增加他们的参与感和亲近感。

第四，充分考虑旅游资源的复合性和全域性。农业文化遗产旅游资源不仅包括农业技术，还包括自然风光、地文景观、生态景观、岁时节令等。在开发时，需要将之有机结合，为游客提供丰富多彩的旅游体验。同时，全域性的思考可以帮助开发者在周边地区寻找协同发展的机会，创造更大的经济效益。

第五，开发过程需要考虑资源利用的可持续性。旅游资源的开发应当以不对农业文化遗产造成永久性损害为前提，同时在经济利益和环境保护之间寻求平衡。开发适宜性评价过程需要综合考虑各种因素，以确保农业文化遗产旅游资源的可持续发展。

## （三）开发利用潜力评价

农业文化遗产旅游资源的开发利用能够提供丰富的体验、传承文化、促进经济发展和提高环保意识，还有助于促进地方社区的互动与创新，通过合理开发，这些资源可以成为具有可持续性和发挥长远影响的旅游瑰宝。[①] 但需要注意的是，农业文化遗产是传统的农业生产系统，而农业文化遗产旅游则是其生产功能的拓展，只有在农业生产可持续的基础上，农业文化遗产旅游才能健康发展，否则农业文化遗产旅游就会成为无源之水、无本之木。在开发农业文化遗产旅游资源之前需要明确，旅游是农业文化遗产地发展的重要途径而不是唯一途径，旅游发展不应该取代农业文化遗产地原有的经济产业，而应当作为一种补充。在农业文化遗产旅游资源利用的过程中，也需要积极规避潜在的风险。

---

① 孙业红、成升魁、钟林生等：《农业文化遗产地旅游资源潜力评价——以浙江省青田县为例》，《资源科学》2010 年第 6 期。

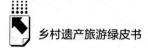

第一，注意资源的敏感性和脆弱性。农业文化遗产大多分布在生态系统较为敏感且脆弱的地区，发展旅游将产生强烈扰动效应，如果管理不善，势必对农业生态系统的稳定性造成负面影响，使农业文化遗产发展不可持续；同时，许多农业文化遗产地都有着独特的地方文化和民族文化，具有较强的文化敏感性，旅游的发展必须以尊重当地文化为前提，减少对地方文化的涵化与冲击。

第二，注意资源的季节性。不同于其他旅游资源，农业生产有着较强的季节性特征，这使得农业文化遗产旅游发展有着明显的旺季与淡季。旅游规划者、管理者和经营者要突破传统的旅游开发思路，更加深入地了解农业文化遗产地的物候和乡情，特别是自然景观的最佳观赏期、农业生产的节律、农业文化和传统习俗的时期与内涵，使旅游资源的利用在不同季节有所侧重，减少淡季的不利影响。

第三，注意社区及居民的重要性。农业文化遗产地的社区居民是农业文化遗产系统可持续发展的基石，他们不仅是农业生产的主体，也是农业文化遗产旅游资源的供给者和保护者。脱离了社区和居民，农业文化遗产保护及其旅游开发无从谈起。在农业文化遗产旅游资源开发过程中，不仅要考虑游客的需求，同时要重视保障居民的利益。部分地区出于经济效益的考虑，政府和旅游公司往往希望将当地居民部分或全部迁出，这不仅挤占了当地社区的发展空间，也激化了社区和旅游开发主体之间的矛盾，不利于农业文化遗产地传统文化与知识体系的传承发展和遗产地旅游资源的可持续利用。

第四，审慎决定旅游资源的发展模式。相对于以农业景观为主导的农业文化遗产地，以农业技术和农业文化为主导的农业文化遗产地的旅游资源禀赋相对较弱，旅游开发的前期投入与后期产出具有较大的不确定性，因此，其旅游发展模式的选择需要进行充分的市场调研和产品设计。农业文化遗产地不适宜发展高资源消耗与环境破坏型的旅游模式，旅游设施建设必须进行严格的生态、环境和文化影响评价，最大限度降低旅游资源利用的负面影响。

### （四）关联性旅游资源评价

农业文化遗产旅游资源不仅包括农业生物多样性、传统农业技术和知识体系、农业生态景观和农业文化等核心要素，还包括许多其他资源，这些资源同样具备丰富的开发潜力，可以为游客带来独特的体验，具有很强的吸引力。

首先，农业文化遗产地往往位于生态环境质量较高的地区，拥有丰富的自然景观，如茂密的森林、清澈的溪流、优美的田园风光等。这些自然资源为游客提供了探索、休闲和户外活动的机会。游客可以徒步、骑行、野外观鸟等，亲近自然，享受宁静与美景。

其次，除了农业文化遗产相关的文化，遗产地往往还有着丰富的历史文化资源、多种艺术形态，如音乐、绘画、表演艺术等。基于这些艺术形态，可以策划举办艺术展览、音乐会、戏剧演出等活动，为游客呈现当地的艺术风采。

最后，农业文化遗产地往往还有着丰富的非物质文化遗产资源，包括木雕、陶瓷、织布、编织等，展示了独特的工艺传统和文化特色。通过展示这些手工艺制作过程，游客不仅可以欣赏到精湛的技艺，还能深入了解当地的文化和生活方式。游客可以在手工制作工坊体验制作过程，加深对当地文化的认知和情感共鸣。

# G.4
# 2023年农业文化遗产旅游
# 产品开发与设计

孙业红　王　静　姚灿灿　张晓莉*

**摘　要：** 旅游产品开发与设计是农业文化遗产旅游发展的基础。农业文化遗产地大多位于乡村地区，依托独特的农业文化、乡村景观以及丰富的民俗文化，可以开发多种不同的旅游产品。研究与实践表明，目前我国农业文化遗产旅游产品开发与设计多数还停留在乡村初级观光旅游的层面，面临遗产特色挖掘不够、表现形式传统、服务能力不足等问题。农业文化遗产旅游产品应该是一种专项旅游产品，需要体现农业文化遗产的特点，从农业文化遗产动态保护和价值传播角度出发，发挥其教育和科普的功能，增强所有利益相关者对遗产的内源性保护意识。基于此，本文提出农业文化遗产旅游产品设计应遵循居民核心性、价值传播性、游客参与性、产品多样性的原则，在宏观层面上厘清农业文化遗产旅游资源内涵、开发体验式旅游产品、建立旅游产品品牌，在微观层面上加强沉浸体验式产品、特色研学产品、解说导向式产品设计。

**关键词：** 农业文化遗产　旅游产品　遗产旅游

---

\* 孙业红，博士，北京联合大学旅游学院旅游管理系主任、教授，中国科学院地理科学与资源研究所高访客座研究员，主要研究方向为遗产旅游、农业文化遗产动态保护、旅游资源开发与规划；王静，博士，北京联合大学旅游学院教授，主要研究方向为文化旅游、博物馆旅游、旅游目的地管理等；姚灿灿，助理研究员，主要研究方向为农业文化遗产旅游；张晓莉，文化和旅游部资源开发司乡村旅游和创意产品指导处处长，主要研究方向为非物质文化遗产、乡村旅游、文创等。

# 一 引言

旅游产品是旅游经济学领域的一个基本概念。对于旅游产品的概念，不同角度有不同的理解，主要有两种：从旅游目的地的角度出发，旅游产品是指旅游经营者凭借旅游吸引物、交通和旅游设施向旅游者提供的用以满足其旅游活动需求的全部服务；从旅游者的角度出发，旅游产品是指游客花费了一定的时间、费用和精力所换取的一次旅游经历。① 我们可以认为，旅游产品将旅游资源通过一定的载体转化为在市场上可以交易的形式，旅游者可以通过一定的途径购买，因此旅游产品也是旅游过程中旅游者直接参与的一种消费体验。

农业文化遗产旅游是一种新的遗产旅游，其旅游产品是基于农业文化遗产地的环境、依托农业文化遗产地的资源而形成的，目的是满足游客的各种消费体验。从消费体验来讲，农业文化遗产旅游产品和乡村旅游产品相近，但农业文化遗产旅游具有乡村旅游不具备的功能性特征，比如科学教育、身份认同等，因此，农业文化遗产旅游产品的设计要充分体现这一特征，从而更好地利用农业文化遗产地的旅游资源，发挥农业文化遗产旅游对农业文化遗产动态保护的作用。

# 二 农业文化遗产旅游产品谱系

目前，农业文化遗产旅游产品包括两种类型：传统乡村旅游类和新业态类，二者分别又包含一些具体的旅游产品（见表1）。

**表1　农业文化遗产旅游产品谱系**

| 类型 | 传统乡村旅游类 | | | | 新业态类 | | | |
|---|---|---|---|---|---|---|---|---|
| 产品 | 观光产品 | 度假产品 | 特色住宿产品 | 农事体验产品 | 研学旅游产品 | 康养旅游产品 | 文化节事旅游产品 | 其他新业态旅游产品 |

---

① 林南枝、陶汉军主编《旅游经济学》，南开大学出版社，2000。

## （一）传统乡村旅游类

由于大部分农业文化遗产地位于乡村地区，农业文化遗产地的旅游产品很多都属于传统乡村旅游类产品，比如观光产品、度假产品、特色住宿产品、农事体验产品等。特色乡村美食和乡村住宿作为观光产品、度假产品、农事体验产品的重要吸引物，有时也会成为单独的旅游产品。

观光产品是乡村旅游的初级产品。位于乡村地区的农业文化遗产是一个复合系统，其视觉呈现要素包含自然风光、聚落形态、各类建筑、农业景观、农耕场景、乡村生活、动植物等，因此产生了利用农业文化遗产地独有的水系、河流、湖泊、草原、森林等自然资源开发和构建的乡村自然风景观光产品，如依托梯田景观、村落田园景观等开发的农耕田园风光观光产品，依托历史文化村落和民俗文化村落的建筑等开发的聚落建筑观光产品，依托农业生产、特色民俗活动表演等开发的农业场景观光产品，依托特色动植物等开发的乡村生态观光产品等（见表2）。农业文化遗产在评选过程中强调的五个标准使得与传统的乡村观光产品相比，农业文化遗产观光产品更强调在观光过程中传统农业知识的传播和农业文化遗产价值的传递。

**表 2　农业文化遗产旅游观光产品**

| 观光产品类别 | 依托资源 | 举例 |
| --- | --- | --- |
| 乡村自然风景观光产品 | 水系、河流、湖泊、草原、森林等自然资源 | 内蒙古阿鲁科尔沁草原的草原观光产品；浙江青田稻鱼共生系统的奇云山森林观光产品等 |
| 农耕田园风光观光产品 | 梯田景观、村落田园景观 | 云南红河哈尼梯田观光产品；广西龙胜龙脊梯田平安寨壮族村寨观光产品等 |
| 聚落建筑观光产品 | 历史文化村落和民俗文化村落的建筑 | 云南红河哈尼梯田阿者科村及其蘑菇房建筑；湖州荻港古村及其建筑等 |
| 农业场景观光产品 | 农业生产、特色民俗活动表演 | 河北宣化城市传统葡萄园观光产品；浙江青田田鱼文化节及鱼灯舞表演观光产品等 |
| 乡村生态观光产品 | 特色动植物 | 河北涉县旱作石堰梯田生态观光产品；云南红河哈尼梯田观光产品等 |

度假产品是比观光产品更高层级的旅游产品。对于乡村旅游目的地而言，度假游客停留的时间更长、消费更多，能够得到的体验也更加丰富和深刻。目前，我国已经进入了全民休闲时代，虽然观光产品仍然是市场主流，但人们对于度假产品的需求在持续增长。乡村度假作为度假产品的一种主要类型受到旅游者尤其是城市居民的广泛喜爱。脱离喧嚣的城市去宁静的乡村停留一段时间是很多城市居民的度假选择。农业生物多样性带来了丰富健康的食材以及独特的农事体验，农业文化遗产地的度假产品必将成为未来旅游市场的重要组成部分。中国多样的气候与地理条件造就了不同类型的农业文化遗产地，这些遗产地在长期的生产实践与发展中形成了各具特色的饮食文化。目前，除了得天独厚的自然环境，农业文化遗产地度假产品的核心吸引物就是特色饮食文化以及健康多样的地方美食。

在浙江青田稻鱼共生系统的核心村龙现村，稻鱼共生系统为其提供了优质的水稻和田鱼资源，当地居民以此制作糖糕、米羹、粽子、汤圆等传统节庆食物及田鱼干炒粉干、蒸田鱼干等以田鱼为原料的多种地方特色食物。品尝田鱼和相关美食成为温州、丽水、杭州以及全国各地游客来此的重要目的，田鱼宴成为当地独具特色的美食产品。此外，当地良好的生态环境为其他农业物种提供了适宜的生长环境，田里种植的番薯、山上生长的野菜等也被充分利用起来，做成各种传统小吃，有山粉饺、山粉馍、山粉饼、山粉糊、绿豆腐、凉茶等多种极具地方特色的传统饮食。内蒙古敖汉旗开发了小米旅游产品，经营小米排骨、小米锅巴等敖汉小米特色美食；湖州桑基鱼塘开发了鱼圆、桑葚饼、桑葚汁等特色美食，并借机传承省级非物质文化遗产陈家菜；云南红河哈尼梯田的红米、红米米线及当地哈尼特色美食等也是吸引游客的重要因素。

特色住宿产品也是农业文化遗产旅游的重要吸引物。很多农业文化遗产地位于少数民族地区，其特色建筑对于游客具有很大的吸引力。比如，云南红河哈尼梯田地区居住着多个少数民族，在此度假可以体验哈尼族的蘑菇房、彝族的土掌房、苗族的吊脚楼等多种少数民族建筑；在潮州凤凰单丛茶文化系统所在的石古坪村可以体验畲族的建筑"寮"；在广西龙胜龙脊梯田

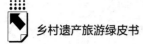

地区可以体验壮族的干栏式建筑和瑶族的吊楼式建筑等。游客可以从建筑中了解这些地区的传统生存智慧和价值观。随着乡村民宿业受到广泛重视，很多传统建筑通过艺术性改造或者精品化建设进入乡村旅游市场，成为一种独立的旅游吸引物，也成为具有代表性的乡村旅游产品，如莫干山地区的各类特色住宿等。

农事体验是近几年比较时兴的乡村旅游活动，规模逐渐扩大，成为一种特色乡村旅游产品。大多数农业文化遗产地得以保护留存的重要原因是地理位置偏僻、交通不便，同时地形条件很难进行大型机械化生产，农业现代化进程较缓。这些原因使农业文化遗产地保存了良好的生态环境、原汁原味的农事活动、优美的自然田园风光、传统习俗等旅游资源，给城市居民提供了回归自然、领略田园风光、体验田园生活的机会，尤其是农耕活动，比如抓鱼、割稻等，很多农业文化遗产地都举办民耕活动，北京海淀区京西稻农耕文化遗产体验区每年都有专门的稻作文化体验活动。有些农业文化遗产地会定期举办采摘活动，如河北宣化城市传统葡萄园会在中秋节举办葡萄文化节，结合农事体验、采摘等吸引大量游客。总体来看，目前这些农事体验活动比较简单，活动类型也不是特别丰富。

## （二）新业态类

随着人们对乡村的认识不断深入以及乡村多种功能不断被开发利用，乡村出现了一些新业态类旅游产品，具有代表性的有乡村研学旅游产品、乡村康养旅游产品、乡村生态旅游产品以及乡村文化节事旅游产品等。拥有独特乡村遗产资源的农业文化遗产旅游也出现了一些这样的产品（见表3）。

表3　农业文化遗产旅游新业态类旅游产品

| 产品类别 | 依托资源 | 举例 |
| --- | --- | --- |
| 研学旅游产品 | 自然、生态、文化等各类资源 | 湖州桑基鱼塘研学旅游产品、浙江青田稻鱼共生系统研学旅游产品等 |

| 产品类别 | 依托资源 | 举例 |
|---|---|---|
| 康养旅游产品 | 森林资源、动植物资源、温泉资源、中医药资源等 | 湖南紫鹊界康养旅游产品等 |
| 文化节事旅游产品 | 建筑、服饰、歌舞、节庆等资源 | 云南红河哈尼梯田的长街宴节事旅游产品、内蒙古敖汉旗的世界小米大会旅游产品等 |
| 其他新业态旅游产品 | 森林资源、山水资源等 | 宁夏的观星、露营旅游产品等 |

研学旅游产品是近年来农业文化遗产地发展较快的产品。农业文化遗产作为集农业、生态、社会等于一体的复合系统，为复合农业、生物多样性、地理、社会等领域的研究提供了案例，吸引相关学者和爱好者前去考察研究，遗产地形成的生态高效、人与自然和谐共处、系统论等发展思想可以用来对游客进行生态教育和环境教育。诸多旅游供应商看到了农业文化遗产的特殊价值，结合近年来研学旅游的政策号召，在农业文化遗产地开始发展研学旅游，游客可以通过体验传统农耕活动、民俗活动学习特色民族文化与传统农业知识。例如，湖州桑基鱼塘系统开展了实地探访桑基鱼塘、寻找循环系统的踪迹、了解生态循环原理等研学项目，并通过亲手制作蚕丝纸让游客体验造纸的不易；云南红河哈尼梯田开展传统农耕活动（插秧、扎稻草人、捕鱼等）、森林徒步等研学项目，让游客学习传统农耕文化与生物多样性；浙江青田的方山谷农遗文化园研学基地也在探索农业文化遗产的研学旅游产品创新。研学旅游产品的流行是农业文化遗产旅游发展从初级阶段迈向发展阶段的象征。

农业文化遗产地宜居的生态环境、深厚的文化底蕴、丰富的物种资源等为康养旅游产品开发提供了条件，因此近几年乡村旅游中比较流行的康养旅游产品也开始出现在农业文化遗产旅游中。我国农业文化遗产类型丰富，依托医药资源、文化资源、森林资源等，结合黄金海拔和气候，不断开发森林康养、中医药康养、文旅康养等产品。云南红河哈尼梯田森林资源丰富，根据不同游客需求开发了康养旅游产品,如近距离观赏中医药动植物,参观中医药制作,体验制作药酒、药膳等,以及温泉药疗、森林康养等专项美容保健产品。康养旅游产品结合也经常和乡村生态旅游产品结合,如将森林徒步、呼吸新鲜空气、了解动植物资源等结合起来,形成"研学-康养-生态"复合旅游产品,如龙脊梯田、紫鹊界梯田等都有典型的立体生态结构,都有很好的开发复合旅游产品的潜力。

　　文化节事旅游产品近几年在乡村旅游中也越来越受到重视。结合风俗节日,将美食、农事活动、农耕体验等叠加,充分发挥节事活动的牵引带动作用,是乡村旅游发展的一大趋势。农业文化遗产拥有深厚的历史积淀、多元的文化和天人合一的美丽景观,对其进行深入挖掘可以实现经济与文化的同步发展。农业文化遗产的丰富文化资源包括山歌、节庆活动、手工艺、歌舞、服饰、传统饮食等。云南红河哈尼梯田地区文化活动丰富,哈尼族的开秧门、扎扎、十月年、长街古宴、梯田文化旅游节、火把节、泼水节、摔跤比赛、山歌比赛、服饰、手工艺品展示等都能带来独具特色的民俗体验,全面展示少数民族节庆、工艺、歌舞、服饰、饮食等习俗和风情,让游客亲身感受少数民族文化的魅力,可以提升游客的体验质量和满意度,也有助于民俗文化的传播、传承。这些文化活动和农业活动紧密相关,很多节庆活动可以用来宣传生物多样性保护、提升人们对生态的认识,这些文化活动可以发展为农业文化遗产地不可或缺的特色旅游产品。[①]

　　此外,有些新业态类旅游产品,如露营、自驾、观星等,也可以结合纳入农业文化遗产地的综合旅游产品体系,成为综合旅游产品体系中的组成部分。

---

① 孙业红、武文杰、宋雨新:《农业文化遗产旅游与乡村振兴耦合关系研究》,《西北民族研究》2022年第2期。

# 三 农业文化遗产旅游产品开发现状与问题

## （一）农业文化遗产旅游产品开发现状

### 1. 大部分农业文化遗产地开发了旅游产品，并体现了一定的特色

旅游作为推动农业文化遗产动态保护和可持续发展的重要途径得到了很多遗产地的认可。旅游是一种投资少、效益高的产业，对于推动地方经济增长具有重要作用。多数农业文化遗产地都将旅游作为三次产业融合的重要方式，开发了各类不同的旅游产品，对于农业文化遗产保护起到了一定的作用。

我国作为农业大国，疆域辽阔，农业文化遗产类型众多，包括种植系统、养殖系统、茶文化系统、稻作文化系统、旱作农业系统等。由于在历史、农耕技术、农耕文化、物种资源、农业景观等方面的不同，农业文化遗产地的旅游资源存在差异，旅游产品也呈现各自的特色。例如，浙江青田积极建设全球重要农业文化遗产公园，努力拓展全球重要农业文化遗产的功能，加快稻鱼共生产业与观光农业、乡村旅游融合，"识遗产、品田鱼"成为青田县方山乡特色旅游品牌。浙江会稽山古香榧群优美的生态环境、独具特色的香榧林，吸引了上海、杭州等地的众多游客来休闲、疗养、度假。浙江湖州的桑基鱼塘与河道构成独特的水乡风光，通过开展研学旅游让游客走进桑基鱼塘，积极发展以桑基鱼塘为主题的休闲观光农家乐和渔家乐，加快桑基鱼塘和旅游业的有机结合。

### 2. 旅游产品多是初级观光产品，类型较为单一

总体来看，尽管有些遗产地在休闲度假、康体养生、农事体验、科普研学等旅游产品上做了一些尝试，但我国农业文化遗产地的旅游产品大多还是传统的、简单的初级观光旅游产品。游客对农业文化遗产的认知程度还较低。一些遗产地把农业文化遗产旅游等同于乡村旅游和休闲农业，开展简单的农家乐、景观游览等项目，在农事体验、农耕文化等方面挖掘深

度不足。在美丽乡村建设形势下，一些地方简单地将农业文化遗产地等同于普通乡村，不顾农业文化遗产地本身的资源特点和保护要求，将农业文化遗产地按照景区模式进行开发，擅自兴建人造景观，破坏了农业文化遗产的原真性和完整性，影响了农业文化遗产的可持续利用。

## （二）农业文化遗产旅游产品开发存在的问题

### 1. 遗产特色挖掘不够，无法满足游客核心诉求

随着时代的发展，人们的审美要求和精神生活需求达到了新的高度，对于旅游活动的要求也随之提高，因此旅游产品的品质和服务也要达到一定的标准。目前，农业文化遗产旅游产品还存在特色不足、标准不高等问题。许多农业文化遗产地仍将简单的农家餐饮、休闲观光作为旅游发展的主要形式，难以满足游客休闲、度假、康养、研学等多样化的需求，无法吸引游客进行深度旅游；对于农业生产知识、经验、技艺和农业生物多样性等旅游资源的挖掘较浅，无法形成以农业文化遗产为核心的特色旅游产品，不能满足游客的参与性、娱乐性、知识性和享受性需求；基础设施落后也是遗产地旅游产品设计的薄弱之处，很多遗产地缺乏食、住、行、游、购、娱等服务设施，也缺乏旅游步道体系、解说系统、标示系统等功能性设施。

### 2. 表现形式传统，难以激发情感共鸣

目前农业文化遗产地旅游产品多以传统形式为主，体验性强、创意性强、和游客日常生活紧密结合的新型旅游产品较少，不能充分挖掘农业文化遗产资源，应结合现代旅游发展特点，开发适合现代社会的新型旅游产品。农业文化遗产地以观光为主的初级旅游产品对旅游服务人员的要求较低，降低了居民参与门槛，同时也导致旅游服务质量参差不齐，实际开展的旅游解说工作较少，部分已经开展的解说工作存在解说媒介单一、形式呆板、价值传递功能差等问题，不能很好地传递农业文化遗产的价值，无法和游客形成有效互动，影响游客体验。

### 3. 服务能力不足，游客感知成本过高

多数农业文化遗产地位于偏远地区，交通条件落后、旅游进入性较差，

游客在"行"上花费的时间、金钱、精力、体力等成本较高。另外，农业文化遗产地基础设施薄弱，无法满足游客多样化的需求，服务能力明显不足。此外，目前的产品形式使游客对农业文化遗产的感知较弱，难以形成对遗产价值的共鸣，也难以树立传承保护利用遗产的意识。

## 四　农业文化遗产旅游产品设计原则

农业文化遗产旅游的核心是"遗产"，属于文化旅游与遗产旅游的范畴，其重要功能是确立遗产地的文化身份。[①] 旅游者应对农业文化遗产进行系统体验、学习和了解，主要内容包括当地传统农业生产以及与之相关的传统技术与知识体系、农业生态景观、农业生物多样性、独特文化与民俗、生活方式等。[②] 因此农业文化遗产旅游产品应该是一种专项旅游产品，其设计需要遵循以下几个基本的原则。

### （一）居民核心性原则

农业文化遗产是人类在生产实践中创造出来的遗产，和当地社区居民的生产生活紧密联系在一起。一方面，居民是农业文化遗产的保护者和传承主体，遗产的保护和传承离不开社区居民的支持和配合，同时，农业文化遗产地旅游的可持续发展在很大程度上依托当地居民的参与。因此，农业文化遗产旅游产品设计必须重视社区居民这一利益相关者的合理利益诉求，从而更好地提高社区居民对旅游发展的积极性，增强他们对农业文化遗产的保护意识。另一方面，社区居民对旅游发展的态度会直接影响其对游客的态度，热情好客的社区居民对提升游客旅游体验具有积极的推动作用。农业文化遗产地除了农业文化遗产核心资源，还有其他一些资源，但其核心旅游产品一定与农业文化遗产地居民紧密相关。

---

① 孙业红：《农业文化遗产及其旅游发展研究进展》，《安徽农业科学》2012年第20期。
② 孙业红、闵庆文、成升魁等：《农业文化遗产的旅游资源特征研究》，《旅游学刊》2010年第10期。

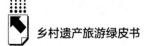
从旅游产品供给角度来说，农业文化遗产地的居民是农业文化遗产的创造者，因此不能按照普通观光产品的逻辑设计利益链。比如，云南红河哈尼梯田景观吸引了国内外众多摄影爱好者前去拍摄，但如果只重视观光，不重视提供梯田景观的遗产地居民的参与，这种模式一定不可持续。有些农民毁掉自家梯田抗议的行为充分说明了这一点。也就是说，即使农业文化遗产地开发观光产品，也要以当地居民的利益为核心，比如提供以观光产品为基础的就业岗位、规定居民可以从景区门票收益中分成、设计基于居民利益的餐饮和住宿项目、建立以社区为中心的产品系列等。

## （二）价值传播性原则

农业文化遗产旅游产品需要体现农业文化遗产的特点，并能够传播农业文化遗产的价值。农业文化遗产地应发挥其教育和科普功能，通过旅游项目、旅游产品、旅游服务等提高所有利益相关者对遗产的内源性保护意识。[1] 农业文化遗产是一种传统农业系统，将农业文化遗产开发成旅游产品，需要从农业文化遗产本身的特点出发，承载农业文化遗产本身的内涵，同时传播农业文化遗产价值，使公众更好地了解农业文化遗产的功能。比如，传统农业的基础产品是本地特色农产品，基于此开发的传统饮食产品对游客具有较强的吸引力。美食旅游也是农业文化遗产地需要重点考虑的一种旅游产品。目前，很多农业文化遗产地开发了类似的产品，但种类相对单一，在农业文化遗产地当季食材使用以及营养搭配上还不成熟，和农民传统农业种植和养殖的结合也不够密切，没有形成具有鲜明特色和吸引力的饮食产品。

## （三）游客参与性原则

让游客在体验遗产地文化的同时提高其遗产认知的研学旅游是一种重要的旅游产品。目前，不少农业文化遗产地，比如浙江青田、湖州和云南红河

---

① 孙业红：《农业文化遗产地旅游社区灾害风险认知与适应》，中国环境出版集团，2018。

等都在尝试开展不同类型的研学旅游活动，但活动相对简单，知识性和系统性需要进一步提高。研究表明，在研学旅游中增加科学解说对于促进农业文化遗产保护有重要的推动作用。①

农业文化遗产地旅游产品需要在教育功能的基础上增加趣味性和主题性。结合农业文化遗产特色进行专题化开发，将农业文化遗产地的旅游资源进行高效整合，分类划块，提炼主题形象。在主题形象的指导下，进行不同类型的研学旅游活动和精品路线设计，如农耕体验类、工艺美术类、戏曲音乐类、民间文学类、知识科普类、自然生态环境类等，逐步完善研学旅游产品结构，优化产品质量。针对不同年龄段、不同文化层次的人群进行个性化设计，结合现代旅游强调体验性的特点，使研学旅游产品中的知识体系更加形象化、生动化和时尚化，这样既可以避免同质化竞争、资源浪费，又可以突出优势、集中开发各农业文化遗产地的资源。

## （四）产品多样性原则

农业文化遗产地旅游资源丰富多样，旅游产品的设计可以参考多种元素，可以根据需求将遗产地多种旅游资源，如舞蹈（青田鱼灯舞、哈尼族舞蹈等）、音乐（哈尼古歌、侗族大歌等）、方言、非物质文化遗产等进行组合，增强旅游活动的体验性和趣味性，丰富农业文化遗产地研学旅游产品的结构，既宣传传统文化，又增加与游客的互动。同时依据全域旅游的发展背景，与乡村旅游、红色旅游、创意旅游相结合，以智慧旅游的思维去引导游客，采用 VR、AR 等技术，在旅游解说中增加 3D 环绕实景展示、语音介绍、问答等交互性强的环节，增加研学旅游产品的独特性、趣味性和体验性，抓住游客兴趣点，提高游客参与度，使旅游体验直观化。

---

① 彭惠军、黄翅勤、廖海兰等：《活态保护视角下紫鹊界梯田农业文化遗产的研学旅行开发研究》，《广西农学报》2021 年第 5 期。

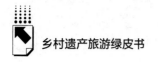
## 五　2023年农业文化遗产旅游产品设计核心思路

### （一）总体设计导向

#### 1.产品资源内涵式导向

旅游资源是旅游开发和产品设计的基础。农业文化遗产地的旅游产品可以包括各种类型，观光、度假、特种旅游等都可以成为农业文化遗产旅游产品的组成部分。但是这些产品不能全面体现农业文化遗产的内涵，也就无法将农业文化遗产旅游同一般的乡村旅游、休闲农业、农家乐等旅游形式区别开来。这一方面混淆了农业文化遗产旅游资源与农业文化遗产地旅游资源的概念与关系，将农业文化遗产地旅游资源作为农业文化遗产旅游资源进行开发；另一方面反映了对农业文化遗产认同功能的认识不到位。

#### 2.产品全面体验化导向

农业文化遗产是我国农耕文化传承至今的宝贵民族财富。农业文化遗产地的农业生产系统蕴含着古人关于农业生产的种种智慧，应基于农业文化遗产本身的特点，积极鼓励当地居民参与旅游开发，通过农业生产技艺展示、特色美食制作、农业历史博物馆等诸多活动和场馆的设置，加深游客对我国农耕文化的了解，促进农业文化遗产保护意识的形成。

#### 3.产品市场品牌化导向

不同地域的文化存在差异，应充分挖掘遗产地特有文化，保证不同的农业文化遗产地的旅游产品都有自己的文化特色，形成不同的品牌。目前，一些农业文化遗产地在进行旅游产品设计的时候为了求新、求变，选择了错误的设计思路，将大部分精力放在了旅游产品与现代高科技结合上，忽略了旅游产品对地域文化的保护与传承。这无疑是舍本逐末，让旅游产品失去了最重要的意义，成为一件简单的没有文化内涵的"工艺品"。旅游产品设计要注重对农业文化遗产的保护与传承，在承载文化价值的基础上实现经济效益。通过旅游产品传播农业文化遗产的内涵与价值，扩大本地文化的影响力，进而吸引更多游客。

## （二）具体产品设计思路

### 1. 紧跟国家政策和市场需求，加强沉浸体验式产品设计

虚拟现实、增强现实、全息投影、智能交互等技术可以给人们带来更强的场景感，大大增强了文化旅游的故事性、体验性、参与性和互动性，日益成为文旅消费创新升级的强劲动力。2023 年，文化和旅游部新推出了一系列沉浸式文旅新业态示范案例，为新时代旅游产品的开发提供了新的思路和导向。应加强农业文化遗产的沉浸体验式产品设计，以"体验经济"为核心，以创意为主导，以技术集成为支撑，融合科技、文化、历史等，通过"沉浸式+数字化"的创新表达，打破时空壁垒，让更多游客感受农耕文化的魅力。

要紧跟市场需求，设计演艺类旅游活动项目。深入挖掘农业文化遗产的底蕴，围绕农耕技术体系、特色品种种植与选育等，以社会变迁、家族兴衰为主线，融合传统村落文化及特色民俗文化，讲述农业文化遗产的历史演变。游客可以选取不同的角色，穿越时空，获得沉浸式体验。演艺类活动项目的开发可以调动游客兴趣，延长游客驻留体验时间，带动住宿、餐饮、文创、特色农产品的销售。同时，演艺剧本将遗产地村落文化及特色民俗、传统文化融入其中，进一步推动了农业文化遗产的传播。

### 2. 深挖农业文化遗产内涵，完善特色研学产品设计

2022 年，农业农村部、共青团中央、全国少工委组织开展了农耕文化实践营地推荐工作，公布了第一批农耕文化实践营地推荐名单，其中作为全球重要农业文化遗产的浙江湖州桑基鱼塘农耕文化实践基地成功入选。研学产品设计主要以农业文化遗产地的旅游资源为核心，遵循相关研学旅游标准，借助农田、森林、草原等农业资源，开发包括植物、动物、农耕、二十四节气等内容的研学活动，还可以开发植物科普、中草药识别、蔬果采摘、农耕体验、小动物饲养等研学项目。农业文化遗产地开发旅游产品的主要发

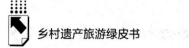

展方向就是研学旅游，应该结合各遗产地的特色，针对研学营地和研学课程制定出台相关标准。

**3. 重视农业文化遗产价值传播，深化解说导向式产品设计**

要对农业文化遗产地不同类型旅游资源的挖掘、解说媒介和解说途径的构建、解说效果的评估等进行更加深入的研究。首先，通过多种方式向游客传达农业文化遗产地的相关知识，使游客了解农业文化遗产的价值，从而更好地传递农业文化遗产的内涵，以使农业文化遗产地得到动态保护。其次，创新解说方式，运用多元化的媒介形式，从不同层面影响游客对农业文化遗产地的认识与理解。农业文化遗产地旅游解说体系的建立是一个系统性工程，除了社区、游客的意见，还需结合专家、政府以及其他利益相关者的建议，并进行科学评估，形成科学合理的解说内容，并在此基础上选择合适的解说媒介和形式，达到最佳的解说效果。①

---

① 王英、孙业红、苏莹莹等：《基于社区参与的农业文化遗产旅游解说资源研究——以浙江青田稻鱼共生系统为例》，《旅游学刊》2020 年第 5 期。

# G.5
# 2023年农业文化遗产地旅游发展中的产业融合发展研究

张永勋*

**摘　要：** 在经济全球化背景下，农业文化遗产作为一种传承下来的复合农业系统，因缺乏有效开发利用而未能转化为农民的经济收益，正面临被抛弃的危险。农业文化遗产地拥有生态环境、乡村文化和田园景观等资源优势，推动以旅游业为主导的产业融合发展是破解农业文化遗产可持续发展面临的挑战的重要途径。农业文化遗产地承担遗产保护责任，农业文化遗产地旅游发展中的产业融合发展应遵循保护优先、农业基础性、立足本地资源优势、以本地农民为主体、展现地方文化特点、确保可持续性等原则，以农业为基础，充分发挥本地资源的优势，拓展产业链，同时要全面考虑遗产保护与旅游发展的关系以及利益主体间的矛盾，推动农业与加工业、制造业、旅游接待业、营销业、电商产业、研学教育等产业的融合。

**关键词：** 农业文化遗产　旅游发展　产业融合机制　利益相关者

## 一　产业融合发展及其在农业文化遗产地旅游发展中的意义

### （一）产业融合发展及其内涵演变

在工业化过程中，传统农业生产经营模式在市场中的竞争力逐渐下降，

---

\* 张永勋，中国农业科学院农业经济与发展研究所副研究员，主要研究方向为农村三次产业融合发展。

为了提高农民综合收益，"产业融合发展"的概念被提出并受到重视。早在19世纪末，荷兰探索出了"OVO 三位一体"的农业模式，即推动农业科研、教育和推广协同发展，实现农业发展集约化、规模化、专业化和市场化，这是产业融合发展的一种形态。在这种模式中，农民自发组织互惠互利的多个类型的农业专业合作社，包括采购合作社、信用合作社、销售合作社、服务合作社，分别负责解决资金、投入要素、农业生产、销售等各个环节的问题。[①] 20 世纪 50 年代，美国出现了农业综合企业（Agribusiness），即包含了农业化学品、饲养、作物生产、分配、农业机械、加工、种子供应以及市场营销和零售的农业综合体，通过农业产业链延伸和专业化分工提高生产效率来增加农业的经济效益。[②] 20 世纪 90 年代，日本提出农业"六次产业化"的概念，将农业从农畜产品生产向第二、第三产业延伸，贯穿食品加工、肥料生产以及流通、销售、信息服务等环节，形成集生产、加工、销售、服务于一体的产业链，提高农业附加值。[③] 上述国家的乡村产业融合发展，以农业生产功能为核心，注重推动农业从生产到销售的各个环节专业化，提升生产力水平、降低成本，提升市场议价能力，以获得更多收益。

20 世纪 80 年代中期，我国在农业基础较好的地区也开始了三次产业融合发展的探索。1993 年，潍坊市提出"农业产业化"，制定实施了"确立主导产业，实行区域布局，依靠龙头带动，发展规模经营"的农业发展战略，后被作为国家农业发展的重要方向。[④] 农业产业化是以市场需求为导向，以农业为基础产业，向工业、商业、科研、服务业延伸，形成三次产业相融合的综合产业体系，[⑤] 实质是努力寻求三次产业融合（第六产业）发展。2015

---

① 王丹丹、李国杰、薛金锋等：《荷兰现代农业与高等农业教育的发展》，《世界农业》2014年第 6 期。

② Cramer, G. L., Jensen, C. W., Southgate, D. D. J., *Agricultural Economics and Agribusiness*, Hoboken：John Wiley & Sons, 1994.

③ 王志刚、江笛：《日本"第六产业"发展战略及其对中国的启示》，《世界农业》2011 年第 3 期。

④ 杨文钰主编《农业产业化概论》，高等教育出版社，2005。

⑤ 牛若峰编著《农业产业一体化经营的理论与实践》，中国农业科技出版社，1998。

年的中央一号文件明确提出推进农村三次产业融合发展，从国家层面强调了农业向第二、第三产业延伸发展对释放农业发展潜力和缓解农村地区贫困的重要性。学者们普遍认为，三次产业融合的目的在于打破农产品生产、加工、销售相互割裂的状态，实现三次产业融合渗透和交叉重组，推动资源、技术、市场等要素在农村地域范围内整合集成、优化重组和合理布局，形成各环节融会贯通、各主体和谐共生的良好产业生态。[①]

本文认为，产业融合发展实质就是以农产品和农副产品为原材料或工业生产辅助材料发展第二产业，利用农业的多功能性和加工产品发展旅游接待、销售等第三产业，并带动物流、仓储、信息通信业发展，通过延长产业链提高产品附加值，既能解决当地人的就业问题，又能提高地方经济的发展水平。农业文化遗产地需要保护传统农业系统，三次产业融合必须以第一产业为基础，即第二、第三产业必须依赖第一产业提供的资源或为第一产业服务。因此，与第一产业没有关系的第二、第三产业，如采矿业、建筑业、金属和非金属矿物冶炼及制造业、机械制造和精密仪器加工等，不应考虑在内。

## （二）产业融合发展的必要性

农业文化遗产包括乡村地域范围内的自然环境和人类长期以来创造的一切文明成果，既包括农业生产系统，也包括周围的支撑环境和人类创造的人文精神及传统文化，集中体现在社会、文化、景观、传统知识等方面。农业是农业文化遗产的主体，从资源的角度看，农业又是其他产业发展的基础。然而，随着第二、第三产业的兴起，它们创造经济效益的能力强于农业，农业的经济地位日益下降，农村人口大量外流，传统农业生产系统面临巨大的挑战。因此，产业融合发展对于农业文化遗产保护传承来说十分必要，具体表现如下。

---

① 苏毅清、游玉婷、王志刚：《农村一二三产业融合发展：理论探讨、现状分析与对策建议》，《中国软科学》2016年第8期；姜长云：《推进农村一二三产业融合发展　新题应有新解法》，《中国发展观察》2015年第2期。

### 1. 农业文化遗产实现自我维护的要求

农业文化遗产属于公共物品，保护农业文化遗产是各方共同的责任。当前，因农业文化遗产地产业形式单一、生产技术水平相对落后、资源未得到有效挖掘利用，农民从农业文化遗产中获得的收入较低，按照传统方式进行农业生产的积极性不高。大量农民进入城市就业，造成农地抛荒、农业生产方式或农业结构发生根本性变化，这可能导致农业生物多样性减少、传统知识与技术失传、传统民俗文化消失、农业景观发生变化。按照农业文化遗产保护的基本原则，农业文化遗产的农业生计功能、生态功能、农业景观、传统知识与技术、社会与文化五大要素必须得到良好保护。利用农业文化遗产地的资源发展融合型产业是留住农民并激励他们按照传统方式进行生产活动和保护传承传统民俗文化的根本之策。因此，在不破坏农业文化遗产生态可持续性的前提下，充分挖掘、利用遗产资源的价值推动产业融合发展是农业文化遗产实现自我维护的要求。

### 2. 国家推动全民共同富裕的政治任务

社会主义的本质是解放生产力，发展生产力，消灭剥削，消除两极分化，最终达到共同富裕。目前，我国已经全面建成小康社会，正朝着将中国建设成社会主义现代化强国、实现全体人民共同富裕的第二个百年奋斗目标稳步迈进。中国社会当前最大的矛盾是人民日益增长的美好生活需要和不平衡不充分的发展之间的矛盾，城乡和区域发展不平衡、农村发展不充分是矛盾的主要方面。截至 2022 年，已认定的 138 项中国重要农业文化遗产（China-NIAHS）有 80% 以上分布在山地丘陵区，生态系统较脆弱，以传统农业为主，低收入群体占比较大，是巩固脱贫成果和实现乡村振兴的难点地区。农业生产因受到时空限制，经济潜力较小，农民仅凭农业增收困难。因此，遗产地要通过三次产业融合发展，拓宽农民增收渠道。

### 3. 由农业文化遗产动态适应性特征所决定

农业文化遗产地要不断吸收先进农业技术，并根据社会需求变化做出调整。例如，江苏兴化垛田经历了一个由"架田"到"垛田"的过程。在唐代，当地人在沼泽和浅水地区以木桩、木架为框架，塞入水草、泥土做基础，再用河泥垒成成片的岛状，称为"葑田"或"架田"。南宋时，黄河改道淮河后带来了大量泥沙，里下河一带的大量沼泽地露出水面，当地居民在已形成的垛岸基础上进一步积土垒垛，经年累月形成了现在的大片岛屿状田地。① 垛田的种植结构也由以前的多样化种植向现在的香葱、油菜、菊花和龙香芋等少数几种作物种植转变，并与脱水蔬菜加工、观光旅游、出口贸易等产业化程度高、经济效益好的三次产业融合发展。再如，福建安溪的乌龙茶制作技艺（铁观音制作技艺）经历了由原来的全部手工制作到摇青、杀青、包揉等部分环节用专门机械替代的演变，相关产业也由原来的种茶、手工制茶和售茶等延伸到茶叶机械制造、茶化工、茶食品加工制造、茶叶包装设计与生产、茶旅游等。可见，推动产业融合发展实质上能够增强农业文化遗产地的社会经济适应能力，有助于其保护、传承、发展。

## 二　农业文化遗产地旅游发展中的产业融合发展机制

农业文化遗产地旅游发展不同于一般地区，遗产保护要求和其自身特点决定了遗产地旅游发展的特殊性。农业是农业文化遗产的主体，在生产食物、提供原料的同时，也形成了丰富的农业景观、农耕文化和生态系统；农业是其他产业的基础，第二、第三产业都直接或间接地与农业有关。因此，农业文化遗产地旅游发展中的产业融合发展关键在于以下四个方面。

### （一）产业融合发展应遵循的原则

农业文化遗产地旅游发展中的产业融合发展要遵循保护优先、农业基础性、立足本地资源优势、以本地农民为主体、展现地方文化特点、确保可持续性六个原则。

一是保护优先原则。农业文化遗产是人类共同的遗产，具有公共物品属性，保护农业文化遗产是所有人应尽的义务，遗产地旅游发展中的产业融合

---

① 尹晓宇：《兴化垛田："双遗产"名片》，《人民日报》（海外版）2022年10月31日。

发展不能完全按照利益最大化的市场原则任意发展而不顾遗产特征和可持续性，产业融合发展应充分考虑遗产保护的限制因素。

二是农业基础性原则。农业是农业文化遗产的主体，是遗产地的核心旅游资源，产业融合发展只有以农业为基础，才能让农业文化遗产地的广大农民参与其中并获得收益，使农业生产正常进行并使社会结构保持稳定，进而才能保证农业文化遗产的系统性和可持续性。

三是立足本地资源优势原则。农业文化遗产具有地域性和独特性，这是农业文化遗产地旅游发展的重要优势，需要在旅游发展中得到重视和保护，因此，农业文化遗产地旅游发展中的产业融合发展要注意挖掘、利用农业文化遗产的地域性和独特性，不能抛弃本地现有资源而重建或引进外地资源。

四是以本地农民为主体原则。农业文化遗产是由本地农民世代努力创造积累形成的，本地农民是传统知识和技术、农业景观和社会文化的缔造者，对家乡有归属感和文化认同感。遗产地旅游发展中的产业融合发展要以本地农民参与为主，他们的参与有助于保证产业特色和稳定性。

五是展现地方文化特点原则。农业文化遗产反映了本地农民尊重、利用和改造自然进行农业生产与日常生活的各种内容和形式，农业文化遗产地旅游发展中的产业融合发展应吸收当地文化元素，产品设计应反映当地的文化特色，形成具有鲜明地域特色的品牌。

六是确保可持续性原则。要求农业文化遗产地旅游相关的产业和整个产业体系都具有可持续性，农民需采用环境友好的生产方式，农业系统与生态系统平衡，各类产业比重合理，产品具有稳定的消费市场。

## （二）产业融合发展的协同机制（产业链）

农业文化遗产地旅游发展中的产业融合发展需要相关行业相互衔接、形成配套，最终实现生产速度相协调、产销流相适应，这样由三次产业融合而成的整个产业体系才能有条不紊地运转，实现利润最大化。以观光旅游为例，观光旅游的良性发展需要农业生产、交通运输、餐饮服务、住宿、休闲娱乐、零售服务、信息服务、物流、特色旅游商品加工制造、广告等产业的支撑，观光旅游的发展质量与这些产业的协同程度关系密切，某个或几个产业支撑不足会影响游客的体验，过剩又会引起同行恶性竞争导致旅游业不良发展。产业融合发展的协同机制应遵循"产业配套、体量相当、质量相适、价格匹配、升级有序"的原则，关键在于准确预测游客规模和时空分布，研究游客喜好、游客消费心理变化规律、影响其体验的核心因素、引导游客消费的营销模式，从而精准指导关联产业的协同发展。

### （三）产业融合发展的价值增值路径（价值链）

农业文化遗产地旅游发展中的产业融合发展目的是通过延伸产业链、扩大产业规模实现价值增值。产业链的延伸方向决定了遗产地旅游产业的价值增值空间。比如，简单的观光旅游向零售延伸，价值增值空间较低，而创新发展主题娱乐、精品演艺、特色餐饮美食、高品质酒店和民宿、沉浸式体验、科教体旅融合产品等则价值增值空间更大、更持久。[1] 文化背景和经济水平不同的游客，其消费理念不同，消费结构也不同。来自经济相对落后地区的游客，购买商品的支出占旅游总支出的比例较高，而来自经济发达地区的游客，更在意旅游体验，对餐饮和住宿的要求更高，相关支出占比也更高。[2] 因此，结合遗产地资源特征，充分监测评估客源地和游客消费习惯，根据价值创造力、产品创新力、供给调适力、风险抵御力选择适合遗产地的增值空间更大的产业系统，以保证遗产地产业收益最大化。

### （四）多方参与的利益分配机制（利益链）

旅游业是一个融合度非常高的综合性产业，农业文化遗产旅游覆盖面更广，涉及第一、第二、第三产业中的多个行业，需要大量各种类型的从业人员参与其中，参与主体包括农民、基层组织、各类企业、社会团体、政府等。农业文化遗产旅游通常包括以农业景观为基础资源的观光旅游和以农事

---

[1] 罗冬晖：《旅游产业链供应链韧性衡量和提升路径》，《旅游研究》2023年第3期。

[2] 吴晓山：《旅游消费结构变迁下的我国地区商贸业发展转变研究》，《商业经济研究》2022年第18期。

活动、节庆习俗、地方风味美食等为资源的文化体验和研学旅游，农业景观、农事活动、农耕文化的维护需要农民参与，旅游景点运营、餐饮、住宿、交通运输、零售、信息服务等则需要服务人员、企业、政府管理部门、专业技术人员共同参与。① 这些利益主体在旅游发展中获取合理收益且各方达到利益平衡是农业文化遗产地旅游业中产业融合良性发展的重要保证。因此，健全的利益分配机制是农业文化遗产旅游发展中产业融合发展的关键。健全的利益分配机制应包括六个关键要素：准确鉴别涉及的利益主体、有效的沟通策略、民主决策机制、动态的利益分配机制、有远见且无私的领导协调小组和有效的监管机制。利益分配机制的构建可按照四个步骤进行：一是确立明确的目标；二是选定主要产业类型；三是明确涉及的利益主体；四是建立动态的利益分配机制。②

## 三 农业文化遗产地旅游发展中的产业融合发展现状

### （一）产业融合发展模式

农业文化遗产地旅游发展中的产业融合发展应当以农业为基础，充分发挥本地资源的优势拓展产业链，产业融合发展模式总体表现为农业与加工业、制造业、旅游接待业、营销业、电商产业、研学教育等产业的融合（见图1）。三次产业两两融合可分解为第一、第二产业融合，第一、第三产业融合和第二、第三产业融合，具体表现如下。

一是第一产业与第三产业的融合。农业文化遗产地的旅游发展直接带动

① Zhang, Y., Li, X., Min, Q., "How to Balance the Relationship Between Conservation of Important Agricultural Heritage Systems (IAHS) and Socio-economic Development? A Theoretical Framework of Sustainable Industrial Integration Development", *Journal of Cleaner Production*, 2018, 11 (204): 553-563.

② Zhu, G., Li, X., Zhang, Y., "Multi-stakeholder Involvement Mechanism in Tourism Management for Maintaining Terraced Landscape in Important Agricultural Heritage Systems (IAHS) Sites: A Case Study of Dazhai Village in Longji Terraces, China", *Land*, 2021, 10: 1146.

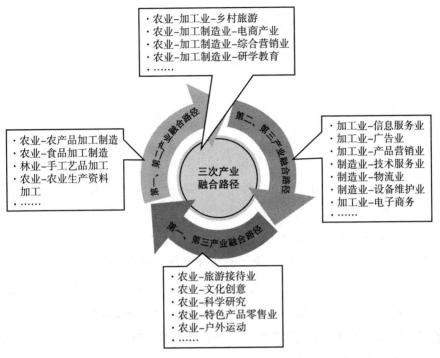

**图1 农业文化遗产地旅游发展中的产业融合发展模式**

以农业文化为核心的服务业发展，推动遗产地景区开发建设，如农家乐餐饮住宿、特色文创产品、原生态农副产品购物、乡村旅游、户外娱乐活动等各类服务业。

二是第一产业与第二产业的融合。旅游带来的巨大消费市场，刺激遗产地第一、第二产业融合发展，如以传统种植业、林业、畜牧业或渔业为基础的传统农业与游客偏好的本土特色农产品、手工艺品、传统食品、文化产品等加工制造融合发展，驱动当地农业向旅游文创产业延伸。

三是第二产业与第三产业的融合。农业文化遗产旅游可间接带动关联服务业的发展，如各类第二产业的兴起（农产品加工等），刺激广告、营销、包装设计与生产、物流、电商、信息服务、医疗卫生和基建等相关产业发展。此外，旅游业作为重要宣传媒介，既可通过游客传递农遗文化，又可宣传遗产地的形象和相关产品，促进遗产地产品销售。

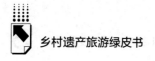
## （二）产业融合发展典型案例

### 1.广西龙胜龙脊梯田：农业+休闲旅游

（1）农业文化遗产特征

龙脊梯田位于广西壮族自治区龙胜各族自治县龙脊镇，主要分布在海拔300~1180米的山坡上。龙脊梯田景观为自上而下的"森林-村庄-梯田-河流"结构。森林位于山顶，为村民和梯田提供生活用水和农田灌溉，多余的水分排入河流，森林、村庄、梯田、河流共同构成了壮丽的景观和可持续发展的人与自然关系。龙脊梯田以传统红糯稻、凤鸡、翠鸭和龙脊辣椒为特色，其中凤鸡、翠鸭和龙脊辣椒属国家地理标志产品。龙脊梯田人口多属于瑶族和壮族，只有少部分是汉族、侗族和苗族，至今仍保留着传统农耕文化。2014年龙脊梯田被农业部认定为China-NIAHS，2018年被联合国粮农组织认定为全球重要农业文化遗产（GIAHS）。龙脊梯田利用梯田景观、特色农产品和少数民族文化等资源，发展农事体验活动、梯田观光、餐饮、酒店、特色产品零售等第三产业。这些产业为当地村民提供了就业机会、提高了收入，梯田也通过农业和旅游业的综合发展得到了保护。

（2）产业融合发展模式

龙脊梯田从20世纪90年代开始发展乡村旅游。然而，不同利益主体在旅游开发中经常出现矛盾、发生冲突。2004年，在地方政府的参与和协调下，该地区科学地设计了覆盖不同主体的利益分配方案，推动乡村旅游进入良性发展状态。龙脊梯田的核心旅游资源是稻作梯田景观和少数民族文化。为了保持龙脊梯田的可持续发展，必须兼顾这两类资源。然而，这些资源是活态的，依赖当地农民坚持农业生产和不断参与社会交往活动。因此，在旅游开发中必须保障农民的利益。

由图2可知，在龙脊梯田，农民的收入有三个来源。一是农业生产，包括种植红糯稻、红薯和辣椒，或者在梯田里饲养鸡鸭鱼，由于使用传统的生产方式，农民能够以高价出售这些产品。二是从事经营非农业行业，如住宿业、餐饮业、零售业和交通运输业。2019年，龙脊镇大寨村（行政村）共有农户 275 户，经营宾馆、饭店 187 家，每家酒店/餐厅的平均收入为 10 万元。一些农民在宾馆和饭店工作，为游客提行李，或参加民族文化节目的演出，获得的非农业收入远远高于农业收入。三是旅游公司的分红和补偿。根据与龙脊旅游有限责任公司和桂林金坑客运索道公司签订的协议，龙脊梯田景区内的村民必须种植水稻以维护稻作梯田景观，两家公司为此支付门票收入的 4%~7%。① 以大寨村为例，2019 年从两家公司获得 720.3 万元分红，平均每户获得 2.6 万元分红。② 因此，龙脊梯田通过推动产业融合发展有效地促进了梯田景观保护，实现了农业文化遗产地旅游的可持续发展。

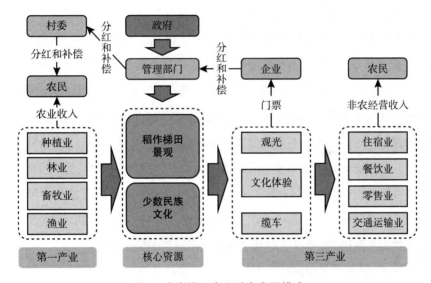

图 2　龙脊梯田产业融合发展模式

## 2. 浙江湖州桑基鱼塘：农业+研学教育

### （1）农业文化遗产特征

桑基鱼塘系统是中国南方著名的传统循环农业系统。该系统位于浙江省

---

① 《【走县域 看发展】桂林龙胜："一田生五金"绘出村美民富图》，央广网，2022 年 10 月 31 日，https://gx.cnr.cn/cnrgx/jiaodiantu/20221031/t20221031_526047023.shtml。

② 《龙胜大寨村民喜获 720.3 万元旅游分红》，搜狐网，2020 年 1 月 23 日，https://www.sohu.com/a/368838843_120214185。

太湖以南的低洼平原地区，起源于 2500 多年前的春秋时期。在低洼平原地区，洪涝灾害多发于雨季。为了防止洪涝灾害，当地人民探索了有效的水利工程，即通过挖掘大量"纵浦"（南北向的窄渠）和"横塘"（东西向的宽阔河流）组成的"五里七里一纵浦，七里十里一横塘"的棋盘式塘浦排灌系统来储存和排放多余的水。在系统中，挖洼地做池塘，把淤泥堆在池塘周围做堤坝，并在池塘中养鱼，堤上种桑，桑叶喂蚕，蚕沙喂鱼，鱼粪变泥，塘泥为肥种桑树。桑基鱼塘的景观由相互连接的河堤和鱼塘组成，外观形似棋盘。基于这一古老的生态农业系统形成了一系列文化，如丰富多彩的传统丝绸文化和鱼类文化，与桑葚、养蚕、养鱼有着密切关系。截至 2019 年，湖州桑基鱼塘系统仍有大约 6 万亩桑基和约 15 万亩鱼塘，是中国最大、最集中、保存最好的桑基鱼塘系统。[①] 该系统以当地的自然环境为基础，充分利用当地的水土资源，几乎不产生污染，促进当地经济可持续发展。作为人工湿地，该系统生物多样性丰富，包括桑、蚕、鱼及相关生物，还具有多种功能，如蓄水和防洪，将原本不适合人类生存的地方改造成富裕且闻名世界的鱼米之乡。该系统 2014 年被农业部认定为第二批中国重要农业文化遗产，2017 年被联合国粮农组织认定为 GIAHS。目前，该系统的保护面临诸多威胁和挑战，如农村人口老龄化严重、青年劳动力外出就业、人们对养殖业缺乏热情以及现代机械化工艺取代传统手工艺，亟待探索一条适当的保护途径。

（2）产业融合发展模式

湖州市的文化保护除了面临一些共性问题外，还面临许多新问题。例如，种桑养蚕难以工业化和规模化，需要投入大量劳动力，效益较低机会成本较高，已成为影响桑基鱼塘可持续发展的重要因素，甚至有一些桑树堤缺乏维护而遭到被破坏。为了解决这些问题，近年来，地方政府、科研人员、企业和农民共同探索了一种有效的产业融合发展模式来保护桑基鱼塘系统。目前，湖州市在各利益主体的参与下，形成了"农业+研究教育"的产业融合发展模式（见图3）。

---

① 《湖州"桑基鱼塘"的前世今生》，"新华社新媒体"百家号，2019 年 1 月 18 日，https：//baijiahao.baidu.com/s? id=16229862863084834368&wfr=spider&for=pc。

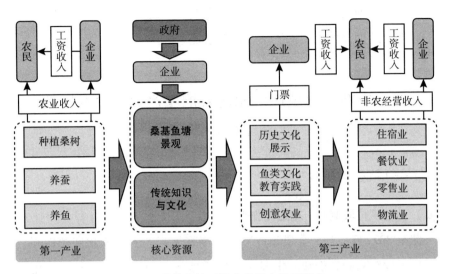

**图3　桑基鱼塘系统产业融合发展模式**

对桑基鱼塘系统来说，桑基鱼塘景观，种桑、养蚕、养鱼的传统知识与文化是主要内容，也是实现三次产业融合发展的核心资源。为有效保护桑基鱼塘，当地政府投资220万元成立国有企业管理桑基鱼塘的核心保护区。同时，开展科普教育，提高公众对桑基鱼塘的认识。通过授权GIAHS标识使用权，鼓励企业和农民按照传统方式经营循环生态农业。例如，获港村农民钱女士承包了2000亩池塘用于经营生态农业，她养殖的鱼因打上了GIAHS标识，销售到上海、杭州等大城市，2018年赚了500万元。一些企业依托桑基鱼塘景观和传统知识与文化，开发了面向公众的研学教育项目，例如，用于历史文化展示的博物馆、进行鱼类文化教育实践的休闲娱乐场所、基于桑基鱼塘的创意农业项目，吸引了大量游客。一些当地农民和企业投资经营旅游服务业，如住宿业、餐饮业、零售业和物流业，为当地农民提供了大量的就业岗位，农民收入途径得到拓展，除了种田获得的农业收入，当地农民还通过在旅游公司、服务公司或农业公司从事非农工作获得工资收入，或通过经营酒店、餐馆、零售和物流等获得非农经营收入。总体上，桑基鱼塘系统形成了以桑基鱼塘景观和传统知识与文化为基础的产业链，是一种以第一产业和第三产业为主体的典型的产业融合发展模式，为各利益主体带来了可观的收益，从而激励他们保护桑基鱼塘系统。

## 四　农业文化遗产地旅游发展中产业融合发展的问题与对策

### （一）问题与挑战

#### 1. 地理区位较偏僻，基础设施水平不高

截至 2022 年，138 项 China-NIAHS 高度聚集在农耕文化底蕴较强、经济发展程度较高的省份和文化多元的民族地区，但总体上，农业文化遗产仍然分布在地理区位相对偏僻和基础设施相对落后的地区。分布在浙江、江苏、福建等东部沿海地区的农业文化遗产地，位置也相对偏僻，交通相对闭塞；其他地区的遗产地，多分布在交通条件较差的低山丘陵区。但也正因如此，遗产地的传统农业系统得以较好保留下来。遗产地虽然具有资源优势，但是基础设施水平较弱，特别是 5G 基站、城际高速铁路、人工智能等新基础设施建设相对滞后，信息、物品和人员流动受限、时间成本较高，旅游业发展受到较大影响，限制了三次产业快速融合发展。

#### 2. 产业融合水平不高，供给与需求矛盾突出

一是产业链条较短，融合水平不高。目前，重要农业文化遗产地成为知名旅游目的地的尚不多，普遍仍以农业生产为主，第二产业主要为简单的特色农产品加工，第三产业以初级形态的物流、交通、电商、零售等产业为主。农民在本地创业就业的比例较低，以外出务工为主要增收渠道。[①] 部分遗产地旅游发展速度较快，但是配套体系尚不完整，仍以简单的农产品或手

---

① 马泽波：《农业劳动力转移对农业文化遗产保护和传承的影响——基于哈尼梯田生态区 4 县 8 镇 16 村的调查》，《农业考古》2019 年第 1 期；何璐璐、张永勋、洪传春等：《基于劳动投入回报率的重要农业文化遗产保护经济驱动分析——以河北宽城传统板栗栽培系统为例》，《中国生态农业学报》（中英文）2020 年第 9 期。

工艺品销售、住宿、餐饮、观光等为主，遗产地的特色产品、文化内涵、独特景观未能得到适度创意开发，也未形成多品类、多业态的产业体系，产业融合水平普遍不高。① 以知名度较高的龙脊梯田和哈尼梯田为例，旅游业虽然带动了较多农民在本地就业，但是它们相对经济发达地区，配套产业仍然不完善。例如，农产品加工业和制造业发展较滞后，销售的产品仍然以红米、野山菌等初级农产品为主，缺乏深加工农产品；第三产业也以住宿和餐饮为主。

二是旅游开发同质化较严重，服务与需求不匹配。各农业文化遗产地相互学习借鉴本是为了激发创造力，却产生旅游产品同质化的负面效果。例如，各地梯田最佳观光时间不同，本来各有特色，但为了延长旅游观光时间，原本冬季不灌水的梯田开始灌水，原本不种油菜的梯田开始种油菜，造成全国的梯田旅游趋同竞争，导致农业文化遗产旅游整体质量下降。由于遗产保护限制，传统建筑不能大拆大建，只能开展以观光旅游为主的大众旅游，遗产地的旅游普遍存在接待能力季节性不足的问题。住宿接待服务质量不能令游客满意；道路交通条件相对较差；餐饮虽然体现了地方特色，但是风味和卫生条件不能适应绝大多数游客的需求；旅游旺季时住宿困难且价格与淡季相差数倍、环境拥挤，导致游客的体验感较差。服务供给数量与质量不能满足游客需求是限制农业文化遗产旅游可持续发展的重要因素。

3. 多方参与机制未普遍建立，利益协调机制不健全

当前，农业文化遗产地产业发展仍然以小农户、合作社和小企业经营为主，农业文化遗产的农业生产系统、传统知识与文化、农业景观等皆需要农民维护，然而小农户、合作社、小企业等的生产经营能力有限，难以树立自己的知名品牌、占有稳定市场，也就难以靠经营获得较高的收益。由于缺乏强有力的政府管理部门的引导和乡村领导的组织协调，小农户、合作社、小企业及有影响力的利益相关者之间没有建立包括合作方式、利益分配机制和

---

① 张永勋、闵庆文、徐明等：《农业文化遗产地"三产"融合度评价——以云南红河哈尼稻作梯田系统为例》，《自然资源学报》2019年第1期。

监督管理机制等的有效的多方参与机制，产业融合发展进程缓慢，甚至有一些产业融合较好的农业文化遗产地因多方参与机制缺乏科学性或适应性，最终走向衰落，遗产遭到破坏。[①]

农业文化遗产地旅游主要依赖农业景观和当地民俗文化活动，而这些资源的创造者或所有者与旅游业的投资经营者不是同一主体，这就需要利益主体共同参与经营旅游产业。农民通常是农业文化遗产地旅游资源的创造者和所有者，只有让他们从旅游业中获得满意的收益，才能激励他们持续维护旅游资源，才能保持旅游业的可持续发展，然而，经营企业使用了农业景观和文化资源却往往没有给予农民合适的补偿。此外，一些外来旅游企业为了经济利益，不顾遗产保护和当地人民的利益，随意开发、打造旅游小镇等项目，引发矛盾。

### （二）发展建议

**1. 充分认识农业文化遗产的价值、发挥其各项功能**

旅游业可持续发展的关键是游客体验，游客体验与基础设施水平和旅游类型息息相关。农业文化遗产地要加大交通、信息通信、水电、厕所、医疗、休闲设施、餐饮住宿等基础设施和公共服务投入力度，提升游客体验。旅游产品设计要以研学、科教、文化深度体验等为主，让旅游业既能发挥农业文化遗产的文化功能、教育功能，又能发挥其经济功能，还可避免因游客过多造成资源环境超载和游客体验降低而影响旅游发展的可持续性。

**2. 充分认识旅游业的特点，促进农业文化遗产地产业融合发展**

从宏观尺度看，旅游景观、住宿、餐饮在空间上点状分布，农业文化遗产地的旅游资源较为分散，因此，遗产地村民不能直接依靠旅游业增收。但是，点状分布的旅游资源能带来较大的客流量，遗产地及周边地区的特色种植业、特色农产品加工、文化创意产品销售形成了广阔的市场，带动当地农

---

① 张灿强、林煜：《农业景观价值及其旅游开发的农户利益关切》，《中国农业大学学报》（社会科学版）2022年第3期。

民参与"旅游+"发展模式，从生计农业向旅游农业转型。

### 3. 充分剖析不同发展模式下利益主体间的利益关系，建立有效的协调机制

基于农业文化遗产保护的旅游发展需要多利益主体的共同参与，保护农业文化遗产地的生物多样性和文化多样性，不仅要求企业和政府参与遗产地的产业融合发展工作，还要求重视当地社区的参与。旅游业具有明显的负外部性，游客在享受、娱悦的同时消耗了当地的资源，也对当地自然环境、民俗文化造成了扰动，应建立合理的补偿机制应对这种负外部性，实现经济社会和环境的可持续发展。

# G.6
# 2023年农业文化遗产地旅游发展的
# 社区参与研究

苏明明　王梦晗　董航宇 *

**摘　要：** 农业文化遗产是具有高度社区黏性的活态复合遗产，遗产地社区
作为农业文化遗产的核心利益主体，是遗产资源和景观的守护者。
农业文化遗产旅游快速发展，但农业文化遗产地的社区参与度和
参与意愿不高、社区受益度和满意度较低、利益分配不均衡等问
题凸显，加剧了农业文化遗产地旅游发展中社区的边缘化。因此，
为进一步推动农业文化遗产地社区的可持续发展，有必要通过拓
展社区参与路径和模式，加强遗产地社区能力建设，建立多利益
主体参与、权责明确的农业文化遗产地管理机制，推进农业文化
遗产地社区生计可持续发展等方式，不断加强农业文化遗产地旅
游发展的社区参与，深化社区建设，促进社区可持续发展。

**关键词：** 农业文化遗产　社区参与　利益分享机制　可持续发展

## 一　社区参与及其在农业文化遗产地旅游发展中的意义

### （一）社区参与的概念与内涵

作为一个起源于社会学的概念，"社区"一般被认为是一个由居住在某

---

\* 苏明明，博士，中国人民大学环境学院副教授、博士研究生导师，主要研究方向为农业文化
遗产旅游、社区参与；王梦晗，中国人民大学博士研究生，主要研究方向为乡村旅游、遗产
旅游；董航宇，中国人民大学博士研究生，主要研究方向为遗产旅游、乡村治理。

一特定地域内的人们组成的群体，他们通过建立和维护各种关系，共同参与各种活动，形成了一个复杂的社会实体。① 社区参与是社区居民或者群体自觉自愿参与社区自发或组织的各类活动、事务的过程。②

Arnstein 认为真正意义的社区或公众参与应区别于形式主义的参与，进而提出了公众参与的阶梯模型，③ 认为社区参与从低到高有三个层级，即非参与（如操纵性行动、教育性行动）、象征性参与（如告知性参与、咨询性参与、限制性参与）以及实质性参与（如合作性参与、代表性参与、决策性参与、利益分配参与）。其中，决策性参与被认为具有重要的价值。然而，在不同的社会及文化情景中，决策性参与不一定都能实现，因此，利益分配参与也成为理解社区参与的重要参考。

## （二）旅游发展中的社区参与

旅游发展涉及政府、企业、居民等多个利益主体，而在这些利益主体中，居民是最重要的实践者和受益者。④ 此外，在旅游发展中，除了将自然资源作为旅游吸引物，旅游社区也可以成为吸引物。也就是说，积极的社区参与被认为是在旅游发展中提升地区利益的一个重要方式，⑤ 通过充分调动居民的积极性，鼓励居民参与旅游发展的决策，可以使居民充分享受旅游发展所带来的合理利益，并在一定程度上推动社区和谐相处、相辅相成，共同维护和推动当地发展。

根据文化和旅游部的数据，2020 年，中国休闲农业与乡村旅游收入

---

① 周小凤、张朝枝：《线性文化遗产保护与旅游发展：社区参与的影响因素》，《中国文化遗产》2022 年第 5 期。

② 苏明明、杨伦、何思源：《农业文化遗产地旅游发展与社区参与路径》，《旅游学刊》2022年第 6 期。

③ Arnstein, S., "A Ladder of Citizen Participation", *Journal of the American Institute of Planners*, 1969, 4: 216-224.

④ 饶品样、耿亚新、张雅：《乡村旅游社区农户生计适应性选择的影响：基于"生态依赖—生计福祉"的响应模式》，《中国软科学》2023 年第 5 期。

⑤ Su, M. M., Sun, Y. H., Wall, G., et al., "Agricultural Heritage Conservation, Tourism and Community Livelihoods in the Urbanization Process of Xuanhua Grape Garden, Hebei Province, China", *Asia Pacific Journal of Tourism Research*, 2020, 25: 205-222.

为 6000 亿元，比 2019 年减少 66.9%（见图 1），说明自 2019 年以来，居民外出旅游需求被抑制，乡村旅游业受到严重冲击。预计 2023 年被压抑的旅游消费将迎来增长，乡村旅游收入有望实现稳步增长。

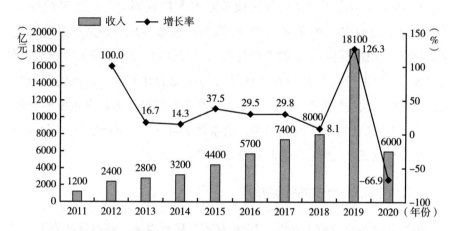

**图 1　2011~2020 年中国休闲农业与乡村旅游收入及增长率**

资料来源：文化和旅游部、农业农村部、艾媒数据中心。

注：官方公布数据截至 2020 年。

只有让社区居民真正参与乡村旅游发展的决策并分享旅游发展的收益，才有利于乡村旅游的发展。[①] 乡村旅游必须考虑社区参与，只有与社区居民合作，使他们参与旅游规划实施、旅游产品设计和利益分配过程，并激励他们倡导、管理和监督社区的环境保护工作，才能实现社区生态环境和文化的可持续发展。目前，国内社区参与乡村旅游发展的模式主要包括"个体户""居民+居民""企业+居民""非政府组织+居民""企业+社区+居民""政府+企业+乡村旅游协会+居民"等，其实质是从"单方治理"到"共同治理"的转变。社区参与乡村旅游利益分配主要包括参与旅游经营、转让产权、股金收益三种形式。[②]

---

① Reid, D. G., Mair, H., George, W., "Community Tourism Planning: A Self-assessment Instrument", *Annals of Tourism Research*, 2004, 31（3）：623-639.

② 李沐纯、周佳愉：《社区参与乡村旅游发展研究》，《湖北农业科学》2022 年第 4 期。

## （三）农业文化遗产旅游发展的社区参与及其意义

### 1. 农业文化遗产与遗产地社区的互动关系

农业文化遗产是农村社区在当地资源、气候和地形等条件下形成并世代传承的传统农业生产体系。农业文化遗产作为一种具有高度社区黏性的活态复合遗产，既维系了当地自然生态的平衡，又支撑着地方独特的社会结构与民俗文化。① 作为农业文化遗产的创造者、实践者与精神载体，遗产地社区既是农业文化遗产当代实践与代际传承的主体，也是农业文化遗产保护的重要动力。②

### 2. 农业文化遗产地旅游发展社区参与的必要性

遗产地社区作为农业文化遗产的核心利益主体之一，是农业文化遗产景观和资源的守护者，也是承载和传承乡土文化的主体，还是遗产地旅游发展的主要参与者和直接被影响者，在某种程度上也是构成遗产地旅游吸引力的重要内容。社区居民是农业文化遗产的所有者和创造者，在当地旅游发展中发挥着重要作用。与一般的旅游目的地不同，农业文化遗产地的旅游资源为文化遗产，其传承与保护更需要当地居民的参与，这一方面是因为社区居民是旅游资源的重要供给者，另一方面是因为他们本身就是重要的旅游资源。没有了社区居民，农业文化遗产保护根本无从谈起，更别提旅游发展。③ 社区居民参与旅游发展，在经济方面能够增加居民收入，增加农村就业机会，有利于农村产业结构调整；④ 在情感方面能够帮助居民了解并且认可遗产的价值；在环境及文化方面能够使居民认可农业文化遗产地旅游发展所带来的

---

① 闵庆文：《农业文化遗产旅游发展需要处理好六个关系》，《世界遗产》2018 年第 1 期。
② 张永勋、闵庆文、徐明等：《农业文化遗产地"三产"融合度评价——以云南红河哈尼稻作梯田系统为例》，《自然资源学报》2019 年第 1 期。
③ 孙业红、闵庆文：《农业文化遗产地旅游发展的几大误区》，《智慧中国》2017 年第 8 期。
④ 闵庆文、孙业红、成升魁等：《全球重要农业文化遗产的旅游资源特征与开发》，《经济地理》2007 年第 5 期。

环境和设施的改善，增强其环保意识，帮助其树立文化自觉和文化自信，[1]同时能够吸收现代文化，形成新的文明乡风；在管理方面能够尊重居民意愿，让居民直接参与有关决策的制定，提高居民的创造能力和民主法治意识，有助于实现"管理民主"的目标；在社会互动方面能够让居民通过外来游客获得城市中的政治、经济、文化等信息，农村居民不用外出就能接受现代化观念和生活习俗，提高素质。因此，社区积极参与农业文化遗产地旅游发展，对于促进农业文化遗产保护、推进遗产地的可持续发展至关重要。

3. 农业文化遗产地旅游发展社区参与的可行性

农业文化遗产地的旅游发展有利于实现农业文化遗产的多元价值，发挥其功能，也给当地社区居民的生活方式与生计策略带来了巨大改变。农业文化遗产地旅游发展的影响不仅涵盖经济维度的收入、就业、生计等，也包括社区生活方式、思想意识、社会关系、政治结构、社区环境、文化认同、传统文化等多个维度，并且随宏观环境和微观策略变化呈现空间异质性和时间动态性。[2] 因此，政府和遗产地管理机构需要通过多维度的社区参与，给社区传达准确的信息，了解社区的需求和特点，优化遗产地旅游发展对社区的影响，增强社区满意度，为遗产地旅游发展提供有效的社区支持，并促进社区的健康发展。

# 二 农业文化遗产地旅游发展的社区参与现状

## （一）典型案例

本文基于浙江青田稻鱼共生系统、河北宣化城市传统葡萄园、江

---

① 武文杰、孙业红、王英等：《农业文化遗产社区角色认同对旅游参与的影响研究——以浙江省青田县龙现村为例》，《地域研究与开发》2021年第1期。

② Su, M. M., Sun, Y. H., Wall, G., et al., "Agricultural Heritage Conservation, Tourism and Community Livelihoods in the Urbanization Process of Xuanhua Grape Garden, Hebei Province, China", *Asia Pacific Journal of Tourism Research*, 2020, 25: 205-222.

苏兴化垛田传统农业系统、云南红河哈尼稻作梯田系统、贵州从江侗乡稻鱼鸭复合系统、广西龙胜龙脊梯田系统六个典型农业文化遗产地的系列研究，梳理六个农业文化遗产地旅游发展的社区参与现状（见表1）。

**表1　农业文化遗产地旅游发展的社区参与现状**

| 农业文化遗产地 | 社区参与模式 | 社区参与现状 | | |
| --- | --- | --- | --- | --- |
| | | 参与度及收入 | 参与意愿及满意度 | 参与方式 |
| 浙江青田稻鱼共生系统① | 村民成为旅游从业人员，通过社区小组参与旅游发展，提供导游、住宿、餐饮、遗产演示等旅游服务 | 旅游从业人员达8000人 | 90%的村民愿意参与旅游活动；10%的村民表示可以考虑 | 62.5%的村民愿意制作、出售旅游产品（以田鱼制品为主）；50%的村民愿意经营家庭旅馆；分别有27.5%、42.5%、32.5%、2.5%的村民愿意承担博物馆工作、担任导游、参加文娱活动及其他相关活动 |
| 河北宣化城市传统葡萄园② | 村民将旅游与传统葡萄种植结合，通过在收获季节销售葡萄、开放庭院参观、经营家庭旅馆参与旅游业发展 | — | 关侯村91%的村民支持旅游业；50%的村民愿意从事旅游业工作；31%的村民对旅游业发展表示满意；近50%的居民对目前旅游发展失望 | 71%的村民愿意开放庭院；26%的村民愿意经营农家乐；25%的村民愿意经营家庭旅馆 |

① 孙业红、闵庆文、成升魁等：《农业文化遗产旅游资源开发与区域社会经济关系研究——以浙江青田"稻鱼共生"全球重要农业文化遗产为例》，《资源科学》2006年第4期。

② Su, M. M. ,Sun, Y. H. ,Wall, G. ,et al. ,"Agricultural Heritage Conservation,Tourism and Community Livelihoods in the Urbanization Process of Xuanhua Grape Garden,Hebei Province,China",*Asia Pacific Journal of Tourism Research*,2020,25:205–222.

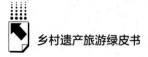
续表

| 农业文化遗产地 | 社区参与模式 | 社区参与现状 | | |
|---|---|---|---|---|
| | | 参与度及收入 | 参与意愿及满意度 | 参与方式 |
| 江苏兴化垛田传统农业系统① | 村民将旅游与农业（渔业）结合,通过加入旅游企业（从事船夫、保洁员、安保等工作）,销售当地产品,自主经营农家乐、家庭旅馆或零售店参与旅游发展 | 东旺村 50% 的家庭参与旅游业；村民加入旅游企业年收入约 2000 元；40 户家庭自主经营农家乐,平均每年可收入 5 万~6 万元；100 户（本村+外村）家庭经营零售店,平均每年可收入 3000~8000 元 | 81.8% 的村民愿意参与旅游活动 | — |
| 云南红河哈尼稻作梯田系统② | 村民将旅游与农业种植结合,通过自主经营家庭旅馆、餐饮,加入旅游企业（做景区清洁人员）,提供农产品或工艺品,提供表演服务等方式参与旅游发展 | 大鱼塘村和青口村 39.6% 的村民直接参与旅游业；55.3% 的村民收入来源于旅游业 | 62.1% 的村民愿意参与旅游活动；79% 的村民愿意在未来提高参与度 | — |

① Su, M. M., Dong, Y., Wall, G., et al., "A Value-based Analysis of the Tourism Use of Agricultural Heritage Systems: Duotian Agrosystem, Jiangsu Province, China", *Journal of Sustainable Tourism*, 2020, 28: 2136−2155.

② Su, M. M., Wang, M. H., Yu, J. J., et al., "Measuring Tourism Impacts on Community Well-being at the Hani Rice Terraces GIAHS Site, Yunnan Province of China", *Society & Natural Resources*, 2023, 36: 796−820.

续表

| 农业文化遗产地 | 社区参与模式 | 社区参与现状 | | |
|---|---|---|---|---|
| | | 参与度及收入 | 参与意愿及满意度 | 参与方式 |
| 贵州从江侗乡稻鱼鸭复合系统① | 村民通过提供食宿、保留传统建筑及传统生活方式、穿戴民族服装、讲解农业知识等方式参与旅游发展 | — | 小黄村 96.8% 的村民支持旅游发展;超过 98.6% 的村民愿意继续以传统方式耕作;62% 的村民期望从旅游业中获得经济效益;分别有 83%、85%、64%、74% 的村民认为旅游发展能够增强当地身份认同和自豪感、有助于保护传统农业景观和栖息地、有助于保护非农业相关生物多样性、有助于保护当地传统 | — |
| 广西龙胜龙脊梯田系统② | 村民通过在旅游企业上班、帮人背包、经营农家乐、卖土特产等方式参与旅游发展 | 大寨村 20% 的村民愿意参加民俗演艺活动;旅游发展提升村民生活质量;年轻村民更愿意从事旅游业 | 70% 的村民愿意参与旅游发展,并配合景区管理部门工作;虽然 60% 的村民反对住"干栏式木质房屋",但依然选择住在这样的房屋中 | — |

① Sun, Y. H., Wang, J., Liu, M. C., "Community Perspective to Agricultural Heritage Conservation and Tourism Development", *Journal of Resources and Ecology*, 2013, 4(3): 258-266.

② 周琴、邹宏霞、方妮:《社区居民参与农业文化遗产保护研究——以桂林龙胜龙脊梯田为例》,《旅游纵览》(下半月) 2016 年第 2 期。

基于对上述六个遗产地的综合分析可以发现，社区居民将传统农业与旅游业相结合，参与农业文化遗产旅游发展。村民通过加入旅游企业（从事景区清洁、船夫、安保、检票员等工作）的方式获取收入，或通过自主经营民宿、农家乐、家庭旅馆、进行民俗表演等为游客提供相关服务而获得收入。社区参与农业文化遗产地旅游发展的核心在于将村民的生产生活变成游客欣赏的对象，基于村民的在地知识和感情为游客提供生动、真实和个性化的旅游服务及解说。在参与满意度方面，在政府规划较好、基础设施较为完善、旅游发展较为成熟的遗产地，村民的参与满意度更高。在旅游参与意愿方面，大部分村民愿意参与旅游发展，并期望提高旅游参与能力，以获得收入，增强地方文化自信，参与对村庄环境及生物多样性的保护。研究还显示，当旅游业成为当地村民的基础生计时，村民会更愿意支持旅游发展。同时，游客季节性波动也会影响村民的参与意愿。

## （二）社区参与模式

农业文化遗产具有特色鲜明、分布范围广、可参与性和复合性强等特征，其聚落属性、社会属性、经济属性、文化属性、生态属性为旅游开发提供了依据。[1] 社区居民作为农业文化遗产的创造者、实践者和精神载体，是农业文化遗产当代实践和代际传承的主体，[2] 因此，应当积极推动社区参与，以促进农业文化遗产的保护和旅游发展。

从旅游开发路径来看，农业文化遗产地可重点开发自然风光旅游、乡村风情旅游、科考教育旅游、文化娱乐旅游、文艺部落旅游、特色购物旅游、生态博物馆等。也有学者将农业文化遗产旅游地划分为技术型、景观型和遗址型，提出市场带动资源模式、资源带动市场模式、节事活动带动模式等发展模式，为农业文化遗产地的旅游发展提供了参考，[3] 遗产地社区居民主要

---

[1] 孙业红：《农业文化遗产及其旅游发展研究进展》，《安徽农业科学》2012 年第 20 期。

[2] 孙业红：《农业文化遗产旅游：路在何方？》，《世界遗产》2016 年第 4 期。

[3] 孙业红、闵庆文、刘某承：《农业文化遗产地旅游资源利用的多类型比较——以技术型、景观型和遗址型遗产为例》，《资源科学》2013 年第 7 期。

通过参与旅游企业经营或自主经营农家乐等的形式参与遗产地旅游发展。浙江青田稻鱼共生系统①、河北宣化城市传统葡萄园①、江苏兴化垛田传统农业系统②、云南红河哈尼稻作梯田系统③四个典型农业文化遗产地的系列研究表明，当地社区居民参与旅游发展的形式多样，包括旅游企业提供的工作岗位，如作为遗产地种植人员（务农的村民和负责种植管理的人员）和旅游服务人员（清洁工、售票员等），以及社区居民自主经营的特产和农产品商店、农家乐、民宿等。社区的广泛参与，不仅促进了农业文化遗产的保护与传承，也促使社区生计多样化，保障了社区参与和利益共享，有利于实现农业文化遗产地的可持续发展。

可见，构建社区参与模式的核心是切实保障社区居民在农业文化遗产地旅游发展中的决策性参与和利益分配参与，通过参与模式和路径的拓展，提升遗产地社区在旅游规划、推广、建设发展和运营各个环节的多维度参与，发挥遗产地社区的优势，在促进农业文化遗产保护的前提下，探索社区和遗产双赢的可持续旅游发展道路。

## （三）社区参与的利益分享机制

农业文化遗产地社区参与的利益分享机制是指在农业文化遗产地旅游发展过程中，为了协调政府、企业、社区居民等利益主体的利益，综合运用政治、经济、法律等所形成的组织和制度。④

如图2所示，农业文化遗产地社区参与的利益分享机制由利益获得、利

---

① Su, M. M., Wang, M. H., Sun, Y. H., et al., "Tourist Perspectives on Agricultural Heritage Interpretation: A Case Study of the Qingtian Rice-fish System", *Sustainability*, 2022, 14: 10206.

② Su, M. M., Dong, Y., Wall, G., et al., "A Value-based Analysis of the Tourism Use of Agricultural Heritage Systems: Duotian Agrosystem, Jiangsu Province, China", *Journal of Sustainable Tourism*, 2020, 28: 2136-2155.

③ Su, M. M., Wang, M. H., Yu, J. J., et al., "Measuring Tourism Impacts on Community Well-being at the Hani Rice Terraces GIAHS Site, Yunnan Province of China", *Society & Natural Resources*, 2023, 36: 796-820.

④ 续文刚、钱文婧、李振炜：《农业文化遗产保护的社会参与和利益分享机制研究——以江苏兴化垛田为例》，《农村经济与科技》2021年第8期。

益分配、利益感知以及利益表达四个相互关联的部分构成。其中，利益分配的原则和方式对于不同群体的收益有着重要影响，从经济、社会、文化和环境等多个角度来看，不同的利益分配方式可以衍生不同的收益类型和数量。[①] 利益分配方式可以根据利益主体的实际收益情况来决定，以满足他们的收益期望。利益表达则需要根据利益主体的收益水平来确定。[②] 利益分配过程的公平性、双方的协商能力以及利益表达的多样性都会对不同群体的利益感知产生重要影响，使他们产生相对的利益获得感或剥夺感，而利益感知又会对原有的利益分配格局产生影响。[③]

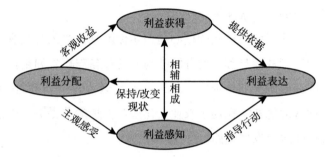

**图2 农业文化遗产地社区参与的利益分享机制**

资料来源：作者自绘。

有关云南红河哈尼稻作梯田系统的社区参与研究显示，当地居民对农业文化遗产地旅游发展带来的多个方面的利益有不同的感知。[④] 案例地社区居民对经济条件变化、生活环境变化和旅游发展变化的感知是积极的。社区居民认为旅游发展能带动当地经济发展，为他们提供更多就业机会，也使得村子的居住环境明显改善。随着旅游进一步发展，社区居民对保护农业系统和

① 张耀一：《乡村旅游社区参与开发模式与利益分配机制研究》，《农业经济》2017年第3期。
② 保继刚、陈求隆：《资源依赖、权力与利益博弈：村寨型景区开发企业与社区关系研究——以西双版纳勐景来景区为例》，《地理科学》2022年第1期。
③ 柴寿升、龙春凤：《旅游社区参与公平的现实困境及其实现路径》，《中国海洋大学学报》（社会科学版）2019年第1期。
④ 苏明明、王梦晗、余景娟等：《遗产旅游对农业文化遗产地居民福祉的影响——以哈尼梯田为例》，《资源科学》2023年第2期。

传统文化的重要性的认知加深、保护意识逐渐提高。然而，社区居民对现有的教育、医疗设施及服务水平的满意度不高，没有感知到旅游发展在教育和医疗层面的积极影响。可见，当地政府需要进一步加强遗产地教育、医疗设施建设和服务提升，以满足遗产地社区居民的需求。

有关江苏兴化垛田传统农业系统的社区参与研究发现，全球重要农业文化遗产系统认定有效促进了当地旅游的迅速发展和旅游总收入的增加。然而，村民访谈显示村民收入没有随着旅游景区收入的增加而相应增加，当地村民对当地旅游发展的利益分享满意度较低。即使旅游发展带来了可观的经济收入，提升了农业文化遗产的经济价值，但是旅游收入增加不一定带来社区居民收入的增加和社区的可持续发展。可见，构建有效和公平的利益分享机制是保证社区参与、促使社区获益、促进社区可持续发展的重要路径。

## （四）社区参与的多利益主体互动

农业文化遗产地旅游发展涉及众多利益主体和多个领域，政府部门、旅游企业、社区居民、科研院所等不同利益主体都会对遗产保护和遗产地旅游发展产生影响，因此多利益主体的互动及合作尤为必要。

如图 3 所示，在浙江青田稻鱼共生系统中，政府部门作为农业文化遗产地的管理者，在保护农业文化遗产、规划项目、发展旅游等方面拥有决定性的话语权，并在政策实施和项目实施过程中扮演着监督者的角色，与各利益主体均有关联。旅游企业是农业文化遗产保护与遗产地旅游发展的主体和重要力量，农业文化遗产地的旅游发展重在保护，旅游企业在参与的过程中，应以保护当地生态和文化为前提，同时考虑游客的需求，在旅游活动和产品设计中，要能展现当地的生产生活方式以及民风民俗，并发挥其教育价值。社区居民是农业文化遗产保护和遗产地旅游发展的直接利益主体，也是旅游发展的主要资源供给者，农业文化遗产需要他们来保护和传承。科研院所发挥技术支持作用，是农业文化遗产地生态系统保持稳定的主要守护者。可见，农业文化遗产保护和遗产地旅游发展亟须多个主体的互动和合作。

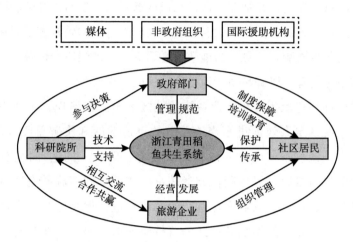

**图 3　农业文化遗产地社区参与的利益主体互动**

资料来源：作者自绘。

　　浙江省丽水市青田县的稻鱼共生系统是我国第一个被联合国粮农组织认定的全球重要农业文化遗产。有关青田县的案例研究发现，[①] 在农业文化遗产地旅游发展中，当地政府部门、社区居民、科研院所、旅游企业以及其他各利益主体均发挥着重要作用。为有效提高当地社区参与遗产保护和遗产地旅游发展的积极性，当地政府部门为青田稻鱼共生系统提供了多维度的政策扶持并介入管理，例如，采用环境友好型生产方式的农户将获得现金补贴，保障了社区居民分享经济利益。在维系传统稻鱼共生系统的基础上，社区居民以股东身份参与旅游发展，还通过自主经营农家乐、民宿、商店等参与旅游发展，拓宽了家庭收入来源，显著提升了家庭收入。另外，中科院地理科学与资源研究所、农科院等科研院所对传统稻鱼共生系统的特征、传统耕作方式、遗产保护、发展前景等开展了深入研究。科学研究的不断深入不仅提升了当地农业文化遗产保护的科学性和有效性，也给当地旅游可持续发展提供了指导。可见，多个主体的合作有效保障了青田稻鱼共生系统的动态保

---

　　① 武文杰、孙业红、王英：《农业文化遗产地女性居民旅游参与的情感响应——以浙江青田稻鱼共生系统为例》，《旅游学刊》2022 年第 4 期。

护，促进了农业文化遗产多元价值的转化，实现了社区在保护和发展多个维度中的有效参与。

# 三　农业文化遗产地旅游发展的社区参与面临的主要问题

对国内相关文献的分析可以看出，我国农业文化遗产地旅游发展在促进遗产保护、推动当地社区发展方面发挥了积极作用，如带动村民增收、改善当地人居环境、增强村民自豪感、推动内外主体互动等，且大部分村民表现出较强的旅游参与意愿。然而，受政策支持有限、农业文化遗产地基础设施不完善、旅游投资较高、游客数量波动较大、利益分配不均、住宅空间短缺、村民能力不足等因素影响，现阶段我国农业文化遗产地旅游发展主要围绕农业景观展开，当地社区的旅游参与模式较为单一，提供的旅游产品大多是较为初级的农家乐、渔家乐等，农业文化遗产地社区参与的整体水平仍然较低，村民获益水平及满意度仍然有限，社区参与农业文化遗产地旅游发展的可持续性仍然面临诸多挑战。

## （一）社区参与意识和能力有待提升

关于农业文化遗产地的实证研究表明，我国农业文化遗产地社区老龄化问题严重，受教育水平及健康状况等因素的影响，当地社区参与遗产地旅游发展的意愿偏低，也缺乏相应的人力资本。另外，随着我国城镇化的快速推进，越来越多的年轻人开始远离乡村，对农业文化的认同感降低、对乡土的依恋不断减弱，使得遗产地发展与年青一代对美好生活的需求与向往之间的鸿沟越来越大，造成农业文化遗产面临代际传承危机，遗产地旅游发展也缺乏年轻力量支撑。因此，提升农业文化遗产地年青一代的参与度是农业文化遗产地旅游可持续发展、遗产保护和传承的一个重要课题。

## （二）社区参与模式较为单一

农业文化遗产地旅游发展不仅可以促进当地村民和农业社区的生计转

型，也有利于促进农业文化遗产地的产业融合发展，提升农业生产效率，鼓励非农产业发展。① 然而，农业文化遗产地旅游发展所带来的经济收益和生活环境改善等，仍不能满足当地居民对美好生活的多样化需求，尤其是健康医疗和教育基础设施尚不健全，导致农业文化遗产地居民生活满意度日趋下降，回流的劳动力再次流失，引发了当地社区的二次空心化。

农业文化遗产地由于区位条件、经济发展水平以及社区能力水平不一，旅游发展水平和社区获益水平也存在较大差距。这可能加剧社区之间和社区内部时间和空间上的不平衡，扩大社区之间、社区内部（包括代际）在经济效益、资源环境、社会发展和文化认同等方面的差异，影响社区居民的生活满意度，给农业文化遗产地带来新的社会问题。

此外，目前我国农业文化遗产地旅游发展主要依托农业景观提供观光游览活动，农业文化遗产在生态、社会等方面的多重价值和功能还没有充分融入旅游发展之中，使得现阶段旅游活动和产品的类型有限，游客旅游体验较为单一。因此，当地社区的旅游参与模式也局限在提供一般性的餐饮和住宿服务。同时，由于社区参与机制和相应的支持政策及措施比较缺乏，有参与意愿而参与条件不足的农户和社区得不到有效支持。因此，我国农业文化遗产地普遍存在社区参与水平和获益水平不高的问题，遗产地旅游发展对于农业文化遗产保护和社区发展的带动作用尚未得到充分发挥。②

### （三）社区参与的利益分享机制亟待构建

河北宣化城市传统葡萄园、江苏兴化垛田传统农业系统、云南红河哈尼稻作梯田系统等多个典型案例的实证研究显示，我国农业文化遗产地社区参与的利益分享机制尚不明确、旅游收益分配不均衡、社区获益不高，导致农业文化遗产地各利益主体间的矛盾日益凸显。例如，云南红河哈尼稻作梯田

---

① Yang, L., Sun, J., Liu, M., et al., "Agricultural Production under Rural Tourism on the Qinghai-tibet Plateau: From the Perspective of Smallholder Farmers", *Land Use Policy*, 2021: 103.

② 张灿强、闵庆文、田密：《农户对农业文化遗产保护与发展的感知分析——来自云南哈尼梯田的调查》，《南京农业大学学报》（社会科学版）2017年第1期。

系统保护和发展面临的主要挑战是政府、企业和社区之间的价值观念和利益诉求不同，三方的矛盾未能得到有效协调，尤其是社区居民在资金和技能缺乏的条件下难以有效参与旅游发展及保障自身利益，最终导致无论是遗产保护还是旅游发展都难以取得预期效果。① 因此，如何构建权责明确的利益分享机制是农业文化遗产地旅游可持续发展亟待解决的问题。

## 四　农业文化遗产地旅游发展社区参与的对策建议

### （一）拓展社区参与路径和模式

为了促进农业文化遗产地旅游可持续发展，应拓展社区参与的多元路径和模式，探索更加有效的参与渠道，以满足农业文化遗产地社区更广泛的需求。因此，应该基于当地的自然资源、人文环境、传统文化等，充分利用社区居民的农业生产设备、传统知识和技能等，开发独具特色、吸引力强的创新型农业文化遗产旅游项目，以满足不同类型游客的需求，打造不同主题的农业文化遗产游览线路，以促进农业文化遗产地旅游可持续发展。农业文化遗产地旅游的多元化和深层次发展，不仅可以丰富游客的旅游体验，提升游客满意度，突出农业文化遗产地旅游特点及其与乡村旅游的差异，而且可以促进农业文化遗产价值的传播和提升公众对农业文化遗产的认知，进而反哺农业文化遗产保护和传承。

### （二）加强遗产地社区能力建设

农业文化遗产保护及遗产地旅游发展需要社区的支持和深度参与，因此农业文化遗产地社区的能力建设是实现农业文化遗产地旅游可持续发展的重要保障。社区能力建设的内容和形式应充分考虑农业文化遗产地旅游发展的

---

① 王梅、角媛梅、华红莲等：《红河哈尼梯田遗产区居民旅游影响感知和态度的村寨差异》，《旅游科学》2016年第3期。

需要，社区居民的特点、能力及参与模式，传统农业系统的自然生态和景观特征，提供遗产保护技术、讲解教育服务、旅游导览服务、市场营销技能、管理技能、其他旅游服务等不同类别的知识和技能培训，满足农业文化遗产保护和遗产地旅游发展的多样化和差异化需求，提升当地社区的参与能力。

### （三）建立多利益主体参与、权责明确的农业文化遗产地管理机制

农业文化遗产保护和农业文化遗产地旅游发展均涉及政府、企业、非政府组织、社区居民及游客等众多利益主体。因此，为科学有效地实现遗产保护和遗产地旅游发展的目标，有必要建立多主体参与、权责明确的遗产地管理机制，调动众多利益主体的主动性和积极性，提高遗产管理水平，促进农业文化遗产多元价值的转化，并确保利益分享均衡公正。

针对遗产地社区的发展需求和参与困境，遗产地管理机制需要充分考虑社区在遗产保护和遗产地旅游发展中的重要地位和作用，在制度层面充分保障遗产地社区的参与水平和利益，同时推进遗产地不同社区之间和社区内部合作机制和利益分享机制的建立，尽量减少社区间和居民间的差异。

### （四）推进农业文化遗产地社区生计可持续发展

农业文化遗产是具有代表性的复杂人地关系系统，其与当地的自然和文化环境紧密相连，且与社区生计息息相关。农业文化遗产地旅游发展应强调农业系统的生态价值和文化价值与旅游业的结合，促进广泛的社区参与和公平的利益共享，以实现农业文化遗产地社区可持续发展的目标。第一，社区居民的生计是农业文化遗产动态保护和适应性管理需要考虑的重要内容之一，而当地的旅游发展则有可能成为改善生计的新途径。[①] 因此，基于社区生计与农业文化遗产地旅游发展的关系，有必要进一步探索社区生计管理模式，采取创新措施，促进社区参与和社区内利益共享，特别是要探索如何带

---

① 孙业红、闵庆文、成升魁等：《农业文化遗产地旅游社区潜力研究——以浙江省青田县为例》，《地理研究》2011 年第 7 期。

动生计资源水平较低的社区居民参与并分享利益。第二，组织遗产保护及遗产地旅游发展相关培训和能力建设活动，不断提升社区居民的知识和技能水平，使社区在遗产保护与旅游发展方面发挥更大的作用。第三，旅游发展衍生了多样的生计策略，为农业文化遗产地社区带来更多的生计机会，形成以传统农业为基础，旅游及旅游衍生行业为拓展的多样化的社区生计系统，进一步推动农业文化遗产保护和农业文化遗产地社区可持续发展。

# G.7
# 2023年农业文化遗产地旅游形象建构与推广

孙梦阳　房文静*

**摘　要：** 在乡村振兴背景下，农业文化遗产正在从世代相传的农业生产方式转化为独特的旅游资源，农业文化遗产地旅游发展也越来越关注旅游形象建构与推广。本文以2021年以来涉及我国19项全球重要农业文化遗产的62篇新闻为基础，分析了旅游目的地旅游形象建构与推广的现状，指出了公众认知度偏低、特色定位不够突出等问题，对农业文化遗产地旅游形象建构与推广的影响因素进行了梳理，提出了提高公众认知度、打造旅游感知形象、开展系统化形象推广工作以及提高传播者专业素养的旅游形象建构与推广的提升建议。

**关键词：** 农业文化遗产地　旅游形象建构　品牌形象

在乡村振兴背景下，农业文化遗产正在从世代相传的农业生产方式转化为独特的旅游资源，农业文化遗产旅游在促进农业文化遗产地的经济发展、提高公众对农业文化遗产的认知度、树立中国乡村文化自信和促进农业文化遗产的保护与利用等方面发挥着不可替代的作用，[①] 焕发勃勃生机。

---

* 孙梦阳，博士，北京联合大学旅游学院教授、硕士研究生导师，主要研究方向为旅游目的地营销、游客行为分析以及旅游服务贸易等；房文静，北京联合大学旅游学院硕士研究生，主要研究方向为职业技术教育旅游服务、旅游目的地营销。

① Tian, M., Min, Q. W., Tao, H., et al., "Progress and Prospects in Tourism Research on Agricultural Heritage Sites", *Journal of Resources and Ecology*, 2014, 5 (4): 381-389.

农业文化遗产旅游以农业生产为基础，兼具休闲农业、乡村旅游、自然生态旅游、文化遗产旅游等多重特征。[①] 正因为其综合性、多元化的特征，旅游品牌形象建构与传播在推广农业文化遗产旅游和推动乡村振兴中具有非常重要的作用，是发展和促进农业文化遗产旅游不可或缺的关键环节。

# 一 旅游形象建构与推广的现状

## （一）分析思路与方法

旅游形象是旅游地的各种要素资源通过各种传播形式作用于旅游者并在旅游者心中形成的综合印象。[②] 从供给侧的角度来说，旅游形象建构与推广主要是供给方对旅游目的地的各种要素资源进行整合提炼，并有选择性地进行形象定位与传播，这是旅游目的地形象构建的核心内容。

本文通过网络资料整理了我国 19 项全球重要农业文化遗产开展农业文化遗产旅游的新闻报道，以此为基础梳理了农业文化遗产地旅游形象建构与推广的做法和现状。本文共收集了 2021 年 1 月 1 日至 2023 年 6 月 30 日的 203 篇农业文化遗产地旅游宣传相关的新闻，经过筛选留下 62 篇与农业文化遗产地旅游形象建构与推广直接相关的新闻。浙江共有 4 项全球重要农业文化遗产，是全国拥有农遗数量最多的省份，比较重视农业文化遗产地的旅游形象构建与推广，与媒体的合作与沟通较多，相关的新闻较多。中国南方山地稻作梯田系统的相关新闻有 9 篇，数量居 19 项全球重要农业文化遗产的首位，其次是浙江青田稻鱼共生系统，再次是云南红河哈尼稻作梯田系统和浙江湖州桑基鱼塘系统。2021~2023 年全球重要农业文化遗产地旅游形象建构与推广的新闻如表 1 所示。

---

① 闵庆文：《农业文化遗产 不一样的风景》，《人民政协报》2023 年 5 月 8 日。
② 谢朝武、黄远水：《论旅游地形象策划的参与型组织模式》，《旅游学刊》2002 年第 2 期。

表1 2021～2023年全球重要农业文化遗产地旅游形象建构与推广的新闻

单位：篇

| | 序号 | 名称 | 新闻数量 |
|---|---|---|---|
| 浙江 | 1 | 浙江青田稻鱼共生系统 | 8 |
| | 2 | 浙江绍兴会稽山古香榧群 | 3 |
| | 3 | 浙江湖州桑基鱼塘系统 | 6 |
| | 4 | 浙江庆元林-菇共育系统 | 1 |
| 小计 | | | 18 |
| 云南 | 5 | 云南普洱古茶园与茶文化系统 | 3 |
| | 6 | 云南红河哈尼稻作梯田系统 | 6 |
| 小计 | | | 9 |
| 河北 | 7 | 河北宣化城市传统葡萄园 | 2 |
| | 8 | 河北涉县旱作石堰梯田系统 | 2 |
| 小计 | | | 4 |
| 福建 | 9 | 福建福州茉莉花与茶文化系统 | 3 |
| | 10 | 福建安溪铁观音茶文化系统 | 3 |
| 小计 | | | 6 |
| 江苏 | 11 | 江苏兴化垛田传统农业系统 | 2 |
| 江西 | 12 | 江西万年稻作文化系统 | 3 |
| 甘肃 | 13 | 甘肃迭部扎尕那农林牧复合系统 | 1 |
| 山东 | 14 | 山东夏津黄河故道古桑树群 | 1 |
| 内蒙古 | 15 | 内蒙古阿鲁科尔沁草原游牧系统 | 3 |
| | 16 | 内蒙古敖汉旱作农业系统 | 1 |
| 小计 | | | 4 |
| 福建、江西、湖南、广西 | 17 | 中国南方山地稻作梯田系统 | 9 |
| 贵州 | 18 | 贵州从江侗乡稻鱼鸭系统 | 2 |
| 陕西 | 19 | 陕西佳县古枣园 | 3 |
| 合计 | | | 62 |

资料来源：作者整理而成。

由三位旅游市场营销方面的专业人士逐一阅读并摘录新闻中体现农业文化遗产地旅游形象建构与推广的相关语句，将摘录中内涵相近的内容进行概念化编码。例如，"融合传统习俗在农业特色观光基地举办春秋两季

'稻鱼之恋'开犁节、丰收节等大型体验活动"① 概念化为"举办特色体验活动";"建立稻鱼共生系统博物馆，以最新科技、沉浸式体验等方式，全面展示青田稻鱼共生系统的历史起源、发展脉络和文化精髓"② 概念化为"采用数字化和智慧化的传播方式"，以此类推，共得出 14 条概念化编码。对新闻中相似的内容进行整合，对上与其相符合的概念化编码。全球重要农业文化遗产地旅游形象建构与推广的工作内容概念化编码如表 2 所示。

**表 2　全球重要农业文化遗产地旅游形象建构与推广的工作内容概念化编码**

| 序号 | 编码 | 序号 | 编码 |
|---|---|---|---|
| 1 | 构建旅游品牌形象 | 8 | 开展特色节庆活动 |
| 2 | 推出旅游形象符号 | 9 | 举办特色体验活动 |
| 3 | 提升农遗资源的认知度与知名度 | 10 | 针对不同群体开发旅游产品 |
| 4 | 提升农业文化遗产地的美誉度 | 11 | 采用数字化和智慧化的传播方式 |
| 5 | 挖掘农业文化遗产文化内涵 | 12 | 提升旅游服务与设施 |
| 6 | 强化"农业文化遗产+旅游" | 13 | 提升农遗地的旅游成熟度 |
| 7 | 开发特色旅游产品 | 14 | 开展多元化的传播手段 |

资料来源：作者整理而成。

## （二）分析结果

对 62 篇新闻进行概念化编码，明确每篇新闻中体现的旅游形象建构与推广的主要工作内容，并通过词云图显示农业文化遗产地开展相关工作的现状。如图 1 所示，农业文化遗产地在旅游形象建构与推广方面开展了很多富有成效的工作。

---

① 《浙江省丽水市青田县守护全球农业遗产"稻鱼共生"系统　输出"共富价值"》，中国供销合作网，2021 年 9 月 1 日，https：//www. chinacoop. gov. cn/news. html？aid＝1720640。
② 《青田"稻鱼共生系统"的传承和保护》，丽水市人民政府网站，2021 年 11 月 18 日，http：//www. lishui. gov. cn/art/2021/11/18/art_1229218391_57328782. html。

**图 1　农业文化遗产地旅游形象建构及推广的主要工作词云图**

**1. 提升农业文化遗产资源认知度，塑造旅游品牌**

从 2005 年第一项全球重要农业文化遗产获批，"农业文化遗产"这一新名词进入公众视野，并开启了农业文化遗产旅游这一全新的领域。① 由于农业文化遗产旅游与普通乡村旅游存在显著的差异，在建构旅游形象时需要不断强化农业文化遗产的多维度属性与价值，进而全面提升公众与对农业文化遗产旅游资源的感知和认知。旅游品牌塑造与管理是消除模糊认知、满足游客需求和激发旅游动机的重要基础。农业文化遗产地在不断传播农业文化遗产旅游品牌和建构农业文化遗产资源认知方面做了大量的工作，并以此为基础，不断系统化、显性化和价值化农业文化遗产的旅游品牌。例如，浙江省青田县设计青田稻鱼共生系统的标识，提高品牌辨识度；拥有内蒙古阿鲁

---

① 闵庆文：《农业文化遗产旅游：一个全新的领域》，《旅游学刊》2022 年第 6 期。

科尔沁草原游牧系统的阿鲁科尔沁旗委、旗政府提出了建设蒙古族游牧文化特色旅游休闲度假基地的品牌定位。

### 2. 优化旅游服务与设施，提升旅游市场成熟度

旅游基础设施是游客完成旅游活动的基本保障和物质基础，旅游服务涉及交通、餐饮、住宿等多个领域和环节，直接影响游客的体验感和满意度。维护有序合法市场秩序、提升目的地综合竞争力和驱动当地旅游业可持续发展都有助于形成成熟的旅游市场。拥有桑基鱼塘系统的浙江省湖州市督促相关职能部门对桑基鱼塘周边传统村落开展专项治理，修缮古建筑、古街道、古戏台，持续推动集农业生产、科学教育、商业娱乐于一体的生态文明景观建设，带动了旅游人数和收入的不断增长。

### 3. 重视农业文化遗产资源整合，推出特色旅游产品

旅游产品的开发是对现有旅游资源进行整合设计，显性化旅游目的地的旅游价值，全方位满足游客价值需求和个性偏好。农业文化遗产地普遍意识到旅游产品开发的重要性，不断挖掘当地的农业文化遗产价值，通过不同形式的旅游产品或节庆活动体现历史文化价值和社会生活体验价值等。例如，河北涉县围绕梯田农耕文化，推出梯田毛驴游、生态山水游；江苏兴化基于垛田传统农业系统打造菜花节，成功把生态优势转化为旅游优势。

### 4. 推出旅游形象符号，融合多元媒介传播旅游形象

新媒体时代，多元媒介不断交融与更替，旅游形象传播面临着传播什么和怎么传播的挑战。农业文化遗产地具有深厚的历史文化和独特的农业景观，山东夏津的"世界遗产地、千年古桑林"以及广西龙胜的"世界梯田原乡"这些鲜明的旅游形象符号和口号推动了旅游品牌传播。农业文化遗产地立足于媒体融合传播新趋势，不断考虑信息接收主体的需求，依托基于大众视角和融合传播的多元媒介传播方式，利用传统媒体深度传播的优势和新媒体高效传播的特点进行立体化的旅游形象传播。[①]

---

① 王格、张雪梅：《媒介融合背景下扬州旅游形象构建与传播策略研究》，《无锡商业职业技术学院学报》2021年第4期。

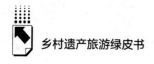

乡村遗产旅游绿皮书

# 二 旅游形象建构与推广存在的问题

随着国内旅游业的日益成熟，游客旅游需求与价值诉求更加多元化，旅游形象建构与推广面临着更大的挑战与压力。我国农业文化遗产地旅游形象建构在近几年中取得了明显的成绩，同时也存在突出的问题。

## （一）旅游品牌知名度和公众认知度偏低

本文基于百度指数来分析公众对全球重要农业文化遗产及遗产地的认知度。百度指数是以百度用户行为数据为基础的数据分析平台，跟踪和分析百度搜索引擎用户关注和搜索的关键词可以了解相关关键词的公众认知度。我们在百度指数上逐一搜索"浙江青田稻鱼共生系统""浙江青田""稻鱼共生"等与浙江青田稻鱼共生系统这项农业文化遗产相关的关键词，并用这种方法搜索了 19 个农业文化遗产，结果显示被百度指数收录的全球重要农业文化遗产仅有两项：云南红河哈尼稻作梯田系统（搜索关键词"哈尼梯田"）和福建安溪铁观音茶文化系统（搜索关键词"安溪铁观音"）。可见，尽管各个农业文化遗产地的政府逐渐重视旅游品牌塑造，但未实现旅游目的地总体形象与属性形象的统一①、投射形象与感知形象的统一，造成农业文化遗产地的公众认知度和知名度普遍偏低。

## （二）旅游形象建构特色定位不够突出

在旅游形象建构和旅游产品开发中，需要充分展示农业文化遗产生产活力和生态凝聚力。除少数几个农业文化遗产地采取专业室内博物馆展示，大多数农业文化遗产地沿袭乡村旅游的模式和做法，以农业观光旅游和农事活动体验为主，没有突出农业文化遗产价值的系统化和个性化。无

---

① 刘孝蓉、冯凌：《从传承到传播：农业文化遗产旅游形象建构与推广》，《旅游学刊》2022年第 6 期。

法让游客找到农业文化遗产与自身价值需求的契合点并从不同维度解读农业文化遗产，也未能实现农业文化遗产地旅游形象建构的完整性与传播的有效性。

### （三）旅游品牌建设的系统性和持续性不强

旅游品牌具有生命周期，农业文化遗产旅游地品牌建构后，需要根据遗产地所处的发展阶段和媒体融合的发展态势，有针对性地动态维护和调整品牌形象。目前，大多数遗产地还没有科学地评判品牌建设与管理所处的具体阶段，缺少适应不同阶段品牌传播的具体规划，需要建立系统性的品牌建设与传播机制，突出农业文化遗产与普通乡村观光旅游的区别，弱化并消除公众对农业文化遗产地的负面刻板印象，为农业文化遗产地旅游可持续发展创造更好的环境。

### （四）高效整合多渠道和多平台的传播策略缺乏

绝大多数农业文化遗产地处于交通闭塞且相对贫困的地区，受资金限制很多遗产地主要依靠电视、广播、推介会等传统媒体进行品牌传播，没有很好地利用传统媒体和新兴媒体的迭代共生进行优势互补，难以将丰富的内容与信息有效传递给目标游客。本文通过对62篇新闻的分析发现，各遗产地基本以打造农副产品、旅游纪念品销售为传播重点，侧重于传统媒体推广，对新媒体传播不够重视，未形成多平台联动的传播体系，导致其在旅游品牌塑造过程中无法引起持续性的话题热度。

## 三　旅游形象建构与推广的影响因素

旅游形象是农业文化遗产地发展的灵魂，显著影响旅游者的出行意愿和购买决策，是旅游市场竞争的重要因素。厘清农业文化遗产地旅游形象建构与推广的影响因素，可以让各农业文化遗产地对症下药，全力构建推广当地旅游形象，提高当地知名度，吸引更多游客前去领略自然景观和传统文化。

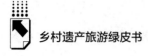

农业文化遗产地旅游形象建构与推广的影响因素涉及内在和外在两个方面，具体包括以下内容。

### （一）公众对农业文化遗产旅游的刻板印象

除了认知度偏低，公众对农业文化遗产旅游普遍存在刻板印象。一方面将其等同于乡村旅游，忽略其深厚的生态环境、社会文化以及科研教育等价值；另一方面将农业文化遗产地与落后和贫困等联系起来，认为其难以提供体验感丰富与参与性强的产品与活动。这些刻板印象对于农业文化遗产地旅游发展与形象传播来说是很大的阻碍。

### （二）整合营销的系统性与稳定性

作为一种系统性的营销策略，整合营销将所有营销工具和活动有机结合起来，根据环境变化进行动态修正与调整，通过综合使用各种形式的媒介传播旅游目的地的统一品牌形象。整合营销对农业文化遗产地的政府部门或营销机构高效而稳定地与游客进行双向沟通、提高农业文化遗产地公众认知度、树立品牌形象与增强游客的情感认同均具有显著的影响。

### （三）社区参与农业文化遗产旅游的积极性

社区参与在农业文化遗产地整体形象提升和人文环境塑造中发挥着不可或缺的作用。如果社区参与旅游的意愿强烈，能够更好地呈现遗产地的亲和力，充分展示和贡献每个人的才能和力量，有助于将原汁原味的当地生活环境和民俗风情呈现出来，提升农业文化遗产地的旅游形象。

### （四）农业文化遗产地旅游形象的建构方式

农业文化遗产地因地制宜采用不同方式建构旅游形象，如面向特定群体设计主题旅游产品、挖掘农业文化遗产核心价值提升品牌知名度、整合不同渠道开展营销传播、重视社区参与推动品牌建构等。不同的建构方式影响旅游形象的呈现与效果，也影响游客对农业文化遗产地的认知和情感。

## （五）农业文化遗产地旅游的核心吸引力

不同类型农业文化遗产地的吸引力存在一定的差异，而景观、文化和业态则是支撑其旅游可持续发展的核心吸引力，能够凸显和影响旅游目的地的品牌形象。农业文化遗产地需要审视并明确当地的核心景观并将其标志化，认清农业文化遗产的独特文化价值并通过异域化和异质化的业态和产品对其进行演绎。

## （六）"农业文化遗产+旅游"的融合路径

在自然、人文、历史、文化等资源与农业文化遗产有机结合中，通过农业多元化、旅游多样化、产业链拓展和社会共治探索"农业文化遗产+旅游"的融合路径，找准并破解影响产业融合发展的难题，有利于拓宽融合发展模式，促进旅游形象建构与推广的动能和效能的释放。

# 四　旅游形象建构与推广的提升建议

农业文化遗产地旅游形象的建构与推广不仅要依托各农业文化遗产地深厚的文化内涵、特色鲜明的旅游资源，打造农业文化遗产地的总体形象，提高公众对农业文化遗产的认知度，还要立足媒体融合传播新格局，从信息接收主体的视野出发，开展系统化的遗产地旅游形象传播工作。

## （一）提高公众对农业文化遗产的认知度

百度指数的搜索结果显示农业文化遗产的公众认知度较低，可采取多项措施提高公众认知度。第一，设立农业文化遗产宣传日。通过农业文化遗产地的多项主题宣传活动和优秀农耕文化，营造良好的舆论氛围，让公众认识兼具文化遗产、自然遗产、非物质文化遗产特征的农业文化遗产。第二，多种形式宣传农业文化遗产。例如，创作有关农业文化遗产的系列绘本，作为亲子阅读素材，让不同年龄的公众了解农业文化遗产的历史和文化背景，进而产生认同感和亲近感。第三，全力打造各具特色的旅游"名片"。农业文化遗产地应注意保护和发展当地独特的农业景观，在重要的城市节点通过多种媒体以不同的形式宣传农业文化遗产地的旅游资源，创新发展当地特色旅游纪念品，全面提高农业文化遗产地的知名度。第四，深挖农业文化遗产地的文化内涵。发掘与整合农业文化遗产地的历史和传统民俗文化，积极举办以当地农业文化遗产为特色的活动；打造体验旅游、研学旅游等参与度高和沉浸感强的旅游产品和业态。

### （二）打造农业文化遗产地旅游感知形象

全球重要农业文化遗产极其强调人与环境的和谐共生及可持续发展，闪耀着人类传统智慧之光、蕴含着地域文化基因，在提升公众对农业文化遗产的整体印象和基本了解的基础上，遗产地在旅游形象建构中需要向游客全面展示与传播这些感知形象。打造农业文化遗产地旅游感知形象应当遵循以下主要原则。

第一，个性特色原则。每个农业文化遗产地应该突出自身属地特性，实现差异化发展与展示。对于在宏观层面具有重叠的旅游资源的农业文化遗产地，如云南红河、河北涉县、福建尤溪等地都以丰富的梯田资源为旅游吸引物，需要从微观层面着眼，找出细节差异，开展定位不同的旅游活动。第二，市场导向和资源优势特色相结合的原则。资源优势特色是各农业文化遗产地旅游形象定位的基础，面对激烈的市场竞争，必须寻求市场与资源的最优结合点，打造市场导向和旅游资源特色相结合的旅游形象。第三，动态调适定位原则。任何旅游形象都存在生命周期，短期内需随四季更迭而变化，长期内需随社会经济变迁而调整，需要与时俱进地将其与时代精神相融合，让其焕发永恒的光芒。

### （三）开展系统化的旅游形象推广工作

在信息化时代背景下，媒体融合的运用使旅游地空间差异逐步缩小，各地需要根据当地旅游资源、产品、服务等的特征，结合媒体融合的发展态势，开展系统化的旅游形象推广工作。在内容为王的当下，优质的传播内容是影响传播效果的核心要素。第一，传播内容要有故事性。各农业文化遗产地要结合多元媒体融合下的游客感知特征，构建故事，提高其传播主题、内容的生活化和生动性，提高公众对农业文化遗产地的兴趣。第二，不断创新旅游形象推广形式。利用数字化和智慧化的传播方式，突出展现农业文化遗产地自然、朴实和智慧的旅游形象。第三，积极调动自媒体的传播热情。对在传播当地旅游形象中发挥积极作用的自媒体进行奖励，并给予相关帮助与支持，及时追踪相关传播风向和动态，定期进行培训与信息沟通。第四，融合多种平台高效开展整合营销。充分依托传统媒体，继续发挥主要媒体的传播作用；同时发挥新媒体的即时性与高效性，开通官方微博和微信公众号，加强与游客的互动交流，提供全面多样的旅游资讯。

### （四）提高旅游形象传播者的专业素养

构建良好的旅游形象并进行专业化传播，关键在于有专业的人才支持，农业文化遗产地需要在培养和提升人才素质上下功夫。第一，提高传播者对农业文化遗产的了解，全面掌握农业文化遗产的基本知识和基本常识，并且了解农业文化遗产地的历史、民族文化、区域特色等。第二，加大旅游形象建构及营销推广专业知识的培训力度，支持和鼓励以"走出去"和"请进来"的方式学习先进地区旅游形象建构与管理的经验。第三，分步骤、分阶段出台鼓励政策，吸引旅游品牌营销的专业人员和大学毕业生到本地旅游管理机构就业。第四，增强传播者的敏感度。传播者需要对传播受众、新媒体技术带来的需求变化以及宣传报道的社会使命等均具有较高的敏感度，持续增强敏感意识、提高媒介素养。

# G.8
# 2023年中国乡村传统习俗
# 及其旅游开发研究

刘志华　王　静　刘　铮*

**摘　要：** 乡村传统习俗旅游作为一种新兴的旅游形式，具有丰富的文化内涵和巨大的发展潜力。在乡村振兴的背景下，乡村传统习俗旅游得到快速发展，市场规模逐步扩大，服务质量不断提升，特色产品和服务持续涌现。然而，在乡村传统习俗旅游开发中仍存在一系列问题，如乡村传统习俗的保护和传承不足、乡村传统习俗旅游产品单一、乡村传统习俗旅游服务不完善、乡村传统习俗旅游管理体系不健全以及乡村传统习俗旅游开发与当地社会经济发展不协调等。针对这些问题，本文提出了一系列策略与建议，包括挖掘和整理乡村传统习俗旅游资源、设计乡村传统习俗旅游体验线路和产品、加强乡村传统习俗旅游宣传和推广、加强乡村传统习俗旅游管理和服务以及保护和利用乡村环境等，旨在推动乡村传统习俗旅游的可持续发展，实现乡村旅游与传统习俗、传统文化的共生。

**关键词：** 乡村旅游　乡村传统习俗　文化传承

---

* 刘志华，博士，北京联合大学旅游学院讲师，主要研究方向为旅游信息化管理、旅游目的地网络营销；王静，博士，北京联合大学旅游学院教授，主要研究方向为文化旅游、博物馆旅游、旅游目的地管理等；刘铮，北京联合大学旅游学院讲师，主要研究方向为旅游人力资源管理。

乡村传统习俗既是重要的非物质文化遗产，也是重要的旅游资源。乡村传统习俗旅游是一种结合了传统文化和观光旅游的新兴旅游形式，具有独特的吸引力和巨大的潜在市场。2023 年，贵州黔东南苗族侗族自治州的"村超"火爆全国，并形成一种独特的乡村传统习俗旅游方式，游客边品尝少数民族传统美食，边欣赏侗族同胞身穿传统服饰载歌载舞，边为球员加油助威，不仅深入了解了当地的乡村文化和足球文化，也融入了当地人的生活，感受到乡村传统习俗的魅力。

然而，当前乡村传统习俗旅游开发存在一系列问题，阻碍了其可持续发展。本文在分析乡村传统习俗旅游资源概念的基础上，指出了乡村传统习俗的旅游价值及开发意义，接着重点探讨了乡村传统习俗旅游开发中存在的问题，并提出相应的对策与建议。只有通过整体规划与政策实施，才能实现乡村传统习俗旅游的可持续发展，促进乡村繁荣和文化传承。

# 一　乡村传统习俗概述

## （一）乡村传统习俗的概念

乡村传统习俗是指在一个特定地区的乡村社会中，人们遵守并传承的文化习俗和生活方式。乡村传统习俗一般是农民在长期的农业生产或生活实践中所形成的，如庙会、民间竞技、农事习俗、祭祀习俗等，这些习俗通常具有浓厚的地方特色。乡村传统习俗通常与当地的历史、地理、民族文化等相关，是乡村文化的重要载体，这些习俗既是农村传统文化的重要组成部分，也是吸引游客的重要旅游吸引物。

乡村传统习俗反映了当地农民的生产、生活和信仰，是这个地区农村社会的文化标识，也是凝聚力的体现。随着城市化进程的不断加快，乡村传统习俗面临着一定的挑战，因此，保护和传承乡村传统习俗成为当前文化建设的重要任务之一。

乡村传统习俗旅游是一种以体验乡村文化和生活方式为主要目的的旅游活动，作为一种富有文化内涵和生态意义的旅游方式，乡村传统习俗旅游可以让游客深入了解乡村的文化传统、生产生活方式等各种习俗，同时也可以促进乡村经济的发展和对文化的保护与传承。

### （二）乡村传统习俗的分类

由于乡村传统习俗内容丰富、形式多样，目前针对乡村传统习俗的概念、外延及分类均没有统一的标准。现有乡村传统习俗的外延与分类一般基于乡村传统习俗的概念提出，本文将乡村传统习俗定义为在一个特定地区的乡村社会中，人们遵守并传承的文化习俗和生活方式，参照乌丙安所著《中国民俗学》中的分类标准，[①] 结合我国五批次国家级非物质文化遗产代表性项目名录中有关乡村习俗的项目，将乡村传统习俗分为节日庆典与生产生活两大类，其中节日庆典习俗细分为 5 小类共计 72 项，生产生活习俗细分为 8 小类共计 96 项，具体如表 1 所示。

**表 1　乡村传统习俗类型**

单位：项

| 一级分类 | 二级分类 | 数量 | 典型项目 |
|---|---|---|---|
| 节日庆典习俗（72 项） | 民间竞技 | 5 | 贵州省台江县苗族独木龙舟节<br>山西省襄汾县尉村跑鼓车<br>西藏自治区江孜县江孜达玛节 |
| | 纪念习俗 | 20 | 湖北省宜昌市秭归县端午节<br>广东省德庆县悦城龙母诞<br>新疆维吾尔自治区奇台县塔塔尔族撒班节 |
| | 庆贺习俗 | 28 | 贵州省赫章县彝族火把节<br>山西省阳泉市东平关娘子关跑马排春节习俗<br>贵州省铜仁市德江县德江炸龙习俗 |

---

① 乌丙安：《中国民俗学》，辽宁大学出版社，1999。

| 一级分类 | 二级分类 | 数量 | 典型项目 |
|---|---|---|---|
| 节日庆典习俗（72项） | 演艺习俗 | 8 | 山西省潞城县民间社火<br>湖南省宜章县宜章夜故事<br>河北省滦平县抢花 |
| | 社交游乐 | 11 | 云南省陇川县景颇族目瑙纵歌<br>云南省剑川县石宝山歌会<br>山东省惠民县胡集书会 |
| 生产生活习俗（96项） | 服饰习俗 | 16 | 广西壮族自治区龙胜各族自治县瑶族服饰<br>新疆维吾尔自治区于田县维吾尔族服饰<br>福建省惠安县惠安女服饰 |
| | 庙会习俗 | 6 | 河南省浚县正月古庙会<br>江西省新建区西山万寿宫庙会<br>重庆市丰都县丰都庙会 |
| | 婚姻习俗 | 8 | 青海省循化撒拉族自治县撒拉族婚礼<br>浙江省宁海县宁海十里红妆婚俗<br>四川省美姑县彝族传统婚俗 |
| | 祭祀习俗 | 31 | 陕西省黄陵县黄帝陵祭典<br>山西省洪洞县大槐树祭祖习俗<br>安徽省祁门县徽州祠祭 |
| | 规约习俗 | 7 | 贵州省黎平县侗族款约<br>江西省九江市德安县德安义门陈家训传统<br>陕西省西安市蓝田县吕氏乡约乡仪 |
| | 饮食习俗 | 3 | 青海省黄南藏族自治州尖扎县尖扎达顿宴 |
| | 农事习俗 | 12 | 浙江省德清县扫蚕花地<br>江西省万年县稻作习俗<br>浙江省丽水市云和县梅源芒种开犁节 |
| | 信仰习俗 | 13 | 河北省盐山县千童信子节<br>福建省龙海市保生大帝信俗<br>江西省会昌县赣南客家匾额习俗 |

资料来源：由作者统计整理所得，数量和典型项目来源于五批次国家级非物质文化遗产代表性项目名录。

## （三）乡村传统习俗的特点

每个地区的乡村都有自己独特的风俗习惯，这些风俗习惯丰富多彩、独具特色，共同构成了乡村社会的文化传统和生活方式。乡村传统习俗具有以下特点。

### 1.地域分布较广,地方特色鲜明

乡村传统习俗具有浓郁的地方特色,反映了当地历史、文化、地理等方面的特点。这些习俗在不同地区有着不同的表现形式,具有很强的地域性。

统计数据显示,① 168 项国家级乡村传统习俗项目的申报地主要分布于贵州、浙江、广西、云南、山西、新疆、湖南、青海等,如图 1 所示。少数民族聚居地乡村传统习俗资源丰富,主要原因在于少数民族聚居地的居民较多地保留了传统农业文化背景下的生产生活方式,并且少数民族聚居地乡村文化底蕴深厚,当地政府重视少数民族文化的保护与传承,因此活态、原生态的传统习俗较多且保护与传承情况较好。

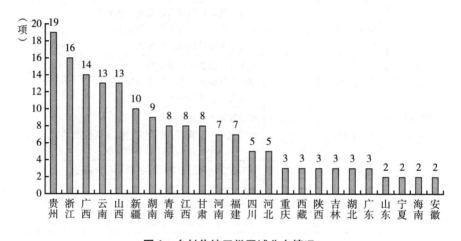

**图 1 乡村传统习俗区域分布情况**

### 2.表现形式多样,内容丰富多彩

乡村传统习俗的内容及表现形式多样,包括庙会、竞技、演艺、社交游乐等。这些传统习俗的表现形式是乡村文化的重要组成部分,反映了当地人民的审美和文化素养。这些活动不仅是当地人民生活的一部分,也是乡村传

---

① 数据来源于五批次国家级非物质文化遗产代表性项目名录中有关乡村民俗的项目,由作者整理所得。

统习俗旅游的重要资源。

乡村传统习俗是乡村居民在长期生产生活中逐渐形成的一些习惯和传统，这些习俗反映了当时人们对自然、祖先、神灵等的信仰和崇拜，也体现了人们在道德、礼仪、家庭等方面的观念。因此乡村传统习俗中祭祀、庆贺、纪念、服饰等的占比较高，如图 2 所示。其中，祭祀习俗 31 项，占比为 18.45%；庆贺习俗 28 项，占比为 16.67%；纪念习俗 20 项，占比为 11.90%；服饰习俗 16 项，占比为 9.52%。

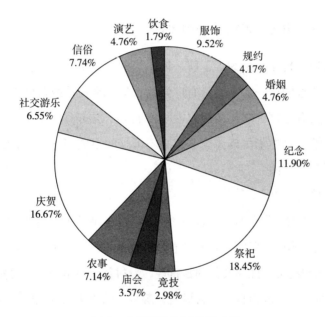

**图 2　乡村传统习俗分类占比**

### 3. 传承方式多样，传承人认定缺失

乡村传统习俗的传承方式非常多样，如口耳相传、文字记载、表演传授等。与其他非物质文化遗产不同的是，多数乡村传统习俗缺少传承人，统计结果显示，168 项国家级乡村传统习俗中，仅 35 项有明确的地方级或国家级传承人。① 其中，祭祀习俗 6 项，庆贺习俗 6 项，纪念习俗 5 项，农事习

---

① 传承数据来自百度百科，由作者整理所得。

俗 3 项，社交游乐习俗 3 项，服饰习俗 3 项，婚姻习俗 3 项，演艺习俗 3 项，信俗 2 项，庙会习俗 1 项。

## 二　乡村传统习俗的旅游价值及开发意义

乡村传统习俗不仅是当地文化的重要组成部分，更是吸引游客的重要旅游资源。因此，乡村传统习俗的旅游开发具有重要的意义。

### （一）乡村传统习俗的旅游价值

游客选择乡村旅游是为了了解、体验当地的传统文化，乡村传统习俗旅游能够满足游客的这一需求，具有广阔的市场。乡村传统习俗承载了农耕文化的历史，具有丰富的文化内涵以及旅游价值，展示了乡村传统文化习俗、区域风土人情，是中华民族传统文化必不可少的组成部分，其旅游价值主要体现在以下几个方面。

#### 1. 体验价值

乡村风光秀丽，景色宜人，自然资源和人文景观丰富，传统建筑、工艺以及独特的饮食等构成了美丽的乡村画卷，另外乡村传统习俗代表着乡村的文化传统，具有历史的延续性和文化的独特性，乡村传统习俗旅游将自然美景与传统文化有机融合，形成独特的乡村风貌，游客在欣赏美景的同时，也感受到乡村文化的独特魅力。因此乡村传统习俗提供了一种独特的旅游体验，使游客能够参与其中，感受乡村传统的生活方式、节庆活动、民俗文化等。这种体验一方面可以帮助游客感受传统文化的魅力，增强旅游的趣味性和吸引力；另一方面可以为游客提供与乡村居民交流的机会，能够更深入地了解乡村传统习俗的魅力。[1] 比如，泼水节是西双版纳傣族园最吸引游客的项目，是传承傣族文化的重要展示平台，也是展示傣族传统艺术的舞台，游客参与泼水节，可以更

---

[1] 吴亚亚：《民俗庆典类文化遗产的旅游价值及开发研究——以"三月三"新郑黄帝故里拜祖大典为例》，《旅游纵览》2020 年第 22 期。

好地体验并理解傣族的社交礼仪，了解傣族文化的精髓，有助于增加民族文化的多样性，促进社会和谐发展。

2. 经济价值

乡村传统习俗是重要的旅游资源，将其融入旅游产品中，可以提供更多的旅游吸引物，延长游客观光体验的时间，从而带动相关产业发展，进一步延伸旅游产业链，如农副产品加工、手工艺品制作、民宿业等，一方面可以提升地区品牌形象，增强当地的美誉度和知名度；另一方面可以为乡村居民提供就业和创业的机会，促进当地农业的发展和农产品的销售，增加农民的收入。比如，河南省浚县2023年举办的古庙会吸引了数百万名游客，该庙会素有"华北第一大古庙会"的美誉，是重要的乡村传统习俗活动之一，具有丰富的文化内涵。游客在庙会上购买纪念品、品尝美食、体验民俗活动，地方政府在保护和传承当地文化的基础上，打造旅游形象，增强区域的美誉度和知名度，吸引更多游客前来旅游和投资，从而带动了地方经济的发展。

3. 社会价值

乡村传统习俗的旅游开发可以促进乡村社区的发展和社会稳定，可以增进民俗文化的交流与传播，促进乡村地区民俗文化现代化，带动当地经济发展，使更多人了解民俗、保护民俗、传承民俗。对乡村居民而言，旅游可以增强居民对地方传统文化的认同感和自豪感，增强农村社会的凝聚力和居民的归属感，促进社会和谐发展；对游客而言，乡村传统习俗旅游可以让其了解和体验当地的传统文化和风俗习惯，促进文化交流、提高文化认知。比如，贵州省黔东南苗族侗族自治州黎平县的侗族地区有着丰富的传统习俗，侗族鼓楼、侗族大歌、侗族风雨桥等都让游客感受到当地的文化氛围，体验到其独特性，加深对当地社会的理解和认知，另外当地居民和游客共同参与和体验传统习俗，促进了当地居民和游客之间的交流和沟通，增强了社会凝聚力和认同感。

综上所述，乡村传统习俗具有丰富的旅游价值，发展乡村传统习俗旅游可以促进乡村经济发展、社会进步。但在乡村传统习俗旅游开发过程

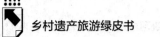

中，需要注意保护乡村传统习俗的原真性和纯粹性，避免过度商业化和文化侵蚀。

### （二）乡村传统习俗旅游开发的意义

乡村传统习俗旅游开发对于乡村社会、经济、文化、环境的发展都具有十分重要的意义，能够促进乡村经济的发展和文化的传承，提高当地知名度和影响力，促进城乡交流和互动，推动当地经济的可持续发展。

#### 1. 保护和传承传统文化

乡村传统习俗是中国传统文化的重要组成部分，具有浓郁的地方特色和文化内涵，通过旅游产品及线路的设计和推广，可以让更多游客对乡村传统习俗有较为全面的了解和认知，增强游客对乡村传统文化的认同感，从而促进乡村传统习俗的保护和传承。在旅游活动中，可以通过展示、宣传、体验等方式，让游客深入了解当地的传统文化和习俗，激发当地居民对传统文化的自豪感和保护意识，促进传统文化的传承和发展。比如，贵州省贵阳市花溪区的苗族人民每逢农历四月初八都要到燕楼乡牙寨赶"四月八"集会，在花溪区旅游局的带动下，该集会发展成一项民俗风情旅游活动，2023年的集会吸引了上万名游客，这不仅让更多的游客认识和了解了苗族传统文化，也增强了游客对苗族传统习俗的认同感，这对保护和传承苗族传统文化有着重要的意义。

#### 2. 促进地方经济发展

乡村传统习俗旅游开发可以带动乡村经济的发展。旅游可以吸引游客前来参观、体验，并购买相关产品和服务，既能够创造就业机会，增加居民收入，又可以促进城乡一体化，加强城市和乡村的交流和互动，还可以推动当地经济的可持续、多元化发展。此外，乡村传统习俗旅游开发还可以带动农特产业的发展，如传统手工艺、农副产品等，促进当地经济发展。2023年，吉林省辽源市东丰县举办了首届以"清凉一夏，乐享消费"为主题的县域商业农特产品展销会，现场展示了乡村传统饮食及传统手工艺品制作，助推了农特产品销售，让更多人了解和认识当地传统饮食文化和非物质文化遗产，增强了人们对传统文化的认同感和自豪感，同时活跃了地方经济，带动了住宿、餐饮、传统手工艺等相关产业的发展，促进了当地经济繁荣发展。

### 3. 增加农民就业机会与收入

乡村传统习俗旅游开发可以为农民提供新的就业机会与收入来源。旅游及配套产业的发展需要大量的人力资源，这为当地农民提供了更多就业机会，而对农民进行再就业培训，可以提高当地农民的技能和素质，使他们更好地适应现代旅游产业发展的需求，提高他们的就业竞争力和收入水平。乡村传统习俗旅游还可以带动当地农特产品销售，如地方特色小吃、传统手工艺品等，这些产品的销售不仅能够增加农民的收入，还能促进当地经济的繁荣发展。四川省雅安市雨城区拥有丰富的自然资源和文化遗产，以茶文化为主要特色。近年来，雨城区积极发展茶文化旅游，推广当地传统的茶文化和茶艺表演，成功打造了"中国藏茶村"的品牌形象，获评"国家休闲农业与乡村旅游示范项目"，当地农民参与相关的服务和销售工作，担任导游、制作特色手工艺品、销售特色农产品等。茶文化旅游带动了当地茶叶产业的发展，提高了当地茶叶的知名度、美誉度和销量，进一步促进了当地经济的发展。

### 4. 促进乡村振兴

乡村传统习俗旅游开发可以促进乡村振兴战略的实施，对于乡村振兴具有积极的推动作用。乡村传统习俗旅游开发一方面可以提升乡村的品质、形象和吸引力，吸引更多游客，体验乡村传统文化；另一方面有利于改善农村环境，带动乡村基础设施建设和社会服务质量提升，从而增强乡村的吸引力和竞争力，推动乡村经济社会的全面发展。比如，江苏省扬州市广陵区沙头镇享有"蔬果名镇"的美誉，是一个有着悠久历史的乡镇，拥有丰富的传统文化和传统习俗。2023 年夏季，沙头镇开启夏季文旅创意活动，结合当地的文化和传统习俗，打造了一系列富有特色的旅游活动，如农家乐、农事体验活动、传统手工艺等，再现了"三夏"大忙季节农村特有的人文景观，打造了传统农耕文化展示体验区，吸引了众多游客前来参观和体验。通过开发乡村传统习俗旅游，沙头镇实现了乡村振兴，提高了当地居民的生活

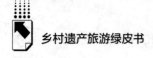

水平。

### 5. 促进文化交流与理解，增强地方文化认同感

乡村传统习俗旅游开发不仅可以促进当地的经济发展和乡村振兴，还可以促进不同地域之间的文化交流与理解，推动文化多样性和共同繁荣。游客可以通过参与乡村传统习俗活动，了解当地的文化传统、生活方式和民俗习惯，增进人们对不同文化的理解和尊重，推动文化多元发展。在乡村传统习俗旅游开发过程中，打造乡村传统文化 IP，能够提高乡村的知名度和影响力，吸引更多游客前来打卡。比如河北省承德市小城子村，随着城市化进程的推进，越来越多的年轻人移居城市，导致乡村传统文化逐渐衰落。但自 2022 年以来，小城子村以皇家御道文化、满族文化等为特色，打造以"皇家驿站"和"千年汉城"为主题的美丽休闲乡村旅游品牌，发展特色乡村旅游，吸引了大量游客，为乡村经济的发展带来了新机遇，农民可以通过提供导游、民宿、餐饮等服务来增加收入，为乡村经济发展和文化传承做出贡献。当地居民看到自己的文化得到保护和传承，感到自己的乡村变得更有价值和吸引力，加深了对故乡的文化认同，增强了文化自信。

总的来说，乡村传统习俗旅游开发不仅可以保护和传承传统文化，还能促进地方经济发展、增加农民就业机会与收入、推动乡村振兴、加深文化交流与理解，实现乡村可持续发展以及社会经济的良性循环。

## 三 乡村传统习俗旅游开发的现状与问题

乡村传统习俗旅游作为一种结合了传统文化和观光旅游的旅游新形式，具有独特的吸引力和巨大的潜在市场，对其进行开发具有许多积极意义。

### （一）开发现状

《2023—2024 年中国乡村旅游发展现状及旅游用户分析报告》指出，我国乡村旅游已进入个性化休闲时代，游客对乡村旅游产品的需求，已从传统农家乐向观光、休闲、度假复合型旅游产品转变，乡村旅游产品进入创意化、精致化发展的新阶段。该报告指出舒适的自然环境、特色的民俗文化、独特的风味美食是乡村旅游的游客较为重视的要素，占比分别为 65.5%、56.7%、56.6%。[①]

据不完全统计，我国每年举办的各类节日庆典传统习俗活动有五千余个，[②] 这些活动相当一部分是在乡村举办的，是乡村传统习俗旅游发展的重要资源，同时有助于乡村旅游目的地形成品牌、提升知名度，带动相关产业发展。被纳入第三批国家级非物质文化遗产名录的贵州省赫章县彝族火把节于2023 年 8 月 12 日在阿西里西·云海草原景区精彩上演，据不完全统计，整个火把节期间，到访赫章县的游客突破 10 万人。[③]

乡村传统习俗旅游具有广阔的市场空间，在乡村振兴战略的推动下，各地均形成了具有代表性的传统习俗旅游品牌，将传统习俗与旅游活动完美融合，成功践行了"以文塑旅、以旅彰文"。2023 年具有代表性的乡村传统习俗旅游活动品牌如表 2 所示。乡村传统习俗旅游展示的传统习俗是编排加工后的舞台表演活动，既能够让游客在有限的时间和空间内最大限度地体验传统文化，又能够将传统文化与现代文明融合起来，以更加通俗易懂的形式展示给游客。

表 2　2023 年具有代表性的乡村传统习俗旅游活动品牌

| 旅游活动品牌名称 | 区域 | 活动内容 | 品牌形象 | 活动时间 |
| --- | --- | --- | --- | --- |
| 彝族火把节 | 贵州省赫章县 | 斗羊、赛马等民间竞技；民族乐器演奏；彝族铃铛舞等民间舞蹈；羊肉汤锅等特色饮食 | 东方的狂欢节 | 2023 年8 月 12 日 |

① 《2023—2024 年中国乡村旅游发展现状及旅游用户分析报告》，艾媒咨询，2023 年 5 月 11日，https://www.iimedia.cn/c400/93138.html。

② 徐超：《基于扎根理论的民俗节庆旅游体验价值研究——以九华山庙会为例》，硕士学位论文，赣南师范大学，2021。

③ 《与时代共鸣，让民俗文化"活起来"｜赫章县 2023 阿西里西狂欢季开幕式暨彝族火把节活动侧记》，当代先锋网，2023 年 8 月 14 日，http://www.ddcpc.cn/detail/d_guizhou/11515116228872.html。

续表

| 旅游活动品牌名称 | 区域 | 活动内容 | 品牌形象 | 活动时间 |
|---|---|---|---|---|
| 苗族姊妹节 | 贵州省台江县 | 苗族歌舞；苗族传统服饰展示；刺绣、银饰等传统技艺展示；五彩姊妹饭等传统美食 | 藏在花蕊里的节日；最古老的东方情人节 | 2023年5月 |
| 浚县正月古庙会 | 河南省浚县 | 民间社火；扭秧歌、旱船等传统舞蹈；铺牛肉、黄米糕等传统美食；红缨枪等传统手工艺 | 华北第一大古庙会；中国式狂欢节 | 2023年1月 |
| 悦城龙母诞 | 广东省德庆县 | "诞期"启动仪式、敬奉"头炷香"、程溪放生、盖金印贺诞、书写龙母精神、南狮贺诞等 | 龙母文化、四海朝宗 | 2023年6月 |
| 塔吉克族引水节和播种节 | 新疆维吾尔自治区塔什库尔干塔吉克自治县 | 肖贡巴哈尔节非物质文化遗产展示活动；首届杏花文化节、篝火晚会；马术叼羊、赛马等传统竞技活动 | 感受"特""美"的高原之春 | 2023年3月 |

资料来源：代表性案例来源于网络数据，由作者整理所得。

## （二）主要问题

当前，乡村传统习俗旅游开发存在一系列问题，阻碍了其可持续发展。

### 1. 乡村传统习俗的保护和传承不足

随着现代化和城市化进程的推进，乡村传统习俗逐渐失去了人们的关注和参与。年青一代对传统文化的兴趣不大，缺乏对乡村传统习俗的认同和重视，乡村传统习俗面临着被遗忘和被忽视的风险。旅游开发能吸引年轻人关注传统文化，但也需要采取相应的措施来保证传统习俗的原真性和传承。一些地方为了吸引游客、赚取利润，对乡村传统习俗过度商业化和娱乐化，导致习俗扭曲，失去了原有的文化内涵和原真性，传承的内容变得浅薄。另外，乡村传统习俗的保护和传承需要投入大量的资金和资源，包括修复文化遗产、建设相关设施、培训传承人等，然而乡村地区通常资金及资源有限。西双版纳傣族园不仅保留了完整的傣家村寨，而且保留了泼水节、贝叶经刻写等传统习俗活动。但随着城市化进程加快，一些传统生活方式逐渐消失，许多传统习俗失去了传承的环境和基础，许多年轻人也对传统技艺和民俗文化失去了兴趣，导致许多传统习俗没有合格的传承人，如贝叶经刻写、慢轮制陶、手工傣纸等传统技艺面临失传的风险。

**2. 乡村传统习俗旅游产品单一**

乡村传统习俗旅游产品单一是普遍存在的问题。乡村传统习俗旅游产品多为单一习俗展示，而忽视了整体旅游体验，缺乏创新性和多样性，难以满足游客多样化的需求，缺乏新鲜感和吸引力。许多乡村传统习俗旅游产品在内容、体验方面高度相似，缺乏个性化和差异化。这使得游客难以在众多产品中做出选择，从而降低了乡村传统习俗旅游的市场竞争力。多数乡村传统习俗旅游产品在开发阶段缺乏对市场的充分调研和对游客需求的分析，导致产品设计与游客需求不匹配，旅游产品无法吸引更广泛的游客群体，限制了乡村传统习俗旅游的发展。比如西双版纳傣族园的"天天欢度泼水节"旅游项目，每天复现傣族传统节日泼水节的泼水活动，没有深入挖掘和开发此项传统习俗的文化及社交内涵，未能充分利用其独特的历史和文化元素，导致该项旅游产品与其他景区同质化程度较高，缺乏特色与创新，无法给游客留下深刻的印象，难以吸引游客重复游览。

**3. 乡村传统习俗旅游服务不完善**

在开发乡村传统习俗旅游的过程中，服务设施不够完善导致游客的旅游体验不佳。乡村传统习俗旅游服务的专业化程度较低，缺乏统一的标准和规范。一些乡村地区的基础设施相对薄弱，交通、住宿、餐饮等方面存在不足。乡村传统习俗虽然有着丰富的历史和文化内涵，但缺乏专业的导游和解说员来进行解读。比如，西双版纳傣族园由我国目前保存最为完好的五个傣族自然村寨组成，但是园内道路、卫生间、标识牌等公共基础设施不够完善，影响游客的游览体验，另外有关傣族园的详细介绍、路线规划、特色推荐等信息相对欠缺，旅游信息化服务不到位，导致游客自主选择和安排行程的难度较大。

### 4. 乡村传统习俗旅游管理体系不健全

在乡村传统习俗旅游开发的过程中，一些地方缺乏有效的管理和监管，导致旅游秩序混乱，破坏了当地的自然环境和文化资源。由于缺乏专门的法律法规来规范乡村传统习俗旅游的管理和保护工作，一些地方的管理工作缺乏依据和规范性。管理机构组织结构不健全、职责不明确、人员素质不高，尤其是监管部门欠缺，也导致一些不合规的行为和活动得不到有效制止和管理。而缺乏专业化的旅游服务管理和运营部门，导致服务质量参差不齐，无法满足游客的需求。黄山市某乡村拥有丰富的乡村传统习俗，但在旅游开发过程中，未建立健全的管理体系，对乡村旅游的规划缺乏整体性和长期性，盲目进行旅游开发，旅游项目单一且缺乏特色；乡村旅游的安全措施和应急预案不够完善，存在游客人身安全和财产安全等方面的风险；对旅游可能造成的环境污染与破坏缺乏有效的监管机制与保护措施。

### 5. 乡村传统习俗旅游开发与当地社会经济发展不协调

旅游开发可能导致当地社会经济发展不平衡，给当地社会、经济、生活带来一定的压力。乡村传统习俗往往具有深厚的历史和文化内涵，但在旅游开发过程中，可能会面临与现代价值观的冲突，例如某些祭祀、信俗可能被认为不符合现代社会的道德标准，这可能引发争议和矛盾。大量游客的涌入也可能增加当地水资源、能源、交通等方面的压力，甚至对生态环境造成破坏，给当地资源和环境带来压力，甚至影响当地居民的生活和健康。比如，四川省乐山市某乡村旅游地在开发传统习俗旅游产品时，未充分考虑当地社会经济发展的实际情况和需求，开发模式过于单一，难以满足当地居民和游客的需求；旅游开发没有与当地社会经济发展进行整合，未能充分利用当地资源和发展机会，导致旅游项目与当地社会经济脱节；旅游开发缺乏可持续发展意识，只注重短期的经济收益，忽视了长期的可持续发展。

# 四　乡村传统习俗旅游开发策略与建议

乡村传统习俗旅游目的地需充分挖掘和整理当地特色乡村旅游资源，了解其历史、特点、表现形式等，突出其原真性和独特性，开发乡村传统习俗旅游产品，为游客提供更丰富、更有吸引力的具有独特文化体验的旅游产品，以期在激烈的市场竞争中抢占先机，为当地经济发展和文化传承做出贡献。[①]

乡村传统习俗旅游开发应该注重当地社会经济发展和资源利用的可持续性，避免过度开发对当地环境和文化资源造成破坏。

## （一）深入挖掘和整理乡村传统习俗旅游资源，促进传统习俗保护和传承

挖掘和整理乡村传统习俗旅游资源有助于为游客提供独特的文化旅游体验，同时也有助于保护和传承乡村传统文化。具体策略如下。

第一，识别并记录乡村传统习俗。利用田野调查、访谈等社会学调查研究方法，结合查阅相关的历史资料、民俗文化典籍，深入了解当地居民的节日庆典、农事活动、祭祀祭奠等传统习俗的内容和特点，尤其要重视传统习俗文化内涵的挖掘，记录并整理成系统化的资料，为后续旅游开发提供参考。

第二，保护和传承乡村传统习俗。在整理乡村传统习俗旅游资源的过程中，要注重文化的保护和传承。对当地特有的传统习俗文化遗产，如饮食、服饰、规约等，要进行保护和传承，应与当地农民合作，尊重他们的文化传统，确保在旅游开发中不破坏或扭曲原本的习俗。

第三，创新设计乡村传统习俗旅游产品与活动。根据收集整理的乡

---

[①] 刘丽彬、罗晶：《乡村振兴战略背景下乡村旅游与文化产业融合发展路径探究》，《旅游与摄影》2022年第20期。

村传统习俗资源，开发具有地方特色的旅游产品，如利用地方美食、手工艺品、民俗表演等在乡村地区开设特色小吃店、手工艺品展示体验店，开展民俗表演活动，提供具有当地特色的旅游产品和服务；组织特色旅游活动，如节日庆典活动、传统农事活动、民间手工艺学习体验活动等，吸引游客的关注和参与。这类旅游产品能够真实地展示乡村传统文化，并为游客提供有意义、丰富多彩的互动和体验。

第四，为农户提供培训和支持。为农户提供必要的培训与经费，邀请当地传统文化专家和传承人对乡村传统习俗旅游从业人员进行培训和指导，提高他们的专业水平和服务意识，支持他们参与乡村传统习俗旅游项目，这既有助于提高他们的经济收入，也有助于增强他们对传统文化的认同和保护意识。

通过以上策略，在深入挖掘和整理乡村传统习俗旅游资源的基础上，开发特色乡村文化遗产旅游产品，为游客提供丰富多彩的文化体验，促进乡村传统文化的保护和传承。

## （二）设计乡村传统习俗旅游线路和产品

设计乡村传统习俗旅游产品和线路，需要考虑当地传统习俗的文化特色、旅游资源、游客需求等。具体设计思路及建议如下。

第一，开发特色产品与线路。结合当地的传统习俗和文化特色设计不同主题的旅游产品和线路。以当地的文化遗产、历史古迹、文化小镇等为亮点，设计文化体验类旅游线路，如参观文化遗产、参与传统手工艺制作、品味当地特色美食等，让游客在体验中了解当地的文化特色；以当地的节日庆典活动为亮点，设计节日庆典类旅游产品，如春节、端午节、中秋节等传统节日，泼水节、会亲节、火把节等乡村特色传统节日，让游客体验乡村特色节日氛围和风俗习惯；以当地的乡村风情、田园风光、农家乐等为亮点，设计乡村风情类旅游产品，如田园风光游览、农事活动体验、农产品品鉴等，让游客在乡村感受大自然的美丽和乡村文化的独特魅力；以当地的特色美食为亮点，设计特色美食类旅游线路，如品尝当地特色小吃、参加美食节、体验农家宴等，让游客在品尝美食中了解当地的饮食风味和文化；以当地的手工艺为亮点，设计手工艺类旅游线路，如参观手工艺品制作过程、体验手工艺品制作、购买手工艺品等，让游客了解乡村传统技艺。在开发特色产品与线路时，也可以将不同文化元素进行融合，设计出更具创意和吸引力的旅游产品和线路。

第二，开发特色住宿项目。加强与当地民宿、农家乐等旅游企业的合作，为游客提供更加深入的文化体验和更加舒适的住宿环境。比如，"乡村民宿+传统习俗体验"，改造传统的农舍或乡村小屋，保留乡村风格和特色，同时加入现代设施和服务，让游客在充满乡村文化氛围的住宿环境中体验当地的生活和习俗；"特色村落+传统手工艺体验"，保护和开发传统村落，保留村落的历史和文化，并邀请当地的传统手工艺人、民间艺人等参与产品的设计和制作，让游客在充满传统村落文化氛围的住宿环境中体验当地的生活和习俗；"民俗度假村+传统节日庆典体验"，建设民俗度假村，结合当地的传统习俗和文化，设计独具特色的住宿场所，如传统农舍、民俗建筑、茅草屋等，并根据目的地乡村传统文化和节日习俗，策划丰富多彩的节日庆典活动，如舞狮子、划旱船、赛龙舟、包粽子、做月饼等，让游客参与其中，感受乡村节日氛围，在充满民俗文化氛围的住宿环境中体验当地的生活和习俗；"农家乐+农耕文化之旅"，利用当地的农家资源，改造农舍或农场，在提供住宿服务的同时也提供农耕体验活动，如种植、收割、加工等，让游客亲身体验农耕生活的辛劳和乐趣，增强其对农耕文化的认识和尊重。在开发特色乡村传统习俗住宿项目时，需要注重品质和服务，提高游客的满意度和忠诚度，也需要注重与当地文化、自然环境和旅游资源的整合，增强乡村传统习俗旅游的特色，形成差异化竞争力。

第三，开发乡村传统习俗数字文化旅游产品。开发虚拟耕种、动漫游戏、旅游直播、虚拟导游、全景漫游等数字文化旅游产品，增强互动性，实现文化性与趣味性的结合，打造科教、研学等数字文化旅游产品，促进乡村传统习俗数字化展示与传播。同时结合农副产品、旅游线路等线下旅游产品，打造线上文化旅游超市，提供在线预订、导航、讲解等服务，提供食、住、行、游、购、娱一条龙服务，实现线上与线下服务一体化，升级旅游体验，让游客更加便捷地了解当地的传统习俗和文化。

乡村传统习俗旅游线路和产品设计需要根据当地的实际情况和游客需求进行细化和创新，同时还需要注重旅游服务、完善设施，提高游客旅游体验和满意度。

## （三）加强乡村传统习俗旅游宣传和推广

通过多种形式加强乡村传统习俗旅游的宣传，提高乡村知名度和影响力，吸引更多游客。具体宣传和推广思路和建议如下。

第一，利用社交媒体，如微信、微博、抖音等，创建社交媒体账号，发布当地传统习俗和文化的图片、视频、故事等，同时举办各类线上和线下推广活动，如抽奖、发放优惠券等，吸引更多游客关注，提高知名度和影响力。同时，应重视通过社交媒体与用户进行交流与互动，回答用户的问题、回复用户的评论、分享用户的故事等，增强用户对乡村传统习俗旅游的认知和信任。另外，要定期对宣传效果进行数据分析，了解用户的兴趣和需求，及时调整宣传策略和内容，强化宣传效果和提高影响力。

第二，加强多方合作。利用当地旅游局和旅游企业的资源，共同策划和推广旅游项目，提高乡村传统习俗旅游的知名度和认可度，吸引更多游客前来体验和参观。比如，与政府合作举办传统习俗节日庆典、文化展览、旅游推介会等活动，获得政府政策和资金支持，开展旅游宣传和推广活动，促进乡村传统习俗旅游发展；与旅行社、景区等旅游企业合作，共同推广乡村传统习俗旅游产品，提供特色旅游产品和服务，提高旅游产品质量和收益；与当地民宿、农家乐合作，联合营销、互惠互利，共同打造具有当地特色和文化内涵的住宿和旅游产品；利用多元媒体融合传播，宣传和推广乡村传统习俗旅游，提高乡村知名度和影响力；与旅游平台合作，通过直播、虚拟产品体验等共同推广乡村传统习俗旅游，在重要旅游景点和场所进行线下宣传推广活动，提高外界对乡村传统习俗旅游的认知。

加强乡村传统习俗旅游的宣传和推广，充分利用多种宣传手段，制订详细的宣传和推广计划，定期评估和调整计划的执行效果，提高乡村传统习俗旅游知名度和影响力，吸引更多游客，促进乡村旅游的可持续发展和文化传承。

## （四）加强乡村传统习俗旅游管理和服务，加强旅游管理、提高服务质量

加强乡村传统习俗旅游管理和服务，提高乡村旅游服务质量，有助于吸引更多游客，促进乡村经济发展。具体建议如下。

第一，制定管理和服务标准。结合乡村实际情况和旅游需求，制定标准和规范，提高旅游服务质量和游客满意度，促进乡村旅游的发展和文化传承，如制定乡村传统习俗旅游服务规范及质量标准，包括接待、住宿、餐饮、旅游观光等方面的服务流程、用语、态度的规范及标准，确保旅游服务的质量；制定乡村旅游安全标准，包括交通、设施、活动等方面的安全标准，确保游客的人身财产安全；制定乡村旅游环境标准，包括旅游区域的环境保护、文化保护、生态保护等方面的标准，使旅游活动对环境的影响降到最低；制定乡村旅游人才培养标准，包括职业与技能培训标准，提高旅游从业人员的素质和服务水平。

第二，加强乡村旅游基础设施建设。需要政府、企业、社会等多方共同投入和努力，改善交通、住宿、餐饮、旅游设施和公共服务，提高乡村传统习俗旅游服务质量和游客满意度。比如，改善旅游区域的交通条件，改善公共交通、提供旅游专线等，方便游客出行；改善住宿条件，修建乡村酒店、民宿、度假村、农家乐等，为游客提供多样化的住宿选择，提高住宿舒适度和安全性；改善餐饮条件，提供特色乡村美食，修建乡村餐厅，为游客提供优质特色餐饮服务，满足游客多样化的餐饮需求；改善公共服务，提供医疗急救、建立安全制度、配备安全设施、培训安全知识，提高安全保障能力。

第三，加强乡村旅游环境管理。政府引导，企业、社会、农户、游客等

多方共同参与，保护乡村传统习俗旅游环境和文化资源。比如，制定环保措施和规定，加强对乡村空气、水质、土壤等的监测，保护乡村自然景观及生态环境；加强环境保护的宣传和教育，提高农民及游客的环境保护意识和素质，保护旅游环境和文化资源，减少旅游对环境的破坏和污染，维护乡村旅游环境的原生态和特色；加强监管，包括对旅游景区、旅游企业等的监管，确保旅游活动的规范性和安全性。

### （五）保护和利用乡村环境

乡村环境是乡村传统习俗旅游赖以生存的土壤，是乡村传统习俗旅游发展的重要内容之一，要保护和利用乡村环境，相关建议如下。

第一，推广乡村环境友好型旅游。乡村环境友好型旅游是指旅游活动对环境的影响尽可能小，甚至可以对环境产生积极的影响。通过宣传材料、网站、社交媒体，宣传环保理念和乡村环境友好型旅游的重要性，提高游客的环保意识和参与度，鼓励游客尊重自然环境、保护生态资源；推广生态旅游项目，如观赏乡村自然风光、体验乡村传统习俗、参与传统农事活动等，减少对环境的破坏和污染，同时提供游客接近自然、欣赏自然的机会。

第二，推广绿色交通方式。向游客提供租赁服务、建设绿色道路、推出绿色环保乡村传统习俗旅游产品、提供环保出行建议等，提高旅游服务质量，注重旅游产品的环保性。提供自行车租赁服务，鼓励游客以自行车为交通工具，锻炼身体的同时还可以欣赏乡村美景，最重要的是减少对环境的污染；建设绿色道路，如步行道、骑行道等，提供安全、环保的交通方式，同时可以提高游客的环保意识；推广绿色交通方式，如骑行、徒步、公共交通等，减少汽车和摩托车等机动车辆对乡村环境的污染和破坏。

乡村传统习俗是乡村文化的重要组成部分，地方特色和文化内涵浓郁。乡村传统习俗作为重要的旅游吸引物，对其进行旅游开发是乡村旅游发展的重要方向，需要在全面考虑当地文化传承、自然环境、旅游设施和服务等的基础上，充分挖掘和整理乡村传统习俗资源、开展乡村传统习俗旅游产品开发、加强乡村传统习俗旅游宣传和推广、加强乡村传统习俗旅游管理和服务，为乡村旅游的发展提供支持，使乡村旅游成为乡村经济发展的重要支柱。

**G.9**

# 2023年中国乡村传统技艺
# 与旅游利用研究

时少华　刘志华　孙媛媛　杜汇芳　李　悦*

**摘　要：** 本文基于传统技艺的内涵、功能和特性，提出了乡村传统技艺分
类体系，并分析了其分布特点。以此为基础，本文进一步总结了
乡村传统技艺旅游利用的现状与困境，并提出乡村传统技艺旅游
利用的优化路径，即以乡村传统技艺旅游者文化体验为核心，通
过旅游不断实现乡村传统技艺的文化再生产、再传播、再呈现，
构建一种多元主体参与的乡村传统技艺保护与利用方式。

**关键词：** 乡村传统技艺　旅游利用　保护传承

## 一　乡村传统技艺及其旅游价值

### （一）乡村传统技艺的概念与内涵

历史上，我国长期处于农业社会，传统技艺的创造者主要是农民、牧
民、渔民及一部分手工业者，这些技艺通过代际传承保留至今。所以长时间
以来，传统技艺的主要内容就是乡村民间传统工艺，是一种手工完成、具有

---

* 时少华，博士，北京联合大学旅游学院教授，主要研究方向为旅游文化遗产与目的地管理；
刘志华，博士，北京联合大学旅游学院讲师，主要研究方向为旅游信息化管理、旅游目的地
网络营销；孙媛媛，北京联合大学旅游学院硕士研究生，主要研究方向为遗产旅游；杜汇
芳，北京联合大学旅游学院硕士研究生，主要研究方向为文旅融合；李悦，北京联合大学旅
游学院硕士研究生，主要研究方向为遗产旅游。

浓郁乡土气息和淳朴情感的技艺。①

因此，所谓"乡村传统技艺"，是指发源于传统乡村，在特定地域环境下，经由当地几代人的努力传承下来的，旨在满足人们衣食住行用等物质需求和精神需求的知识、技能、技术方法及行为，具有实用价值和经济价值，又具有很高的审美价值和艺术价值。

## （二）乡村传统技艺的分类

目前，传统技艺尚没有统一的分类标准，大多以传统技艺的功能和特性为依据进行分类，但以传统技艺的功能为分类依据割裂了传统技艺各类功能的统一性，而以传统技艺的特性为分类依据会出现交叉和重叠，故姚伟钧和于洪铃提出了传统技艺的综合分类标准，该分类标准将传统技艺与人们的日常生产生活联系在一起，既考虑了传统技艺满足人们需要的功能性，又考虑了传统技艺的精细程度和复杂程度，根据这一标准进行分类可以做到可穷尽不重复。②

因此，基于姚伟钧和于洪铃的传统技艺（工艺）分类思想，结合目前挖掘与整理的五批次国家级非物质文化遗产代表性项目名录中的乡村传统技艺③，将乡村传统技艺分为8个大类（一级分类）、28个小类（二级分类），各类乡村传统技艺数量与典型项目如表1所示。

### 表1 乡村传统技艺分类

单位：项

| 一级分类 | 二级分类 | 数量 | 典型项目 |
|---|---|---|---|
| 工具器物制造类 | 乐器制作类 | 5 | 贵州省玉屏侗族自治县玉屏箫笛制作技艺 |
| | 日用器具类 | 11 | 西藏自治区（城区及城郊）拉萨甲米水磨坊制作技艺 |
| | 舟车交通类 | 3 | 内蒙古自治区阿鲁科尔沁旗蒙古族勒勒车制作技艺 |

① 于平主编《传统技艺》，山东友谊出版社，2008。
② 姚伟钧、于洪铃：《中国传统技艺类非物质文化遗产的分类研究》，《三峡论坛》（三峡文学·理论版）2013年第6期。
③ 通过整理，我国五批次国家级非物质文化遗产代表性项目名录中的传统技艺共计629项，按照申报地区或单位（如县级申报）和传统技艺项目与乡村地域的关联度，对629项传统技艺的产生与传播区域逐项筛选，最终将其中184项确定为乡村传统技艺。

| 一级分类 | 二级分类 | 数量 | 典型项目 |
|---|---|---|---|
| 工具器物制造类 | 烟火爆竹类 | 3 | 江西省上栗县萍乡烟花制作技艺 |
| | 家装收藏类 | 3 | 福建省仙游县仙游古典家具制作技艺 |
| 传统建筑营造类 | 木质建筑类 | 6 | 广西壮族自治区三江侗族自治县侗族木构建筑营造技艺 |
| | 竹制建筑类 | 1 | 贵州省雷山县苗寨吊脚楼营造技艺 |
| | 土石建筑类 | 15 | 福建省南靖县、华安县客家土楼营造技艺 |
| | 其他建筑类 | 3 | 青海省循化撒拉族自治县撒拉族篱笆楼营造技艺 |
| 农产品加工类 | 食品技艺类 | 14 | 山西省稷山县稷山传统面点制作技艺 |
| | 酿造技艺类 | 8 | 青海省海东市互助土族自治县青海青稞酒传统酿造技艺 |
| | 制茶技艺类 | 11 | 安徽省祁门县祁门红茶制作技艺 |
| 烧造类 | 制陶技艺类 | 7 | 江苏省宜兴市丁蜀镇宜兴紫砂陶制作技艺 |
| | 制瓷技艺类 | 8 | 河北省曲阳县定瓷烧制技艺 |
| | 琉璃技艺类 | 1 | 北京市门头沟区琉璃渠村琉璃烧制技艺 |
| | 砖瓦技艺类 | 1 | 山东省临清市魏湾镇临清贡砖烧制技艺 |
| 织染编制类 | 纺织技艺类 | 21 | 湖南省湘西土家族苗族自治州土家族织锦技艺 |
| | 编制技艺类 | 3 | 浙江省丽水市景宁畲族自治县畲族彩带编织技艺 |
| | 印染技艺类 | 5 | 贵州省丹寨县苗族蜡染技艺 |
| 金属加工类 | 冶炼铸造类 | 3 | 山东省招远市九曲蒋家村黄金溜槽堆石砌灶冶炼技艺 |
| | 刀剑锻造类 | 6 | 云南省陇川县阿昌族户撒刀锻制技艺 |
| | 饰品加工类 | 12 | 贵州省黄平县苗族银饰制作技艺 |
| 文房用品制作类 | 制笔技艺类 | 1 | 江西省南昌市进贤县文港毛笔制作技艺 |
| | 制墨技艺类 | 1 | 安徽省绩溪县、歙县徽墨制作技艺 |
| | 制纸技艺类 | 14 | 四川省夹江县竹纸制作技艺 |
| | 制砚技艺类 | 6 | 安徽省歙县、江西省婺源县歙砚制作技艺 |
| 印刷漆涂技艺类 | 印刷技艺类 | 5 | 浙江省瑞安市东源村木活字印刷技术 |
| | 漆涂技艺类 | 7 | 山西省稷山县稷山螺钿漆器髹饰技艺 |

资料来源：数量指标基于统计184项乡村传统技艺得出，典型项目来源于国家级非物质文化遗产代表性项目名录。

## （三）乡村传统技艺的现状及分布特点

### 1. 乡村传统技艺在传统技艺中占比近三成

目前，我国五批次国家级非物质文化遗产代表性项目名录中有1557项国家级非遗代表性项目。如果根据申报的地区及单位细分，则有3610个子项。其中，传统技艺类非遗代表性项目数量最多，共计629项，占国家级非遗代表性项目总数的17.4%。[①] 由图1可知，在我国非遗代表性项目中传统技艺类非遗代表性项目数量较多，占比较大。乡村传统技艺发源、流转于广大农村地区，近年来传统技艺的保护传承得到重视，184项乡村传统技艺项目在传统技艺（629项）中占比为29.3%。

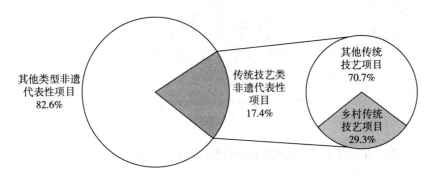

**图1　传统技艺类非遗代表性项目占比情况**

### 2.乡村传统技艺在中西部地区分布较多

研究表明，传统技艺主要分布在长三角、京津冀等东中部地区，西部地区数量较少。[②] 而通过对184项乡村传统技艺的申报地区进行统计发现，乡村传统技艺主要分布在贵州、四川、山西、江西、云南、新疆、福建、河北、湖南、浙江、青海、河南、内蒙古、西藏等地（见图2）。整体来看，乡村传统技艺主要分布于中西部地区，这是因为中西部地区乡村中较多地保留了传统农业生产生活方式，也就保留了较多的代表性乡村传统技艺，且这些技艺的原真性较高，加之近年来政府重视乡村传统技艺的挖掘和保护传承，社会保护意识提高，也使中西部地区乡村传统技艺保存情况较好、数量较多。

---

① 中国非物质文化遗产网，https：//www.ihchina.cn/project.html#target1。
② 孙丹丹：《传统技艺类非遗保护和传承的对策研究——以淮南地区为例》，硕士学位论文，安徽理工大学，2022。

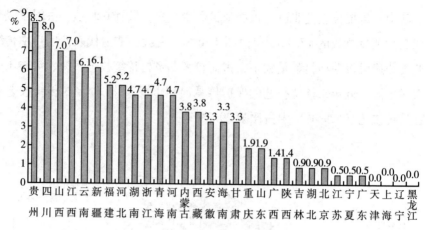

**图2　乡村传统技艺地域分布情况**

### 3. 农产品加工类、织染编制类乡村传统技艺占比较高

乡村传统技艺围绕人们的衣食住行等各类需求而产生，从表1和图3可以看出，农产品加工类乡村传统技艺最多，共33项，占比17.9%，其中食品技艺类共14项，酿造技艺类共8项，制茶技艺类共11项；织染编制类乡村传统技艺共29项，占比15.8%；传统建筑营造类和工具器物制造类乡村传统技艺均为25项，占比均为13.6%；文房用品制作类乡村传统技艺共计22项，占比12.0%；金属加工类乡村传统技艺共计21项，占比11.4%；烧造类乡村传统技艺共计17项，占乡村传统技艺的9.2%；印刷漆涂技艺类乡村传统技艺共12项，占比6.5%，数量最少。

### 4. 有近四成乡村传统技艺暂未认定传承人

传统技艺类非遗普查工作十分重视对传承人身份的认定和保护，自2007年第一次公布国家级非物质文化遗产代表性项目代表性传承人至今，184项乡村传统技艺共认定了199位代表性传承人，[①] 平均每项乡村传统技艺有1.08位传承人。但从实际传承人分布看，乡村传统技艺中35.9%的项目（共计66项）暂未认定传承人，37.5%的项目仅认定1位传承人

---

① 中国非物质文化遗产网，https：//www.ihchina.cn/representative#target1。

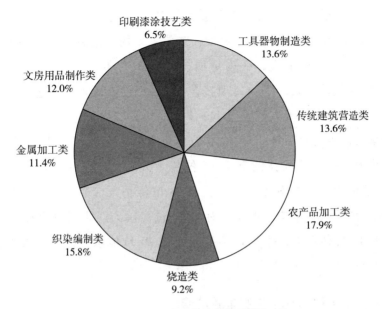

**图3 乡村传统技艺分类占比情况**

（共计69项），26.6%的项目认定2位及以上传承人（共计49项）（见图4）。

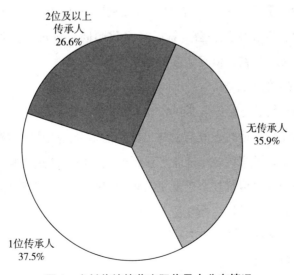

**图4 乡村传统技艺实际传承人分布情况**

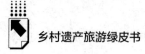

从分类统计看，传统建筑营造类共 25 项，有 18 位传承人，平均每项技艺有 0.72 位传承人，平均每项技艺传承人数量最少。农产品加工类共 33 项，有 24 位传承人，平均每项技艺有 0.73 位传承人。烧造类共 17 项，有 15 位传承人，平均每项技艺有 0.88 位传承人。上述三类乡村传统技艺平均每项传承人数量都小于 1 人。工具器物制造类共 25 项，有 29 位传承人，平均每项技艺有 1.16 位传承人。织染编制类共 29 项，有 34 位传承人，平均每项技艺有 1.17 位传承人。文房用品制作类共 22 项，有 26 位传承人，平均每项技艺有 1.18 位传承人。金属加工类共 21 项，有 26 位传承人，平均每项技艺有 1.24 位传承人。印刷漆涂技艺类共 12 项，有 15 位传承人，平均每项技艺有 1.25 位传承人，平均每项传承人数量最高。

### （四）乡村传统技艺的旅游价值

#### 1. 观赏游憩价值

现代社会节奏快、压力大，乡村旅游逐渐成为人们舒缓压力和休闲消遣的新方式，人们可以在乡村环境中放松自己的身心、开阔自己的视野、欣赏丰富多彩的传统手工艺品。乡村地区可以通过乡村传统技艺体验、传统技艺产品制作活动、传统技艺展会、景区（文化园区）等进一步吸引游客，让游客了解乡村传统技艺，满足游客的观赏游憩需求。

#### 2. 文化传播价值

我国乡村传统技艺经过长期的历史积淀，具有丰富的文化内涵，旅游是一种有效的文化传播途径，其与乡村传统技艺结合，能让游客感受乡村传统技艺的发展背景、了解传统农业生产生活环境。游客通过体验与当地人生产生活息息相关的乡村传统技艺，能更直观地感受其背后所凝结的勤劳创造精神，深刻理解我国乡村传统技艺所蕴含的丰富内涵，促进我国乡村传统技艺文化价值的广泛传播。

#### 3. 经济效益价值

乡村传统技艺进行旅游开发能够带来经济效益。比如，开发旅游文创产品、开设特色民宿（农家乐）、开发旅游美食、打造旅游特色小镇、将传统技艺引入景区（文化园区）等形式，都是乡村传统技艺与旅游的有效结合，乡村传统技艺具有很好的旅游开发利用前景，让游客体验乡村传统技艺，能够提高乡村传统技艺的旅游知名度，增加经济收益并促进当地人就业。

**4. 整体保护传承价值**

乡村传统技艺与乡村地区的生产生活方式及环境密切相关，一旦自然和社会环境发生变化，文化形态就会随之变化。真正意义上的保护不仅要保护乡村传统技艺本身，还要保护与之相关的文化生存空间，并且完整的文化体系对旅游者来说来更具吸引力。借助旅游业，让乡村地区各利益主体参与其中，可以对乡村传统技艺进行整体性活态保护与传承，进而实现乡村传统技艺振兴。

# 二 2023年乡村传统技艺旅游利用现状

## （一）主要利用方式

目前，乡村传统技艺旅游的主要利用方式为文化博物馆（体验馆）观赏体验、举办旅游文化节庆（展会）活动、开发旅游文创产品、建造特色民宿（农家乐）、文化产业园融合、打造特色旅游小镇、传统技艺引入景区（文化旅游区）、数字技术实现文旅融合等，整体来看乡村传统技艺旅游利用方式较为多样。

**1. 文化博物馆（体验馆）观赏体验**

由乡村地区政府和传承人出资建造文化博物馆、体验馆等，展示乡村传统技艺、展出技艺成品，吸引游客前来体验，是各类型乡村传统技艺普遍采取的旅游利用方式。比如，福建省德化县乡村地区依托德化瓷烧制技艺建造了陶瓷博物馆、宋元德化窑展示馆等，供游客参观、体验传统技艺；安徽省休宁县万安镇是有名的"中国罗盘之乡"，吴鲁衡罗经店第八代传承人吴兆

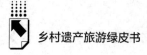

光出资建造了万安罗经文化博物馆，以万安罗盘制作技艺的传承为核心，全方位展示罗盘制作流程，并教授游客制作万安罗盘，使万安罗盘制作技艺得以延续和传承。

**2. 举办旅游文化节庆（展会）活动**

将乡村传统技艺综合到一个展览空间，游客可以通过视觉形象体会其精神内涵、通过味觉体验其独特魅力、通过触觉感受其手工质感，从而对乡村传统技艺有更深入的了解。比如，苗族芦笙制作工匠多居住在贵州雷山县丹江镇以及云南省昭通市大关县天星镇，芦笙是一种集歌、舞、乐于一体的文化形态，其乐舞文化、表演文化得到了较好的保护及利用，各个乡镇通过举办民族节庆来提升芦笙文化的知名度，在苗年、坡会等苗族特色节日举行芦笙会、表演芦笙舞，向游客展示和解说芦笙文化，推动旅游业发展，使传统芦笙制作技艺代代相传，让游客充分体验乡村传统技艺的魅力。

**3. 开发旅游文创产品**

乡村传统技艺传承人挖掘技艺文化内涵，打造特色旅游文创产品，对乡村传统技艺进行文化价值再赋予，并通过旅游文创产品的展示和销售，拓展乡村传统技艺的传播和传承途径。比如，广西壮族自治区三江侗族自治县乡村地区依托侗族木构建筑营造技艺，开发了侗族楼、桥模型等一系列文创产品；江西省南昌市进贤县乡村地区的文港毛笔制作技艺较为成熟，该地区深入挖掘毛笔文化的内涵，大力推广"晏殊故里·进贤文笔"区域品牌，将毛笔文化与红色文化、陶瓷文化跨界融合，打造文港毛笔系列文创产品和旅游商品；维吾尔族模制法土陶烧制技艺起源于新疆维吾尔自治区英吉沙县乡村地区，技艺传承人在土陶造型、工艺、色泽、用途上不断创新，使土陶产品更能满足现代人的多样化需求，成为旅游者在当地首选的文创纪念品。

**4. 建造特色民宿（农家乐）**

传统建筑营造类乡村传统技艺多与特色民宿与酒店结合，进行旅游利用，实现了沉浸式体验与特色民宿（农家乐）度假融合、传统技艺与数字文旅融合。客家土楼营造技艺流传于福建省南靖县、华安县，以抵御外敌为目的营造的土楼已经不适合现代人居住，建筑技艺的传承出现危机。当地开发了"天涯明月刀"乡村旅游国风电竞数字文旅体验项目，将历史超过500年且年久失修的土楼改造成集沉浸式剧组体验、电竞酒店、国风旅拍等多个文旅项目于一体的主题民宿，进一步活化了乡村传统技艺。山西省运城市平陆县乡村地区传承着独特的窑洞营造技艺，伴随着休闲旅游业的兴起、乡村振兴计划等政策的实施，当地利用废弃的地窨院，开发成地窨院农家乐，使乡村传统技艺通过发展旅游经济的方式得到了活化传承。

5. 文化产业园融合

利用文化产业园将乡村传统技艺旅游体验融合到古迹遗址和现代工业中，在旅游文创产品中将传统元素与现代流行元素相融合，开拓乡村传统技艺与现代技术相结合的产业化发展新路径。湖南省凤凰县和邵阳县的蓝印花布印染技艺较为突出，传承人罗沙沙拜师学艺，并投资建设蓝印花布产业园，进行邵阳蓝印花布的传承、生产与销售，开展非遗文化旅游以及非遗文化研学实践劳动教育。产业园通过创造性生产将既保留传统技艺又具有新意的蓝印花布文创产品推向旅游景区、民宿市场，展示蓝印花布印染技艺的独特魅力。北京市门头沟区琉璃渠村是以琉璃命名的千年古村，琉璃烧制技艺较为成熟，村内有一座760年历史的皇家琉璃官窑，但是因环保限制、市场收窄等因素已停产多年，现已改造成金隅琉璃文化创意产业园，再现古法烧制技艺，园区内有传统古窑、窑车和琉璃成品，游客可以深入了解琉璃烧制技艺、感受琉璃烧制技艺的内在魅力，促进了技艺的传承与发展。

6. 打造特色旅游小镇

在乡村传统技艺较为富集的乡镇，打造特色旅游小镇，采用集群发展的模式进行集中保护，传承与弘扬乡村传统技艺。贵州省丹寨县万达小镇集中引入非物质文化遗产项目，形成集非遗保护、传承、体验于一体的旅游小镇，是非遗传承人与传统手工艺人的就业平台，已成功入选第二批国家级旅游休闲街区。苗族蜡染技艺、石桥古法造纸等是丹寨县苗族世代传承的乡村传统技艺，从唐宋时期流传至今。基于深厚的非遗底蕴，小镇确定了"非遗+研学"旅游模式，在蜡染小院和古法造纸小院，非遗传承人展示非遗传统技艺，游客可以了解苗族蜡染技艺和古法造纸工艺，并亲手制作非遗工艺品。小镇还实现了传统技艺与时尚的融合，蜡染传承人与星巴克携手打造非遗文化体验店，促进了乡村传统技艺的创新发展。

### 7. 传统技艺引入景区（文化旅游区）

在景区建造乡村传统技艺保护基地，举办非遗日主题展、非遗集市、成品展等，向游客集中展示乡村传统技艺的历史价值和文化魅力。比如，海南省保亭黎族苗族自治县乡村地区将黎族树皮布制作技艺、黎族传统纺染织绣技艺、黎族钻木取火技艺等乡村传统技艺引入海南槟榔谷黎苗文化旅游区，景区以黎族钻木取火技艺打造"槟榔·古韵"剧场，上演钻木取火展演及火把舞表演，呈现黎族和苗族文化原生态画卷；在景区建造以黎族传统纺染织绣技艺、黎族树皮布制作技艺保护为核心的非遗保护基地，建设技艺展览馆，举办技艺成品展，为游客了解和研究黎族传统纺染织绣技艺提供了场所和平台。

### 8. 数字技术实现文旅融合

通过 3D 打印、VR 等数字技术赋能乡村传统技艺传承发展，打破以传承人为传播主体的限制和传播时空壁垒，带领游客进行沉浸式参观休验，是目前乡村传统技艺旅游利用的新方式。比如湖南省凤凰县、邵阳县乡村地区的蓝印花布印染技艺，在邵阳县蓝印非遗工坊中，人们通过互联网提取蓝印花布的图案、元素和颜色，利用 3D 打印、VR 等数字技术打造蓝印元宇宙数字藏品，既能吸引更多年轻人了解蓝印花布印染技艺，又能创造新的销售渠道，激发蓝印花布的旅游创新活力。福建省泉州市泉港区峰尾镇将打造福船文化沉浸互动体验馆，通过情节与置景的结合，游客可以在"造船厂"展区沉浸式体验水密隔舱福船制造技艺。

## （二）利用程度

184 项乡村传统技艺的旅游利用大多较为浅层，如福建省德化县德化瓷烧制技艺、江西省上饶市婺源县甲路纸伞制作技艺、安徽省休宁县万安罗盘制作技艺等，旅游利用方式多为通过博物馆、展示馆等进行技艺展示，以观光形式为主，旅游利用程度不高。

也有部分技艺实现了深度旅游利用，如贵州省雷山县丹江镇和云南省昭通市大关县的苗族芦笙制作技艺、广西壮族自治区三江侗族自治县侗族木构建筑营造技艺、湖南省凤凰县和邵阳县的蓝印花布印染技艺、贵州省丹寨县苗族蜡染技艺、福建省泉州市泉港区峰尾镇水密隔舱福船制造技艺，通过举办旅游文化节庆（展会）活动、开发旅游文创产品、文化产业园融合、打造特色旅游小镇、数字化文旅融合等方式进行了深度旅游利用。

当然，也有一些技艺还没有进行旅游利用。比如湖北省恩施土家族苗族自治州利川市的制漆技艺（坝漆制作技艺），虽然通过坝漆工业化量产实现技艺利用，但目前该项技艺没有进行旅游开发利用。另外，河南省西平县的宝剑锻制技艺（棠溪宝剑锻制技艺）目前仅通过家族传承方式实现技艺保护传承，也没有进行旅游开发利用。

## 三 乡村传统技艺旅游利用的困境

### （一）乡村传统技艺旅游利用存在商业性与真实性不协调的问题

乡村传统技艺具有文化性、活态性等特性，更容易转型发展为旅游资源，实现乡村传统技艺的旅游化保护利用。但乡村传统技艺旅游开发利用的"度"往往难以把握，常常出现乡村传统技艺保护利用不足或过度商业化问题，损害乡村传统技艺的真实性。[①] 比如，贵州省雷山县西江苗寨吊脚楼营造技艺是先民传承下来的古老建筑工艺，为适应山区环境逐步完善，百年传统吊脚楼多是四榀房架，但部分新建的吊脚楼"形似神不似"，在建造方式、结构形式等方面未继承传统风格，有些商家因经济利益驱使，将吊脚楼

---

① 王芳：《传统技艺文化遗产旅游活化的路径研究——以惠安石雕为例》，博士学位论文，华侨大学，2019。

修建为八榀房架，体量巨大的吊脚楼丧失了传统吊脚楼适应山地的灵动之美，无法体现吊脚楼营造技艺所蕴含的苗族朴素的价值观，这些吊脚楼建筑虽然在一定程度上促进了当地旅游经济的发展，但本质上却不利于西江苗寨吊脚楼营造技艺的保护传承。[①]

## （二）缺乏乡村传统技艺深度体验旅游产品

乡村传统技艺具有独特的文化内涵，传承发展了老一辈人的精湛技艺和工匠精神，因此在旅游开发利用过程中，对乡村传统技艺旅游产品的设计要注重体验性和参与性。目前乡村传统技艺传承人年事已高，年青一代学习和传承技艺的意愿不强，在对乡村传统技艺旅游利用过程中，对其文化内涵的理解不够深入，开发动力不足，导致乡村传统技艺多被开发为观光型旅游产品，缺少具有主题性、体验性的旅游产品，无法满足游客对乡村传统技艺的深度体验需求。比如，福建省德化县乡村地区对陶瓷文化的旅游景点开发建设较为重视，但是开发的旅游产品多为浅层次的观光型产品，目前德化瓷烧制技艺的旅游利用方式主要是在陶瓷遗址、陶瓷博物馆等进行静态展示，展馆陈设较为单一，陶瓷主题展览活动较少，为游客提供沉浸式体验的旅游产品较少，旅游内容缺乏深度和内涵，导致游客参与感、体验感不足。

## （三）乡村传统技艺旅游保护宣传与传播力不足

乡村传统技艺蕴含了乡村文化艺术、生活方式与风俗习惯，是乡村精神血脉的延续。目前乡村传统技艺旅游保护宣传活动以博物馆（文化馆）为主，主要是收集和整理已有文献，以文字的形式在博物馆（文化馆）等旅游场所进行静态展出，辅之以传承人进行技艺展示，宣传方式单一、新颖度不够，导致乡村传统技艺传播度不够、吸引力较差，不能充分展示乡

---

① 赵曼丽：《基于旅游发展的苗族传统民居调适研究——以西江苗寨为例》，《贵州民族研究》2019 年第 11 期。

村传统技艺的文化内涵，使得多数乡村传统技艺未能形成品牌效应。比如，河北省井陉县的烟火爆竹制作技艺（南张井老虎火）很有名气，当地一些村落拥有"焰火之乡"的美名，南张井老虎火传承人希望获得政府以及社会各界的关注与支持，以便宣传老虎火制作技艺及背后的故事，并形成一种特色旅游模式，促进该项技艺的传播，但目前该项技艺的旅游利用方式只是开设花炮制作技艺陈列馆，将文化符号进行静态展示，并没有进行其他旅游宣传推广。

## 四 乡村传统技艺旅游利用的优化路径

基于目前乡村传统技艺的旅游利用现状与困境，要通过旅游业实现乡村传统技艺的保护、传承和创新，需要以乡村传统技艺传承与旅游者文化体验为核心，通过旅游业实现乡村传统技艺的文化再生产、再传播、再呈现，形成乡村地区多元主体参与的乡村传统技艺保护与利用方式，促进乡村传统技艺与旅游的深度融合与高质量发展。

### （一）开发与完善乡村传统技艺特色旅游产品

在乡村传统技艺与旅游融合发展过程中，要在保持乡村传统技艺原真性和文化价值的基础上，"再生产"出独具特色且有吸引力的旅游产品，这是当前发展的重要方向。

第一，创新与丰富乡村传统技艺的文创产品。深入研究和理解乡村传统技艺的地方性、乡村性和审美观念，将乡村传统技艺利用与其他领域结合，开展文化创意跨界合作，开发独具乡村特色的创意旅游产品。比如，安徽省黄山市祁门红茶制作技艺跨界与美妆品牌合作，利用现代工艺萃取茶类精华用于美容护肤。祁门县古溪乡、历口镇一带的祁门红茶品质最优，尤其是祁门"楮叶种"的香叶醇、苯甲醇及 2-苯乙醇含量较高，具有浓强的玫瑰花香和浓厚的木香，此外还含有丰富的儿茶素和多酚类物质，因此，将红茶精华加入护肤品可以发挥抗菌、抗氧化的功能。传统的祁门红茶依靠手工制作，不仅使茶叶的香气更加协调，还减少了具有刺激性的茶多酚含量，增加了大量茶红素和茶黄素，此类成分能减缓肌肤老化的速度、修护受损的肌肤屏障，可以制成含茶萃精华的美妆产品等。该产品依托祁门红茶制作技艺，培育和孵化了有新意的跨界康养美容产品，赋予了祁门红茶制作技艺丰富的创新特性。

第二，通过研学旅游等形式，让旅游者体验乡村传统技艺。安徽省多个传统村镇已成为全国青少年学生研学旅游的优选之地。研学旅游可让青少年切身体验乡村传统技艺，如在宣城市绩溪县上庄镇跟随非遗大师体验徽墨描金工序，最终带走属于自己的描金徽墨；到黄山市徽州区唐模村学习古法造纸，创造独一无二的花草宣纸；在黄山市歙县徽城镇体验徽砚的制作工艺，亲手雕刻砚台。研学旅游已经成为传承乡村传统技艺的新形式。

## （二）利用各类平台传播乡村传统技艺旅游品牌形象

目前乡村传统技艺旅游的品牌形象不突出，因此要完善与传播乡村传统技艺旅游品牌形象，提升其地方性、品牌信誉，建立乡村传统技艺与游客的情感联结，实现乡村传统技艺再传播。可借助媒体网站和自媒体以现场直播等方式进行乡村传统技艺的线上宣传推介，不断扩大乡村传统技艺的知名度和影响力。比如，电视剧《去有风的地方》在网络视频平台芒果TV累计播放量超18亿次，该电视剧播出后，主要取景地云南凤阳邑村、沙溪镇接待游客数量暴增5~10倍，2023年春节期间接待游客14.18万人次，旅游总收入1.1亿元，创下近三年新高，还带动了云南的白族扎染、刺绣和剑川木雕等传统技艺的传播。白族扎染、刺绣以大理市喜洲镇周城村最为出名，被文化和旅游部命名为"国家扎染艺术之乡"，剑川县的木雕更是将本地木雕的粗犷与江南木雕的细腻精巧恰到好处地糅合在一起。电视剧展示了乡村传统技艺，指出了目前乡村传统技艺保护传承的困境，引发了大家对乡村传统技艺的广泛讨论。

此外，在抖音"非遗合伙人计划""看见手艺计划"等助力下，越来越多的年轻人加入乡村传统技艺传承的行列中来，带动了乡村传统技艺的学习与体验。利用视频平台、自媒体平台等，借助电视剧、短视频、直播等方式来传播乡村传统技艺，受众更广，受到的关注更多，对乡村传统技艺旅游保护传承的推动作用更强。

## （三）利用数字文旅技术实现乡村传统技艺场景再现

"十四五"时期追求高质量发展，以5G为代表的数字技术不断发展，人工智能、物联网、AR/VR、ChatGPT、元宇宙等技术融合应用，为通过数字文旅实现乡村传统技艺保护传承提供了强有力的工具。比如，湖南省邵阳县蓝印花布印染技艺非遗工坊采用数字化技术采集与存储原始的蓝印纹样以及布匹、染料制作过程，不断完善扩充蓝印非遗相关素材，保证其原真性和完整性，以数据库、光盘塔、移动硬盘等形式永久保存该项技艺。利用影音及3D投影成像技术，提取蓝印花布的部分颜色跟元素图案，真实还原蓝印花布的生产方式、制作场景以及完整的工艺流程，从而简化传承的技术难度，提升传承的时效性。未来还可以结合交互式虚拟现实、人工智能等技术，将游客投影到交互影像中，与元宇宙中其他用户实时互动，依托ChatGPT等人工智能引擎与虚拟人讨论传统技艺的历史渊源、操作技巧，游客可以在虚拟世界中制作传统手工艺品。数字文旅能够更好更生动地将乡村传统技艺呈现给游客。

## （四）构建多元主体参与的乡村传统技艺旅游保护与利用方式

乡村传统技艺的保护传承需要集体认同和社区参与，包括群体、团体和个人的活态参与，在实践中提高集体的凝聚力。借助旅游，不断培养与吸纳乡村传统技艺传承主体，形成多方参与的保护与利用模式。因此，应构建政府、旅游企业、技艺传承人、学校、村民、媒体、游客等多元主体共同参与的乡村传统技艺旅游保护与利用方式，实现乡村传统技艺的保护利用。应注重对乡村传统技艺传承人的培养，实施产学研一体化人才培养策略，应与当地的中职院校或大学进行合作，设置当地乡村传统技艺相关的课程，系统培养专业人才。同时由文旅企业投入更多的项目资金，通过新媒体矩阵加强对乡村传统技艺的宣传，为乡村传统技艺旅游项目创造更多的发展机会。在文旅深度融合的背景下，乡村传统技艺旅游需要从业人员拥有较高的文化素养和专业能力。当前这种复合型人才较为稀缺，制约了乡村传统技艺与旅游的深度结合，乡村传统技艺旅游难以进一步推进。要加强乡村居民的自觉性，使之自发地对乡村传统技艺进行保护，树立文化认同和文化自信，促进乡村传统技艺保护利用与传播及其可持续发展。

# G.10
# 2023年中国乡村饮食文化旅游开发研究

姜 慧 毛诗梦*

**摘 要：** 在乡村振兴战略推动下，乡村旅游蓬勃发展，乡村饮食文化旅游也得到了前所未有的发展。饮食作为旅游的要素之一，是乡村旅游高质量发展的重要载体和关键要素。本文对我国目前乡村饮食文化的旅游价值、乡村饮食文化旅游开发现状、乡村饮食文化旅游开发中的主要问题以及旅游开发建议四个方面进行了阐述，着重对乡村饮食文化中的乡村非遗饮食、食俗、国家地理标志产品现状以及在乡村饮食文化旅游开发和利用中存在的基础设施不完善、乡村产业结构单一、缺乏统一标准和规范、缺乏专业化管理人才、缺乏明确的文化传承理念、原材料供应不稳定以及宣传和推广不足等问题进行了详述，并提出了推进乡村基础设施建设、推动乡村产业多元化和现代化发展、制定乡村饮食标准和规范、加强乡村饮食人才培训和引进、强化乡村饮食文化遗产保护、加强食材供应链管理、形成媒体矩阵宣传乡村饮食文化等相关建议，推动乡村饮食文化旅游的可持续发展。

**关键词：** 乡村旅游 饮食文化 非遗饮食 食俗

2017年，习近平总书记在党的十九大报告中提出了乡村振兴战略，这是全面建设社会主义现代化国家的重大历史任务，是新时代做好"三农"

* 姜慧，博士，北京联合大学副教授、硕士研究生导师，主要研究方向为餐饮科学与文化、功能性食品；毛诗梦，北京联合大学硕士研究生，主要研究方向为功能性食品。

工作的总抓手。在乡村振兴战略的推动下，乡村旅游取得蓬勃发展。2023年，文化和旅游部先后发布了两期总计295条乡村旅游精品线路，将乡村中的农耕互动、非物质文化遗产、农业文化遗产、传统村落、文物古迹等文化资源融入乡村旅游产品和线路中。乡村饮食是乡村旅游的重要旅游资源，乡村饮食文化旅游也越来越受大众推崇，通过使游客沉浸式体验乡村新生活、品鉴乡村非遗饮食，给游客构建安放乡愁的和美家园。

# 一　乡村饮食文化及其旅游价值

## （一）乡村饮食文化的概念与内涵

我国土地广袤，各地的地理环境、自然资源、历史进程、生活习俗等都存在很大的差异，导致各地的饮食习俗各不相同，城市与乡村的饮食习俗也不尽相同。

乡村饮食文化是指在我国广大农村地区形成的独特饮食传统和习惯。乡村非遗饮食文化是指农村地区特定的食品制作工艺和习俗等，是乡村传统文化的重要组成部分。从食俗文化特点来讲，饮食文化是人类在维持生命和举行节日庆典时，在制作食品的过程中融入自然、社会、历史因素升华形成的，包括饮食习惯、饮食结构、饮食口味、饮食器具和烹调方式等。[①] 乡村饮食文化与农村生活方式和自然资源紧密相关，反映了不同地区人们的食物选择、烹饪技巧和饮食习俗，是传统文化的重要组成部分，是人们在日常生活中的经验总结，展示了他们的文化和生活态度。

乡村饮食文化还包含节日文化和风俗。各种重要的节日活动都离不开其特有的食品和饮食文化，如除夕的年夜饭、元宵节的元宵、端午节的粽子等。除节日食品，乡村婚嫁、丧葬等习俗中的一系列传统也会影响饮食文化。这些节日文化和风俗世世代代影响着当地居民的生活和生产。随着乡村

---

① 艾君：《回望老北京舌尖上的食俗文化》，《工会博览》2020 年第 26 期。

旅游的发展，乡村饮食文化成为乡村旅游的重要一环，游客沉浸式参与当地节日庆典和风俗活动，既体验了当地的饮食文化，又增强了对中国传统文化的认识和了解。

乡村饮食不同于城市饮食的快餐化、方便化和多样化，它更强调利用当地的特色农产品和天然食材进行深度开发和创新。五谷杂粮、新鲜果蔬、牛羊肉、水产品等都是重要的食材，加工制成的各种传统美食是乡村饮食文化旅游的重要组成部分。乡村饮食既注重保留食材的原汁原味，又结合现代健康理念研创新的餐品，能够满足当地人和旅游者的需求。

## （二）乡村饮食文化的主要特点

### 1. 地域特色鲜明

不同地区的乡村饮食文化都有自己的特色，如北京的烤鸭、广东的腊味、四川的火锅、贵州的酸汤鱼等，每一种地方特色美食都有自己独特的食材选择、制作技艺和食用习惯，保留了传统的加工工艺和烹饪方式。基于乡村饮食独特的地域特色，各地建造了诸多特色小镇、非遗博物馆等能体现乡村饮食文化的硬件载体，形成了"非遗+文化""非遗+产业开发""非遗+乡村旅游""非遗+科技创新""非遗+生态乡村"等多种发展途径。[1]

### 2. 技艺传承面临挑战

许多乡村非遗技艺传承已经出现了断层，许多老师傅去世，年轻人对非遗了解不深，对非遗技艺兴趣不足，导致非遗技艺较难找到传承人，技艺传承面临较大挑战。非物质文化遗产传承的本质在于文化的"传承"，其核心是传承文化的人，传承人消失，非物质文化遗产也就不复存在。因此，保护传承人是建立非物质文化遗产传承机制的重要内容，保护"濒危"的传承人是迫在眉睫的问题。[2] 由于传承人的减少、消费者餐饮消费偏好改变等因素，一些乡村非遗食品出现供需比例失衡、销售方式落后、产品营养结构不

---

[1] 张聪、林叶新：《乡村振兴视域下饮食类非物质文化遗产发展路径研究——以广西武宣红糟酸制作技艺为例》，《四川旅游学院学报》2022年第2期。

[2] 祁庆富：《论非物质文化遗产保护中的传承及传承人》，《西北民族研究》2006年第3期。

合理等突出问题。

### 3.食材来源本地化

乡村饮食所需原料重视季节性和本地化，本地居民的农业生产提供了不同种类的食材，因此乡村饮食的食材大都直接在本地采集、捕捞或种植，碳排放低，强调新鲜、自然、健康、安全、可持续。但乡村地区的农业生产受季节影响，因此乡村饮食需要根据不同季节收获的农产品来调整菜单和烹饪方式，难以保证常年菜品品质和营养的一致性。

### 4.强调家庭团聚

乡村饮食文化强调家庭团聚，重视家人间的亲情，通常家庭成员围坐在一起享用美味的食物，以此来增进家庭成员之间的感情。游客选择到乡村进行旅游，也都是携家带口，全家一起体验乡村饮食带来的宁静和团聚的氛围。

## （三）乡村饮食文化发展

### 1.乡村非遗饮食发展

乡村非遗饮食是乡村文化传承的一部分，蕴含着丰富的历史和文化，具有极高的商业价值和旅游价值。饮食类非遗"嵌入"人民群众的日常生活、经济生活、精神生活中，对促进文旅融合发展、提高社会经济发展水平、继承和弘扬中华优秀传统文化具有重要意义和作用。[①] 截至 2023 年 9 月，我国国家级饮食类非物质文化遗产有 160 项（其中海南省与浙江省共同申报海盐晒制技艺，算 1 项），部分省（区、市）非遗饮食和代表性非遗饮食如表 1 所示。由表 1 可以看出，各省（区、市）非遗饮食分布不均衡，形成了独具特色的地域非遗饮食。北京市有 17 项非遗饮食，主要为仿膳（清廷御膳）、蒸馏酒（北京二锅头）、烤鸭、牛羊肉等，这与北京作为古都和农耕文化与游牧文化交融地的历史是分不开的；浙江金华火腿只用金华的"两头乌猪"制作，充分保障产品的地域风味。

---

① 唐娟：《文旅融合视角下饮食类非物质文化遗产保护发展现状及路径探析——以南宁市为例》，《中共南京市委党校学报》2021 年第 5 期。

**表1　部分省（区、市）非遗饮食和代表性非遗饮食**

单位：个

| 省(区、市) | 非遗饮食数量 | 代表性非遗饮食 | 省(区、市) | 非遗饮食数量 | 代表性非遗饮食 |
|---|---|---|---|---|---|
| 北京 | 17 | 蒸馏酒（北京二锅头）、花茶、烤鸭、牛羊肉、酱肘子、烧卖、仿膳(清廷御膳)、酱菜、满族食品、护国寺清真小吃、柳泉居京菜、听鹂馆寿膳、大顺斋糖火烧等 | 安徽 | 7 | 绿茶、红茶、豆腐、徽菜、蒸馏酒等 |
| 天津 | 3 | 狗不理包子、十八街麻花、独流老醋 | 福建 | 9 | 乌龙茶、白茶、沙县小吃、酿造酒、花茶等 |
| 河北 | 6 | 蒸馏酒、小磨香油、直隶官府菜等 | 江西 | 3 | 绿茶、红茶等 |
| 山西 | 13 | 面食、蒸馏酒、平遥牛肉、酱肉等 | 山东 | 8 | 周村烧饼、孔府菜、豆腐、德州扒鸡、龙口粉丝、蒸馏酒、酱肉等 |
| 内蒙古 | 2 | 牛羊肉、奶制品 | 河南 | 4 | 蒸馏酒、洛阳水席、逍遥胡辣汤、绿茶 |
| 辽宁 | 2 | 辽菜、蒸馏酒 | 湖北 | 3 | 绿茶、黑茶 |
| 吉林 | 3 | 蒸馏酒、泡菜、李连贵熏肉大饼 | 湖南 | 5 | 黑茶、黄茶、古朴蜜饯、火宫殿臭豆腐等 |
| 黑龙江 | 1 | 老汤精 | 广东 | 3 | 广式月饼、潮州菜、沙河粉 |
| 上海 | 5 | 酱油、素食、上海本帮菜、梨膏糖、南翔小笼馒头 | 广西 | 4 | 柳州螺蛳粉、桂林米粉、龟苓膏、六堡茶 |
| 江苏 | 8 | 恒顺香醋、酿造酒、蒸馏酒、富春茶点、绿茶、素食等 | 海南 | 1 | 盐 |
| 浙江 | 13 | 绍兴黄酒、绿茶、金华火腿、面食等 | 重庆 | 1 | 涪陵榨菜 |

| 省(区、市) | 非遗饮食数量 | 代表性非遗饮食 | 省(区、市) | 非遗饮食数量 | 代表性非遗饮食 |
|---|---|---|---|---|---|
| 四川 | 14 | 蒸馏酒、南路边茶、郫县豆瓣、川菜、醋、酱油、蒙山茶等 | 甘肃 | 1 | 兰州牛肉面 |
| 贵州 | 5 | 茅台酒、凯里酸汤鱼、赤水晒醋、蒸馏酒、都匀毛尖茶 | 青海 | 1 | 青稞酒 |
| 云南 | 7 | 普洱茶、蒙自过桥米线、德昂族酸茶、滇红茶、下关沱茶、宣威火腿等 | 宁夏 | 3 | 吴忠老醋、手抓羊肉、中宁蒿子面 |
| 西藏 | 1 | 盐 | 新疆 | 2 | 塔塔尔族传统糕点、馕 |
| 陕西 | 5 | 牛羊肉泡馍、蒸馏酒、咸阳茯茶、灌汤包子等 | 澳门 | 1 | 土生葡人美食 |

资料来源：中国非物质文化遗产数字博物馆，数量及代表性非遗饮食经作者整理统计得到。

（1）挖掘和保护乡村非遗饮食文化

为了推广乡村非遗饮食，呈现当地独特的饮食文化，需要对当地的非遗饮食文化、传统的烹饪技艺、当地的食品原材料进行研究、保护和传承，整理传统技艺、配料方法、特殊工具、材料等方面的资料，确保乡村非遗技艺及文化在饮食中得到传承和发展。充分挖掘当地的历史文化、非遗饮食文化，运用现代科技手段对其进行保护、传承和传播，让更多的国际友人和国内大众了解各地的乡村非遗饮食文化，促进乡村非遗饮食文化的大众化和多元化发展。

（2）创新和完善非遗饮食产品

在新的消费需求和不同文化交流的背景下，将传统和现代元素融合起来，创新、设计和制作更具现代特色和营养价值的非遗饮食产品，可以将传统非遗技艺应用于新的菜品研发，将传统食材与现代食材搭配使用，形成新的风味。通过非遗饮食产业化，助力乡村产业和经济发展，提高村民收入，促进乡村文明建设，强化村民文化认同。[①]

（3）注重品牌宣传矩阵化

乡村非遗饮食是当地文化和历史的重要代表，将非遗饮食打造成特色餐饮品牌，通过文化节目、虚拟体验、社交媒体等提高乡村非遗饮食产品的影响力和知名度。

（4）开展乡村非遗饮食文化旅游

乡村非遗饮食可以与乡村文化旅游相结合，打造具有特色的非遗饮食旅游目的地。为游客提供非遗饮食沙龙、非遗饮食文化展览、非遗饮食 DIY 等多样化体验，吸引游客感受当地非遗饮食文化，促进乡村旅游和农村经济的发展。

（5）教育和培训

乡村非遗饮食的发展需要加强对年青一代的教育和培训，采取非遗进校园、非遗手工 DIY 等活动，让更多年轻人了解乡村非遗饮食，提高他们对乡村非遗饮食的认识和兴趣，培养更多的乡村非遗饮食传承人和创新者，促进乡村经济的繁荣。

**2. 乡村饮食食俗发展**

乡村饮食食俗是乡村饮食文化的重要组成部分，源远流长，我国各地的饮食食俗资源丰富，如春节、元宵节、清明节、端午节、七夕节、中秋节等节日和庙会等民俗活动，不同地区有不同的习俗，即使是相同的节日，不同地区的习俗也不相同，如湖北秭归的端午节又分头端午、大端午和末端午，而其他地区的端午节则没有这样的划分。近年来，随着城市化进程的不断加快，乡村饮食食俗逐渐淡化，但是，乡村饮食食俗在文化传承、宣传推广、旅游发展方面仍然具有很重要的作用，是乡村饮食文化的重要精神载体。

（1）加强传统文化保护和传承

乡村饮食食俗的发展要保护和传承传统饮食食俗，不断挖掘和研究这些食

---

① 马旭：《文化自觉视角下饮食类非遗产业化与乡村振兴研究——以石家庄市饮食类非遗为例》，《文化创新比较研究》2023 年第 14 期。

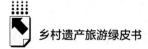

俗的历史，结合旅游者的消费需求，推广当地特色饮食文化，使其得到传承。二十四节气是我国先民独创的文化遗产，与我国传统节日一起形成了中华民族特有的节令饮食文化，如立春咬春、端午吃粽子、立秋咬秋、中秋吃月饼、重阳登高等，在不同节气和节日制作和食用特定的食品已成为我国饮食食俗、社会文化的重要组成部分。①

（2）研发饮食产品

乡村饮食食俗的发展需要不断创新。结合现代科技、烹饪技术以及当地新鲜食材探索新的菜品和烹饪方式，满足现代人对健康、美味和品类多样化的需求。受经济条件落后和基础设施不完善影响，部分乡村餐饮服务相对落后，缺少创新，没有形成品牌。乡村餐饮服务应当加强对环境卫生、营养搭配、服务品质等的规范化管理，提高服务质量，提高消费者的舒适感和满意度。

（3）加强饮食文化宣传和推广

推广乡村饮食食俗，需要注重建立品牌并推广宣传，整理当地特色乡村美食、食俗资料，培育特色餐饮品牌，建立食俗体验基地，通过非物质文化遗产申报、国家地理标志产品保护等措施，建立适合当地饮食食俗的保护和传承体系，吸引更多国际和国内游客来乡村旅游，提高乡村饮食文化旅游的知名度和影响力。

（4）创新饮食文化旅游

乡村饮食食俗具有独特的历史和文化背景，基于此设计独特的体验项目，如文化节庆、节令饮食、食俗文化竞赛等活动，让消费者亲身感受当地独特的饮食文化，促进乡村旅游和乡村经济的发展。

（四）乡村饮食文化的旅游价值

随着乡村旅游的兴起，越来越多的游客开始了解和体验乡村饮食文化，给当地经济发展带来了新的机遇。

1. 文化体验价值

乡村饮食文化具有浓厚的地方特色，反映了当地的传统文化和历史，它

---

① 姚伟钧：《中国食俗文化的形成与嬗变》，《人民论坛》2023年第1期。

反映了当地人民的生活习惯，游客可以亲身感受当地的文化魅力。乡村饮食文化与农业密切相关，乡村拥有丰富的农产品资源，游客可以通过参观农田、果园、养殖场、加工厂等场所，了解农产品的种植、养殖过程，体验当地传统饮食文化，享受味觉和视觉的盛宴。通过参与当地食俗活动，游客可以体验当地民众千百年传承下来的习俗，了解其背后的政治、经济、文化等影响因素，从而对当地有更深入的认识。

### 2. 传统工艺体验

乡村饮食文化不仅包括美食，还涉及烹饪技艺和传统加工工艺。乡村饮食文化强调家庭聚餐和共享美食的传统，游客可以参与传统饮食的制作过程，学习独特的烹饪方法和工艺，体验手工制作食物的乐趣，与当地人共同品尝美食，增进交流和互动，感受家庭的温馨和乡村生活的宁静。

### 3. 农村生态价值

乡村饮食文化通常注重健康和环保，强调新鲜、自然的食材和能够保留食材滋味的烹饪方式。这符合现代人对健康饮食的追求，健康、美食和乡村环境吸引了越来越多的游客选择乡村饮食文化旅游。乡村饮食文化旅游可以带动农村经济和社会发展，也能够带动当地农业的发展，促进当地农业生产的多样性和可持续性，使游客认识到农村生态的价值。

### 4. 创新和时尚价值

乡村饮食文化是当地乡村文化的代表，可以根据现代流行趋势，将传统饮食文化与现代时尚元素相结合，提升乡村饮食文化旅游产品的创新性和质量，让游客享受时尚和高品质的饮食。

### 5. 主题旅游价值

乡村饮食文化可以作为乡村旅游的一个主题。比如，展示农家菜肴、推广当地土特产食品、开办农家厨艺小课堂等，能够使游客更好地了解乡村饮食文化的发展历程。乡村饮食文化旅游是一种充满活力的旅游方式，它将旅游和文化融合在一起，被越来越多的游客所接受和喜爱。乡村饮食文化旅游可以促进乡村经济的发展，增加农民的收入和就业机会，同时提高乡村地区的知名度和吸引力。在旅游过程中，游客也能够感受到乡村的自然风光、人文氛围和乡土文化的魅力，同时，乡村饮食文化旅游对农村文化的传播和经济的发展也起到了很大作用。

## 二 乡村饮食文化旅游开发现状

### （一）乡村饮食文化旅游现状

乡村旅游是近年来在许多国家和地区兴起的一种旅游方式。与传统的城市旅游相比，乡村旅游注重游客对农村生活和自然环境的体验，旨在为游客提供一种与自然亲近、接触农耕文化的机会，游客可以通过品尝农村特色美食、参与农家餐饮活动了解当地的传统饮食文化。

2023 年，文化和旅游部先后发布了两期总计 295 条乡村旅游精品线路，分别以"交旅融合""春和景明""乡村新体验""农耕返璞""茶香萦杯""诗意栖居"等为主题，将乡村中的农耕活动、非物质文化遗产、农业文化遗产、传统村落、文物古建等资源融入乡村旅游产品和线路，让游客沉浸式体验乡村新生活，为游客营造宜居宜业、安放乡愁的和美家园。

乡村旅游包含"食""住""行""游""购""娱"，"食"的收入占总收入的 65.66%，[①] 2018 年北京市平谷区乡村旅游总收入中餐饮收入占比为 82.9%，[②] 可见在乡村旅游中"食"要素占据了很重要的位置。在一些地区，乡村饮食文化旅游已经成为当地经济的重要支柱，吸引了大量游客和投资，如山东的"青岛啤酒节"、江苏的"盱眙国际龙虾节"等，这些地区通常具备丰富的自然资源、独特的烹饪技艺以及独特的乡村文化，举办了各种各样的美食旅游活动。乡村饮食文化旅游具有巨大的市场潜力，为农村经济发展提供了新动力。通过合理规划和有效管理，乡村饮食文化旅游可以实现可持续发展，并助力乡村经济繁荣和文化传承。

---

① 金川萍：《昆明团结乡乡村旅游经济效益分析》，硕士学位论文，云南大学，2011。
② 牛文科：《乡村振兴背景下乡村旅游特色餐饮开发研究》，《粮食科技与经济》2020 年第 7 期。

## （二）乡村饮食文化旅游开发

**1.乡村特色饮食原材料的开发和利用**

乡村特色饮食原材料种类丰富多样，包括各种粮食、蔬菜、水果、禽畜、水产等。合理开发和利用这些乡村特色美食原材料，对乡村饮食文化旅游发展具有极大的推动作用。

（1）开发利用野生食材

乡村地区有许多野生的食材，如野菜、山珍、野果等，通过对野生食材的收集和利用，辅以功能介绍，制作出独特的乡村美食，如采摘野菜制作炒菜或凉拌菜、采集野生蘑菇制作汤或炖菜等。

（2）推进产业前期服务，形成完整产业链

从产业分工的角度出发，在特色原材料生产过程的不同环节，以多元化的模式提供产业前期支持服务，如山西大同的黄花菜生产，政府、企业、农户以不同模式介入种植、生产、加工和销售各个环节，促进各个环节的相互衔接，形成完整的产业链。

（3）开展农业科技创新

农业科技创新是开发乡村特色美食原材料的重要手段。农业科技现代化是农业现代化的关键，应加强农业科技研究，培养优秀的技术人才，引导农民采用先进的农业技术，提高农业生产效率，解决劳动力不足的问题，降低生产成本，不断提高原材料的品质与营养价值，使其更能满足市场需求。比如，河北乐亭"水肥一体化"智能灌溉系统、科技特派员制度等，95%以上的农户在新型农业经营主体的带动下增收致富，年助农增收近8亿元，成为推动产业振兴的重要动力。

（4）农产品加工创新

除了直接利用农产品制作美食，还可通过农产品加工创新开发更多的产品。比如，将水果加工成果酱、蜜饯、罐头等，将粮食加工成粉、面、糕点等，不仅可以延长农产品的保质期，还可以增加产品的附加值。2022年全国农业总产值为8.44万亿元，全国规模以上农产品加工企业营业收入超过19万亿元，农产品加工产值与农业总产值之比达到2.52∶1①，充分说明农业的多种功能、多元价值日益凸显，农业及相关产业的产值呈增长趋势。

（5）加强品牌建设

对于乡村特色美食的推广与销售，品牌形象建设至关重要。将其与当地文化、习俗相结合，通过在美食中融入当地传统元素、制作特色节日食品等方式，使乡村特色美食更具地域特色和文化内涵。通过广泛的宣传和推广，打造具有地方特色和文化底蕴的品牌，提高其知名度，从而促进特色原材料的销售。2022年，农业农村部在"中国农民丰收节"上推出了100道乡村特色菜品，其中包括北京怀柔柏木熏肉、山西搋拿糕、江苏南京六合头道菜、浙江缙云烧饼等富有地方特色的美食，推动了乡村饮食文化旅游的发展。

（6）原材料可持续发展

乡村地区的传统食材和制作工艺是乡村特色美食的重要组成部分，需要保护和传承这些传统食材和制作工艺，以确保乡村特色美食的独特性和传统韵味。原材料来自自然环境，受环境影响。针对原材料的种植、养殖和捕捞，需要加强环境保护工作，营造覆盖农村全域的绿色健康生态的生产环境，发展绿色循环生态农业，如辽宁盘锦的稻田养蟹、稻田养泥鳅等生态农业模式，实现传统农业向生态特色现代农业的转变。

**2. 国家地理标志产品的开发和利用**

国家地理标志产品指以国家知识产权局认定的地理标志为对象，对国内地理标志保护起示范、引领、推广作用的产品。国家地理标志产品是指产自特定地域，质量、声誉或其他特性本质上取决于该产地的自然因素和人文因素，经审核批准以地理名称进行命名的产品。截至2022年10月，我国已建设79个国家地理标志产品保护示范区（见表2），审核批准的地理标志产品有2495个。国家地理标志产品保护示范区建设不仅有利于保证国家地理标

---

① 《中国发布丨又是一个丰收年！秋粮大头丰收到手，增产已成定局》，"海外网"百家号，2023年10月23日，https://baijiahao.baidu.com/s? id=1780535038453229155&wfr=spider&for=pc。

志产品质量、提升产品市场竞争力，还可以带动全链条上下游产业发展，促进区域经济效益提升。由表2可见，各地基本能利用国家地理标志产品保护示范区开展相应的文化节或旅游节等活动，较好地带动了当地国家地理标志产品产业发展，但也存在活动浮于表面、没有系列活动相互支撑、旅游开发形式单一、缺乏深度开发等问题。

**表2 部分省（区、市）国家地理标志产品保护示范区**
**及旅游利用情况（2021~2022年）**

单位：个

| 省(区、市) | 示范区数量 | 旅游利用方式 | 省(区、市) | 示范区数量 | 旅游利用方式 |
|---|---|---|---|---|---|
| 北京 | 0 | | 浙江 | 4 | 金华火腿文化节、西湖龙井开茶节、中国（庆元）香菇文化节、中国常山胡柚节 |
| 天津 | 3 | 茶淀玫瑰香葡萄嘉年华 | 安徽 | 3 | 霍山石斛文化节、岳西翠兰开园节、太平猴魁非遗文化节、太平猴魁茶文化旅游节 |
| 河北 | 2 | 中国鸭梨之乡（晋州）博物馆、中国文玩核桃丰收节 | 福建 | 3 | "探源安溪双世遗 品味铁观音茶"文旅活动、白茶始祖文化节 |
| 山西 | 3 | 平遥牛肉传统文化展示 | 江西 | 3 | 广昌国际莲花节、狗牯脑茶品茗会、江西油茶文化节 |
| 内蒙古 | 2 | 中国河套葵花节、葵花文化旅游节 | 山东 | 4 | 沾化冬枣节、平邑金银花节 |
| 辽宁 | 3 | 寒富苹果采摘节、老龙口酒博物馆、盘锦大米文创大赛 | 河南 | 2 | 信阳茶文化节、中国柘城辣椒节、辣椒产业大会 |
| 吉林 | 2 | 白城"绿豆之都"、长白山人参节 | 湖北 | 4 | 秭归脐橙品牌日活动、蕲艾文化节、国宝桥米春耕节 |
| 黑龙江 | 3 | 大米收割节、五常大米节、方正大米中国万里行、饶河东北黑蜂节 | 湖南 | 2 | 安化黑茶文化节、保靖黄金茶主题摄影创作大赛 |
| 上海 | 3 | 南汇水蜜桃品鉴活动、松江大米评比品鉴会 | 广东 | 2 | 化橘红赏花节、英德红茶头采节 |

续表

| 省(区、市) | 示范区数量 | 旅游利用方式 | 省(区、市) | 示范区数量 | 旅游利用方式 |
|---|---|---|---|---|---|
| 江苏 | 4 | 盱眙龙虾美食嘉年华、盱眙国际龙虾节、镇江香醋制作大师评审活动 | 广西 | 3 | 依托柳州螺蛳粉打造"网红产业"、百色芒果文化节 |
| 海南 | 1 | 澄迈福橙农旅采摘节、桥头地瓜文化节、椰仙采茶季 | 陕西 | 3 | 汉中仙豪开采节、眉县猕猴桃产业大会 |
| 重庆 | 2 | 江津花椒采摘节 | 甘肃 | 3 | 定西马铃薯美食节、洋芋花文化旅游活动等 |
| 四川 | 4 | 合江荔枝生态旅游节、成都国际美食节、中国泡菜食品国际博览会、邛崃黑茶文化旅游节 | 青海 | 1 | 青稞酒文化节 |
| 贵州 | 2 | 中国农民丰收节(修文猕猴桃丰收季)、凤岗锌硒茶"万人品茶"活动 | 宁夏 | 2 | 依托贺兰山东路葡萄酒打造"紫色产业"、中国(盐池)滩羊产业大会 |
| 云南 | 2 | 牟定腐乳品尝评比活动、保山小粒咖啡文化月 | 新疆 | 3 | 香梨文化旅游节、枸杞鲜果采摘大赛、枸杞文化长廊 |
| 西藏 | 1 | 岗巴县品羊沐浴文化节 | | | |

资料来源：国家知识产权局，数量及旅游利用方式经作者整理统计得到。

（1）优化地方产品品质

国家地理标志产品有悠久的历史和独特的地理环境，要对特定地理区域的自然环境、气候条件、土壤特性等进行深入研究，了解其对产品质量和特色的影响，通过挖掘地理特色，确定产品的核心竞争力和市场差异。国家地理标志产品使用传统的生产工艺，要加强对生产工艺的传承和创新，确保产品的稳定性和一致性，提高产品的品质和竞争力，同时要加强对原材料的保护，保持其独特性和稀缺性。

（2）重视品牌保护

国家地理标志产品的价值在于其独特性，在品牌建设过程中需要注重知识产权的保护，通过品牌建设和媒体宣传推广等手段，提高产品的知名度和市场认可度，提高品牌的全球认知度和保护力度。

（3）建立品牌联盟与渠道

为了使国家地理标志产品在市场上有一定的影响力，需要建立行业协会和联盟，开辟更多的销售渠道，拓展相关企业的销售网络，提高产品的销量和商业价值。在品牌建设过程中，既要注重自身品质的提升，也要注重与消费者的沟通和宣传推广。定期举行相关活动，进行主题宣传和品牌推广，提高消费者的认可度、增强信心，以增加相应的生产企业的收益。

## （三）乡村食俗的开发

### 1. 传统乡村食俗的传承保护和创新

传统乡村食俗是乡村文化的重要组成部分之一。蕴含着丰富的历史、文化、环境等方面的信息，具有传承价值和文化内涵。

（1）文化传承和教育

收集和整理传统乡村食俗的历史、文化、环境等方面的资料，保护乡村食俗的传统技艺和独特价值。通过组织培训、建立乡村食俗工作坊、邀请非遗传承人做讲座等，培养乡村食俗传统技艺人才，加强传统技艺的传承，将传统知识和技艺传授给年青一代，加强传统乡村食俗的教育和宣传，加深公众对乡村食俗的认识和理解，激发公众对传统乡村食俗的兴趣、增强其保护意识。

（2）全员参与和组织活动

鼓励乡村居民积极参与传统乡村食俗的传承保护，通过组织各种食俗节庆活动、烹饪比赛、美食展览等，提高民众对传统食俗的参与度和认同感。同时，乡村居民通过参与这些活动，表达情谊和团结，能在很大程度上提高社区的凝聚力、促进互助合作。

（3）科技创新和现代技术的应用

传统乡村食俗的传承和保护要结合科技创新和现代技术的应用。比如，利用互联网和社交媒体平台进行传统食俗的宣传和推广，注重消费者的健康和安全需求，避免使用不合格原料和添加剂；借助现代设备和工具提高烹饪效率和食品质量，保障乡村食俗的卫生、安全和品质；将传统乡村食俗与现代食品加工工艺有机结合，开发新型食品和饮品，丰富传统食俗文化，更好地满足人们现代化的生活需求。

（4）产业链的建立和市场开拓

传统乡村食俗的传承和保护需要与产业链和市场需求相结合。通过培育和发展相关产业，如农产品种植、食品加工、餐饮服务等，将传统食俗与产业链相结合，提高传统食俗的经济价值和可持续发展能力。同时结合文化产业链，将乡村食俗与影视、动漫等相结合，扩大影响力和传播力。[1]

（5）地方政府支持和政策保护

地方政府出台相关政策，注重保护乡村食俗的传统技艺和文化内涵，引导企业加强传统乡村食俗创新，发展依托传统食俗文化的现代农业产业。

**2. 日常生活中普通元素的开发**

日常生活中有很多普通元素，如生活用品、场景、习俗等，这些普通元素经过开发和创新，可以成为新的文化产品。

（1）创新产品设计

文化创意产品简称"文创产品"，本质是一种文化的物化表现、硬件载体，是一种文化财富。[2] 文化创意需要做到保留食俗文化的传统特色，提升其附加值，增强食俗文化载体的创新性、深化食俗文化的地域内涵，打造属于当地的专属IP。[3] 通过将本地独特历史典故、文化元素融入日常用品、家居用品、服装等的设计与创意，赋予其独特的形式、图案、色彩或故事，打造富有文化特色和个性的产品。利用3D打印技术创造新的可口的食品、家居用品等，增强其实用性、美感和文化内涵。

（2）旅游与体验项目

将日常生活中具有代表性的习俗或场景，转化为旅游特色项目或体验项

---

[1]　顾张逸：《苏州传统食俗发展路径及传承》，《当代县域经济》2020年第8期。

[2]　孙亚云、王凡：《营销沟通视角下博物馆文化创意产品设计及推广研究——以故宫博物院为例》，《文化艺术研究》2018年第2期。

[3]　谢官婕、邵陆云：《文旅融合视域下台州食俗文化的创意设计研究》，《今古文创》2021年第24期。

目，吸引游客参与，让游客更好地了解当地的文化和生活方式。近些年，美食文化节越来越被大众熟知，在一定程度上提升了当地的知名度，进一步推进了地域食俗文化向外扩展。

（3）文化活动与节庆策划

将日常生活中的习俗或传统文化元素与节日结合，推出相应的文化单元，以丰富各种文化主题活动，提高人们对文化节日的关注度和认知度，营造浓厚的文化氛围。

（4）利用社交平台传播

通过微信、微博、抖音等社交平台，让更多的人了解和参与文化元素创新。通过创新思维和跨界合作，创造出更多有趣、独特的日常文化产品和体验，增强文化自信和文化软实力。

## 三 乡村饮食文化旅游开发中的主要问题

乡村饮食文化旅游开发是乡村旅游发展的重要方向之一，但在开发过程中，仍存在诸多问题。

### （一）基础设施不完善

一些乡村地区的基础设施较为薄弱，在交通、民宿、卫生等方面存在问题，旅游设施的数量和质量还有待提升，卫生设施和服务水平有待提高，已经限制了当地乡村旅游发展的速度和规模。

### （二）乡村产业结构单一

一些地区过度依赖单一业态，如只有农产品采摘、售卖等，缺乏多样化的饮食文化旅游业态，如饮食文化溯源、节庆饮食体验等，乡村饮食文化旅游的发展带动了当地的经济增长和新兴行业，但需要注意旅游资源的可持续发展问题。

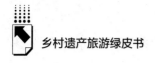

### （三）缺乏统一标准和规范

乡村饮食文化旅游产品由于缺乏完善的管理体系和标准化的服务，质量参差不齐。没有统一的标准和规范，游客难以评估旅游产品的质量和价值，影响游客旅游体验。

### （四）缺乏专业化管理人才

乡村饮食文化旅游开发需要各种专业人才的支持，部分乡村饮食文化旅游中的餐饮产品质量、口味、营养和卫生安全无法满足游客的需求，需要聘请专业人才从事相关工作，同时也需要科研院校的专业团队对乡村饮食文化旅游的从业人员进行培训和指导，提升乡村饮食文化旅游的服务质量和专业化管理水平。

### （五）缺乏明确的文化传承理念

乡村饮食文化是乡村文化的重要组成部分，但在旅游开发中，往往存在文化价值被忽视的情况，导致文化传承理念模糊，开发过程中对当地的文化和环境造成影响和破坏，不利于文化的发展和旅游产品的创新。

### （六）原材料供应不稳定

乡村饮食文化旅游开发需要充足的食材供应，包括蔬菜、肉类、水果等，由于季节和天气的变化，当地原材料的供应具有不稳定性，难以保证旅游产品的连续性和质量。

### （七）宣传和推广不足

一些乡村饮食文化旅游宣传和推广力度不够、传播手段单一，缺乏有效渠道和手段吸引游客。当地政府应积极引导乡村饮食文化旅游从业者掌握更多宣传路径，组织相关培训，开展农产品直播、民宿直播，在节庆活动中邀请相关媒体以多种方式进行线上、线下宣传，让更多民众了解这些乡村饮食文化，愿意作为传播使者，传播美好的乡村饮食文化。

# 四　乡村饮食文化旅游开发的建议

乡村饮食文化旅游依赖当地的自然资源、历史背景、气候、环境、食材等多方面，每一个方面发生变化都会影响乡村饮食文化旅游。

## （一）推进乡村基础设施建设

政府部门应该加大基础设施建设的力度，完善旅游区的交通、住宿、餐饮等基础设施，保障当地旅游环境的干净、整洁，让游客在旅游过程中能更好地体验当地风俗，参与当地的饮食文化活动。

## （二）推动乡村产业多元化和现代化发展

充分利用当地独有的自然资源、人文资源，挖掘当地饮食文化资源和内涵，活化饮食类非物质文化遗产，创新传承乡村饮食文化。引入现代化科技手段，提升农产品生产效率和质量，创新农产品加工方式，促进产品多样化，保障乡村饮食制作质量，提高乡村饮食文化旅游的服务质量，多元化推进乡村第一、第二、第三产业融合发展。

## （三）制定乡村饮食标准和规范

为乡村饮食制定统一的标准和规范，包括餐饮卫生、菜品质量、餐饮服务等方面的标准和规范，提高旅游产品的质量、管理水平和游客满意度，保障游客的权益。建立乡村饮食文化旅游协会或组织，加强行业自律和管理，推动乡村饮食文化旅游的规范化发展。

## （四）加强乡村饮食人才培训和引进

由高校教师团队针对乡村饮食文化旅游存在的从业人员专业性不强、宣传和推广不足等问题进行研究和智力帮扶，培训专业的厨师和服务人员，提升其技能水平，使得餐饮服务更加专业化，提高其专业素养和服务意识。同时将乡村非遗饮食、国家地理标志产品等乡村饮食文化旅游相关的内容融入课堂，让更多大学生了解乡村饮食文化旅游，并投身于乡村振兴工作。

### （五）强化乡村饮食文化遗产保护

弘扬优秀的乡村饮食文化，加强传统文化和当代文化之间的衔接，打造乡村饮食文化品牌，提高产品的知名度和美誉度。乡村饮食文化旅游的发展必须尊重当地的自然环境和文化遗产，加强保护和管理，通过合理规划，加强对环境保护和文化传承理念的宣传，确保乡村旅游的可持续发展。

### （六）加强食材供应链管理

加强食材供应链管理，保证食材质量和数量的稳定，在保证食材新鲜、健康、安全的基础上，突出地域特色，增加旅游产品的差异性和吸引力。同时还要注重季节性饮食，根据季节的变化，选择当季食材进行烹饪。

### （七）形成媒体矩阵宣传乡村饮食文化

利用互联网和社交媒体等新媒体平台，提升乡村旅游的知名度和吸引力，在餐饮产品的原材料采购、生产、服务和厨余垃圾处理等方面引入数字化技术，增加消费者对菜品及其附加价值的认识和了解。创新推广乡村饮食文化，设计具有地方特色的饮食旅游活动、美食互动体验、农产品加工体验等，让游客沉浸式感受乡村饮食文化，推动乡村产业多元化发展。

为保护和传承乡村饮食文化，需要政府、企业、社会等各方共同努力。政府需要为乡村饮食文化提供更为有力的保护和推广，有针对性地开展培育和传承工作，激励各地乡村饮食文化产业创新；企业应该积极开展乡村饮食产业的创新和研发，加强品牌管理和市场营销，提高其产品的质量、口感和营养价值；社会各方应该积极参与乡村饮食文化的宣传和推广，增强民众对乡村饮食文化的了解和认可。

# G.11

# 2023年乡村传统节事活动
# 旅游开发现状及策略研究

汪秋菊 张小瑞 王 玥*

**摘 要：** 乡村传统节事活动在乡村文化传承、推动乡村振兴方面扮演
着重要角色。随着乡村旅游的深入发展，乡村节事活动的旅
游开发越来越受到重视。本文通过百度搜索引擎、旅游专业
网站及微信公众号获取乡村传统节事活动的时空数据，全面
分析乡村传统节事活动的空间集聚特征和时间分布特征；采
用市场调查法，从游客感知角度分析乡村传统节事活动旅游
开发现状及问题。在此基础上提出相关开发策略。研究发现，
我国目前乡村节事活动旅游产品文化体验增强，地域性愈加
明显；参与热度增加，影响范围扩大；资源整合深入，溢出
效应增强。同时，还存在活动同质化严重、基础设施不完善、
影响力有限、盈利渠道窄、人才资源稀缺等问题。根据实际
情况和需求，提出市场化、演绎式、扶持性和保护性四种开
发策略。

**关键词：** 乡村旅游 传统节事活动 旅游开发

2022年3月21日发布的《关于推动文化产业赋能乡村振兴的意见》提

---

\* 汪秋菊，博士，北京联合大学教授，主要研究方向为工业遗产旅游、旅游经济；张小瑞，北
京联合大学硕士研究生，主要研究方向为工业旅游、农业文化遗产旅游；王玥，北京联合大
学硕士研究生，主要研究方向为工业旅游。

出，要鼓励各地发掘乡村传统节庆、赛事和农事节气，结合"中国农民丰收节""村晚""乡村文化周""非遗购物节"等活动，因地制宜培育地方特色节庆会展活动；强调通过以文塑旅、以旅彰文，推动创意设计、演出、节庆会展等业态与乡村旅游深度融合，促进文化消费与旅游消费有机结合，培育文旅融合新业态新模式。乡村传统节事活动旅游开发迎来了前所未有的机遇期。很多乡村传统节事活动被开发为兼具地方特色与文化活力的新型旅游产品。①

尽管如此，我国乡村传统节事活动发展仍面临较大挑战。本文探析乡村传统节事活动旅游发展现状，破除发展中的障碍，提出推动乡村传统节事活动旅游可持续、高质量发展的对策，已成为当前乡村传统节事活动旅游发展的重点。

# 一　乡村传统节事活动及其旅游价值

## （一）乡村传统节事活动

乡村传统节事活动是指在农村地区举办的传统节日庆祝活动和赛事活动。这些活动通常以庆祝节日、祭祀神灵或者纪念重要历史事件为主题，包括庙会、民俗表演、传统游戏、民间艺术等多种形式。乡村传统节事活动展现了农村社会的信仰体系、价值观念、生活方式和社交习俗，具有丰富的文化内涵和历史价值，是农村地区形成和传承的重要文化遗产。

## （二）乡村传统节事活动的旅游开发价值

乡村传统节事活动的旅游开发对于助力传统文化保护、丰富乡村旅游产品和推进全面乡村振兴有着重要的作用。

---

① 罗颖：《乡村振兴下村落生态旅游资源的规划与建设》，《建筑结构》2023 年第 15 期。

### 1. 助力传统文化保护

乡村传统节事活动是地方非物质文化遗产的重要组成部分,通过旅游开发可以促进这些传统文化的保护和传承。旅游需求和市场反馈能够推动乡村传统节事活动的发展与创新。旅游开发既能提高当地政府和社会资本对乡村传统节事活动资源的关注,又能激发乡村居民继续举办传统节事活动并传承相关技艺和知识。

### 2. 丰富乡村旅游产品

乡村传统节事活动极具地方特色,其传统工艺、民俗表演、特色美食的体验感和参与性较强,有利于形成差异化旅游资源优势。通过参与传统节事活动,游客能够体验和感受乡村的节事风俗,满足好奇心,加深游客对乡村的印象和情感连接。以传统节事活动为原型开发的旅游产品正在成为乡村旅游的核心吸引力之一。

### 3. 推进全面乡村振兴

乡村传统节事活动的旅游开发有利于乡村地区的可持续发展,助力乡村振兴。旅游业的发展可以为乡村地区带来就业机会和经济收入,促进农业高质量发展,维护当地生态环境,实现三次产业融合发展。同时,乡村传统节事活动旅游开发可以激发乡村居民的参与性和主动性,提高农村自治能力和发展动力,进一步增强基层凝聚力和社会稳定性。

### (三)我国乡村传统节事活动旅游发展简要回顾

我国乡村传统节事活动旅游发展经历了以下三个重要阶段。

20世纪80年代至90年代初,旅游开发起步阶段。一些具有特色的乡村传统节事活动开始逐渐进入旅游领域,形成了初级旅游产品,如广东的梅县提线木偶戏、福建的泉州花灯、广西的龙胜马蹄灯等,这一阶段由于受地理区位和旅游公共服务设施的限制,举办主体和参与者多为周边村镇及本村居民。

20世纪90年代中期至21世纪初,旅游开发初级阶段。乡村传统节事活动游憩化转型和开发的尝试逐渐增多。与旅游产业相结合,形成较为成熟的旅游产品。例如北京的庙会、湖南的大拜年、浙江的安吉竹文化节等。乡村传统节事活动旅游在这一阶段逐步打破了起步阶段的瓶颈，游客参与度明显提高，直接经济收益显著增加。

21世纪中期至今，旅游开发快速增长阶段。国家和地方政府开始重视乡村旅游的发展，不断推出相应的政策和措施，鼓励、扶持乡村传统节事活动旅游发展。许多地方通过举办传统节事比赛、灯会、庙会、文化表演等吸引游客，如辽宁盘锦的盘锦渔灯、广东潮州的潮剧周等。与此同时，国家也出台了一系列政策，支持乡村传统节事活动旅游开发。

## 二 乡村传统节事活动旅游开发现状分析

本文通过百度搜索引擎、旅游专业网站及微信公众号获取乡村传统节事活动的时空数据，全面分析乡村传统节事活动的空间集聚特征和时间分布特征；采用市场调查法，从游客感知角度分析乡村传统节事活动旅游开发现状及问题。在此基础上提出相关开发策略，为乡村传统节事活动高质量发展提供政策建议。

### （一）基于时空数据的现状分析

本文以"省+乡村+节事活动"为关键词，在百度搜索引擎、旅游专业网站及微信公众号搜索了2022年1月1日至2023年8月1日期间各省份有关乡村节事活动的相关新闻报道，总计获得了240场乡村节事活动新闻报道。对这240个样本进行筛选，删除与传统节事活动无关的论坛和会议，最终选择217场乡村传统节事活动为研究样本。

#### 1. 区域集聚显著

本文经过对研究样本的初步整理和统计，发现华北地区的乡村传统节事活动数量最多，占样本的比为25.34%；西南地区、西北地区和华中地区次之，占样本的比分别为19.46%、14.93%和12.22%；东北地区、华南地区和华东地区的乡村传统节事活动数量较少，占样本的比分别为 9.95%、9.95% 和 8.14%。从整体上看，乡村传统节事活动数量东部多于西部，北部多于南部，区域空间分布不均衡。对各地区举办乡村传统节事活动的数量进行统计和整理，结果如图 1 所示。山西省是乡村传统节事活动最多的省份，河北省次之，海南省最少，山西省的乡村传统节事活动数量是海南省的 8 倍，乡村传统节事活动集聚现象在地区及省份间体现明显，这也意味着区域竞争将日趋激烈。

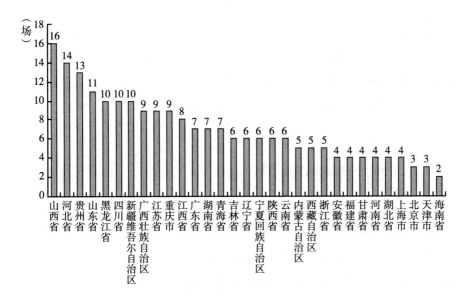

**图1　我国乡村传统节事活动空间分布**

注：数据不包括香港、澳门、台湾。

## 2. 举办时间集中

对研究样本中的乡村传统节事活动举办时间进行初步整理后发现，乡村传统节事活动的举办时间集中在 4 月、5 月、9 月和 10 月，即春秋二季，是"草长莺飞"和"硕果累累"的季节，也是出行温度最舒适的季节，相关主题以庆祝丰收、观赏花卉、采摘果实居多。究其原因，在这四个月中我国大部分地方气候宜人、气温舒适，适合外出，再加上有清明节、劳动节、中秋节和国庆节等假期，人们具备出游的意愿和时间，许多村镇纷纷迎合节气特征和市场需求举办节事活动。最具代表性的当属各地因地制宜开办的丰收节、旅游节及相关衍生节日和产品，如陕西省榆林市高西沟村举办的第二届乡村文化艺术节、四川甘孜山地文化旅游节、湖南乡村文旅节等。从各个省份的乡村传统节事活动举办时间可以看出，乡村传统节事活动举办时间的分布特征与传统的旅游淡旺季基本吻合。

### 3. 举办周期延长

近年来，随着交通、通信、旅游基础设施等的不断完善，很多乡村旅游目的地具备了长期承办节事活动的能力，节事活动的举办周期得到延长。与此同时，乡村传统节事活动内容不断丰富和形式不断多样化，吸引了更多游客延长停留时间。比如宋庄文化艺术节，其活动时间由初始的 6 天增加到近两个月。活动内容的推陈出新，极大地提高了游客对乡村传统节事活动的参与度和全方位体验，延长了活动的举办周期。

## （二）基于游客感知的现状分析

为了深入了解我国乡村传统节事活动旅游开发现状和存在的问题，本文在时空数据分析的基础上，从游客体验的视角构建乡村传统节事活动的感知价值维度量表，通过市场调查的方法，获取乡村传统节事活动旅游的直接受众群体的真实感知数据，为对策提出奠定基础。

### 1. 量表构建

调查基于游客对乡村传统节事活动的感知，对感知的实证研究调查分为三步：第一步根据文献综述内容和前期调研，归纳乡村传统节事活动的感知价值维度；第二步设计调查问卷，并对各因素的表述进行修改，便于问卷调查的顺利进行；第三步正式调查，对样本数据进行分析，得到目前乡村传统节事活动旅游发展的现状与问题。

国内外文献中的感知价值维度汇总如表 1 所示。

表 1　国内外文献中的感知价值维度汇总①

| 作者 | 维度 |
| --- | --- |
| Sheth et al.（1991） | 社会价值、情感价值、实用价值、认知价值、条件价值 |
| Geoffrey & Burn（1993） | 产品价值、使用价值、拥有价值、评价价值 |
| Groth（1995a，1995b） | 认知、感知效用、心理性的、内部性的、外部性的 |
| Gronroos（1997） | 认知、情感（心理） |
| De et al.（1997） | 价值维度（内在价值）、实用维度（外在价值）、逻辑维度 |
| Sweenry et al.（1999） | 社会价值、情感价值、实用价值 |

---

① 资料来源：1. Sheth，J. N.，Newman，B. I.，Gross，L. G.，"Why We Buy What We Buy：
A Theory of Consumption Values"，*Journal of Business Research*，1991，（22）：159-170；
2. Geoffrey，N.，Burn，P.，"Residents' Perceptions on Impact of the America's Cu"，*Annals
of Tourism Research*，1993，（3）：571-582；3. Groth，J. C.，"Important Factors in the Sale
and Pricing of Services"，*Management Decision*，1995a，33（7）：29-34；4. Groth，J. C.，
"Exclusive Value and the Pricing of Services"，*Management Decision*，1995b，33（8）：22-
29；5. Gronroos，C.，"Value Driven Relational Marketing：From Products to Resources and
Competencies"，*Journal of Marketing Management*，1997，13（5）：407-420；6. De，R.，
Martin，W.，Jos，L.，et al. "The Dynamics of the Service Delivery Process：A Value-based
Approach"，*International Journal of Research in Marketing*，1997，14（3）：231-243；
7. Sweeney，J.，Soutar，G.，"Johnson，L. W.，"The Role of Perceived Risk in the Quality-
value Relationship：A Study in a Retail Environment"，*Journal of Retailing*，1999，75（1）：
77-105；8. Parasuraman，A.，Grewal，D.，"The Impact of Technology on the Quality-value-
loyalty Chain：A Reseach Agenda"，*Journal of the Academy of Marketing Science*，2000，28
（1）：168-174；9. Chandon，P.，Wansink，B.，Laurent，G.，"A Benefit Congruency
Framework of Sales Promotion Effection"，*Journal of Marketing*，2000，64（4）：65-74；
10. Sweeney，J.，Soutar，G.，"Consumer Perceived Value：The Development of a Multiple
Item Scale"，*Journal of Retailing*，2001，（77）：203-207；11. Petrick，J. F.，
"Development of a Multi-dimensional Scale for Measuring the Perceived Value of a Service"，
*Journal of Leismure Research*，2002，34（2）：119-134；12. Woodruff，R. B.，Gardial，
S. F.，Flint，D. J.，"Exploring the Phenomenon of Customer，Desired Value Change in a
Business-to Business Context"，*Journal of Marketing*，2002，66（10）：102-117；13. 马
凌、保继刚：《感知价值视角下的传统节庆旅游体验——以西双版纳傣族泼水节为例》，
《地理研究》2012 年第 2 期；14. 赵磊、吴文智、李健等：《基于游客感知价值的生态
旅游景区游客忠诚形成机制研究——以西溪国家湿地公园为例》，《生态学报》2018 年
第 19 期；15. 肖雪、邢畅、申宁：《感知价值对高校图书馆读书会用户满意度和持续
参与意愿的影响研究》，《图书馆》2023 年第 7 期；16. 张佳宝、乌恩：《基于游客感
知价值的国家公园游憩功能研究——以黄石国家公园和武夷山国家公园为例》，《世界
地理研究》2023 年第 2 期。

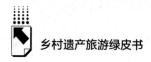

续表

| 作者 | 维度 |
|---|---|
| Parasuraman & Grewal(2000) | 获取价值、交易价值、使用价值、赎回价值 |
| Chandon et al. (2000) | 功利主义价值、享乐主义价值 |
| Sweenry & Soutar(2001) | 认知维度、社会维度、情感维度 |
| Petrick(2002) | 质量、情感回应、货币价格、行为价格、名望 |
| Woodruff et al. (2002) | 实际价值、渴望价值 |
| 马凌、保继刚(2012) | 文化认知价值、享乐价值、社交价值、服务价值、经济便利价值、情境价值、功能价值 |
| 赵磊等(2018) | 服务价值、认知价值、情感价值、特色价值、环境价值、成本价值、管理价值、信任价值 |
| 肖雪等(2023) | 感知质量价值、感知现实价值、感知阅读价值、感知社会价值 |
| 张佳宝、乌恩(2023) | 环境价值、体验价值、服务价值、情感价值、认知价值、品牌价值、成本价值 |

### 2. 数据收集

基于以往研究，[①] 通过对国内外已有的关于感知价值维度的文献进行梳理和分析，本文从文化认知价值、服务价值、情感价值、感知成本4个维度构建了乡村传统节事活动的感知价值维度量表。根据预调查结果对问卷进行修正和调整后，最终得到4个维度19个题项的测量量表（见表2），并依次设计调查问卷实施调查。问卷设计采用李克特量表，1 = 非常不同意，5 = 非常同意。

本文以测量量表为基础，从游客体验的视角调查游客对乡村传统节事活动旅游感知，共发放250份问卷，通过人工筛选，将胡乱填写和大量选择同一选项的无效问卷剔除，最终获得224份有效样本，有效回收率为89.6%。

---

① 黄颖华、黄福才：《旅游者感知价值模型、测度与实证研究》，《旅游学刊》2007年第8期。

**表 2　乡村传统节事活动的感知价值维度测量**

单位：分

| 维度 | 定义 | 测量题项 | 均值 |
|---|---|---|---|
| 文化认知价值 | 乡村传统节事活动能够唤起游客的好奇心、新奇感或满足游客获得新知和文化认知的渴望并带来的效用 | A1 我参与的乡村传统节事活动主题鲜明、活动内容具有创意 | 2.14 |
| | | A2 在参与乡村传统节事活动期间我觉得村子里很有节日氛围 | 3.49 |
| | | A3 参与乡村传统节事活动让我看到了新奇的民俗活动（如踩高跷、逛庙会、赏花、花车游行等） | 3.70 |
| | | A4 参与乡村传统节事活动让我品尝到了特色美食（如年糕、野菜、地方特色小吃等） | 3.36 |
| | | A5 参加乡村传统节事活动让我对当地文化有了更深层次的认识 | 3.72 |
| 服务价值 | 乡村传统节事活动的功能、使用物理属性获得的感受 | B1 乡村传统节事活动的活动时间、活动内容和活动信息可以很容易获得 | 2.09 |
| | | B2 参与乡村传统节事活动时可以很容易买到有价值的活动商品 | 2.12 |
| | | B3 乡村传统节事活动举办地的基础设施很完善（停车场、厕所、民宿、餐馆）等 | 2.08 |
| | | B4 乡村传统节事活动从业人员的服务态度与服务质量令我满意 | 2.18 |
| 情感价值 | 游客在参与乡村传统节事活动过程中产生的高兴、放松、兴奋的情感或情绪 | C1 参加乡村传统节事活动有助于我释放压力、舒缓心情 | 3.19 |
| | | C2 我参加的乡村传统节事活动互动性强，可以认识一些当地居民 | 3.65 |
| | | C3 参加乡村传统节事活动让我交到了新朋友，这使我快乐 | 2.72 |
| | | C4 参加乡村传统节事活动让我和亲人、朋友间的关系更好 | 3.39 |
| | | C5 我对于参加乡村传统节事活动有很大的兴趣和热情 | 3.97 |
| | | C6 我参加乡村传统节事活动的同时，还领略了乡村景观 | 3.82 |
| 感知成本 | 游客对旅游相关所有货币与非货币支出的评价 | D1 参与乡村传统节事活动对我而言旅游开支较大 | 2.34 |
| | | D2 到达乡村传统节事活动举办地的交通成本较高 | 3.57 |
| | | D3 到乡村参加传统节事活动耗费时间较长 | 3.48 |
| | | D4 参加乡村传统节事活动时，我总是担心安全问题 | 3.62 |

本文对涉及游客感知的 19 个题项进行了描述性统计分析，包括均值、均值标准误差、标准偏差值、偏度、偏度标准误差、峰度和峰度标准误差

等。分析发现，并非所有数据都满足偏度绝对值小于 3 且同时峰度绝对值小于 10。整体而言数据并不服从绝对的正态分布，但大多数数据服从正态分布，据此本文进行以下分析。

3. 结果分析

游客感知是乡村传统节事活动旅游开发现状的映射，反映了乡村传统节事活动旅游开发与运营的发展态势和存在问题。文化认知价值和情感价值主要是乡村传统节事活动旅游产品内涵建设的体现；服务价值是乡村传统节事活动经营服务质量的反映；感知成本是乡村传统节事活动公共服务设施建设质量的呈现。

问卷调查结果显示，在涉及游客感知的 19 个题项中，很多正向指标均值在 3 分以上，部分负向指标均值在 3 分以下。我们据此可以看出，乡村传统节事活动旅游开发态势较好，产品文化体验增强，地域性愈加明显；参与热度增加，影响范围扩大；资源整合深入，溢出效应增强。

（1）文化体验增强，地域性愈加明显

在文化认知价值维度中，超过 3 分的有 A2~A5 题项，均值分别为 3.49 分、3.70 分、3.36 分和 3.72 分，说明游客对乡村传统节事活动的文化体验强烈，对乡村传统节事活动的氛围、形式和当地文化特征的呈现持认可态度。

近年来，乡村传统节事活动的文化融入不断增强。在旅游开发过程中，越来越注重融入当地的少数民族文化、传统习俗等元素，全方位展现当地人民的生活方式、价值观念和艺术表达方式。比如，四川省的杨村傩戏在旅游发展过程中基于其民间祭祀性戏剧的本质，充分挖掘与其相关的文学、音乐、舞蹈、戏剧、绘画、书法等项目，将鲜明的文化特色融入传统节事活动旅游开发中，提升产品竞争力。与此同时，旅游开发正朝主题鲜明、形式多样的方向发展，如农业产品类、乡村风光类、民俗文化类、乡村生产休闲类、其他综合类等，将乡村文化传承与传统节事活动有机地结合起来，提高了乡村传统节事活动的知名度，增强了乡村传统节事活动的文化体验性。

与此同时，乡村传统节事活动的地域性愈加明显。[①] 近年来，乡村传统节事活动的主题越来越注重与当地历史文化和地理环境相协调，依托地方特有的乡村风光、地方民俗、地方名人典故、地方土特产品等旅游资源，打造具有鲜明地域特征的节事活动。有些乡村传统节事活动甚至已经成为地域的名片和目的地形象的指代物，比如吉林省的冰雪旅游节，黑龙江省的滚冰节，漠河的北极光节，潮汕的英歌舞，山西省的敲锣儿节、跳布扎活动，江苏省的无锡吴文化节等节事活动，与当地文化和环境深度融合，形成了独具特色的节事活动及相关产品。再如云南省元阳县俄扎乡哈播村为庆祝昂玛突节，在每年的农历十月初十前后举办长街宴。长街宴是我国最长的宴席，宴席所用的食材大多来源于当地，最终的菜肴也依据当地人的生活、饮食习惯来制作，充满了哈尼族风味，如黄糯米、三色蛋、牛肉干巴、麂子干巴、肉松等，密切结合当地的地方环境、地方文化、地方传统习俗和当代环境，充分体现了当地的民俗风情，该节事活动已成为其所在地域的重要名片。

（2）参与热度增加，影响范围扩大

在情感价值维度中，超过 3 分的题项有 C1、C2、C4、C5、C6，题项的均值分别为 3.19 分、3.65 分、3.39 分、3.97 分、3.82 分，说明游客对参与乡村传统节事活动旅游有较大的兴趣和热情。

乡村传统节事活动作为乡村旅游的重要内容之一，具有独特的吸引力和市场潜力。[②] 随着大众对体验乡土文化和参与特色节日活动的需求不断增长，乡村传统节事活动旅游也越来越受欢迎，吸引了许多游客。通过深层次参与乡村传统节事活动，游客可以品尝美味的农家美食，结交志同道合的新朋友，学习当地传统的农耕知识。乡村传统节事活动可以让游客置身于自然中，体验与城市生活完全不同的乡村的生活，如晨练、耕作、捕鱼等。此外，乡村传统节事活动通常展示了当地的传统文化，

---

① 刘苏荣：《国家生态安全视角下民族地区乡村旅游发展研究》，《生态经济》2023 年第 8 期。
② 王立国、宋薇、黄志萍：《旅游感知价值与地方认同对乡村旅游偏好行为的影响研究》，《西北师范大学学报》（自然科学版）2023 年第 4 期。

如民间艺术、传统手工艺、民间歌舞等，游客可以通过参与这些活动，深入了解和体验当地的传统文化。游客参与乡村传统节事活动的热情持续高涨。

乡村传统节事活动是旅游活动的重要形式，也是乡村旅游的重要组成部分，随着乡村传统节事活动的成熟和知名度的提高，参与人数不断增加，影响范围不断扩大。比如《极限挑战》《奔跑吧》《新游记》等诸多综艺节目走向乡村、助力乡村发展，使得四川的坝坝宴、潮汕的英歌舞、广东的舞狮等乡村传统节事活动进入大众视野，影响力从之前的村落逐渐扩大到周边城镇乃至全国。

（3）资源整合深入，溢出效应增强

在情感价值维度中，C6题项的均值为3.82，说明乡村传统节事活动与乡村旅游景区形成了一定的资源互补。

随着乡村传统节事活动旅游的深入发展，很多乡村在挖掘本地民俗文化旅游资源的同时，开始注重与周边旅游景点的整合，通过加强对周边地区旅游资源的整体利用与开发，把活动范围延伸至相邻的景点。通过乡村传统节事活动的空间延伸，以点带线，以线带面，形成区域一体化旅游产品体系，全面带动周边地区旅游业及相关产业的发展。比如，密云冰雪风情节在依托主活动场地云佛山滑雪场及南山滑雪场的同时，与周边的黑龙潭景区、古北口镇等资源整合、联动发展，提升了乡村传统节事活动的竞争力，也推动了整个乡村地区经济的发展。北京大兴西瓜节经过20多年的发展，已成为中国知名的乡村传统节事活动品牌，不仅是当地农产品种植业及旅游业发展的重要驱动力，也带动当地农业园区向旅游景区转变，实现区域产业融合发展。

乡村传统节事活动的发展不仅促进了当地经济的发展，对乡村非物质文化传承、举办地形象塑造、就业渠道拓展也发挥了重要的作用。很多乡村传统节事活动是依托非物质文化遗产发展起来的，如沿江满达乡立足资源禀赋优势，突出少数民族文化元素，再造了库木勒节、巴斯克节、开渔节等系列民族节事活动，在市域内形成了特色突出、主题鲜明的民俗旅游新名片，也使独具特色的民族文化得以传承，为乡村居民提供了更多的就业机会，拓宽了乡村居民的就业渠道。

# 三　乡村传统节事活动旅游开发中的主要问题

问卷调查结果显示，在涉及游客感知的 19 个题项中，一些正向指标均值低于 3 分，大多数负向指标均值在 3 分以上，这说明在旅游开发与运营的过程中还存在诸多问题，如活动同质化严重、基础设施不完善、影响力有限、盈利渠道窄、人才资源稀缺等。

## （一）活动缺乏创新，同质化严重

A1 题项的均值仅为 2.14 分，不足 2.5 分，可见乡村传统节事活动在主题、活动内容方面还有待加强。

我国一些乡村传统节事活动在旅游开发过程中同质化现象严重。相邻乡村历史文化、民风民俗、地方环境和节庆活动相近且各村之间缺乏有效沟通和协调，在举办节事活动时，出现彼此模仿、相互套用的现象。同时，规划开发乡村传统节事活动旅游产品时功利性较强，文化底蕴挖掘不深，导致当地有特色和旅游价值的乡村传统节事活动创新性不足，只能按照以往的活动形式机械展示固有的内容。

在新时代下，随着游客消费理念的日趋成熟，越来越多的游客开始追求有新鲜感的事物，旅游个性化、特色化趋势明显，这类照搬原有形式和内容的乡村传统节事活动，缺乏创新，难以对游客形成持久的吸引力，面临严峻的生存考验。

## （二）资金投入不足，基础设施不完善

对乡村传统节事活动进行旅游开发需要大量的资金投入，包括基础设施建设、宣传推广、活动策划、市场调研和人才引进等各个方面。依据问卷调查结果，B3 题项的均值为 2.08 分，低于 2.5 分，可见当前乡村传统节事活

动旅游的民宿、厕所、停车场和餐馆等基础设施还不够完善。D2、D3、D4题项的均值分别为3.57分、3.48分、3.62分，反映了乡村可进入性差的问题。出现这些现象的主要原因是乡村地区的经济基础较为薄弱，地方政府财政收入有限，无法提供充足的资金支持乡村传统节事活动旅游开发。特别是一些节事活动资源丰富的乡村大多地处丘陵和山区，交通不便、可进入性差、旅游开发难度较大。

许多乡村地区的基础设施建设相对滞后，尤其是西北地区的乡村，在道路、桥梁、水电、网络等公共设施的建设方面还有较大的提升空间。① 此外，部分乡村地区的电力、通信等基础设施也存在不足，严重制约了旅游产业的发展。这些问题不仅对当地居民的生活质量和当地的经济发展产生影响，也对乡村传统节事活动旅游开发的进展产生影响。② 为了解决这一问题，政府需要继续加大对乡村旅游的支持力度，提供更多的财政资金和税收优惠政策，同时还需要吸引更多的社会资本参与乡村传统节事活动旅游开发，形成多元化的投资格局。只有多方共同努力，才能够推动乡村传统节事活动旅游开发的快速发展。

### （三）宣传力度不够，影响力有限

相比其他传统类型的旅游，乡村传统节事活动旅游的知名度较低，其旅游开发需要更强的市场宣传和营销，从而将产品推向市场并吸引游客。问卷调查结果显示，B1题项的均值为2.09，不足2.5，说明游客在获取乡村传统节事活动的时间、内容和具体信息方面还存在困难。我国有一些乡村传统节事活动举办得较为成功，这与其大量的宣传是分不开的。③

然而，大部分乡村地区由于市场营销经验较为匮乏，在宣传推广方面存

---

① 周玲强、黄祖辉：《我国乡村旅游可持续发展问题与对策研究》，《经济地理》2004年第4期。
② 贺雪峰：《关于实施乡村振兴战略的几个问题》，《南京农业大学学报》（社会科学版）2018年第3期。
③ 谭莉：《乡村农业旅游市场营销及案例经验分析》，《中国稻米》2023年第4期。

在困难。许多乡村的节事活动资源丰富、主题突出、当地民众参与度高，但因为缺乏有效的宣传渠道、手段和推广策略而知名度不高，旅游业发展缓慢。潜在游客很难获取关于乡村传统节事活动的具体内容和举办时间的信息，对乡村传统节事活动旅游了解不深，严重影响了他们的到访意愿。从当前我国多数乡村传统节事活动的举办情况来看，此类旅游活动经过精心策划呈现给游客，却鲜有游客能感知和理解其中的策划理念和蕴含的文化内涵，归根结底在于活动举办地缺乏有效的宣传和解说方式将信息传递给游客，导致最终的实际结果与预期效果相差甚远。

### （四）商业化程度低，盈利渠道窄

当前乡村传统节事活动的旅游开发普遍缺乏整体规划，导致资源分散、开发不协调，影响了乡村旅游的整体形象和可持续发展。多数乡村传统节事活动旅游开发缺乏专业的运营管理团队，仍以居民自发性聚集为主，组织程度较低，服装、仪式、演出等可塑性不强，影响游客的体验和满意度。

问卷调查结果显示，B2 题项的均值仅为 2.12，小于 2.5，乡村传统节事活动旅游缺乏与之对应的活动商品。乡村传统节事活动的旅游开发往往涉及多个产业领域，如农业、手工业、服务业等。然而，各产业之间的协同发展程度不足，且乡村传统节事活动具有时效性，活动举办期短、生命力不强，导致旅游产业链条不完整、商业化程度较低，影响了乡村传统节事活动旅游产业的整体竞争力。乡村传统节事活动的旅游开发需要为游客提供良好的参与体验，包括舒适的住宿、美味的食物、有趣的活动、有特色的商品等。然而，由于部分地区在这些方面的投入不足，没有形成一定的规模和统一的品牌，游客的体验相对较差，地方的盈利能力也略显不足。

### （五）接待能力受限，人才资源稀缺

从问卷调查结果可知，乡村地区的基础设施不完善，且 B4 题项的均

值为 2.18，小于 2.5，可见游客对乡村地区服务态度和服务质量的评价较低。乡村地区的青壮年人员大多外出工作，村内仅有老人和小孩驻留，旅游承接能力和服务能力不足。大部分乡村地区的酒店为当地居民自家居住的民房，设备简陋，没有符合市场化标准的酒店，接待能力较差。此外，乡村地区的服务设施和服务水平相对较低，服务质量参差不齐，民宿、餐饮等服务业态的发展还存在一定的问题，无法充分满足游客的需求。

乡村传统节事活动旅游开发需要专业人才的支持，包括旅游资源发掘、旅游市场开拓、旅游服务能力提升、旅游产品创意设计、旅游活动策划等方面的人才。然而，我国虽每年培养大量的旅游管理专业人才，但是最后真正从事旅游行业的人数还不足一半，由于乡村地区的经济基础较为薄弱，到乡村就业的专业人才更是少之又少。乡村地区旅游人才流失严重，吸引和培养专业人才面临较大的困难，缺乏人才和技术导致乡村传统节事活动旅游资源得不到合理有效的开发利用，与其他类型的旅游相比开发速度较慢。

# 四　乡村传统节事活动旅游开发策略

不同乡村地区因自然环境、经济基础、人文底蕴的不同，需要根据实际情况和需求，因地制宜、科学合理地制定旅游规划和开发方案。基于乡村传统节事活动资源和举办地区位条件，根据分类指导的原则确定相应的开发策略。

## （一）市场化开发策略

对于资源价值高、区位条件好的乡村传统节事活动建议采取市场化的开发策略。在保持对传统文化的保护和传承，确保活动的地方特色和独特魅力的基础上，将乡村传统节事活动打造成旅游产品，形成商业模式，通过市场推广和运营吸引游客参与，以实现经济效益。

**1. 创新旅游产品，丰富文化内涵**

文化是节事活动的灵魂，乡村传统节事活动的创新需要深入挖掘当地的历史、传统、民俗等独特的文化资源，通过整理和呈现这些资源，打造与众不同的旅游产品，吸引游客的参与。创新乡村传统节事活动旅游产品可以结合户外运动、手工艺体验、乡村美食体验等多样化和差异化的活动，从产品设计、内容安排、活动形式等方面进行改良，结合目的地的文化特色，设计独特的参与性活动。例如，黑龙江省漠河市"夏至节"的赏北极光、极昼现象等活动，福建闽南沿海地区"普度节"的祭祀活动，内蒙古自治区"那达慕大会"的赛马、摔跤等活动。在创新旅游产品的过程中，可以巧妙地融合传统元素和现代元素，通过将传统节事活动与现代科技、艺术等元素相结合，设计充满魅力的旅游产品；还可以与艺术家、设计师、创意团队等合作，将传统文化与现代创意相融合，设计更具时尚感和审美价值的旅游产品。[①]

**2. 提高服务水平，推广数字技术**

为乡村传统节事活动旅游从业人员提供服务技巧、沟通能力、专业知识等方面的专业培训，提升服务水平和服务态度。加强游客导向型服务，专注于满足游客的需求和期望，倾听其意见和建议，及时回应和解决问题，提供个性化的服务体验。完善旅游信息和导览服务，提供准确、实时的景点介绍、交通指南、活动日程等旅游信息，方便游客了解和规划行程。建立投诉和反馈渠道，及时回应和解决游客的投诉和问题，以改进和提升服务质量。与当地居民、企业和社区等利益相关方建立良好的合作关系，共同推动乡村传统节事活动旅游的发展和服务水平的提升。同时，对于已具有一定规模的乡村传统节事活动旅游项目，可部署智能导览系统，通过扫码获取多语语音导览为游客提供准确的导览和解说服务，增强游客的参与感和体验感。利用先进的科技手段，如虚拟现实、增强现实、音频导览等，提升旅游体验和文

---

① 陆丽芳：《乡村旅游文创产品设计的理论与实践——以浙江省非物质文化遗产为例》，《中国果树》2023 年第 8 期。

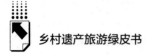
化内涵。

### 3.建立品牌形象，提供差异化产品

明确乡村传统节事活动不同的目标市场和适合的游客群体，了解他们的偏好、需求和消费习惯的差异，以便提供相应的服务，制定相应的市场营销策略并实施。通过打造独特的品牌形象和标识，如傣族泼水节、香山红叶节、新疆古尔邦节、泰山东岳庙会等，提高乡村传统节事活动的知名度和口碑。运用广告、社交媒体、网站等加强对活动的宣传，吸引目标游客群体的关注和参与。根据游客需求和竞争状况，开发差异化的乡村传统节事活动旅游产品，与其他竞争对手形成区分。比如"三月三"作为少数民族乡村传统节事活动，除了发源地广西上林县，在海南黎族地区、通道侗族地区、湘西苗族地区也有相似的节事活动，可以结合当地特色和资源，提供独特的节事活动体验，满足游客的个性化需求。同时，利用线上和线下多种渠道宣传推广，提高活动的曝光度，开拓更多销售途径。引入市场化的管理机制，确保乡村传统节事活动的运营和服务质量得到有效控制和提升。建立信息反馈体系，及时反馈游客意见和建议，及时调整定位，保持良好的口碑和客户忠诚度。

## （二）演绎式开发策略

对于资源价值低、区位条件好的乡村传统节事活动建议采取演绎式开发策略。通过模拟或创造性地再现历史事件、文化传统、艺术表演等特定主题的旅游体验活动，为游客提供身临其境的体验，充分利用区位优势，弥补其在资源价值方面的不足。

### 1.创造节事主题，渲染活动氛围

参与式体验可以让游客更加直观地了解和感受目的地的文化内涵，增强节事活动旅游的趣味性和吸引力。乡村传统节事活动资源价值低的地区旅游吸引力有限，因此需要挖掘本地其他特色，有规划地主动创造节事活动。演绎式旅游项目通常会涵盖多种活动形式，如古装表演、历史重现、戏剧演出、舞蹈表演、游戏体验等。乡村传统节事活动本身具有较强的故事性，适合利用场景设置、演员互动、道具布置等手段使游客观赏、参与甚至以角色扮演的方式融入特定的历史或文化传统。充分调动游客的感官，从视、听、嗅、触等多个方面增加游客对乡村传统节事活动的感知。通过组织游戏、比赛等方式促进游客间的合作和交流，增强活动的社交性和互动性。另外，可以在活动开幕前在目标客源地、临近乡镇、交通枢纽地等多个地点进行宣传，提高游客的期待。

### 2. 制定营销策略，加大宣传力度

为本地的乡村传统节事活动打造独特时尚的品牌形象，通过各类宣传材料和活动进行推广，使乡村传统节事活动在游客心中的形象具象化。采用线上和线下并行的方式开展乡村传统节事活动宣传，线上通过社交媒体、旅游KOL、在线广告等方式扩大影响力，线下通过海报、传单、户外广告、旅游展览等方式进行宣传。若条件允许可与其他相关机构和企业建立合作关系，并联动其他旅游景点、旅行社、民宿等共同开展营销活动，宣传、推广乡村传统节事活动，互利互惠。乡村活动举办地也应加强自身建设，通过提供优质的服务和体验，积极争取游客的好评，实现口碑传播。通过举办摄影比赛、征集游记等方式鼓励游客参与宣传活动，增加乡村传统节事活动的曝光度，将活动宣传扩散到更广泛的人群。

### 3. 整合资源优势，实现区域联动

旅游资源的整合要打破空间的局限，联动区域内其他节事活动资源条件好的地区，对整个区域内可联动的旅游资源进行综合利用。目的地可以与周边的其他乡村、城市以及相关旅游企业建立合作机制，共同推动区域联合发展。举办区域性的乡村传统节事活动、旅游展览、文化交流，推出联合旅游线路，将各个乡村地区的优势旅游资源串联起来，带动节事活动资源差的乡村地区，使其受到更多游客和投资者的关注。建立联合组织、联合营销、联合培训等合作机制，分享资源、经验和市场信息，实现资源共享和互利共赢。建立乡村节事活动旅游协会、媒体宣传资源库等共享平台，促进乡村地区之间的交流和互助。通过共享平台，乡村地区可以共同解决乡村传统节事活动旅游发展中的问题，并协同合作开展各类活动。

### （三）扶持性开发策略

对于资源价值高、区位条件差的乡村传统节事活动建议采取扶持性开发策略。部分地区因经济发展程度有限，拥有的高价值节事活动旅游资源没有得到充分利用，需要政府从政策、资金、人员等方面做出一定的倾斜，采取扶持性开发策略。

#### 1. 加强基础设施建设，完善旅游设施

改善交通网络，加强道路、桥梁、交通枢纽等交通基础设施建设，提高交通的便捷性和连通性，方便游客进出。完善供水和电力设施，确保乡村传统节事活动举办地和乡村地区的供水和电力稳定可靠，满足游客的基本需求。提升通信网络，普及移动网络基站，提供稳定的互联网服务，方便游客在节事活动体验过程中有良好的信息网络覆盖。建设公共厕所、停车场、休息区等公共设施，提供舒适便利的环境，提高游客的满意度。完善垃圾处理系统、污水处理设施等环境保护配套设施，保护自然环境，确保生态资源的可持续利用，给游客提供较好的旅游环境。发展酒店、民宿、餐饮、购物等服务设施，提供多样化的服务选择，提升游客的消费体验。完善消防安全、急救等安全设施，保障游客的人身安全和财产安全。

#### 2. 引入社会资本，破除流通壁垒

部分乡村政府自身财政困难，难以向乡村传统节事活动投入专项资金，面对这种情况，政府可在监管下引入和使用社会资本。吸引投资有助于扩大节事活动规模，提升活动质量和服务水平。政府要采取措施鼓励和引导企业参与乡村传统节事活动旅游开发，形成政企合作的工作机制，发挥企业的资金和创新优势。乡村传统节事活动可以与企业、投资基金等合作，在活动场地建设、设施修缮、活动策划等方面部分让利以吸引资金投入；还可以与旅行社、酒店、餐饮等企业合作，进行优惠联动或者联合推广，提高活动的吸引力和知名度。专业的运营团队能够提供更好的策划、营销、推广、管理等方面的支持，乡村可以引入专业的运营团队进行管理和策划，帮助乡村更好地举办传统节事活动。部分地区可利用互联网平台向社会公众发起众筹活

动，筹集资金支持乡村传统节事活动。通过众筹的方式，可以凝聚更多社会力量，共同支持和参与乡村传统节事活动。[①]

3. 关注人才培养，注入发展活力

可以通过招聘、人才交流、项目合作等方式，积极引进相关领域的专业人才，为乡村传统节事活动注入新的血液、引入新的思维，提升活动的品质。但乡村自身条件较差，人才引入较为困难，因此也应尽可能地将当地村民转化成优质的旅游从业者，打破乡村传统节事活动旅游专业技术人才匮乏的局面。加强对乡村传统节事活动从业人员的培训和教育，提升其专业素质和能力。组织相关培训班、研讨会、讲座等，邀请专业人士、学者和行业精英对村民进行培训，提供必要的知识、技能和经验。为乡村传统节事活动旅游从业人员提供实践锻炼机会，让他们亲身参与、负责组织和管理活动。建立乡村传统节事活动的人才培训基地，提供专业设施和资源支持。[②] 与高校、旅游机构合作共建实训基地，为学生和从业人员提供实践机会和专业培养环境。设立相关奖项和荣誉，提供物质和精神激励，鼓励从业人员在乡村传统节事活动领域积极表现和创新。

## （四）保护性开发策略

对于资源价值低、区位条件差的乡村传统节事活动建议采取保护性开发策略。此类型的节事活动开发成本较高，收益难以预测，并不适合现阶段的旅游发展。建议以原真性保护为主，待未来条件成熟后再进行商业化利用。

1. 暂缓开发计划，注重保护修复

根据现有法律法规和政策体系，明确乡村传统节事活动的保护范围、保护标准和保护措施，对符合保护标准或有潜在保护价值的活动进行重点保护。加强乡村传统节事活动相关的传统文化研究和学习，培养乡村传统节事

---

① 张树民、钟林生、王灵恩：《基于旅游系统理论的中国乡村旅游发展模式探讨》，《地理研究》2012 年第 11 期。
② 郭景福、闫晓莹：《民族地区乡村旅游助力共同富裕》，《中南民族大学学报》（人文社会科学版）2023 年第 7 期。

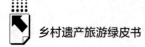
活动传承人才，保证活动的原真性和传统性。鼓励乡村居民积极参与乡村传统节事活动的组织与管理，提高村民对节事活动的参与意愿和责任感，保证活动的持续性。充分考虑资源的合理利用和保护，避免过度开发造成的破坏，确保乡村传统节事活动持续发展。

2. 注重节事传承，创新记录载体

政府、高校或相关保护组织应通过探访乡村传统节事活动的管理者和参与者了解节事活动的历史、起源和演变过程，将其相关信息、故事和传统知识进行记录和整理，建立文档、图片、视频等多种形式的资料和档案，为传承活动提供参考依据。培养年青一代对乡村传统节事活动的兴趣和热爱，组织相关的传统技艺培训班、传授节事活动的相关技能和知识，保证节事活动专业人才的延续。鼓励乡村居民积极参与乡村传统节事活动的组织和筹备，建立节事活动交流平台，促进不同地区的交流与合作，分享经验，丰富节事活动的内涵和多样性。加强对乡村传统节事活动的宣传和推广，通过文化活动、展览、培训班等形式向公众传播乡村节事活动的文化价值和意义，提高大众的参与感和认同感。

# G.12
# 2023年中国传统村落
# 旅游发展模式及优化建议*

唐承财　李奕霏　王希羽　湛　蓝　蔡敏怀**

**摘　要：** 传统村落具有极高的文化、科学和历史价值，但传统村落旅游发展仍存在一些尚待解决的问题。本文通过分析传统村落的概念、内涵及旅游价值，从景区开发模式、传统村落博物馆模式、古村落旅游模式、乡村民宿旅游模式、非遗文旅融合模式、田园综合体模式六种模式分析了传统村落旅游发展的可行模式，剖析了传统村落旅游发展现状，并指出了传统村落旅游开发缺乏系统性、旅游开发呈现同质化、旅游开发对传统村落造成不同程度的破坏、民俗文化异化风险加大以及旅游服务质量偏低五个问题。本文最后针对传统村落旅游发展提出六点建议，包括科学编制传统村落保护与旅游发展规划、一村一策提升传统村落旅游产品体系、全面提升传统村落旅游服务质量、加强传统村落文化景观保护和修复、强化传统村落生态环境建设、内培外引加强传统村落人才队伍建设。

---

* 本文是北京市哲学社会科学规划基金一般项目"北京旅游型乡村振兴水平评价与提升研究"（22GLB036）的阶段性成果。

** 唐承财，博士，北京第二外国语学院旅游科学学院教授，主要研究方向为生态旅游、乡村旅游、冰雪旅游；李奕霏，北京第二外国语学院旅游科学学院本科生，主要研究方向为乡村旅游；王希羽，北京第二外国语学院旅游科学学院本科生，主要研究方向为传统村落；湛蓝，北京第二外国语学院旅游科学学院本科生，主要研究方向为传统村落；蔡敏怀，北京第二外国语学院旅游科学学院本科生，主要研究方向为传统村落。

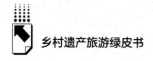
**关键词：** 传统村落　旅游发展模式　活化利用　乡村振兴

# 一　传统村落概念、内涵及旅游价值

## （一）传统村落的概念和内涵

传统村落是指村落形成较早，拥有较丰富的文化与自然资源，具有一定历史、文化、科学、艺术、经济、社会价值，应予以保护的村落。① 传统村落集中体现了传统社会的生产生活方式，是独特的乡村文化、民俗文化及优美自然风景的载体，② 蕴含丰富的中华传统文化且较为完整地保留了中华文明的精神谱系。传统村落是中国优秀传统文化的重要载体，具有极高的历史、文化和科学价值，蕴藏着丰富的历史信息和文化景观，是中国农耕文明留下的最大遗产。

我国传统村落总量大，截止到 2023 年 3 月，共计 8155 个传统村落入选中国传统村落保护名单。③ 但总体来看，现阶段传统村落的保护状况不容乐观，大量传统村落遭到破坏性开发，受到了不可逆的伤害，有些甚至消失，我国的自然村总数从 2000 年的 363 万个减少到 2022 年的 261.7 万个。④

## （二）传统村落的旅游价值

传统村落是一种重要的旅游资源，其价值体现在以下五个方面。

第一，文化价值。传统村落分布在不同的地区，不同的地理环境造就

---

① 《住房城乡建设部　文化部　国家文物局　财政部关于开展传统村落调查的通知》，中国政府网，2012 年 4 月 24 日，https：//www.gov.cn/zwgk/2012-04/24/content_ 2121340. htm。

② 巩杰、高秉丽、李焱等：《1960-2020 年黄河流域气候干湿状况时空分异及变化趋势》，《中国农业气象》2022 年第 3 期。

③ 《全国已有 8155 个传统村落列入国家级保护名录》，"新华网"百家号，2023 年 3 月 21 日，https：//baijiahao. baidu. com/s?id=1760979911025092037&wfr=spider&for=pc。

④ 《中国统计年鉴 2022》，国家统计局，https：//www. stats. gov. cn/sj/ndsj/2022/indexch. htm。

了传统村落不同的耕作习惯、饮食习惯和文化氛围。传统村落作为我国农耕文明的重要宝藏，不仅保留了传统的耕作文化、烹饪文化和婚丧文化，还保留了中华传统文化里的"内敛"，在经济高速发展背景下，能够缓解年轻人因生活压力而造成的浮躁心理。第二，经济价值。传统村落作为中华传统文化的载体，经过合理的规划和开发，能够成为游客出行的强吸引物。一方面，这有助于促进传统村落自身经济的发展与村民的就业；另一方面，这也能够带动邻近村落的经济发展，从而助推当地村民民生福祉的改善。第三，生态价值。传统村落因远离城市的喧嚣，当地的生态环境非常优良，可为城市居民提供生态游憩空间。第四，教育价值。一方面，传统村落的耕作方式及生活习惯有助于游客了解我国传统文化；另一方面，传统村落居民朴实和内敛的性格以及勤劳踏实的精神特色能够给当代青年人带来精神慰藉。第五，美学价值。传统村落的特色民居作为中华传统文化的载体，其建筑风格具有较高的美学价值，是游客体验中华传统文化的不二之选。

## 二 传统村落旅游发展模式分析

如何合理开发传统村落呢？本文整理了可供参考的六种传统村落旅游发展模式。

### （一）景区开发模式

构建传统村落"景区为核，内修外拓"的开发模式。针对资源优势突出、辐射带动力强的核心景区，通过内部提升和外部扩张加强建设。以原有景区为核心，内部进行项目业态丰富升级，提高景区吸引力和接待力；外部拓展延伸产业链条，构建多元产业模式，借力核心景区带动区域发展，形成内外联动、内外兼修的乡村旅游目的地。

爨底下村具有独特的北方山寨古村落景观，被称为"北京的小布达拉宫"。爨底下村整合周边的柏峪村建设的爨柏景区，目前是国家 AAA 级景区。爨底下村的旅游呈现良好发展的态势，是村民致富和实现乡村振兴的重要抓手。爨底下村被列为第二批全国乡村旅游重点村，每年接待游客接近20万人次。顶层设计和优势资源的整合，创新的管理和发展模式，以人为本、全民参与的发展理念，使爨底下村旅游具有巨大的长效发展潜力。到2021年底，爨底下村已实现劳动力100%零距离就业，旅游业成为该村的主导产业，乡村振兴战略在此取得显著成效；村内的民宿客栈和特色餐饮大多由当地人开办，保留村民自主经营的自由度、激发了其积极性，不仅形成了相对稳定的旅游就业结构，而且提升了村民的就业率和人均收入水平；爨底下村旅游业的发展在提升村民生活质量的基础上，强调全民参与，这种开发模式不仅增强了村民的文化认同感，而且为村民修缮古民居、传承古村落建筑、保护当地乡土文化资源提供了资金保障，推动了村落传统文化复兴与乡村经济可持续发展。

## （二）传统村落博物馆模式

传统村落博物馆模式旨在建立乡村博物馆，以保护和传承传统文化为基础，以生态文明建设为导向，将文化遗产和自然生态资源相结合，促进传统村落的文化传承和生态保护，推动当地经济和社会的可持续发展。第一，进行实地调研和资源评估，了解传统村落的历史文化、自然生态和社群关系等的特点和现状。第二，根据调研结果制定博物馆的建设规划和实施方案，明确建设目标、规模和功能定位等。第三，在博物馆的建设过程中，注重与当地村民和社群的沟通与协作，增强村民的文化自觉和生态环保意识，鼓励他们参与博物馆的建设和运营管理。第四，注重生态保护和可持续发展，采用环保建筑和绿色技术，降低对自然环境的影响，促进生态农业和生态旅游的发展，提高村民的生活质量。第五，在博物馆建成后，需要加强管理和运营，制定完善的规章制度和安全措施，确保博物馆的正常运转和安全保卫。第六，加强与政府、企业和社会各界的合作，积极开展文化交流和科普教育活动，提高博物馆的知名度和影响力，推动传统村落的活化利用和旅游发展。

### （三）古村落旅游模式

在传统村落中，古建活化即修缮古建或建造仿古建筑物，将其转型为文创产业基地、艺术空间或博物馆等，以保护乡村历史文脉，并提供丰富文化体验。因此传统村落的古建活化要从保护原有古建筑和发展新形式两个方面入手，包括以下四点。[①] 第一，加强法律法规建设，明确保护责任主体和范围，为保护古建筑提供政策支持，政府要加大财政投入力度，确保修缮资金充足。开展古建筑普查和评估，为修缮保护提供科学依据。第二，加强技能传承，提高修缮质量。鼓励村民和游客参与古建筑保护与活化利用，增强归属感和参与感。第三，通过修缮和恢复古建筑物，将其转型为文创产业基地、艺术空间或博物馆等。这种模式既能保护乡村历史文脉，又能为游客提供丰富多样的体验和艺术交流平台。第四，在古建活化模式下，传统村落的文化底蕴得以传承，同时吸引了大量游客，推动了当地经济增长。古建活化有助于推动乡村振兴战略实施，促进生态保护与文化遗产保护的可持续发展。

### （四）乡村民宿旅游模式

乡村旅游民宿是指在传统村落中利用闲置的房屋或自用住宅空闲房间，结合当地文化风情、田园景观、自然风貌、生态环境资源及农林渔牧生产活动，以家庭副业方式经营，为旅客提供乡野住宿。乡村民宿连续两年被写进中央一号文件，被定为"乡村新产品新业态"。乡村民宿旅游模式作为发展乡村旅游业的一个切入点，促进了乡村经济转型，带动了乡村经济发展。[②]

以乡村民宿旅游模式发展传统村落旅游，要从以下六点入手。第一，进行传统村落资源调查，调查内容包括房屋、土地、生态环境、历史文化等资源。第二，明确目标市场和定位。第三，根据目标市场和定位，进行乡村民宿的设计规划，包括民宿建筑、房间布局、基础设施、环境景观等，确保建

---

① 陈炳合、塞尔江·哈力克：《传统村落保护与旅游发展问题探究——以喀纳斯河谷地区为例》，《华中建筑》2022年第6期。

② 周春梅：《因地制宜发展乡村旅游业》，《人民日报》2023年6月7日。

设方案符合实际需求。第四，完善基础设施，从旅游六要素入手，提升硬件配套设施，提高服务水平。第五，开展推广营销，吸引游客前来住宿体验。第六，利用智慧平台数据分析，通过游客线上评价和投诉等信息，及时发现并解决问题，不断提高乡村旅游质量。①

### （五）非遗文旅融合模式

习近平总书记强调，要让活态的乡土文化传承下去，深入挖掘民间艺术、戏曲曲艺、手工技艺、民族服饰、民俗活动等非物质文化遗产。② 非物质文化遗产是一种具有地方性、历史性、审美性和真实性的文化资源，是重要的旅游吸引物，具有极强的旅游开发价值。旅游是非物质文化遗产保护、传承和利用的重要方式。发展非遗文旅融合模式，推动非物质文化遗产与旅游深度融合是文旅融合发展的重要抓手，也是较为有效的实施路径。发展非遗文旅融合模式，要做到以下四点。第一，要深入挖掘和梳理村落中的非遗资源，了解其历史渊源、文化内涵、技艺特点等，为融合发展提供文化支撑。第二，通过培训、展示、表演等活动，让非遗项目得到传播和传承。第三，倡导社区共建共享，提高居民对非遗的认知度和重视程度，共同营造良好的非遗传承氛围。第四，将非遗与旅游相结合，开发非遗旅游产品和线路，提升非遗的影响力和价值。

### （六）田园综合体模式

田园综合体模式以农村田园景观、农业生产活动和特色农产品为休闲吸引物，通过开发农业游、牧业游、林果游、渔业游、花卉游、渔业游等不同特色的主题休闲活动，满足游客体验农业、回归自然的心理需求。这种模式

---

① 宋文杰、刘娟、田家兴等：《基于旅游点评大数据的传统村落文化旅游特征分析——以北京市 28 个传统村落为例》，《小城镇建设》2022 年第 6 期。

② 《瞭望｜唐昌布鞋成网红、蜀绣装点冠军服……"非遗"变身国潮》，"新华社客户端"百家号，2022 年 4 月 19 日，https：//baijiahao. baidu. com/s？id = 1730524245001036967&wfr = spider&for = pc。

的发展需要注重传统村落的山水林田湖草沙的科学保护和综合利用。例如，滇西南传统村落曼远村的傣族人民依水而居，依托澜沧江水系支流引水灌溉稻田，在青苗成长季节、麦收时节，一望无际的稻田形成优美的田园景观。曼远村充分依托水与田的优势，在稻田边修建"蘑菇屋"，田间打造栈道，充分借助水、田与传统建筑，使游客亲近自然、感受傣族农耕文化，成为游客重要的网红打卡地。

# 三　传统村落旅游发展现状分析

现代社会的快节奏生活方式，使许多人选择在假日外出旅行，舒缓压力、放松身心。传统村落因为拥有良好的自然资源、优美的生态环境，能满足游客的需求，成为游客的最佳去处，加之传统村落的基础设施完善、旅游接待能力增强、新媒体宣传力度加大，传统村落的旅游吸引力提升，极大地促进了传统村落旅游发展。

## （一）传统村落旅游开发规模大，经济效益好

自 2012 年我国启动传统村落调查推荐工作以来，先后发布了六批传统村落国家级保护名录。通过实施传统村落保护工程，大量濒临消失的传统村落连同其孕育的地方文化得以延续下来，形成了世界上规模最大、内容和价值最丰富、保护最完整的活态传承的农耕文明遗产保护群。

2019 年，习近平总书记考察了河南省新县田铺乡田铺大湾，走进"匠心工坊"手工艺品店、"老家寒舍"民宿店、"不秋草"竹编工艺品等创客小店，实地了解当地发展特色旅游、推动乡村振兴的情况。习近平总书记指出，搞乡村振兴，不是说都大拆大建，而是要把这些别具风格的传统村落改造好。要实现生活便利化、现代化，村容村貌要整洁优美。[①]

---

[①] 《习近平：把传统村落改造好》，中国政府网，2019 年 9 月 1 日，https://www.gov.cn/govweb/xinwen/2019-09/17/content_ 5430457. htm。

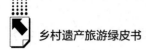

当前许多传统村落通过旅游开发，经济状况不断改善。以贵州省西江千户苗寨为例，当地党委和政府以民族文化旅游为抓手，以促进地方发展和人民群众脱贫致富为目标，打造了民族文化旅游脱贫致富的"西江模式"。多年来，游客数量不断增加，从 2008 年的 77.73 万人次增加到 2018 年的 815 万人次，旅游综合收入已经超百亿元。据当地文旅局统计，2021 年国庆黄金周期间，西江接待游客 18.08 万人次，旅游综合收入达到了 1.68 亿元。[①] 旅游产业促进了传统村落的经济发展，改善了当地的经济状况。

## （二）传统村落旅游发展形成了多样化格局

我国传统村落旅游发展呈现"以单核居多，双核次之，多核较少"的空间格局。以北京市传统村落旅游发展格局分类来看，单核型传统村落占比为 46.7%，双核型占比则为 30.0%，多核型占比仅为 16.7%。[②] 大多数传统村落发展旅游业以其村落的传统风貌作为较强的旅游吸引物来吸引游客，形成了单核旅游格局。这虽然能为游客带来较为独特的旅游体验，但难以为游客提供较多的旅游服务，易造成旅游附加值较低，在同类旅游产品中竞争力的减弱，从而导致当地旅游收入降低。少数传统村落以"村落+民宿""村落+村落"等双核或"村落+登山+民宿+……""村落+特色服饰+民宿+……"等多核模式吸引游客，在为游客提供传统村落体验的基础上，也为其提供当地传统美食、传统生活习惯等较深入的旅游体验，进而提升其竞争力，有利于增加附加值，促进当地旅游收入不断提高。

## （三）传统村落村民在旅游发展中的参与度不断提升

近年来，传统村落空心化现象已逐渐随旅游业发展得到改善。外出务工人员逐渐减少，返乡创业人员逐渐增加。民宿的打造、露营和音乐节等文娱

① 《在保护中开发，在开发中保护，"西江模式"走出民族文化旅游模式》，"今日安顺"百家号，2022 年 5 月 14 日，https://baijiahao.baidu.com/s? id = 1732791631148385365&wfr = spider&for = pc。

② 李仕铭、李渔村：《湖南古村镇》，中南大学出版社，2009。

活动的举办，使得部分传统村落的村民能够获得就业机会、增加收入。以北京市门头沟区的部分传统村落为例，斋堂镇爨底下村的返乡创业青年韩永聪通过建设四合院风情的爨舍民宿，带动了京郊旅游民宿建设热潮，不仅带动了当地居民参与民宿建设与经营，还吸引了不少游客，拉动了当地经济发展；雁翅镇红雁谷特色民宿的建成，为当地民宿行业提供人才培训场所，促进了当地就业安置和村集体增收；雁翅镇白瀑云景田园综合体的建成，盘活了门头沟地区的特色资源，激发了当地传统村落在新时代转型升级的内生动力，为当地村民提供了较多的就业机会，也为当地的经济发展提供了较大的动力。

### （四）传统村落在保护与旅游开发中展现新样貌

经过十多年的保护实践，从保留修复原始风貌，到活化利用、以用促保，再到集中连片整体规划，传统村落的保护方式不断更新，构建露天博物馆、再造文化空间等保护路径的生动探索，使传统村落在新时代背景下焕发生机和活力。比如，福建省宁德市屏南县以全新思路引领乡村发展，以传统村落为平台、文化为底色、创意为引线，实施村落文化创意产业项目计划，通过传统村落保护利用，激活乡村动力、兴旺农村业态、推动人才回流，打造有别于传统农村的生活方式和创业方式，吸引年轻人"回来"，城里人"返乡"，许多沉寂的古村呈现"人来、村活、业兴、文盛"之势，走出了一条独具特色的传统村落保护与旅游活化利用助推乡村振兴的新路。

### （五）传统村落旅游与红色文化结合，走好特色文化传承道路

乡村传统村落旅游与红色文化是相得益彰的。比如，通山县发挥当地红色文化资源优势，做实"红色+传统村落"文章，推出了"重走长征路""重温红色史"等系列纪念活动，建成了冷水坪、白泥、畅周等一大批红色文化教育基地，让传统村落与红色文化相得益彰。高度重视乡土文化和传统民俗的保护传承，坚持以文化为魂，推动保护传承、开发利用融合发展。

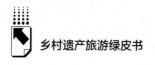

# 四 传统村落旅游发展中存在的主要问题

传统村落旅游在近年来得到了蓬勃发展，但在实践过程中也暴露了一些问题，制约了传统村落旅游的可持续发展。具体来说，主要存在以下几个问题。

## （一）传统村落旅游开发缺乏系统性

在传统村落旅游开发过程中，部分地区没有对村落的资源进行全面、系统的调查与评估，从而导致开发过程中出现资源浪费、重复建设等现象。由于缺乏统一的规划和管理，传统村落保护与旅游开发之间的关系没有得到妥善处理，进一步加剧了传统村落资源的损耗。陕西省西安市蓝田县鲍旗寨村在开发过程中，由于缺乏系统规划，古建筑被过度开发，一些具有历史价值的古建筑没有得到有效保护，反而被拆毁，取而代之的是新建的仿古建筑。这些新建筑与原有的古建筑风格不协调，使整个村落的风貌受到影响，同时也影响了游客的旅游体验。

## （二）传统村落旅游开发呈现同质化

在传统村落旅游开发过程中，存在很多模仿、跟风的现象，缺乏差异化竞争，具体表现如下。一是在旅游商品方面。纪念品、手工艺品等缺乏地方特色，质量参差不齐，难以吸引游客购买，难以体现当地文化特色。二是在旅游线路方面。很多村落都采取相似的线路设计，如历史文化线路、自然风光线路等，缺乏差异性，无法满足游客多样化的需求，难以展示当地独特的旅游资源。三是在景观建设方面。许多村落存在过度开发、破坏生态环境的问题，如为了满足游客的审美需求，对原有的自然景观进行大规模人工改造，导致景观失去原有的特色和魅力。四是在餐饮服务和住宿设施方面。许多村落都缺乏当地特色，如餐饮选择单一，没有很好地展示当地的饮食文化。民宿的设计和运营没有体现当地的特色，缺乏个性化的服务和设施，无法给游客带来独特的体验。这些问题导致了游客在选择旅游目的地时，难以找到特色鲜明、独具魅力的传统村落，从而使得游客的旅游体验大打折扣。

### （三）旅游开发对传统村落造成不同程度的破坏

在传统村落旅游开发过程中，由于过度开发和不当修缮，村落的原貌、生态环境和历史文化遗产遭到一定程度的破坏。为了追求利润，有些开发商过度开发和利用村落的资源，导致村落遭受不可逆的损害。同时，修缮技术和材料的不当使用，也可能加速村落建筑的老化和损坏。这些问题不仅影响了传统村落的可持续发展，还可能对传统村落的遗产价值造成不可逆的损害。

### （四）传统村落民俗文化异化风险加大

随着传统村落的不断开发，村民从外部接收的信息不断增多，其生活状态与生活场景的暴露程度不断加大。部分传统村落受外部文化的影响，改变自身价值观念，文化异化风险随之加大。以西塘古镇为例，过度的商业化开发使得西塘古镇的民俗文化逐渐发生异化，原有的文化内涵和价值观受到冲击，甚至被边缘化。这使得其古村古镇的文化特色逐渐丧失，削弱了它的吸引力和竞争力。

### （五）传统村落旅游服务质量偏低

在传统村落旅游开发中，部分村落的旅游服务质量仍有待提高。比如，旅游基础设施不完善、旅游从业人员素质较低等问题影响了游客的旅游体验，制约了传统村落旅游发展。游客在部分传统村落旅游时，常常难以找到合适的停车地点，这给游客的游览过程带来了诸多不便。同时，导游的讲解过于简单，缺乏深度和专业性，导致游客对村落的历史文化背景了解不足，无法充分领略传统村落的魅力。

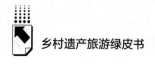
## 五 传统村落旅游发展的提升建议

针对上述不足，为推动传统村落旅游可持续发展，本文提出以下几点建议。

### （一）科学编制传统村落保护与旅游发展规划

传统村落作为我国历史文化遗产的重要组成部分，其旅游发展必须建立在保护和传承的基础上。因此，需要科学地编制传统村落保护与旅游发展规划，既要注重传统村落的文化保护，也要考虑旅游发展的经济效益。在规划编制过程中，应邀请建筑学、城乡规划、景观设计、旅游规划等多学科专家共同参与，并通过座谈会、问卷调查等方式，充分听取当地居民的意见和建议。例如，可以借鉴浙江省的"千村示范、万村整治"工程，将传统村落保护与旅游发展规划相结合，实现村落的可持续发展。

### （二）一村一策提升传统村落旅游产品体系

我国传统村落各具特色，因此在旅游产品开发上，应该采取"一村一策"的策略。在制定"一村一策"时，可以考虑将传统村落的特色文化、手工艺、美食等与现代休闲娱乐方式相结合，开发更具吸引力的旅游产品，如"乡村民宿+手工艺体验"、传统美食制作体验等，使游客在观赏传统村落自然风光的同时，也能深入了解和体验传统村落的文化。比如，山西省的平遥古城通过"一村一策"的旅游产品开发，成功地将传统村落的特色文化与现代旅游需求相结合，提升了旅游产品的品质和吸引力。

### （三）全面提升传统村落旅游服务质量

旅游服务质量是影响旅游者体验和满意度的重要因素。因此，需要全面提升传统村落旅游服务质量和效率，包括优化旅游接待设施、提高服务人员的水平等。同时，需要建立健全旅游服务管理体系，以保障游客的权益。提升服务质量，除了要优化旅游接待设施和提高服务人员素质，还应关注游客的体验和满意度，如增设游客休息区和互动体验项目、定期对游客进行满意度调查等。浙江省的乌镇通过全面提升旅游服务质量，实现了从传统村落旅游目的地向世界级旅游目的地的转变。

### （四）加强传统村落文化景观保护和修复

传统村落的文化景观是其独特魅力的源泉，也是吸引游客的重要因素。因此，需要加强传统村落文化景观的保护和修复工作，包括对传统建筑、历史遗迹、民俗文化等进行保护和修复，使其在旅游开发中得到有效的保护。在保护和修复文化景观时，应尊重历史文化价值，遵循修旧如旧、保持原貌的原则，避免过度开发和商业化。同时，加强对传统村落历史文化的研究和传承。可以借鉴平遥古城、丽江古城等成功案例，将保护和修复工作与旅游业的可持续发展相结合，实现文化遗产保护与旅游发展的共赢。

### （五）强化传统村落生态环境建设

传统村落的生态环境是其旅游可持续发展的重要基础，也是吸引游客的重要因素。因此，需要强化传统村落的生态环境建设，包括进行环境治理、提升生态环境质量，使传统村落在旅游开发的同时，也能保持良好的生态环境。在生态环境建设中，应实施严格的生态保护措施，例如实行垃圾分类、污水治理、村落绿化等。合理控制游客接待量，引导游客绿色出行，避免旅游过度开发对生态环境造成损害。可以通过设立生态保护区、实施游客流量控制等手段，保护传统村落的生态环境。

### （六）内培外引加强传统村落人才队伍建设

人才是传统村落旅游发展的重要支撑。因此，需要内培外引加强传统村落的人才队伍建设。对内，需要培养和引进一批熟悉传统村落文化，掌握旅游管理知识、服务技能等的人才。对外，需要吸引更多的游客和投资者来传统村落旅游和投资，从而推动传统村落的旅游发展。在人才队伍建设中，应加强与高校、研究机构的合作，培养和引进兼具传统村落文化知识和现代旅游管理技能的复合型人才。同时，加强对现有人员的培训，促进其能力提升。例如，可以开展旅游服务技能培训、传统文化教育等项目，提高村民的文化素养和服务能力。

# G.13

# 2023年传统村落旅游中的
# 乡村民宿发展研究[*]

田彩云 裴正兵 吴春焕[**]

**摘　要：** 乡村民宿作为传统村落活态保护和有机发展的重要载体，可以促进乡村旅游，实现历史和文化传承，助力乡村振兴。本文分析了自然风光体验型民宿、传统建筑体验型民宿、生产生活方式体验型民宿和非物质文化遗产体验型民宿四种乡村民宿产品开发现状及问题，探讨了传统村落的乡村民宿开发模式和经营模式，最后从民宿开发要注重与传统村落的环境和文化相协调，注重打造现代化、多样化的特色体验型产品，民宿运营要注重专业化、品牌化和集群化运作，民宿发展要加强资源节约和生态环境保护，民宿发展需要政策、资金和人员的支持五个方面提出对策和建议。

**关键词：** 传统村落　乡村民宿　乡村旅游

截至2023年3月，住房和城乡建设部联合文化和旅游部、财政部等多部门分六批公布了国家级传统村落共计8155个。传统村落遍布全国31个省（区、市），数量巨大，种类丰富，是中华民族的宝贵遗产。同时，根据

* 本文受北京联合大学科研项目"高质量建设世界旅游名城视角下的北京文旅产业深度融合发展研究"（ZK20202301）资助。

** 田彩云，博士，北京联合大学教授，主要研究方向为旅游经济与产业、区域与文化旅游、酒店管理；裴正兵，博士，北京联合大学副教授，主要研究方向为旅游与酒店管理；吴春焕，博士，助理研究员，主要研究方向为红色旅游、乡村旅游、乡村民宿。

《住房和城乡建设部办公厅关于实施中国传统村落挂牌保护工作的通知》
（建办村函〔2020〕227号）要求，传统村落要在保护中发展，发展中保
护，切实加强传统村落保护利用工作，传承和弘扬中华优秀传统文化，并于
2020年12月底前完成挂牌工作，所有传统村落建立档案。传统村落拥有丰
富的自然和文化资源，在挖掘其历史文化价值的基础上发展乡村民宿旅游，
是实现传统村落保护和活化利用的重要路径。[①]

近年来，很多传统村落的乡村民宿已经从单一的住宿向多元综合体转型。
民宿与当地农业、生态、文创、餐饮娱乐等资源融合，除了为游客提供住宿
服务，还为游客提供餐饮、休闲等综合性服务，让游客更真实、深入地体验
当地的传统文化和生活生产方式，形成乡村民宿带动旅游发展的新模式。随
着乡村旅游的发展，在国家的支持和强大的市场需求作用下，传统村落的民
宿旅游蓬勃发展，乡村民宿的数量和规模也迅速增长，民宿类型不断丰富、
发展模式更加多元。[②] 但由于地理位置、人文条件等制约，传统村落的乡村民
宿发展也面临着挑战。本文在分析传统村落乡村民宿产品开发现状和问题、
开发模式和经营模式的基础上，提出下一步发展的对策建议，研究结果对传
统村落乡村民宿可持续发展、促进乡村振兴有重要的现实意义。

# 一 乡村民宿及其在传统村落旅游发展中的作用

## （一）乡村民宿的概念

我国民宿最早兴起于台湾，大陆民宿行业的发展相对较晚，最初以农家
乐为主，为游客提供住宿和餐饮服务，功能相对单一。2015年后，民宿得
到重视并快速发展。为满足游客乡村休闲度假需求，传统村落依托自身特
色、优势旅游资源，利用个人闲置房屋，结合当地人文环境、自然景观、建

---

① 刘冬：《文旅融合视角下辽宁传统村落民宿服务质量评价及提升策略研究》，硕士学位论
文，沈阳师范大学，2022。
② 王光伟、黄晓：《传统村落进行民宿开发效益提升策略研究——以阳朔旧县村为例》，《科
技和产业》2020年第11期。

筑风格、生活方式和农林牧渔生产活动，开发为游客提供个性化体验的小型住宿设施，这便是乡村民宿。

## （二）乡村民宿在传统村落旅游发展中的价值

乡村民宿的发展与乡村旅游的兴盛紧密相连。乡村民宿在促进乡村发展、振兴乡村经济、挖掘并传播地方传统文化方面发挥着重要作用。

### 1. 经济价值

乡村民宿丰富了传统村落旅游业态，为传统村落旅游发展拓展了空间，增加了传统村落旅游的体验深度，带动了旅游消费，增加了旅游收入。乡村民宿的发展不仅使空置房间合理利用，还带动了农产品、农产品加工品、手工艺品和文创产品的生产和销售，当地将初级农产品转变为旅游商品和伴手礼，带动农民增收。[①] 在旅游业发展中，游客的停留时间至关重要。在传统村落旅游中让游客留下来、住下来，增加其在特产、美食、生态产品、有机农产品及其他旅游项目上的消费，民宿的打造起重要作用。乡村民宿可把旅游短平快的消费变成黏性消费。

### 2. 文化价值

相比普通酒店，乡村民宿不仅提供住宿设施，还是一种乡土文化载体。在传统村落旅游中，乡村民宿方便了游客的"住"，同时作为一种旅游资源有着特定的地域文化价值。作为乡村文化的重要展现方式，民宿从资源识别到设计、装潢、营销、服务，每一步都代表着当地的地域文化，是对乡村文化的宣传和展示。

### 3. 社会价值

在传统村落中，乡村民宿主要分为农户自营与外来资本建设两种模式。对于农户自营模式来说，乡村民宿的发展能够促进就业、增加农民的收入，同时还有助于提升农民的综合素质和文化水平，促进城乡精神文明对接。外

---

① 吴文智、崔春雨：《乡村民宿外来经营者投资动机探析——以浙江省莫干山地区为例》，《上海农村经济》2021年第1期。

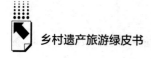

来资本的进入，能够为乡村建设带来更多的资源，加快基础设施建设，促进传统村落旅游健康、可持续发展。

### （三）乡村民宿产品类型

目前，具有代表性的特色乡村民宿包括自然风光体验型民宿、传统建筑体验型民宿、生产生活方式体验型民宿和非物质文化遗产体验型民宿四种。

#### 1.自然风光体验型民宿

许多传统村落位于风景优美的自然风景区，有些村落周围没有知名的风景名胜，加之地方偏僻、交通不便，因此没有进行大规模的旅游开发，原生态的自然风景被很好地保留下来。这些村落被青山、绿水环绕，空气清新，鸟语花香，游客在这样的环境中，可以远离城市喧嚣，忘却工作和生活压力，寄情山水，放松心情，栖息于诗意环境之中，因此这些村落对喜欢自然风光的休闲旅游度假者具有天然的吸引力。依托优美的自然环境和田园风光，这些传统村落开发了自然风光体验型民宿产品。

自然风光体验型民宿在地理位置上通常位于自然环境优美的区域，并在建筑风格、装修和内饰、空间布置等方面充分融入区域的自然元素。在空间上充分考虑静谧、安静的氛围和通风、采光因素，在房间设计上突出窗边景观的重要性，尽可能将优美的山水景色引进室内，加深游客视线外向引导，给游客带来沉浸于自然环境的体验；同时使用天然材料如木质、石材、绿植进行建筑或布局，利用自然元素打造舒适、宁静的住宿产品。例如，位于贵州省黔东南州雷山县丹江镇乌东村的云山初见民宿，所在地有着非常独特的自然景观资源，乌东村地处雷公山国家级自然保护区心脏地带，常年云雾缭绕，年平均气温为12.4摄氏度，属亚热带山地湿润季风气候，故冬无严寒、夏无酷暑、清凉宜人，是盛夏避暑的理想之地，云山初见民宿在设计中注重突出观景，客房窗外就是大片云海和雷公山景色，晚上听着蝉鸣入睡，游客在此可享受深山休闲的静谧时光。

#### 2.传统建筑体验型民宿

传统村落蕴含着丰富多样的文化，最具代表性的文化是传统村落的建筑文化，而民居住宅是传统建筑文化的重要体现。民居住宅作为乡村居民进行传统生产和生活的空间，在建筑材料、建筑外形、建筑色系等方面特色鲜明，有些历史悠久的老宅还蕴含深厚的历史文化，具有很高的文化和艺术价值。这些传统民居建筑作为传统文化瑰宝，对久居现代城市，天天被钢筋水泥、高楼大厦包围的城市人来说，具有非常大的吸引力。依托传统建筑及文化，这些传统村落开发了传统建筑体验型民宿产品。

传统建筑体验型民宿依托传统村落的建筑特点，将民宿作为传统建筑保护和再利用的载体，在开发设计时就地取材，注重民居建筑材料肌理与色彩的原真性，在保留传统建筑空间特征以及历史信息的前提下，对其进行合理修缮改造，从而打造符合地域文化审美、留住建筑本身历史原貌的民宿产品。除了满足基本住宿功能，还植入审美、休闲和娱乐等新功能，给游客带来独特的建筑文化体验。例如，位于山西省临汾市乡宁县关王庙乡康家坪村的康家坪古村迎宾栈，保留了晋南窑洞的独特建筑风格，所有物件和家具均就地取材，有老树根、石磨、老门扇、大缸等，并请匠人手工制作，为古朴的窑洞赋予新的生命，游客入住民宿，就如同穿越历史，步入历史的长河之中，能够获得跨越时空的独特体验。

### 3. 生产生活方式体验型民宿

传统村落建设年代较为久远，在生产生活方式上往往具有鲜明的地域特征，这些传统而独特的生产生活方式是我国传统农耕、游牧或渔猎文明传承下来的灿烂瑰宝。对生活在城市的人来说，这些村落保留的传统生产生活方式，既有陌生感，又具有吸引力，还承载着人们的"乡愁"情感，从而成为传统村落重要的文化旅游资源，可以用来开发对游客极具吸引力的乡村民宿产品。

生产生活方式体验型民宿在为游客提供住宿设施和服务的基础上，让游客体验当地生产和生活方式，让游客充分体验乡村衣食住行和娱乐休闲，体验乡村以农林渔牧产业为依托的生产生活方式。例如，在位于北京市密云区古北口镇河西村的粟菽坊民宿，游客可以品尝当地的特色菜和各种小吃，休闲时大人可以荡秋千、喝茶聊天，小孩可以亲近小动物，玩蹦蹦床、细沙，晚上可以坐在院子里看星星，享受悠闲的乡村田园生活；位于湖北省黄冈市黄土岗镇桐枧冲村的茯苓窝康养农场民宿，精心打造茯苓窝种植园和共享农庄等，让游客沉浸式体验农耕文化，既盘活了闲置资源，又有利于传统村落保护。

### 4. 非物质文化遗产体验型民宿

传统村落既是我国传统生产生活方式的体现，又是传统文化的有形载体，蕴含着悠久的历史文化价值。部分传统村落历史悠久，拥有丰富的人文资源。这些村落依托传承下来的文化习俗、歌舞、手工艺等非物质文化遗产，沿袭质朴传统的民风民俗，打造非物质文化遗产体验型民宿，成为满足人们精神需求的重要载体。

有些传统村落进行民宿产品开发时，围绕当地的非物质文化遗产，如民俗活动、传统礼仪、传统手工艺等开发体验型旅游产品，打造非物质文化遗产体验型民宿。例如，位于浙江省丽水市缙云县新建镇河阳村的缙云河阳记忆民宿就是以非遗技艺剪纸为主题的特色乡村民宿，剪纸在河阳有着悠久的历史，河阳百姓的日常生活经由传统剪纸艺术记录下来，该民宿虽规模不大，但遍布巧思，每一间房的名字都取自河阳的古路名或古建筑名，在民宿房间内或公共区域都装饰着剪纸作品，还经常开展剪纸主题活动，游客可以跟着非遗传承人学习剪纸，亲身体验剪纸的乐趣，并把自己的作品带回家，获得独特的民宿体验。

## 二 传统村落旅游发展中的乡村民宿开发和经营模式

目前传统村落的乡村民宿开发模式可以分为点状嵌入模式、面状介入模式和全片开发模式。[①] 三种开发模式对传统村落的发展产生不同的影响。传统村落应科学分析当地资源，合理规划并控制开发规模和进度，切实考虑传统村落实际情况和不同发展阶段，选择合适的开发模式。

---

① 沈令婉、王洁：《传统村落活化视角下民宿开发模式的实证研究——以浙江松阳县为例》，《中外建筑》2020年第6期。

## （一）主要开发模式

### 1. 点状嵌入模式

点状嵌入模式是将村落中单个或几个建筑先行开发成民宿，从村落整体看，这些民宿呈点状分布。随后以这些民宿为触媒点，嵌入传统村落，以此激活周边环境，带动新的民宿开发，前后期民宿开发联动，整个村落民宿业渐进式发展。

在点状嵌入模式下，民宿的初期开发规模相对较小，投入资金也较少，因此民宿业发展对村落原有肌理和原真性破坏较小，且可修复程度相对较高，可以在发展中持续改进，适用于村落格局保存良好或历史保护价值较高的传统村落。该民宿开发模式能够较好达到游客、民宿主人与村民共同生活的乡村生活状态，民宿产品更能凸显乡土风情，是一种更符合民宿开发初衷的开发模式。

### 2. 面状介入模式

面状介入模式通过对传统村落中的几组连片房屋以及周边场地空间组成的区域进行改造，形成民宿簇团。从聚集层面上看，民宿区域呈面状分布。面状介入模式是介于点状嵌入模式和全片开发模式之间的一种开发模式。

此开发模式的优点在于，民宿能以适中规模介入传统村落，不会完全侵占村民的生活空间，对传统村落的肌理和原真性的影响通常不会太大，同时又有足够的民宿规模能与其他相关产业协同发展。因此配套设施会更加完善，服务和管理也更加规范化和精细化，能够更好地促进传统村落的经济发展。

面状介入模式投资成本相对较高，个体经营者通常很难满足投资要求，一般由企业或政府主导投资建设，村民的参与度和积极性较低，可能出现村民被边缘化的问题。此开发模式适合传统村落中仍有不少村民生活，但部分片区建筑破坏严重的传统村落。

### 3. 全片开发模式

全片开发模式是回收某个自然村或整个行政村的所有房屋进行改造更

新。全片开发模式能考虑民宿与村落整体结构、肌理以及周边环境的空间关系，更有利于推动传统村落整体更新。此模式一般也会将民宿与其他相关产业相融合发展，具有较大经济效益。

全片开发模式对村落进行整体开发，在一定程度上会对原有村民生活造成影响，容易造成传统村落乡村生活失真，也会使民宿失去真实的乡村风情与人情味。此模式下开发规模巨大，需要投入大量资金，通常在大企业或政府的指导下开展。此开发模式适合空心化非常严重或村落建筑破败严重的传统村落。

### （二）乡村民宿经营模式

目前传统村落的乡村民宿按照经营主体不同，可以分为个体经营模式和合作经营模式。① 不同经营主体拥有不同的市场经营理念，其业务活动、价值实现方式也不尽相同，从而使不同的经营模式呈现不同的特点和优缺点。

#### 1. 个体经营模式

个体经营模式是本地村民（房屋所有者）使用自有闲置房屋或租赁他人房屋进行设计改造，创办民宿。民宿规模不大，以 4~5 个房间为主。游客与民宿主人共同居住，这也是民宿的雏形。此模式的突出特点是游客能够体验和感受当地原生态农民家庭的真实生活。

个体经营模式又可细分为主业经营模式和副业经营模式。主业经营模式是民宿经营者以创办民宿为自己的主业，为游客提供富含人情味的个性化服务。主业经营模式一般发展成熟后会推出自己的民宿品牌，价格较为稳定，民宿客源也相对稳定。副业经营模式是经营者在从事其主业工作的同时，将自家闲置房间改造为民宿作为家庭副业。副业经营模式的经营者由于主要开展主业经营活动，其民宿价格波动较为明显。

---

① 沈令婉、王洁：《传统村落活化视角下民宿开发模式的实证研究——以浙江松阳县为例》，《中外建筑》2020 年第 6 期。

## 2. 合作经营模式

合作经营模式是本地村民之间、本地村民与政府或外来投资者等合作，投入大量资金，租赁村落中的闲置房屋进行改造，开发成民宿，往往会请专门管家或团队经营管理民宿。相对而言，此类民宿的产品档次和服务质量都较好，且具有一定规模，一般有 8~15 个房间，甚至更多。在合作经营上可以细分为四种类型："农户+农户""政府+农户""公司+农户""政府+公司+社区+农户"。这四种合作经营模式各有各的特点与优缺点。

一是"农户+农户"合作经营模式。"农户+农户"合作经营模式是在传统村落旅游发展早期，一些本地农户率先开办民宿，取得较好收益后，产生辐射效应，带动其他农户加入合作经营。这种模式可以为来乡村旅游的游客提供真实的、乡土化的旅游体验。但这种模式难以形成产业，具有一定的市场自发性和不稳定性，难以规范服务标准，且经营规模往往较小。

二是"政府+农户"合作经营模式。"政府+农户"合作经营模式是本地农户在政府支持下，直接改造自家的闲置房屋开办民宿。政府提供基础设施保障，制定相关民宿规范，并进行市场监管与协调。这种模式的优点是能够帮助农户合理利用闲置资源，自主创业，促进当地经济发展和村落文化传承。缺点是农户由于缺乏民宿设计改造与经营管理经验，开发经营的民宿往往只能满足基本的住宿与服务标准，民宿规模有限且知名度较低。

三是"公司+农户"合作经营模式。"公司+农户"合作经营模式由一些资金雄厚的公司租赁村落房屋，将其改造为民宿，然后在当地招聘民宿从业人员，与之签订合同并提供相关培训，两者互为依托、共同合作，促进传统村落的民宿发展。在这种模式下，公司提供或聘用专业化团队，开发设计民宿、进行经营管理、开展营销宣传活动，促进民宿的专业化、品牌化和规模化发展。但也存在个别公司为了追求利益最大化，忽视了民宿的外部环境建设，缺乏对村落的整体规划和改造，对传统村落民宿与旅游的产业化发展产生不利影响。

四是"政府+公司+社区+农户"合作经营模式。"政府+公司+社区+农户"合作经营模式是政府负责基础设施建设，制定相关规范与政策，公司在获得政府同意后，与当地社区（如村委会、合作社）合作，动员村落农户参与民宿开发建设，由专业公司或团队统一经营管理民宿，社区负责辅助管理。政府、公司、社区和农户多方合作，发挥自身优势，对村落进行整体规划与改造。但由于合作方多，有时也会出现矛盾，影响民宿开发与经营管理。

## 三　传统村落旅游发展中的乡村民宿产品开发问题

### （一）自然风光体验型民宿产品开发的问题

自然风光体验型民宿产品在开发中注重自然、温馨、舒适和功能性的统一，并能给游客带来独特的自然风光体验，但在开发中存在以下问题。

一是有些民宿产品设计，特别是建筑外观设计，与自然风光不协调，破坏了整体环境的和谐美观；二是在某些时间段，乡村游客量过大，超过自然景观环境的承载能力，对自然景观环境造成破坏；三是许多风景优美的传统村落处于偏远地区，而这些地区往往经济发展相对滞后，基础设施建设相对落后，一些村落的道路系统混乱，道路等级不均且宽度不够，没有足够的停车的地方。游客产生的生活污水随意排放、垃圾随意丢弃，严重影响当地的生活环境，需加大资金投入力度，完善基础设施。

### （二）传统建筑体验型民宿产品开发的问题

传统建筑体验型民宿产品在开发中存在的问题主要有以下几个方面。

一是大规模的新农村建设，使部分传统村落的建筑文化遭受重创，导致当地建筑文化特色丧失，加之资金与技术缺乏，很难开发出既具有规模，又具有传统建筑特色的村落民宿产品。

二是随着城市化进程快速推进，大量农村人口向城市迁移，传统村落逐渐空心化，逐渐失去赖以生存的环境，许多年代久远的民居长期无人居住，建筑破损老化严重。特别是土木结构的民居，出现墙体开裂或坍塌，木质梁柱经过雨水侵蚀而腐烂，失去原有的承重作用。在改造成民宿的过程中如果没有专业的评估与修缮，将给民宿运营带来安全隐患。

三是一些传统村落的民宿在建设过程中大拆大建，破坏了原有村落的肌理，与区域内的传统建筑风貌很不协调。还有的民宿在改造中，采用如同工厂流水线一样的模块化设计方式，建成的民宿高度同质化，无法体现乡村民宿的建筑文化特色。

四是有些乡村民宿在设计改造过程中将原民居的木格窗、木门全部拆除，用现代化的塑钢门窗、铝合金门窗代替，这些建筑装饰材料，不能很好地体现传统村落建筑本身所具有的历史和地域文化特征，与追求原生态、原真性的理念相违背。

五是传统村落内原有民居因建造年代久远，往往存在采光不足、通风性能差、保温隔热性能差、卫生设施设备不足等问题，其建筑物及配套设施、设备尽管保留了传统建筑特色，但舒适度和体验感较差。[①]

### （三）生产生活方式体验型民宿产品开发的问题

生产生活方式体验型民宿产品开发中存在的问题主要有以下两个方面。

一是部分传统村落的原居民大量搬离村落去城镇居住，造成村落原真性遭到破坏，具有乡土特色的生产生活方式基本丧失，传统生产生活方式很难复原或再造。

二是有些传统村落单纯出于商业目的，对传统生产生活方式过度商业化包装，打造的体验性产品较为粗糙，容易引起游客反感。

### （四）非物质文化遗产体验型民宿产品开发的问题

在非物质文化遗产体验型民宿产品开发中存在的问题主要有以下两点。

一是村民是非遗文化传承的主体，受价值观念的影响，村民更重视个人

---

① 沈令婉、王洁：《传统村落活化视角下民宿开发模式的实证研究——以浙江松阳县为例》，《中外建筑》2020年第6期。

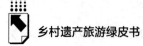

利益，基于非物质文化遗产开发的旅游体验型产品通常难以创造可观的经济效益，难以满足村民改善生活的根本需求，因此村民参与的积极性不高，会对非遗体验型乡村民宿产品开发与经营产生不利影响。

二是非遗体验型产品的开发与经营涉及传统村落非遗技艺传承，其中仍然存在地域、血缘、性别等陈规陋习，限制了非遗技艺传承。同时非遗传承技艺学习难度大、耗费时间长、经济回报期长，对农村青壮年缺乏吸引力，而老一辈非遗传承人高龄化，由此形成非遗传承危机，非遗体验型民宿产品开发遭遇困境。

## 四　传统村落旅游中的乡村民宿发展对策与建议

2023年，《中共中央　国务院关于做好2023年全面推进乡村振兴重点工作的意见》提出实施乡村休闲旅游精品工程，推动乡村民宿提质升级。国家的扶持和巨大的市场需求将使乡村民宿迎来新的发展阶段。为了促进乡村民宿持续有序健康发展，本文提出以下对策与建议。

### （一）民宿开发要注重与传统村落的环境和文化相协调

传统村落所在地遗存的城门、楼阁和古树等历史环境要素丰富，部分村落的传统建筑（群）乃至周边的环境样貌保存完好，部分建筑的外观、造型、结构和材料等都体现了典型的民族或当地特色，有些仍有当地居民居住或被当地居民使用，保存良好。仪式、工艺等非遗传承也与村落物质空间关系密切。民宿作为传统村落物质文化遗产积淀和非物质文化遗产传承的重要载体，在开发时需要坚持保留当地传统村落的原真性，保留建筑（群）本身特色，同时要考虑与周边风貌协调统一。建筑的造型、结构、装饰及材料等要体现当地文化特色。保留至今的非遗活动空间要注重保持传统风格与风貌，避免无序开发对传统环境和文化造成深层破坏，做到开发与保护并重。

## （二）民宿开发要注重打造现代化、多样化的特色体验型产品

受传统村落地理位置、院落空间和基础条件等制约，部分乡村民宿的设备、设施简陋，房间狭小，甚至房间内没有配备独立的卫生间。加上传统村落的网络、通信、水电等公共服务配套设施薄弱，较难给都市居民提供现代化的居住体验。而多数入住乡村民宿的消费者对传统建筑、非遗文化等具有精神和文化需求，注重文旅融合体验。因此民宿开发既要在功能上满足消费者的基本住宿需求，又要关注现代人对更健康、更便捷、更智能的高品质住宿体验的需求。比如，在客房家具的选择上，要整体布置营造意境，将艺术与现代生活相融合。要完善乡村交通、医疗卫生等基础设施建设，给消费者提供美观、安全的居住环境。为了让消费者获得独特的文化体验，还要开发多元化的体验产品，如打造具有地域特色的传统工艺、文化习俗体验等参与性、互动性较强的项目，让消费者在传统村落中体验原汁原味的农耕文化、生产生活方式，促进民宿的多样化发展。

## （三）民宿运营要注重专业化、品牌化和集群化运作

目前，通过政府、公司、社区和农户不同主体的协作推进，传统村落旅游的乡村民宿发展形成了资源整合和利益共享机制，有力地促进了乡村民宿的发展。但从目前的运营情况来看，农户的现代市场观念、民宿经营管理理念薄弱，对信息技术掌握不足，导致运营质量不佳。比如，产品设计缺乏村落地域特色、体验感不强、淡旺季销售管理差、服务层次低，甚至存在安全隐患。因此需要吸引具有丰富项目运营经验的民宿专业团队，在位置选择、产品设计、市场营销和服务管理等方面引入专业化运作人才和团队，提升民宿的经营管理水平。特别是设计和打造具有地域文化特色的区域民宿品牌，强化民宿的差异化水平，提升品牌号召力，提高消费者的认知度，从而形成具有地域乡土特色的文化记忆。另外，民宿本质上是对传统村落居住群、原生社区和特定环境的介入性体验，只有形成集群才能产生对原生社区的整体体验，因此民宿应逐渐向区域集群化迈进。

### （四）民宿发展要加强资源节约和生态环境保护

随着绿色低碳理念深入人心，乡村民宿的各方主体都应在行动中落实资源节约和生态环境保护。首先，民宿从建造到经营的全过程都应坚持绿色环保的原则，采用绿色节能材料、清洁能源、可再生能源和节水设施等，切莫为了节省成本，采用低端建材；不能为了吸引游客，让游客随意攀爬文物树木等。其次，民宿经营和服务人员要在厨余垃圾处理、用水用电等方面具有环保意识，并通过宣传绿色环保知识，让消费者减少一次性用品使用的数量和棉织品清洗的次数等，真正推进崇尚自然、节约资源的绿色消费。最后，政府及相关部门要加强监管和引导，推进民宿低碳旅游模式，推进垃圾分类和"光盘行动"等工作指引，村两委定期进行卫生环境检查、建立用水用电台账、对传统建筑定期进行修缮等，引导大家凝聚共识、加强对乡村原生态的保护和环境的美化。

### （五）民宿发展需要政策、资金和人员的支持

乡村民宿在带动乡村振兴、三次产业融合等方面的作用愈发凸显，但促进民宿高质量发展需要多方发力，形成联动。2023 年 2 月 23~24 日，全国乡村民宿服务认证工作现场推进会在浙江湖州德清召开，会上正式发布全国首部民宿服务认证标准《乡村民宿服务认证要求》。政策为乡村民宿发展提供了有效指引。但从操作层面讲，民宿所在地还存在政策不一，消防、土地公共性制约等问题，影响了民宿的高质量发展。因此从国家层面制定真正既有中国特色又符合国际要求的民宿行业标准，并推进标准的实施迫在眉睫。另外，传统村落民宿开发是一项系统性工程，涉及村落风貌维护、非遗技艺传承等方面，特别是传统建筑的保护与修缮，往往需要大量的资金投入，尤其是对于村落中成片传统建筑保护与修缮更需要巨额资金投入，依靠个体或基层部门很难完成，需要加大资金支持力度，这时就需要吸引社会资本、社会力量参与。为了提升消费者人文体验，建议加强对经营者和服务人员的服务等业务培训，并加强对乡土风情、乡愁文化和田园生活技巧等的培训，以便让消费者获得富有文化品位的服务体验，近距离感受当地的生活和文化。

# G.14
# 2023年中国传统村落旅游发展中主客交往交流交融优化策略[*]

李燕琴　张鹏飞[**]

**摘　要：** 本文以传统村落旅游发展中的广义主客关系（即"主-商-客"关系）为研究对象。基于2020~2023年的乡村旅游研究和典型案例，分析探究了主客互动中存在的问题，并以"共振-共创-共生"价值协同链作为分析框架寻找解决路径。研究发现，在传统村落的主客互动中存在村民参与旅游发展机会不均衡、村民生产生活空间未隔离、主客互动活动商业化和主客互动场景失调化等问题。在借鉴乡村旅游成功与失败经验的基础上，从价值共振、价值共创和价值共生三个方面提出了促进传统村落主客交往交流交融的优化策略，包括文化载体化和故事产品化、客人主人化和风景场景化、社会协同化和居民主体化。

**关键词：** 主客互动　交往交流交融　传统村落　"共振-共创-共生"价值协同链

---

[*] 本文为国家自然科学基金面上项目"旅游扶贫社区居民生活满意度演变过程与驱动机理研究"（41871145）阶段性成果。

[**] 李燕琴，博士，中央民族大学管理学院教授、博士研究生导师，主要研究方向为乡村旅游、可持续旅游；张鹏飞，中央民族大学管理学院博士研究生，主要研究方向为旅游地理、旅游地管理。

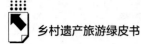

在现代化推进过程中，中国传统村落逐渐由封闭走向开放，这是大势所趋。随着外部资本、权力和技术介入乡村旅游发展，村落的文化景观、集体记忆甚至人地关系都可能被重构。居民和游客是乡村旅游发展的核心利益主体，他们之间的关系构成了狭义的主客关系。外来经营者作为文化中间人，常常被游客认为是当地人，扮演了主人和客人的双重角色。因此，广义的主客关系可以扩展为"主-商-客"关系。在旅游与地方碰撞的过程中，主人和客人之间如何交流和互动，如何协商解决冲突，最终实现相互认同与交融，都是传统村落可持续发展面临的关键问题。

在乡村旅游发展初期，主人、客人往往将对方视为"他者"，更强调个人利益，而忽视互惠合作的价值。随着旅游业进一步发展，主客良性互动日渐增多，主人接收到客人传递的正向信号后，会做出积极回应，并共享自己的日常生活空间、文化活动和情感记忆等，使客人获得难忘的旅游体验。乡村旅游中频繁的主客互动将促使不同文化在乡村空间交流碰撞，将各自的价值观、情感、生活方式等投射其中，实现各民族、各群体之间的互相交融、彼此认同。

乡村旅游发展中的主客关系，是邻里关系之外影响不断增大的新交往维度。① 主客交往既带来正向影响，也会在多维博弈中出现各种矛盾与冲突。例如，居民参与旅游机会不均等导致主客互动频率两极化、居民生产生活空间未隔离使得他们失去后台支持、乡村旅游活动为了迎合游客过度商业化、主客互动场景中多种元素不够协调等。因此，本文以"主-商-客"关系，即广义的主客关系为研究主题，重点探索主客交往交流交融中出现的问题，并以"共振-共创-共生"价值协同链为分析框架，为传统村落主客之间的良性互动寻找可能的优化策略。

---

① 王金伟、蓝浩洋、陈嘉菲：《固守与重塑：乡村旅游介入下传统村落居民地方身份建构——以北京爨底下村为例》，《旅游学刊》2023 年第 5 期。

# 一 概念界定与分析框架

## （一）概念界定

### 1. 主客互动

主客互动是旅游人类学的核心议题之一，指旅游过程中主客在经济、社会和文化等方面的相互接触、相互影响和相互关系。[①] 它包含多层次、多类别的互动关系，例如商业性的虚拟主客关系和现实性的真实主客关系。[②] 根据不同认定标准可将主人分为两种：一是具备当地身份证件的公民；二是游客认定的主人，如外来企业经营者、旅游服务人员等。[③] 因此，广义的主客互动可以看作"主-商-客"的互动。其中，商人作为文化中间人隐含在"主客"这一交叉范畴中。

主客互动情境主要包括三种，即客人从主人那里购买商品或服务、客人与主人交流信息及主客无真正交流但同处一个空间。[④] 这些在旅游地日常生活中发生的主客互动情境呈现零散化、随机化和复杂性的特征，因此很难找到一个理论或模型来完整阐释旅游情境中的主客互动。[②]

### 2. 主客交往交流交融

习近平总书记在2014年中央民族工作会议和党的十九大报告中强调"加强各民族交往交流交融"。[⑤] 这一概念的提出虽然历时不久，但其精神实质源远流长[⑥]，中国历史上长期形成并不断发展的民族关系形态被赋予了时

---

① 杜江、向萍：《关于乡村旅游可持续发展的思考》，《旅游学刊》1999年第1期。

② 孙九霞：《旅游中的主客交往与文化传播》，《旅游学刊》2012年第12期。

③ 杨晶晶：《不同类型旅游目的地游客与当地人互动的多样性》，《旅游学刊》2021年第5期。

④ Kadt, D. *Tourism: Passport to Development*, London: Oxford University Press, 1979, pp. 1-15.

⑤ 罗彩娟：《民族交往交流交融的理论阐释与实践探索》，《中南民族大学学报》（人文社会科学版）2020年第3期。

⑥ 杜娟：《从文化涵化视角看我国各民族交往交流交融》，《中南民族大学学报》（人文社会科学版）2017年第6期。

代性内容①，包含了经济学中的交换关系，还包含制度、情感、义务、道德和秩序等社会因素②。

旅游发展激发了地缘、血缘、业缘和趣缘等关系，主客通过交往、交流在乡村实现由空间到心理、由经济到文化、由关系到结构的深层次交融，③推动了彼此互见、互动与互嵌。旅游业的"主客交往"是按照"主人-旅游-客人"模式进行的，以旅游吸引物为媒介建立主客间的物质和精神联系，发展了主客关系，使主客互见；"主客交流"则描述了主客间互相传递信息与交换价值的过程，形成了主客对话，使主客互动；"主客交融"是主客在长期交往交流中吸收对方文化的过程，实现了文化互鉴、心灵相通、血缘相融，逐渐产生了兼具多元文化的互嵌社区。

## （二）分析框架

本文在中国知网（CNKI）上以"乡村旅游""主客"为主题词检索得到 2020~2023 年发表的 41 篇相关文章，这些文章来自《旅游学刊》《旅游科学》《人文地理》《地理科学》《地理学报》《经济地理》《自然资源学报》《地理科学进展》等知名期刊。在对这些文章的研读中，我们重点关注传统村落主客交往交流交融问题，并以"共振-共创-共生"价值协同链为分析框架。在价值共振阶段，主客各为关系中心，初步接触形成"我-他"关系，使交往互见得以实现；在价值共创阶段，主客建立平等的、互为中心的伦理关系，构建交流互动的"我-你"关系；在价值共生阶段，主客真正实现"我们"，达到交融互嵌的理想效果（见图 1）。④

---

① 赵月梅：《各民族交往交流交融的历史演进与现代治理——以内蒙古通辽地区为例》，《北方民族大学学报》2022 年第 3 期。

② 刘诗谣、刘小珉、吴睢：《族际互惠视角下的民族交往交流交融：实践、逻辑与功能——基于怒江傈僳族自治州的田野调查》，《云南民族大学学报》（哲学社会科学版）2022 年第 6 期。

③ 袁年兴、任远：《民族交往交流交融：作为方法的新时代民族学话语》，《中南民族大学学报》（人文社会科学版）2022 年第 11 期。

④ 李燕琴、张良泉：《价值共振-共创-共生：以旅游业推动各民族交往交流交融》，《旅游学刊》2022 年第 12 期。

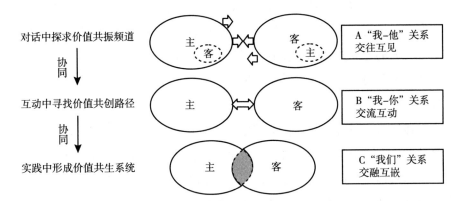

**图1　主客交往交流交融中的"共振-共创-共生"价值协同过程**

资料来源：李燕琴、张良泉《价值共振-共创-共生：以旅游业推动各民族交往交流交融》，《旅游学刊》2022年第12期。

## 二　传统村落旅游发展中主客交往
## 交流交融的现实问题

促进主客交往交流交融是传统村落推进文化传承与旅游可持续发展的关键路径。乡村旅游发展推进了主客在交往交流交融中的价值共振、共创、共生，使多元文化的主人与客人在传统村落场域中更好地实现互见、互动与互嵌。从游客视角来看，村民热情好客是其感知到的旅游环境的一部分[①]；从村民视角来看，主客互动发生在他们熟悉的环境，因而有较大的主动权控制主客互动过程[②]。然而，村民旅游参与程度、参与能力、参与途径有限的发展现状，制约了主客互动的深化。研究表明，传统村落中农户对旅游的适应

---

[①]　陈志钢、刘丹、刘军胜：《基于主客交往视角的旅游环境感知与评价研究——以西安市为例》，《资源科学》2017年第10期。

[②]　张机、徐红罡：《民族餐馆里的主客互动过程研究——以丽江白沙村为例》，《旅游学刊》2016年第2期。

程度不高，大多数农户还在逐渐适应；① 村民持有股份比例有限，难以全面表达所有村民的意见；② 由于主客在资本积累、知识技能、思想观念、生活方式等方面的差异，特别是在旅游发展初期，由生计转型、能力不足引发力不从心，部分村民在主客互动中可能产生不适情绪，也会降低主客互动的积极性。

总体来看，主客之间从价值共振、价值共创到价值共生的演化过程是曲折复杂的，主客交往交流交融还有待进一步提升。目前的主客互动存在的问题，可以归纳为村民参与旅游发展机会不均衡、村民生产生活空间未隔离、主客互动活动商业化和主客互动场景失调化四大方面。

## （一）村民参与旅游发展机会不均衡

资本和技能是影响传统村落居民参与旅游发展和主客互动的重要因素。在从农业向旅游业的生计转型中，由于知识技能、思想观念以及资本积累等方面的制约，有些村民难以参与旅游发展。例如，在云南大理的新华村，一些白族手工艺品制作者由于没有自己的店铺选择离乡外出，被迫到其他地方寻求发展机会。③ 这导致在主客交往交流交融实践中发生了两种转变：一是参与旅游发展的村民拥有更多的主客互动机会，在经济效益、权力掌握和自我表达等方面占据优势；二是未参与旅游发展的村民逐步边缘化。这两者之间的差异导致了现实中的不均衡参与格局。

地理位置也会影响主客互动的规模和频率。街道、店铺和广场的位置与游客规模直接相关，次要街道通常难以吸引像主要街道那样多的客流量，从而减少了周边居民与游客交往交流交融的机会。以贵州安顺某村落为例，主干街道上的店铺、基础设施、卫生状况和景观修缮都比次要街道优越，因此

---

① 吴吉林、周春山、谢文海：《传统村落农户乡村旅游适应性评价与影响因素研究——基于湘西州 6 个村落的调查》，《地理科学》2018 年第 5 期。

② 颜亚玉、张荔榕：《不同经营模式下的"社区参与"机制比较研究——以古村落旅游为例》，《人文地理》2008 年第 4 期。

③ 樊泳湄、谭懿沁：《云南少数民族传统文化变迁研究——以大理白族自治州鹤庆县新华村白族手工艺品为例》，《学术探索》2011 年第 2 期。

村民的旅游收益也受到地理位置的影响。此外，主客共享休闲场所的分布也会影响互动机会。休闲广场通常可以吸引较多游客，而居民也在休闲广场进行健身、下象棋等活动，因此主客在这个空间中拥有更多交叉互动的可能性。如果将休闲广场视为传统村落的主客互动中心——类似于会客厅，那么其他空间将成为次中心或边缘地区，从而形成了"核心-边缘"的非均衡主客互动空间格局。

主客互动机会还受村民交流技巧、互动技能的影响。具备相应技能的村民更容易接触游客，并能更好地把握互动心理和节奏。这种良好的互动效果不仅能得到游客认可，也受到社区组织、政府等的赞赏。在礼仪性接待时，组织者通常会给予这些具备技能的村民更多的讲解机会。而对于不擅语言交流和对外互动的群体来说，他们因为交流技能的缺失而被忽视，难以与游客全面互动。换句话说，技能引发的外界隐性心理预期会影响主客互动频次与能力发展，导致"强者愈强，弱者愈弱"的恶性循环局面。

## （二）村民生产生活空间未隔离

在旅游发展中，主客互动场所常常难以与村民生产生活空间隔离。村民生产生活空间常常直接转变为附加旅游生产功能的主客共享空间。村民开办民宿、农家乐时，会主动将原有的"家"转变为主客共享空间，即构建"商业性家"①。而一些传统村落居民的老宅常由旅游企业管理，建筑风格由企业决定，村民被要求继续居住在老宅中。从游客的视角来看，传统村落提供主客共享场所是应有之义，而这种展演化的共享空间无法达到游客预期，加之"商业性家"存在恶性竞争时，将难以满足游客对于淳朴热情民风的期待。从村民的视角来看，自我空间被共享、原有生活被破坏。对于主人与客人而言，生产生活空间的共享如未产生明显经济价值和体验价值，双方都会不满，也很难有高质量的互动。

---

① 黄锋、保继刚：《旅游小企业的家庭化生产对家庭代际团结的影响——西双版纳傣族园案例》，《旅游学刊》2021年第11期。

外部力量的干预也会淡化主客互动，使传统村落失去原汁原味，破坏原真性。当日常生活世界与旅游世界重叠时，"我者"与"他者"既在空间上共享，也在空间上竞争。在经济利益驱使下，主人可能对传统村落进行市场化改造，并努力寻找盈利点。例如，一些传统村落所在地政府为了统一景观，责令村民拆除原有院落中的棚子，迫使村民调整生活方式和院落的原始面貌。这些措施为了服务游客而损害了村民的日常生活空间，在某种程度上也破坏了传统村落的原始风貌，阻碍了游客体验村落真实生活，难以激发新鲜的体验和积极的情绪。①

一些传统村落成为外来游客与村民互嵌的空间。不满意旅游收益的年轻人会选择外出务工，导致村落空心化；城市游客则渴望村落成为乡愁寄托之所，对乡村院落情有独钟。例如，河北秦皇岛的北戴河村，吸引了北京"798"艺术区、宋庄"画家村"的大批文艺工作者，有600年历史的传统村落被打造成乡愁体验的"水岸田园艺术村落"。旅居者租用传统村落中的闲置宅院，驻扎下来，为村落带来了资金和知识，但同时传统村落空间也发生了重构，一些过于现代化的元素冲淡了原有的地方文化。

### （三）主客互动活动商业化

节庆活动商业化可能使其承载的文化符号偏离原有的传承轨道。为获取更多的经济收益或满足游客需求，民俗仪式、民族展演等在旅游发展中往往呈现表演压缩化、节庆日常化的趋势，它们所承载的居民情感则被忽视，从而脱离了地方文化的传承轨道。比如，云南某村落的"情定石寨子"舞蹈表演在表演内容、舞台布景、物品设计等方面皆增加了商业化元素，与舞蹈的原始内涵不相符合，在一定程度上破坏了地方文化的原真性，使游客对地方文化的理解产生偏差。

此外，传统村落中林立的各式民宿、饭店、特产店也可能破坏村落的乡

---

① 王金伟、蓝浩洋、陈嘉菲：《固守与重塑：乡村旅游介入下传统村落居民地方身份建构——以北京爨底下村为例》，《旅游学刊》2023年第5期。

土氛围，使游客仿佛置身于千篇一律的购物街。商业化也会破坏传统村落淳朴的社会生态，店铺前的导购员常主动与游客搭话，希望拉拢游客进店消费。但这种交往的利益性较强，往往带有吸引消费的意味，导致游客潜意识地形成警惕心理，甚至产生厌烦。从进入传统村落开始，停车场、观光车、特产店、民宿等系列互动活动均是商业化的。

传统村落的商业化也表现在"人"的商业化。比如，游客在广西某村旅游时发现，"老人成了牟利的工具，看一眼合个影必须封10元以上的红包，老人太可怜了"。游客在惋惜老人生活被打扰的同时，也关注到"老人"商业化背后的获益者，"给的红包都是被他们家里人拿去的，老人根本自己没办法买东西"。这样的商业化现象无疑强化了游客对传统村落的负面印象。

### （四）主客互动场景失调化

基于生活体验、融入在地文化的传统村落场景常能打动人心。多媒体、科幻灯光、VR（虚拟现实）、AR（增强现实）等数字技术的应用渐成趋势，但数字技术如何以及在多大程度上服务于传统村落的旅游发展还需要进一步探究。主客互动场景中传统与现代元素的不协调可能破坏传统村落原真性，使游客感到与真实村落文化存在隔离。比如，山西某村落在《太行山上》实景演艺中应用了许多灯光与科幻色彩元素，但游客却产生"剧目投资巨大，很多升降台布景都很前卫，然后就仅此而已了"的体验。这种过度强调技术应用而忽略乡土文化本身的做法是舍本逐末，技术只是手段，文化才是村落的根基。

网红元素的过度使用也会导致主客互动场景的失调。网红元素在社交媒体上被频繁分享与传播，很快也传播到了传统村落的乡土空间，如特殊的主题餐厅、个性化的旅行路线等。但网红元素的过度使用可能导致主客互动场景不再以体验为主，而变成为了追求网红效果而拍照的场地，甚至将各具特色的村落变为千篇一律的打卡地。比如，三亚某村落拥有义乌小商品、全国统一口味的土家烧饼、肉夹馍、炸臭豆腐、烤大鱿鱼和生蚝等店铺或小摊位，开着一样的珍珠贝壳，这些给予游客的体验便是"事实再次证明凡是

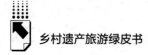

主打网红、民宿、情怀的景点必定巨雷"。这种体验效果往往是由预期落差导致的，即网红元素被期望过高而实际体验较差。这种失望情绪也会传递到与他人的互动中，影响主客之间的交流和游客旅游体验。

主客互动场景失调还表现在场景与故事的不协调上。这意味着传统村落宣传的故事或历史背景与游客在现实中的体验和感受存在不一致，其缘由可能是对历史细节还原不够、出现时空错乱或存在不符合时代特征的建筑与文物。比如，湖北咸宁的某村落宣传其先祖是西汉楚元王刘交，传承 81 代，有近 9000 人聚族而居，但村落依托的物质载体却是明清古民居群落，难以呈现自汉朝遗存至今的文化底蕴。对此游客的体验便是"好好的村非要改成大汉皇族村，为了旅游开发编出来的故事自己先相信了，也是够投入、够入戏的"。这种不贴切的、不协调的故事难以打动关注一致性体验的游客，失调的场景往往成为传统村落旅游持续发展的阻碍。

# 三 传统村落旅游发展中主客交往交流交融的优化对策

## （一）文化载体化和故事产品化：以多元互见拓展主客共振频道

深入挖掘地方文化与地方故事，文以载道、文以传情，以游客喜爱的富有人性化的方式予以呈现，可促使传统村落与游客在更多维度共振，使主客互见，产生更强烈的主客共鸣。

### 1. 文化载体化

文化载体化是以游客喜闻乐见的方式传播本地文化，使其蕴含的价值潜移默化地入脑、入心。地方文化是传统村落历史的浓缩，也是游客体验的灵魂内核。这些文化如能以村落遗迹、本地名人等可感可及的载体，在深入理解旅游消费者需求的基础上借助多样化的技术予以呈现，可摆脱强制性文化输入给游客带来的排斥感，找到村落主人与外来客人情感共鸣与价值共振的主要频道，开发出直击心灵的旅游产品。

广东省邓屋村以崇文重教的家风培养了诸多人才，如近代农业高等教育先驱邓植仪、爱国企业家邓盛仪、激光先驱邓锡铭、邮票设计专家邓锡清等。这些历史名人是邓屋村历史文化生动表达的重要载体，邓屋村特别设有"坪石先生"邓植仪、邓盛仪陈列馆。陈列馆以时间为主线，采用通史叙事的方式展示了他们的人生经历、学术成就，弘扬"坪石先生"不畏艰难、报效国家的爱国精神。邓屋村利用多媒体互动查询装置、动画视频等现代科技手段表现展览主题，把历史知识生动活泼地展示出来，使游客只需要动动手指，便可移步换景查看展品详细介绍，从而跨越时间、空间的限制，使历史文化名人资源得到活化利用。

**2. 故事产品化**

传统村落往往积淀了不少动人心弦、引人入胜的故事，讲好这些故事、打造具有独特IP的地方产品是引起主客同频共振的另一路径。故事产品化的过程中要充分考虑游客对故事的记忆与想象，以核心故事为IP，让流传的故事落地生根，打造高于游客心理预期的高标准故事产品。故事产品化过程不必拘泥于传统遗迹复原，可从历史渊源、服装服饰、语言习俗、节庆活动、戏曲表演、农业用具、生产技艺、现代转化等角度着手设计。产品设计既要贴合故事的文化内涵，又要符合传统村落的整体氛围，将故事生活化地带到旅游情境中。

浙江省安桥头村是鲁迅外婆居住的村落。鲁迅在《社戏》中写道："那地方叫平桥村，是一个离海边不远，极偏僻的，临河的小村庄。"鲁迅在中国可谓妇孺皆知，安桥头村承载着鲁迅幼时的乐趣与记忆，而童年是可以引发所有人同频共振的主题。将鲁迅文学中描绘的生活故事落地，契合游客的心理预期，使安桥头村成为体验鲁迅童年快乐时光的最佳目的地。依托保留完好的鲁迅外婆家住宅开发"鲁迅外婆家景区"，以鲁迅幼时生活为IP，打造"可以阅读的回头路"、月亮船、朝北书局、西瓜地小英雄景观、稻田中的"望稻楼"、迅哥的菜园等系列旅游产品。

## （二）客人主人化和风景场景化：以多元互动探寻主客共创路径

客人主人化与风景场景化意味着主客之间价值协同的进一步推进，客人与主人的角色不是绝对的。客人主人化是客人短期或长期深度沉浸于传统村落的过程，甚至是更深层次地参与价值共创的过程，而正是主与客、人与风景的互动使得静态风景成为动人的场景。

### 1. 客人主人化

在客人主人化过程中，客人与主人的心理边界开始消融，客人有深度了解传统村落的期待，主人有接纳新生力量的预期，双方需求匹配使得客人主人化进程得以实现。客人全面地了解并选择性接受传统村落的地方性文化习俗，同时结合自身文化习惯进行调整，常常形成区别于原有居民的小众文化，这是一种文化的创造性传承。当客人融入传统村落后，逐渐被当地人认同为自己人，如长期工作的志愿者、旅居的客人、长期经营的民宿主人，这些新村民为传统村落带来了新的文化气息和社会关系，当主人的责任感被激发时，他们可成为积极参与地方经济发展、文化保护的中坚力量。因此，客人主人化还可抑制传统村落空心化趋势。

云南省大开河村是普洱市种植咖啡的重点村落。当地咖啡庄园招募义工参与从"种子到杯子"的全产业链体验过程，义工也通过咖啡了解和参与乡村发展。其中报名者以年轻人居多，有人是咖啡行业工作者，想来产地深入了解咖啡种植环节，还有人是为开咖啡店做准备，另外还有一些大学生。义工和当地农民一起劳作和休闲，一方面满足客人的需求，另一方面也逐步体验主人角色，并将咖啡义工体验通过网络传播，带动更多人来到咖啡产区，推动普洱咖啡以新颖的方式"出圈"。同时，这种义工体验为参与者留下了深厚的乡村烙印，成为年轻人了解云南乡村的新方式。

### 2. 风景场景化

传统村落的风景虽然可以满足部分游客对观光游览的需求，但作为一种静态事物，难以对游客的参与做出个性化、情感化的反馈。从体验经济发展的趋势来看，动态场景体验是大势所趋。事实上，风景与场景的界限并不清晰，但重要的是游客可以获得沉浸式旅游体验。风景场景化需要把握好传统村落整体的"舞台叙事"，以主脉络为根基进行调整，将原有景观从静态观赏拓展到与动态体验并重的维度。文化的创造性转化与创新性发展是风景场景化的重要抓手。将传统村落的地方文化、人情关系、历史底蕴和遗存古迹合理融合，打造生活化、情境化和乡土化的场景，可推动游客成为旅游场景的一员，正所谓"你站在桥上看风景，看风景的人在楼上看你"，主人与客人共创共享美妙的场景。

山西省张壁村的张壁古堡，始建于十六国时期，古堡周长1300米，堡墙为版筑夯实，高5~7米，建有南北两座堡门，门外建有一座提升防御能力的瓮城，瓮城之上还建了多座宗教祠庙。张壁古堡通过开发夜间游玩模式使静态的城堡活起来，设计城堡夜景、夜演、夜市、夜娱和夜宿等多个功能场景，其中既包括梦幻激光秀、孩童集市等现代元素，更通过璀璨方言、诗词灯、民俗表演等使其充满浓郁的文化气息和神秘感。

## （三）社会协同化和居民主体化：以多元互嵌构建主客共生系统

中国幅员辽阔，东西部地区在发展水平、人文环境上皆存在差异，传统村落旅游发展中多元主体的互嵌共生方式也应当实事求是地寻求差异化发展路径，东部重社会协同化、西部重居民主体化正是路径差异化的具体体现。

### 1. 社会协同化

东部地区城乡差距较小，传统村落有较强的资金与人才优势，地方政府主导旅游发展的优势更为突出。在此基础上，借助乡贤、旅游公司、社会组织等多元主体的力量，构建以传统村落居民为主体的共生系统推动乡村旅游协同化发展成为可能。传统村落文化底蕴深厚，外部力量的市场经验更为丰富，二者结合孵化出了各种文创产品、旅游产品，在可控、有序前提下扩大了旅游发展的朋友圈，使社会资本赋能传统村落文化传承与创新发展。乡村旅游发展网络的拓展有助于打破思维限制以及固有的发展模式，跨地方、跨组织、跨领域进行资源整合，为传统村落注入新鲜化和趣味化的元素，使得传统村落的旅游共生系统更符合体验经济的时代要求，实现创造性转化与创新性发展的目标。

元末明初建成的浙江省布袋坑村，因弥勒佛化身"布袋和尚"而得名，村中竹林环绕，保留了相当数量的古民居，人与自然相处和谐。政府、旅游公司、乡贤、社会组织等多元主体以"股份制合作社+社会资本+村民入股"的形式，共同打造了"布袋坑山村共建计划"。各方通力合作发展旅游产业，村支书带头组织制定旅游发展方案，政府出台政策性农业保险，外来合作者建立旅游公司。同时，将布袋坑村的杨梅、猕猴桃、馒头、豆腐和酿酒工艺推广到山村之外，实现了共生共赢。

## 2. 居民主体化

西部地区城乡差距较大，传统村落资金和人才都相对匮乏，自身管理水平有限，如果社会资本大举进入，很容易失去对旅游发展方向和节奏的掌控。因此，更适宜引入一些公益性的陪伴成长项目，通过旅游发展培育村民的现代意识、主体意识，逐步提高村民旅游从业能力和管理能力，有序接纳外部的合作力量。新内源式发展是适合西部传统村落的发展模式，它不是脱离外部支撑的孤立式发展，而是激励村民在政府指导下挖掘村落文化底蕴的真正价值，找到符合传统村落的发展路径。在此过程中，村民不断提高自身能力，积极发挥主观能动性，通过村集体组织、农村发展协会等渠道合理表达自身诉求，享有旅游运营的监督权、参与权和决策权，在旅游发展的博弈中拥有主体地位。

云南省阿者科村地处红河哈尼梯田世界文化遗产核心区，2018年，中山大学保继刚教授与元阳县政府协商推出"阿者科计划"，采用村集体企业主导的新内源式开发模式。在"阿者科计划"的引领下，村民成立旅游发展公司，公司组织村民整治村庄、经营旅游产业，公司收入归全村所有，村民对公司经营进行监管。为保护千年古村落，计划明确提出阿者科村保护利用的"四不"规则，即不租不售不破坏、不引进社会资本、不放任本村农户无序经营、不破坏传统。中山大学派遣多名研究生接力到阿者科驻村，协同县青年干部一起陪伴乡村成长，指导村民执行"阿者科计划"。除了外部引进，阿者科村先后培养多名"明白人""带头人"，使村民成为传统村落旅游发展的主人。

总之，旅游促进主客交往交流交融在理论和实践层面值得进一步探讨。由于"交往交流交融"概念的提出时间较短，三者间的清晰界定、演化逻辑并未完全厘清。如何保持主客博弈平衡是传统村落旅游发展需要关注的问题，传统村落旅游发展既不能损害游客的体验，又不能影响居民正常的生产生活。

# G.15

# 2023年中国传统村落旅游大数据分析

——基于携程网络评论的跨时段旅游目的地形象认知对比

王 恒 张爱茹 徐雪*

**摘 要:** 本文利用"八爪鱼"采集器选取携程网上有关中国传统村落的网络评论,并运用ROST CM6软件对收集的评论文本数据进行文本去重、添加自定义词语、分词、词频分析和情感分析。根据词频分析结果,形成了2015～2017年、2018～2020年和2021～2023年传统村落高频特征词统计表。分析结果显示,中国传统村落主要以景区(景点)的形式向游客开放,传统村落的建筑和优美的景色是吸引游客的重要因素。本文采用内容分析法从传统村落的形象认知的旅游资源、旅游环境与设施、交通服务与设施、旅游行为、旅游认知与评价五个主类目,分析游客对传统村落的形象认知。研究结果表明,随着社会的发展,游客对旅游资源的关注度与倾向性逐渐提高,而对旅游行为和旅游认知与评价的关注度相对稳定。根据ROST CM6的情感分析结果可知,游客的积极情绪逐渐下降,而消极情绪逐渐增加。这表明游客对旅游目的地的不满程度逐步提高,原因包括景区管理不规范、服务态度较差、景观设施保护不佳以及门票价格不合理等。

**关键词:** 传统村落 网络评论 形象认知

---

\* 王恒,博士,北京联合大学旅游学院副教授,主要研究方向为乡村旅游、目的地营销;张爱茹,北京联合大学旅游学院硕士研究生,主要研究方向为乡村旅游;徐雪,北京经济管理职业学院管理学院讲师,主要研究方向为乡村旅游、旅游社交媒体营销。

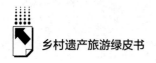

# 一 形象认知的概念及分析方法

## （一）形象认知的概念

目的地形象可以从旅游目的地的投射形象以及旅游者的感知形象两个维度进行评价。投射形象是指旅游目的地主体意图在潜在旅游者心中塑造的形象，感知形象是指现实旅游者和潜在旅游者对旅游地产生的感知和印象。[①]

国外旅游认知研究非常注重规范与实证的紧密结合，通过实证来检验理论阐述是它们的重要特征。[②] 国内旅游目的地形象研究的对象仍然与旅游活动的三大要素对应，即主体、客体和媒体。从旅游者的角度看，旅游目的地形象是旅游者对旅游目的地各种信息的接收和转化进而形成的新认知。[③]

旅游形象认知分析是评价和分析旅游目的地在旅游者心中的印象和认知的形成过程。它涵盖了对旅游目的地整体形象的评价以及对各个组成部分的评价，并揭示了旅游者对旅游目的地不同方面的认知程度。通过旅游形象认知分析，可以更好地了解旅游者的需求和期望，发现旅游目的地存在的问题与不足，优化旅游目的地的旅游产品和服务，提高旅游目的地的竞争力和吸引力。

## （二）形象认知的分析方法

### 1. 文献分析法

文献分析法是在确定研究主体和研究目标后，通过检索和研究相关文献

---

① 高静、肖江南、章勇刚：《国外旅游目的地营销研究综述》，《旅游学刊》2006 年第 7 期。

② Wenger, A. , "Analysis of Travel Bloggers' Characteristics and Their Communication About Austria as a Tourism Destination", *Journal of Vacation Marketing*, 2008, 14（2）: 169-181.

③ 杨雪珂、吴健清、张晓虹等：《基于网络文本的旅游目的地投射形象分析：张家界案例》，《中山大学研究生学刊》（自然科学·医学版）2014 年第 1 期。

资料来了解研究主体的基本情况，并借鉴参考现有的研究成果、思路和方法，以期全面深入理解研究对象的实质和现状。

2. 内容分析法

内容分析法是指"对具有明确特性的传播内容进行客观、系统的量化并加以描述的研究方法"[①]。本文通过内容分析法对从网络平台获取的景点评论进行系统分析，构建形象认知框架的维度，对要素逐一归纳总结分类，对不同时期游客对传统村落的评价进行分析。

3. IPA 分析法

IPA（Importance Performance Analysis）分析法是把各项要素按重要性和表现性准则分散在坐标系的 4 个象限内，并进行分析和阐释。采用李克特量表对每个要素的重要性（即感知度）和表现性（即满意度）进行评分，计算各个旅游形象认知要素的重要性指标 I 值与表现性指标 P 值，并分别以 I 值与 P 值的平均值确定坐标，做分割线垂直相交，构建 IPA 象限图。

## 二　数据来源与处理

### （一）数据来源

网络评论和游记是游客对整个旅程的体验和感受进行总结的一种形式。

"八爪鱼"采集器是一款用于爬取网页数据的工具，它可以根据不同用户的采集需求进行自定义设置，并且支持多种采集操作，如下拉刷新、翻页和滚动收集数据等。

本文以住房和城乡建设部公布的前六批中国传统村落名录为基础，在国内影响力较大的旅游平台（以携程网为例）逐个搜索村落，如禾木、呈坎，以确保所选取的传统村落已对游客开放并包含有效评论。在本文中，有效评

---

① 邱均平、邹菲：《关于内容分析法的研究》，《中国图书馆学报》2004 年第 2 期。

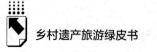
论被定义为对传统村落旅游景观进行了细致描述、内容翔实并表达了明确的情感。为了获取评论数据，使用"八爪鱼"采集器创建了"携程景点评论"任务，并上传了确认的传统村落（景区、景点）的携程景点链接进行数据采集，将爬取到的游客评论作为数据来源。

本次采集的评论发布的时间最早是 2015 年，截至 2023 年 8 月 2 日，共采集了近 9 年中 46 个传统村落的评论数据，得到相关文本数据的 Excel 表格，进行梳理后共计 8953 条评论，763462 字。

## （二）数据处理

由于采集到的网络文本数据可能存在乱码、重复、与主题不符等问题，为了确保研究结果的严谨性与合理性，对网络文本数据进行处理。

### 1. 文本去重

在 Excel 表格中，全选评论内容，进行"条件格式"—"突出显示单元格规则"—"重复值"的操作，将重复值设置成浅红填充色深红色文本，并最终把文本数据中的重复值都删掉。阅读所有文本内容，把文不对题、仅有标点符号、文本空白的内容删掉。

### 2. 添加自定义词语

为了保留本次研究的分词词汇的研究价值，添加自定义词组，确保其在分词后不被拆散。在 ROST CM6 软件中，选择"工具"—"自定义文件"—"分词自定义词表"，添加"值得""皖南""古村落""人文"等词语。

### 3. 分词

将网络文本数据内容另存为 txt（ANSI 编码）格式，打开 ROST CM6 软件，选择"功能性分析"—"分词"，将 txt 格式文本数据导入待处理文件，点击"确定"，导出"评论内容-分词后"txt 文档。

### 4. 词频分析

打开 ROST CM6 软件，选择"功能性分析"—"词频分析"，将导出的"评论内容-分词后"txt 文档导入"分词后待统计词频文件"，调整默认的只输出词频统计排名前 300 的词语为输出排名前 750 的词语，导出"评论内容-分词后-词频"txt 文档。

5.情感分析

通过 ROST CM6 软件的情感分析模块进行采集分析。将网络文本数据内容另存为 txt（ANSI 编码）格式，打开 ROST CM6 软件，将 txt 格式文本数据导入待分析文本并点击分析，导出"情感分布视图"与"情感分布统计结果"txt 文档。

# 三 中国传统村落旅游目的地形象认知分析

## （一）高频词特征统计分析

由于 2015~2023 年时间跨度较长，根据中共中央办公厅、国务院办公厅、文化和旅游部等相关部门发布的政策，把 2015~2023 年分为三个阶段。

2018 年 1 月 2 日，《中共中央　国务院关于实施乡村振兴战略的意见》提出划定乡村建设的历史文化保护线，保护好文物古迹、传统村落、民族村寨、传统建筑、农业遗迹、灌溉工程遗产，支持农村地区优秀戏曲曲艺、少数民族文化、民间文化等传承发展。2018 年 3 月 22 日，国务院办公厅发布的《关于促进全域旅游发展的指导意见》提出，依托风景名胜区、历史文化名城名镇名村、特色景观旅游名镇、传统村落，探索名胜名城名镇名村"四名一体"全域旅游发展模式。故 2015~2017 年为第一阶段，2018~2020 年为第二阶段。

2021 年 8 月 12 日，中共中央办公厅、国务院办公厅印发的《关于进一步加强非物质文化遗产保护工作的意见》提出，挖掘中国民间文化艺术之乡、中国传统村落、中国美丽休闲乡村、全国乡村旅游重点村、历史文化名城名镇名村、全国"一村一品"示范村镇中的非物质文化遗产资源，提升乡土文化内涵，建设非物质文化遗产特色村镇、街区，加强新型城镇化建设中的非物质文化遗产保护，全面推进"非遗在社区"工作。2021~2023 年

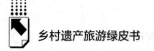

即为第三阶段。

根据 ROST CM6 软件的分词和词频分析功能，把整理的网络文本数据分时间段进行分词和词频分析，可以得到 2015~2017 年、2018~2020 年、2021~2023 年三个阶段的词频表，高频词是文本数据内容中最直观的部分，也是游客对旅游目的地最直观的感受，更可以让其他游客快速了解旅游目的地的特色与风格，将各阶段排名前 100 的特征词按降序进行排列可得表 1。

根据高频特征词（高频词）统计情况（见表 1）可得出以下结论。三个阶段的高频词主要集中在名词、动词和形容词三种词性上。其中，名词主要用来描述游客对旅游目的地地理位置等核心特征的认知情况，例如"建筑""文化""水乡"等。动词主要用来表示游客在旅游目的地的游览活动和感受，如"参观""走进""讲解"等。形容词则主要用来评价游客对目的地的印象，如"漂亮""安静""热情"等。

通过对排名较高的高频词进行分析可以得出如下两点。

一是"建筑""地方""景区""门票""景点""村落""景色"这七个高频词在三个阶段均位列前十，也体现了中国传统村落主要以景区、景点的形式向游客开放，旅游者需要购买门票才能进入，传统村落的建筑和优美的景色是其最主要的吸引力。

二是 2015~2017 年，排名前十的高频词有"古镇""特色""值得一看"；2018~2020 年，排名前十的高频词中有"古镇""历史""值得"；2021~2023 年，排名前十的高频词中有"禾木""文化""历史"。这显示随着时间的推移，人们对传统村落的历史文化底蕴更加关注。

表1 各阶段排名前 100 的高频特征词

| 时间 | 序号 | 高频词 | 频数 | 序号 | 高频词 | 频数 | 序号 | 高频词 | 频数 | 序号 | 高频词 | 频数 |
|------|------|--------|------|------|--------|------|------|--------|------|------|--------|------|
| 2015~2017 年 | 1 | 建筑 | 424 | 26 | 村里 | 146 | 51 | 水乡 | 104 | 76 | 祠堂 | 76 |
| | 2 | 地方 | 415 | 27 | 小吃 | 145 | 52 | 整个 | 103 | 77 | 油菜花 | 74 |
| | 3 | 景区 | 398 | 28 | 环境 | 138 | 53 | 安静 | 103 | 78 | 民风 | 74 |

续表

| 时间 | 序号 | 高频词 | 频数 | 序号 | 高频词 | 频数 | 序号 | 高频词 | 频数 | 序号 | 高频词 | 频数 |
|---|---|---|---|---|---|---|---|---|---|---|---|---|
| | 4 | 古镇 | 351 | 29 | 村民 | 134 | 54 | 长城 | 97 | 79 | 客栈 | 73 |
| | 5 | 门票 | 346 | 30 | 中国 | 133 | 55 | 古朴 | 95 | 80 | 自然 | 72 |
| | 6 | 景点 | 332 | 31 | 保存 | 133 | 56 | 位于 | 92 | 81 | 晚上 | 71 |
| | 7 | 村落 | 303 | 32 | 商业化 | 132 | 57 | 孩子 | 91 | 82 | 沙湾 | 71 |
| | 8 | 特色 | 279 | 33 | 气息 | 130 | 58 | 游玩 | 90 | 83 | 美丽 | 71 |
| | 9 | 值得一看 | 261 | 34 | 婺源 | 129 | 59 | 建议 | 88 | 84 | 小镇 | 71 |
| | 10 | 景色 | 250 | 35 | 旅游 | 127 | 60 | 俄罗斯 | 87 | 85 | 小村 | 70 |
| | 11 | 历史 | 247 | 36 | 人家 | 126 | 61 | 古老 | 85 | 86 | 住宿 | 70 |
| | 12 | 文化 | 238 | 37 | 时间 | 125 | 62 | 不大 | 84 | 87 | 风格 | 70 |
| | 13 | 值得 | 217 | 38 | 民居 | 124 | 63 | 公里 | 83 | 88 | 干净 | 69 |
| | 14 | 村子 | 200 | 39 | 不多 | 123 | 64 | 淳朴 | 83 | 89 | 拍照 | 68 |
| 2015~2017年 | 15 | 风景 | 189 | 40 | 漂亮 | 119 | 65 | 朋友 | 82 | 90 | 典型 | 67 |
| | 16 | 银杏 | 182 | 41 | 房子 | 116 | 66 | 美食 | 82 | 91 | 乡村 | 66 |
| | 17 | 导游 | 174 | 42 | 李坑 | 115 | 67 | 明清 | 82 | 92 | 交通 | 66 |
| | 18 | 适合 | 168 | 43 | 当地 | 114 | 68 | 参观 | 82 | 93 | 玩的 | 65 |
| | 19 | 游客 | 168 | 44 | 讲解 | 112 | 69 | 徽州 | 81 | 94 | 上海 | 64 |
| | 20 | 徽派 | 167 | 45 | 村庄 | 108 | 70 | 好吃 | 79 | 95 | 走进 | 64 |
| | 21 | 方便 | 165 | 46 | 感受 | 108 | 71 | 八卦 | 79 | 96 | 门口 | 64 |
| | 22 | 小时 | 161 | 47 | 味道 | 108 | 72 | 免费 | 78 | 97 | 古色古香 | 64 |
| | 23 | 商业 | 159 | 48 | 江南 | 107 | 73 | 保留 | 78 | 98 | 佛教 | 62 |
| | 24 | 禾木 | 158 | 49 | 开发 | 105 | 74 | 最好 | 78 | 99 | 游人 | 61 |
| | 25 | 小桥流水 | 153 | 50 | 古建筑 | 104 | 75 | 进去 | 76 | 100 | 热情 | 61 |
| | 1 | 景区 | 696 | 26 | 方便 | 196 | 51 | 祠堂 | 137 | 76 | 房子 | 107 |
| | 2 | 古镇 | 594 | 27 | 体验 | 190 | 52 | 小桥流水 | 136 | 77 | 门口 | 105 |
| 2018~2020年 | 3 | 建筑 | 553 | 28 | 村里 | 184 | 53 | 气息 | 135 | 78 | 淳朴 | 103 |
| | 4 | 村落 | 522 | 29 | 商业 | 182 | 54 | 免费 | 133 | 79 | 游览 | 101 |
| | 5 | 景色 | 500 | 30 | 长城 | 180 | 55 | 婺源 | 125 | 80 | 不大 | 99 |
| | 6 | 地方 | 491 | 31 | 旅游 | 175 | 56 | 味道 | 125 | 81 | 保护 | 99 |
| | 7 | 景点 | 451 | 32 | 小吃 | 175 | 57 | 人家 | 124 | 82 | 美丽 | 99 |

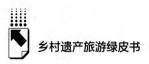

续表

| 时间 | 序号 | 高频词 | 频数 | 序号 | 高频词 | 频数 | 序号 | 高频词 | 频数 | 序号 | 高频词 | 频数 |
|---|---|---|---|---|---|---|---|---|---|---|---|---|
| 2018~2020年 | 8 | 门票 | 439 | 33 | 民居 | 173 | 58 | 自然 | 121 | 83 | 上海 | 97 |
| | 9 | 历史 | 428 | 34 | 徽派 | 172 | 59 | 安静 | 121 | 84 | 开发 | 96 |
| | 10 | 值得 | 334 | 35 | 环境 | 171 | 60 | 性价比 | 119 | 85 | 风格 | 94 |
| | 11 | 特色 | 327 | 36 | 当地 | 167 | 61 | 交通 | 119 | 86 | 完好 | 93 |
| | 12 | 禾木 | 326 | 37 | 村民 | 167 | 62 | 总体 | 119 | 87 | 多年 | 92 |
| | 13 | 文化 | 308 | 38 | 古建筑 | 165 | 63 | 讲解 | 119 | 88 | 玩的 | 92 |
| | 14 | 银杏 | 308 | 39 | 中国 | 159 | 64 | 明清 | 118 | 89 | 服务 | 90 |
| | 15 | 村子 | 293 | 40 | 感受 | 155 | 65 | 保留 | 117 | 90 | 喀纳斯 | 89 |
| | 16 | 游客 | 267 | 41 | 游玩 | 153 | 66 | 江南 | 114 | 91 | 油菜花 | 89 |
| | 17 | 风景 | 238 | 42 | 建议 | 151 | 67 | 美食 | 113 | 92 | 朋友 | 88 |
| | 18 | 位于 | 236 | 43 | 沙湾 | 150 | 68 | 参观 | 113 | 93 | 古老 | 88 |
| | 19 | 值得一看 | 233 | 44 | 整个 | 149 | 69 | 拍照 | 112 | 94 | 小镇 | 88 |
| | 20 | 小时 | 226 | 45 | 漂亮 | 149 | 70 | 停车场 | 112 | 95 | 李坑 | 86 |
| | 21 | 导游 | 222 | 46 | 村庄 | 144 | 71 | 古朴 | 109 | 96 | 天气 | 85 |
| | 22 | 水乡 | 212 | 47 | 公里 | 143 | 72 | 进去 | 109 | 97 | 空气 | 85 |
| | 23 | 保存 | 208 | 48 | 商业化 | 142 | 73 | 好玩 | 108 | 98 | 顺德 | 85 |
| | 24 | 适合 | 203 | 49 | 孩子 | 138 | 74 | 八卦 | 107 | 99 | 好吃 | 85 |
| | 25 | 时间 | 197 | 50 | 不多 | 137 | 75 | 竹泉村 | 107 | 100 | 小村 | 85 |
| 2021~2023年 | 1 | 景区 | 752 | 26 | 建议 | 156 | 51 | 当地 | 104 | 76 | 祠堂 | 79 |
| | 2 | 景色 | 501 | 27 | 体验 | 156 | 52 | 感受 | 104 | 77 | 保留 | 79 |
| | 3 | 村落 | 490 | 28 | 索道 | 150 | 53 | 自然 | 104 | 78 | 季节 | 79 |
| | 4 | 建筑 | 449 | 29 | 适合 | 149 | 54 | 总体 | 102 | 79 | 门口 | 78 |
| | 5 | 禾木 | 347 | 30 | 性价比 | 148 | 55 | 整体 | 97 | 80 | 住宿 | 77 |
| | 6 | 景点 | 327 | 31 | 方便 | 147 | 56 | 人家 | 94 | 81 | 观景台 | 76 |
| | 7 | 地方 | 313 | 32 | 旅游 | 146 | 57 | 气息 | 93 | 82 | 古朴 | 76 |
| | 8 | 门票 | 302 | 33 | 漂亮 | 146 | 58 | 风格 | 91 | 83 | 江南 | 76 |
| | 9 | 文化 | 292 | 34 | 游玩 | 138 | 59 | 缆车 | 89 | 84 | 免费 | 75 |
| | 10 | 历史 | 289 | 35 | 公里 | 137 | 60 | 美丽 | 89 | 85 | 交通 | 75 |
| | 11 | 婺源 | 280 | 36 | 晚上 | 129 | 61 | 不多 | 89 | 86 | 安静 | 73 |
| | 12 | 古镇 | 260 | 37 | 古建筑 | 129 | 62 | 村民 | 88 | 87 | 味道 | 73 |
| | 13 | 风景 | 259 | 38 | 银杏 | 127 | 63 | 长城 | 88 | 88 | 房子 | 72 |
| | 14 | 值得 | 257 | 39 | 商业化 | 123 | 64 | 水乡 | 87 | 89 | 距离 | 71 |
| | 15 | 油菜花 | 239 | 40 | 梯田 | 119 | 65 | 讲解 | 87 | 90 | 多年 | 71 |

续表

| 时间 | 序号 | 高频词 | 频数 | 序号 | 高频词 | 频数 | 序号 | 高频词 | 频数 | 序号 | 高频词 | 频数 |
|---|---|---|---|---|---|---|---|---|---|---|---|---|
| | 16 | 特色 | 217 | 41 | 村庄 | 118 | 66 | 选择 | 87 | 91 | 传统 | 70 |
| | 17 | 游客 | 201 | 42 | 拍照 | 113 | 67 | 服务 | 87 | 92 | 好玩 | 69 |
| | 18 | 徽派 | 193 | 43 | 整个 | 111 | 68 | 好看 | 86 | 93 | 景观 | 68 |
| | 19 | 位于 | 187 | 44 | 明清 | 111 | 69 | 停车场 | 84 | 94 | 下来 | 68 |
| | 20 | 民居 | 187 | 45 | 村里 | 111 | 70 | 喀纳斯 | 84 | 95 | 上海 | 67 |
| 2021~2023年 | 21 | 值得一看 | 179 | 46 | 商业 | 111 | 71 | 保护 | 83 | 96 | 黄山 | 67 |
| | 22 | 时间 | 178 | 47 | 保存 | 110 | 72 | 秋天 | 83 | 97 | 孩子 | 67 |
| | 23 | 村子 | 176 | 48 | 环境 | 110 | 73 | 小吃 | 81 | 98 | 山上 | 66 |
| | 24 | 小时 | 170 | 49 | 导游 | 107 | 74 | 进去 | 80 | 99 | 游览 | 66 |
| | 25 | 中国 | 164 | 50 | 徽州 | 106 | 75 | 不大 | 80 | 100 | 天气 | 66 |

资料来源：作者统计，原始数据来源于携程网。

## （二）形象认知分析

构建主类目、次类目需要确保分类清晰明确，通读所有评论内容并进行人工词频分析，提取"景观景色""建筑民居""民俗民风""历史人文""餐饮住宿""交通设施"等35个初步概念。随后经过整理归纳和总结调整，确定了"居民建筑""旅游景观""地理位置""交通设施""游览活动"等19个次类目，并将这19个次类目进一步归纳为"旅游资源""旅游环境与设施""交通服务与设施""旅游行为""旅游认知与评价"五个主类目，分析中国传统村落旅游目的地形象认知。

通过汇总三个阶段的网络文本数据占比（见图1），我们可以得出，"旅游环境与设施"的文本数据在三个阶段都是占比最高的，而"交通服务与设施"在三个阶段的占比均较低，其中"旅游资源"的文本数据占比经历了小幅度增加，说明旅游者对于"旅游资源"的关注度与倾向性随着社会的发展逐步提高，而"旅游行为"与"旅游认知与评价"的文本数据在三个阶段的占比相对稳定。

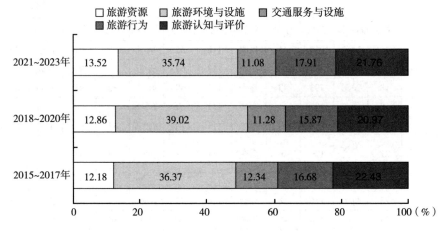

图1　2015~2017 年、2018~2020 年、2021~2023 年网络文本数据占比

1. 2015~2017年传统村落形象认知要素分析

从 2015~2017 年传统村落形象认知要素分析（见表2）可以得出，"旅游环境与设施"类目占比最高，达到了 36.37%，表明游客对于传统村落的旅游景观、地理位置的关注度最高，其次是"旅游认知与评价"，占比为 22.43%，"交通服务与设施"占比较低，为 12.34%，说明游客对于传统村落交通出行方式以及景区的配套设施关注度与期望值较低。

在"旅游资源"类目中，"居民建筑"占比最高，比如徽派、祠堂、牌楼等，占比为 5.60%，其次是"人文历史"，比如明清、古代、传说等，占比为 4.10%，这说明很多游客都被传统村落独特的人文历史和传统建筑所吸引。

在"旅游环境与设施"类目中，"地理位置"占比最高，如婺源、水乡、禾木等，占比为 24.41%，其次是"旅游景观"，如银杏、青石板、老街等，占比为 10.05%，这说明很多游客前往传统村落时对其所处的地理位置有着较为清晰的认知，并且他们选择前往传统村落是为了欣赏其独特的旅游景观。

在"交通服务与设施"类目中，"食宿条件"占比最高，如美食、客栈、宁静等，占比为4.84%，占比最低的是"卫生状况"，如干净、卫生等，占比仅为0.32%，说明游客对于食宿要求相对较高一些。

在"旅游行为"类目中，占比最高的是"游览活动"，如讲解、参观等，占比为6.67%，其次是"游览时间"，如周末、晚上、季节，占比为5.15%，这表明游客前往传统村落旅游更多发生在非工作日，而且主要活动是参观当地独特的文化与自然景观，并通过拍照留下美好回忆。

**2. 2018~2020年传统村落形象认知要素分析**

从2018~2020年传统村落形象认知要素分析（见表2）可以得出，"旅游环境与设施"类目占比最高，达到了39.02%，表明游客对于传统村落的地理位置以及旅游景观的关注度最高，其次是"旅游认知与评价"，占比为20.97%，最低的是"交通服务与设施"，占比为11.28%，说明游客对于传统村落交通出行方式以及景区的食宿配套设施的关注度与期望值相对较低。

在"旅游资源"类目中，占比最高的是"人文历史"，如明清、风水等，占比为5.87%，其次是"居民建筑"，如古建筑、祠堂、城墙等，占比为4.57%，这说明很多游客前往传统村落时都被其独特的人文历史和传统建筑所吸引。

在"旅游环境与设施"类目中，"地理位置"占比最高，如徽州、村里、古镇等，占比为26.22%，其次是"旅游景观"，如银杏、油菜花、木屋等，占比为10.33%，这实际上显示了许多游客在前往传统村落之前对其地理位置有较清晰的了解，并且他们选择去传统村落是为了欣赏其独特的旅游景观。

在"交通服务与设施"类目中，"景区与设施"的占比最高，如停车场、门票等，占比是4.00%，占比最低的是"卫生状况"，如干净、卫生等，占比仅为0.19%，说明游客对于传统村落的门票活动关注度相对较高一些。

在"旅游行为"类目中，占比最高的是"游览活动"，如导游、体验、讲解等，占比为6.13%，其次是"游览时间"，如晚上、季节等，占比为

5.38%，这表明游客前往传统村落旅游更多发生在非工作日，而且主要活动是参观当地独特的文化与自然景观，并体验当地特色项目。

### 3. 2021～2023 年传统村落形象认知要素分析

从 2021～2023 年传统村落形象认知要素分析（见表 2）可以得出，"旅游环境与设施"类目占比最高，占比为 35.74%，表明游客对于传统村落的地理位置以及旅游景观的关注度最高，其次是"旅游认知与评价"，占比为 21.76%，最低的是"交通服务与设施"，占比为 11.08%，说明游客对于传统村落交通出行方式以及景区的食宿配套设施关注度与期望值相对较低。

在"旅游资源"类目中，占比最高的是"人文历史"，比如明清、历史、风水等，占比为 6.37%，其次是"居民建筑"，比如古建筑、黛瓦、城墙等，占比为 5.14%，这说明很多游客前往传统村落时都被其独特的人文历史和传统建筑所吸引。

在"旅游环境与设施"类目中，"地理位置"占比最高，如禾木、黄山、古镇等，占比为 22.77%，其次是"旅游景观"，如油菜花、蓝天、巷子等，占比为 10.79%，这实际上显示了许多游客在前往传统村落之前对其所处的地理位置有较清晰的了解，并且他们选择去传统村落是为了欣赏其独特的旅游景观。

在"交通服务与设施"类目中，"交通情况"占比最高，如公里、停车、开车等，占比为 3.90%，占比最低的是"卫生状况"，如干净、卫生等，占比仅为 0.22%，说明游客对于去往传统村落以及传统村落内部的交通设施关注度相对较高一些。

在"旅游行为"类目中，占比最高的是"游览活动"，如索道、游玩、体验等，占比为 8.39%，其次是"游览时间"，如晚上、秋天、季节等，占比为 6.29%，这表明游客前往传统村落旅游更多发生在非工作日或者旅游目的地景色优美的时间段，而且主要活动是参观当地独特的文化与自然景观，并游玩当地特色的项目。

**表2 传统村落形象认知要素分析**

| 时间分段 | 主类目 | 次类目 | 三级类目 | 高频词频数(示例) |
|---|---|---|---|---|
| 2015～2017年 | 旅游资源(12.18%) | 居民建筑(5.60%) | 传统建筑(4.42%) | 建筑424,徽派167,民居124,古建筑104,祠堂76 |
| | | | 居民建筑(0.90%) | 房子116,木屋24,房屋24,院子19,房间18 |
| | | | 景观建筑(0.28%) | 博物馆39,牌楼22,牌坊16 |
| | | 遗址(0.43%) | 遗址遗迹(0.43%) | 保护45,文物28,古迹17,遗产16 |
| | | 人文历史(4.10%) | 历史(3.10%) | 历史247,文化238,明清82,古代39,人文35 |
| | | | 宗教民族(0.70%) | 佛教62,藏传57,民族25,蒙古族15,侗族12 |
| | | | 玄学(0.30%) | 风水30,故事27,传说15,童话12 |
| | | 民俗文化(2.05%) | 传统工艺(0.39%) | 木雕26,砖雕22,手工21,石雕16,雕刻14 |
| | | | 民俗特色(0.43%) | 民俗43,侗寨33,家族17,寨子14,李姓12 |
| | | | 民俗民风(1.23%) | 古朴95,淳朴83,民风74,纯朴40,韵味29 |
| | 旅游环境与设施(36.37%) | 氛围构建(0.71%) | 氛围构建(0.71%) | 古色古香64,原生态50,气氛28,氛围21 |
| | | 旅游景观(10.05%) | 自然景观(8.5%) | 景色250,风景189,银杏182,小桥流水153 |
| | | | 天气景观(0.48%) | 天气38,蓝天24,太阳22,下雨18,白云16,小雨15 |
| | | | 人文景观(1.07%) | 气息130,小巷42,巷子27,老街23,青石板21 |
| | | 地理位置(24.41%) | 城市位置(3.41%) | 中国133,婺源129,俄罗斯87,上海64,北京28 |
| | | | 区域位置(5.40%) | 景区398,古镇351,景点332,江南107,水乡104 |
| | | | 景区位置(10.11%) | 地方415,村里146,当地114,位于92,小镇71 |
| | | | 村落名称与类别(5.49%) | 村落303,村子200,禾木158,李坑115,村庄108 |
| | | 周边环境(1.20%) | 周边景点(1.14%) | 长城97,布达拉宫40,喀纳斯38,黄崖关25,周庄19 |

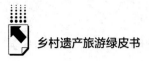
续表

| 时间分段 | 主类目 | 次类目 | 三级类目 | 高频词频数（示例） |
|---|---|---|---|---|
| 2015～2017年 | 旅游环境与设施（36.37%） | 周边环境（1.20%） | 周边环境（0.06%） | 周围 18 |
| | 交通服务与设施（12.34%） | 交通情况（2.70%） | 交通设施（2.70%） | 公里 83，交通 66，开车 44，停车 36，到达 35 |
| | | 食宿条件（4.84%） | 餐饮（3.02%） | 小吃 145，味道 108，美食 82，好吃 79，吃饭 50 |
| | | | 住宿（1.82%） | 安静 103，客栈 73，住宿 70，宁静 56，舒服 37 |
| | | 景区与设施（3.91%） | 景区设施（1.41%） | 商业 159，停车场 39，设施 38，店铺 34，售票处 34 |
| | | | 商品消费（2.50%） | 门票 346，免费 78，便宜 57，收费 47，票价 39 |
| | | 服务态度（0.57%） | 服务态度（0.57%） | 热情 61，服务 49，态度 20，改进 17，好客 12 |
| | | 卫生状况（0.32%） | 卫生状况（0.32%） | 干净 69，卫生 20 |
| | 旅游行为（16.68%） | 游客类型（4.26%） | 游客类型（4.26%） | 游客 168，村民 134，人家 126，孩子 91，朋友 82 |
| | | 游览时间（5.15%） | 游览时间（5.15%） | 小时 161，时间 125，晚上 71，周末 52，季节 46 |
| | | 游览活动（6.67%） | 游览活动（6.67%） | 导游 174，旅游 127，讲解 112，游玩 90，参观 82 |
| | | 游玩目的（0.60%） | 游玩目的（0.60%） | 休闲 60，写生 50，拍摄 30，出游 14，度假 13 |
| | 旅游认知与评价（22.43%） | 整体形象（1.92%） | 整体形象（1.92%） | 开发 105，建议 88，保留 78，管理 49，布局 43 |
| | | 体验评价（20.51%） | 积极（18.64%） | 特色 279，值得一看 261，值得 217，适合 168 |
| | | | 中性（0.95%） | 不多 123，不大 84，差不多 36，也就 23 |
| | | | 消极（0.92%） | 可惜 47，不值 33，严重 27，过度 25，不够 24 |
| 2018～2020年 | 旅游资源（12.86%） | 居民建筑（4.57%） | 传统建筑（3.26%） | 建筑 553，徽派 172，古建筑 165，祠堂 137 |

续表

| 时间分段 | 主类目 | 次类目 | 三级类目 | 高频词频数(示例) |
|---|---|---|---|---|
| 2018~2020年 | 旅游资源(12.86%) | 居民建筑(4.57%) | 居民建筑(1.02%) | 民居173,房子107,院子32,老宅18,古屋18 |
| | | | 景观建筑(0.29%) | 博物馆47,牌坊32,城墙18,牌楼17 |
| | | 遗址(0.60%) | 遗址遗迹(0.60%) | 保护99,遗产26,修缮22,遗址19,古迹19 |
| | | 人文历史(5.87%) | 历史(4.79%) | 历史428,文化308,保存208,明清118,保留117 |
| | | | 宗教民族(0.51%) | 佛教68,藏传61,民族25,蒙古族23,苗族22 |
| | | | 玄学(0.57%) | 八卦107,风水40,故事26,童话25,神秘22 |
| | | 民俗文化(1.82%) | 传统工艺(0.24%) | 木雕24,石雕20,雕刻19,砖雕17,手工15 |
| | | | 民俗特色(0.43%) | 侗寨48,苗寨39,寨子32,石寨32,李姓15 |
| | | | 民俗民风(1.15%) | 古朴109,淳朴103,民风79,民俗63,韵味39 |
| | 旅游环境与设施(39.02%) | 氛围构建(1.23%) | 氛围构建(1.23%) | 小桥流水136,古色古香68,原生态55 |
| | | 旅游景观(10.33%) | 自然景观(8.38%) | 景色500,银杏308,风景238,环境171,油菜花89 |
| | | | 天气景观(0.60%) | 天气85,下雨35,蓝天25,晨雾23,阳光23 |
| | | | 人文景观(1.35%) | 气息135,木屋60,石板40,老街39,巷子37 |
| | | 地理位置(26.22%) | 城市位置(3.29%) | 中国159,上海97,徽州74,黄山63,全国54 |
| | | | 景区位置(10.31%) | 地方491,位于236,村里184,当地167,进去109 |
| | | | 区域位置(6.28%) | 景区696,古镇594,景点451,水乡212,江南114 |
| | | | 村落名称与类别(6.34%) | 村落522,禾木326,村子293,沙湾150,村庄144 |

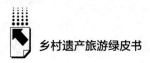
续表

| 时间分段 | 主类目 | 次类目 | 三级类目 | 高频词频数（示例） |
|---|---|---|---|---|
| 2018~2020 年 | 旅游环境与设施（39.02%） | 周边环境（1.24%） | 周边景点（1.18%） | 长城 180，喀纳斯 89，黄崖关 55，布达拉宫 37 |
| | | | 周边环境（0.06%） | 周围 21 |
| | 交通服务与设施（11.28%） | 交通情况（2.83%） | 交通设施（2.83%） | 公里 143，交通 119，开车 80，停车 56，电瓶车 51 |
| | | 食宿条件（3.66%） | 餐饮（2.18%） | 小吃 175，味道 125，美食 113，好吃 85，吃饭 62 |
| | | | 住宿（1.48%） | 安静 121，宁静 65，住宿 63，居住 56，客栈 53 |
| | | 景区与设施（4.00%） | 景区设施（1.18%） | 商业 182，停车场 112，设施 54，售票处 41，店铺 27 |
| | | | 商品消费（2.82%） | 门票 439，免费 133，便宜 84，收费 77，票价 55 |
| | | 服务态度（0.6%） | 服务态度（0.6%） | 服务 90，热情 78，态度 41，改进 25 |
| | | 卫生状况（0.19%） | 卫生状况（0.19%） | 干净 55，卫生 19 |
| | 旅游行为（15.87%） | 游客类型（3.92%） | 游客类型（3.92%） | 游客 267，村民 167，孩子 138，人家 124，朋友 88 |
| | | 游览时间（5.38%） | 游览时间（5.38%） | 小时 226，时间 197，多年 92，晚上 78，季节 76 |
| | | 游览活动（6.13%） | 游览活动（6.13%） | 导游 222，体验 190，旅游 175，游玩 153，讲解 119 |
| | | 游玩目的（0.44%） | 游玩目的（0.44%） | 休闲 71，旅行 48，出游 19，避暑 19，度假 15 |
| | 旅游认知与评价（20.97%） | 整体形象（1.65%） | 整体形象（1.65%） | 开发 96，管理 67，布局 57，发展 45，开放 43 |
| | | 体验评价（19.32%） | 积极（17.46%） | 值得 334，特色 327，值得一看 233，适合 203 |
| | | | 中性（1.27%） | 建议 151，不多 137，不大 99，差不多 51，有待 20 |
| | | | 消极（0.59%） | 不值 44，可惜 38，失望 36，遗憾 28，严重 28 |

续表

| 时间分段 | 主类目 | 次类目 | 三级类目 | 高频词频数(示例) |
|---|---|---|---|---|
| 2021~2023年 | 旅游资源(13.52%) | 居民建筑(5.14%) | 传统建筑(3.42%) | 建筑449,徽派193,古建筑129,祠堂79,黛瓦44 |
| | | | 居民建筑(1.35%) | 民居187,房子72,木屋55,房间34,房屋24 |
| | | | 景观建筑(0.37%) | 琉璃44,博物馆35,牌坊23,城墙14 |
| | | 遗址(0.55%) | 遗址遗迹(0.55%) | 保护83,遗产40,壁画23,古迹14,遗址13 |
| | | 人文历史(6.37%) | 历史(5.44%) | 文化292,历史289,明清111,保存110,保留79 |
| | | | 宗教民族(0.52%) | 佛教62,藏传53,活佛18,民族16,蒙古族13 |
| | | | 玄学(0.41%) | 八卦58,故事33,风水22,童话18 |
| | | 民俗文化(1.46%) | 传统工艺(0.46%) | 木雕37,石雕33,砖雕32,雕刻18,技艺12 |
| | | | 民俗特色(0.12%) | 侗寨25,宗族13 |
| | | | 民俗民风(0.88%) | 古朴76,淳朴52,民俗42,民风38,韵味30 |
| | 旅游环境与设施(35.74%) | 氛围构建(1.28%) | 氛围构建(1.28%) | 小桥流水62,疫情61,古色古香36,原生态35 |
| | | 旅游景观(10.79%) | 自然景观(9.15%) | 景色501,风景259,油菜花239,银杏127 |
| | | | 天气景观(0.64%) | 天气66,晨雾56,下雨36,蓝天29,气候13 |
| | | | 人文景观(1.00%) | 气息93,街巷34,石板31,巷子30,小路28 |
| | | 地理位置(22.77%) | 城市位置(3.45%) | 中国164,上海67,黄山67,全国62,新疆54 |
| | | | 景区位置(7.28%) | 地方313,位于187,村里111,当地104,门口78 |
| | | | 区域位置(5.83%) | 景区752,景点327,古镇260,徽州106,水乡87 |
| | | | 村落名称与类别(6.21%) | 村落490,禾木347,婺源280,村子176 |

续表

| 时间分段 | 主类目 | 次类目 | 三级类目 | 高频词频数(示例) |
|---|---|---|---|---|
| 2021~2023年 | 旅游环境与设施(35.74%) | 周边环境(0.90%) | 周边景点(0.83%) | 长城88,喀纳斯84,布达拉宫22,黄崖关21 |
| | | | 周边环境(0.07%) | 周围23 |
| | 交通服务与设施(11.08%) | 交通情况(3.90%) | 交通设施(3.90%) | 公里137,交通75,距离71,停车54,开车53 |
| | | 食宿条件(3.45%) | 餐饮(1.83%) | 小吃81,味道73,好吃65,美食61,吃饭59 |
| | | | 住宿(1.62%) | 住宿77,安静73,酒店59,宁静46,宜人41 |
| | | 景区与设施(2.90%) | 景区设施(0.88%) | 停车场84,设施42,店铺34,入口33,小店24 |
| | | | 商品消费(2.02%) | 门票302,免费75,票价42,便宜39,收费33 |
| | | 服务态度(0.61%) | 服务态度(0.61%) | 服务87,热情65,态度27,友好13 |
| | | 卫生状况(0.22%) | 卫生状况(0.22%) | 干净48,卫生20 |
| | 旅游行为(17.91%) | 游客类型(2.92%) | 游客类型(2.92%) | 游客201,人家94,村民88,孩子67,老板53 |
| | | 游览时间(6.29%) | 游览时间(6.29%) | 时间178,小时170,晚上129,秋天83,季节79 |
| | | 游览活动(8.39%) | 游览活动(8.39%) | 体验156,索道150,旅游146,游玩138 |
| | | 游玩目的(0.31%) | 游玩目的(0.31%) | 休闲32,写生26,拍摄25,度假13 |
| | 旅游认知与评价(21.76%) | 整体形象(2.35%) | 整体形象(2.35%) | 开发54,规模52,布局50,管理47,形成46 |
| | | 体验评价(19.41%) | 积极(17.45%) | 值得257,特色217,值得一看179,建议156 |
| | | | 中性(1.22%) | 商业化123,不多89,不大80,差不多41 |
| | | | 消极(0.74%) | 不值57,严重33,可惜32,遗憾30,失望26 |

注：形象认知类目百分比＝类目频数/评论总频数×100%。

资料来源：作者统计，原始数据来自携程网评论。

（三）情感分析

网络评论反映了游客对于旅游目的地的情感，多数评论以形容词为主，体现了游客对于整体游览活动的感受。本文通过 ROST CM6 软件的情感分析模块对评论文本进行采集分析，将导出文档进行整理汇总，得到各阶段游客情感分析统计，如表3所示。

通过对 2015~2017 年的评论文本进行情感分析，共得到 2766 条情绪评论。其中，积极情绪评论占比为 76.72%，共 2122 条；消极情绪评论占比为 22.56%，共 624 条；中性情绪评论占比为 0.72%，共 20 条。在积极情绪评论中，高度积极的占比最高，共 933 条，占全部评论文本的比为 33.73%。而在消极情绪评论中，一般消极的占比最高，共 410 条，占全部评论文本的比为 14.82%。这显示了游客对传统村落大多感到满意，积极情绪评论占比较高，说明他们体验感较好，而消极情绪中一般消极的占比较高，游客主要对传统村落的基础设施建设和门票价格等不太满意。

通过对 2018~2020 年的评论文本进行情感分析，共得到 3839 条情绪评论。其中，积极情绪评论占比为 75.10%，共 2883 条；消极情绪评论占比为 24.36%，共 935 条；中性情绪评论占比为 0.55%，共 21 条。在积极情绪评论中，高度积极的占比最高，共 1335 条，占全部评论文本的比为 34.77%。而在消极情绪评论中，一般消极的占比最高，共 562 条，占全部评论文本的比为 14.64%。这显示了游客对传统村落大多感到满意，因为积极情绪评论占比较高，说明他们体验感较好，而消极情绪中一般消极的占比较高，游客主要对传统村落的保护维护状态和景观设施等不太满意。

通过对 2021~2023 年的评论文本进行情感分析，共得到 3392 条情绪评论。其中，积极情绪评论占比为 69.31%，共 2351 条；消极情绪评论占比为 29.89%，共 1014 条；中性情绪评论占比为 0.80%，共 27 条。在积极情绪评论中，高度积极的占比最高，共 1037 条，占全部评论文本的比为 30.57%。而在消极情绪评论中，一般消极的占比最高，共 490 条，占全部评论文本的比为 14.45%。这显示了游客对传统村落大多感到满意，因为积极情绪评论占比较高，说明他们体验感较好，而消极情绪中一般消极的占比较高，游客主要对传统村落的整体规划现状和服务态度等不太满意。

表3 各阶段游客情感分析统计

| 时间分段 | 情绪类别 | 数量（占比） | 情绪程度 | 数量（占比） |
|---|---|---|---|---|
| 2015~2017 年 | 积极情绪（5,+∞） | 2122 条（76.72%） | 一般：(5,15] | 620 条（22.42%） |
| | | | 中度：(15,25] | 569 条（20.57%） |
| | | | 高度：(25,+∞) | 933 条（33.73%） |
| | 中性情绪[5,5] | 20 条（0.72%） | | |
| | 消极情绪（-∞,5） | 624 条（22.56%） | 一般：[-15,5) | 410 条（14.82%） |
| | | | 中度：[-25,-15) | 123 条（4.45%） |
| | | | 高度：(-∞,-25) | 91 条（3.29%） |
| 2018~2020 年 | 积极情绪（5,+∞） | 2883 条（75.10%） | 一般：(5,15] | 834 条（21.72%） |
| | | | 中度：(15,25] | 714 条（18.60%） |
| | | | 高度：(25,+∞) | 1335 条（34.77%） |
| | 中性情绪[5,5] | 21 条（0.55%） | | |
| | 消极情绪（-∞,5） | 935 条（24.36%） | 一般：[-15,5) | 562 条（14.64%） |
| | | | 中度：[-25,-15) | 334 条（8.70%） |
| | | | 高度：(-∞,-25) | 39 条（1.02%） |
| 2021~2023 年 | 积极情绪（5,+∞） | 2351 条（69.31%） | 一般：(5,15] | 749 条（22.08%） |
| | | | 中度：(15,25] | 565 条（16.66%） |
| | | | 高度：(25,+∞) | 1037 条（30.57%） |
| | 中性情绪[5,5] | 27 条（0.80%） | | |
| | 消极情绪（-∞,5） | 1014 条（29.89%） | 一般：[-15,5) | 490 条（14.45%） |
| | | | 中度：[-25,-15) | 275 条（8.11%） |
| | | | 高度：(-∞,-25) | 249 条（7.34%） |

资料来源：由作者统计整理得到。

# 四 形象认知分析结果及相关建议

## （一）分析结果

经综合分析，本文得出以下结论。

第一，游客人数逐渐增加。从评论数量看，2021～2023年共有3392条评论，超过2015～2017年的2766条，但受疫情影响略低于2018～2020年的3839条，总体来看，游客人数呈增长趋势。

第二，游客的积极情绪逐渐下降，消极情绪逐年增加。消极情绪评论占比从2015～2017年的22.56%上升至2018～2020年的24.36%，在2021～2023年达到29.89%。这表明游客对旅游目的地的不满意程度逐步提高，其原因可能包括景区管理不规范、服务态度较差、景观设施保护不佳以及门票价格不合理等。

第三，游客在对传统村落的访问中越来越注重"人文历史"的情感需求。"人文历史"评论占比从2015～2017年的4.10%上升至2018～2020年的5.87%，最终升至2021～2023年的6.37%。这显示了人们对于古村落的人文历史价值的关注呈逐年增高的趋势。

第四，游客对传统村落的整体形象越来越重视。2015～2017年，传统村落"整体形象"评论的占比为1.92%，2018～2020年，占比略下降至1.65%，但最终在2021～2023年达到了2.35%。在评论中，高频词有开发、管理、布局等，这表明游客对传统村落的整体规划和未来发展非常关注，进一步说明他们对于传统村落的整体形象的重视程度较高。

## （二）相关建议

### 1. 管理建议

（1）加强传统村落统筹管理，提高旅游服务质量

首先，要建立健全传统村落管理体制，制定相关规章制度，明确各级政府和相关部门的职责。传统村落的统筹管理应在坚持国家政策的基础上，实现开发与保护的平衡，最重要的是进行景区的长期规划，实现可持续发展。

其次，针对游客提出的商业化问题，传统村落应明确商业化的定位，平衡商业开发与景区保护之间的关系。避免过度商业化，保持景区的原生态和文化特色，平衡原生态与配套设施建设，保证在村落原生态的基础上，完善

配套设施，为游客提供舒适便捷的旅游环境。

最后，营造满意的特色旅游目的地服务平台是吸引和留住游客的根本措施。在当前"一切资源都是旅游资源，人人都是旅游环境"的全域旅游发展背景下，要注重提升旅游服务质量，培养专业的旅游从业人员，为其提供相关培训和指导，提升其服务意识和技能水平，并且杜绝传统村落中本地村民充当黑导游、强买强卖等乱象，加强文化素质教育，增强从业人员对传统村落文化的了解和尊重，使其成为文化传承的守护者和传播者。

（2）规范传统村落景区的收费标准，重视游客意愿

景区的收费标准以及物价水平决定着游客对于旅游目的地的评价，当前我国各传统村落所处发展阶段不同，管理不够完善，存在较多问题，比如门票价格与实际体验不成正比、第三方平台门票价格不同、针对不同地区的人群收费不一致等。

首先，应该建立合理的收费标准，根据景区的特色和服务设施确定价格，并公开透明地向游客展示。

其次，应该注重游客的意愿和体验。在制定收费政策和服务内容时，要了解游客需求，为其提供多样化的选择和个性化的服务，如景区套票、联票等。

最后，要加强对收费管理的监督和评估。建立健全的监管机制，加强对景区收费行为的监督和检查，并定期进行评估与考核，确保收费体系合理与透明。

（3）重视景区配套设施修缮、管理与维护，提高游客体验品质

景区的配套设施是影响游客旅游整体体验的最直观因素。

首先，要加强修缮与保护工作，保持传统村落的原始风貌和特色。对于受损的传统建筑和遗址遗存，要进行科学的修缮与保护。

其次，应该重视并完善服务方面的配套设施，因为传统村落大部分地处村域，交通不便，对此可以设置景区大巴专线、摆渡车等，使游客更方便快捷地到达目的地；可以完善景区的服务设施，如设置路标指引牌、增加公共卫生间、规范停车场等，以提供更便捷的服务。

2. 形象提升建议

（1）加强与周边景区合作，实现资源整合

很多传统村落因为发展较晚，其宝贵的自然资源未能得到充分的开发、利用与宣传。

首先，可以联系周边景区共同开展市场推广活动，实施联合营销策略，举办相应的大赛或活动，共享宣传渠道和资源，提高目标客群的认知度和兴趣。

其次，景区间可以互通有无，打通交通线路、优化交通工具和导览服务，提供更便利的旅游体验。

（2）完善景区文化，深度挖掘历史文化与非遗文化

根据上文分析可知，如今，游客对于传统村落人文历史方面的情感需求越发高涨，这为传统村落提供了一个难得的发展契机，为了满足游客的情感需求并提升传统村落的吸引力、提高其知名度，我们应该深度挖掘传统村落的历史文化和非遗文化。

首先，深入研究传统村落的历史背景和形成过程。通过对传统村落历史沿革、传统建筑和习俗的深入探索，设置展览和讲解，向游客展现传统村落的丰富历史。

其次，重视传统村落的非遗文化传承。通过挖掘、整理、传承和开发非遗项目，如传统手工艺、民俗节庆等，打造非遗文化体验项目。传统村落可以开办非遗工坊、举办非遗表演和工艺展示等活动，让游客深入了解非遗文化并参与其中，感受传统村落的独特魅力。

最后，发展文化旅游产品，将传统村落的历史文化和非遗文化资源融入旅游线路和行程。传统村落可以开发主题导览、文化体验活动、手工体验课程等，为游客提供深度游览和互动参与的机会，满足游客对于传统村落人文历史的情感需求。

（3）加强宣传与推广，提升传统村落形象

首先，运用新媒体平台进行宣传推广。可以利用抖音、快手和小红书等热门自媒体平台来传递传统村落的历史文化和非遗文化。通过精心制作的视

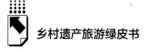
频或直播展示传统村落的独特魅力和文化价值，吸引更多游客关注并促使其前来参观和了解。

其次，举办有吸引力的宣传活动和节庆活动。除了传统手工艺品展览、农耕体验和非遗表演，我们还可以考虑结合村落的地方特色和传统文化，打造更具创意和魅力的节庆活动，吸引更多游客。

最后，注重市场调研和游客反馈，通过市场调研及时调整和改进旅游产品和服务，以满足游客的需求和期望，提高景区的满意度和口碑。

（4）提升传统村落的网络信息化水平

首先，应该推进传统村落的网络覆盖和无线网络建设，提供免费的WiFi服务，使游客可以随时随地连接网络并分享他们的游览体验。这不仅方便了游客，也促进了传统村落的信息传播和推广。

其次，结合科技创新，引入智能导览、虚拟现实等技术手段，为游客提供更丰富的互动体验。通过数字化展示和互动项目，打造独特且吸引人的景区形象。

最后，可以建立传统村落的官方网站或移动应用程序。通过这个平台向游客提供关于传统村落的详细信息，如传统村落的历史和文化背景、景点介绍、特色活动等，同时可以提供在线预订和导航服务，方便游客安排行程，并为其提供路线指导。

# G.16
# 传统村落旅游实践中的
# 女性价值实现路径

## ——以西陵镇五道河村为例

陶慧 杨洋 张梦真*

**摘 要：** 近年来，中国大力推进乡村振兴战略，乡村旅游蓬勃发展，为女性参与旅游实践提供了机遇，女性价值在乡村空间再生产中得以重塑。本文以河北省西陵镇五道河村为例，分析了中国语境下传统村落女性在旅游实践中的角色转型，并建构"她"力量的价值实现逻辑。研究发现，乡村女性通过日常生计、日常交往与日常观念三个方面的角色互动实现了从单一的"场外人"角色到自主选择意识增强、主动服务于乡村振兴的综合性角色的嬗变。此外，乡村女性在旅游实践中遵循"角色进入—角色认同—角色转型"的角色调适过程，并在此过程中建构主体性意识。本文通过探究传统村落旅游实践中女性价值的实现路径，为乡村女性的角色嬗变以及主体性建构提供了理论和实践的指导。

**关键词：** 传统村落 女性价值 主体性

---

* 陶慧，博士，中央民族大学副教授、硕士研究生导师，主要研究方向为旅游地理、旅游人类学、传统村落保护与乡村重构；杨洋，中央民族大学硕士研究生，主要研究方向为传统村落保护与乡村重构；张梦真，中国人民大学环境学院博士研究生，主要研究方向为传统村落保护与乡村重构、工业遗产旅游。

# 一　引言

2022 年，中共中央办公厅、国务院办公厅印发《乡村建设行动实施方案》，乡村建设行动成为乡村振兴的重要内容和抓手。乡村旅游因其产业属性、务工门槛以及工作环境契合农村妇女的现实需求，成为她们平衡劳动价值与家庭和谐发展的在地就业方案。已被纳入我国传统村落保护名录中的8000 多个村落纷纷加入乡村旅游发展的行列，为乡村女性在地灵活就业、兼顾家庭提供了可能。不少女性从后台走向前台，开设"农家乐"、乡村民宿，学习旅游服务的各种技能，增加了经济收入、提升了自身地位。

将性别问题纳入旅游研究始于 20 世纪 70 年代，随着旅游经济中以女性为主导的社会现象越来越明显，旅游研究对性别的关注日益增多。有学者反思，乡村女性的旅游参与是对社会结构的被动适应，基于传统性别分工模式设计的接待服务使女性依然处于从属地位。[①] 然而，近年来中国乡村旅游发展的实践表明，部分留守妇女试图发挥能动性，在旅游实践中积极寻求角色适应，努力达到职业角色和家庭角色的和谐统一。[②] 她们全身心地投入乡村旅游发展，在同事互动、主客互动的过程中不断了解村落的文化、言说乡村的故事，并试图通过营销技能将乡村文化外化呈现，成为地方发展中独特的"她"景观。

在中国，近年来植根于地方土壤的乡村民宿与田园文化逐渐走向公共领域，深受市场青睐。[③] 随着精英女性返乡创业，她们凭借对地方性知识的策略运用，使当地女性实现了传统家庭劳动身份的转型，一部分女性成为地方活态文化的展示者，不仅为外来者提供了某种地方文化表达，也在很大程度上提高了参与旅游实践的能力，成为地域文化景观的重要组成部分。[④]

---

① Cassel, S. H., & Pettersson, K., "Performing Gender and Rurality in Swedsish Farm Tourism", *Scandinavian Journal of Hospitality & Tourism*, 2015, 15（1-2）：138-151.
② 苏醒、田仁波：《乡村振兴战略背景下女性社区精英的角色实践——基于云南大理州云龙县 N 村旅游社区的个案考察》，《云南社会科学》2019 年第 1 期。
③ 唐雪琼、朱竑：《旅游研究中的性别话题》，《旅游学刊》2007 年第 2 期。
④ 陈丽琴：《民族旅游对黎族女性社会地位变迁的影响和思考》，《社会科学家》2016 年第 4 期。

## 二 五道河村整体发展情况

五道河村始建于 1730 年，毗邻清西陵中规制最齐全、规模最大的泰陵，原为泰陵内务府营房所在地，几乎祖祖辈辈是守陵人。该村是一个典型的满族村落，较早受益于世界遗产地旅游发展的溢出效应。梅静是当地守陵修缮匠人梅月奇之女，从小耳濡目染让她对文化遗产充满敬畏。她于 2010 年获得清华大学硕士学位后进入中国建筑设计研究院工作，一直从事乡村遗产调研与保护工作，在这期间她意识到，乡村文化脉络正在迅速断裂和消失。她在完成一次有关村里的调研和规划后感到惆怅——如此丰厚的乡土文化遗产谁来管理？怎么管理？谁来执行？这种对乡村遗产的担忧触动了梅静对故乡文化遗产的思考，遂于 2015 年返回家乡，以众筹形式在自家宅基地建立了一个具有公益与教育性质的听松文化社区（以下简称"听松"），期望振兴乡村、培育乡村人才。

该社区依托清西陵丰富的文化遗产资源，发展听松书院、民宿客房、文创设计、乡村美育等业态板块，占地面积约为其所在村落的 1/5，2021 年听松书院被文化和旅游部评为甲级旅游民宿。听松面向社会公众免费开放，每月定期组织学者、专家进行各类公益活动，惠及周边上千户家庭。经历了多年的产业转型发展，听松员工增长至 73 人，年营业额近 700 万元，其中女性员工 45 人，均是本地留守农村妇女，听松为她们提供了新的就业机会。听松为乡村遗产的现代审美、产业复兴和乡村留守妇女再就业提供了一种可行性示范，是世界遗产地乡村振兴的典型案例，极具研究价值。五道河村区位如图 1 所示。

## 三 五道河村角色分工现状

角色身份是人们在不同场域下主观建构和协商的产物，为了更好地突出访谈者在日常实践中从部分事件生成整体社会角色的动态过程，本文基于以

**图1　五道河村区位**

资料来源：听松提供。

下三点原因进行探索性案例分析。首先，本文的目的在于回答返乡精英如何带动乡村女性突破性别束缚、实现能力进阶的问题，是一个动态和发展的研究过程。Yin认为"如何""怎样"型范畴的案例，[①]宜采用单案例纵向研究方法。其次，本文所探讨的突破角色身份的机制是一个复杂的跨层过程，采用单案例纵向研究有利于对这一过程进行详尽探讨。最后，单案例纵向研究有助于按照案例地发展时间线对关键事件进行梳理，识别关键事件在不同情景下的促发因素，同时有利于厘清本地精英带动、资本推动以及留守妇女参与之间的逻辑关系，从而提高对研究问题内在机理的动态展示。

　　本文采用混合方法研究，数据来源主要为一手访谈，辅以二手数据和问卷调查，保证多来源资料的相互补充与核验，具体数据收集情况如表1所示。研究者对案例地的关注始于2018年，并于2019年7月至2021年9月针对本文议题先后5次赴案例地调研，团队成员共访谈30余人次，人均访谈时间控制在60~120分钟，共整理访谈资料23.3万字。

---

① Yin, R. K., *Case Study Research：Design and Method*, London：Sage Publications, 2002, pp. 121-154.

表1　数据收集的描述性统计

| 数据类型 | 数据来源 | 访谈对象 | 访谈内容概要 | 文稿(万字) |
|---|---|---|---|---|
| 一手数据 | 访谈信息 | 听松管理者4人 | 了解听松创建历程及其对女性员工的带动作用以及从事旅游业对女性产生的影响 | 11.7 |
| | | 听松女性员工15人 | 听松对当地留守妇女就业机会以及居民文化生活的改善与带动作用 | 5.75 |
| | | 政府工作人员3人 | 听松产业对改善基础设施、带动当地留守妇女发展以及提升乡村整体形象所产生的示范效应 | 3.85 |
| | | 游客9人 | 了解游客对于听松女性员工的评价 | 2 |
| | 数据来源 | 编号 | 工作职务 | 问卷内容 |
| | 问卷信息 | Int1~3 | 听松女性管理者 | 主要围绕听松女性员工个人及家庭情况,包括年龄、个人收入、家庭收入、工作年限、日常时间分配以及个人认知价值排序等 |
| | | Int4~12 | 工艺品打磨 | |
| | | Int13~23 | 民宿客房服务 | |
| | | Int24~35 | 网络主播 | |
| 二手数据 | 地方政府工作报告、乡村景观资料、旅游发展规划、历年居民就业统计情况等,并从国内旅游网站爬取相关评论及网络游记 | | | |

在掌握大量史地资料的基础上,我们将自己置身于听松文化社区的实践空间中,通过具身性体验以及参与式观察掌握听松的业务体系与具体工作流程,观察听松女性劳动及生活细节,并针对五道河村的村委会干部、西陵镇妇联主任、听松管理者及各岗位女性员工进行深入访谈。随后,对听松女性员工进行问卷调查,共收集问卷35份,问卷内容主要围绕听松女性员工个人及家庭情况,包括年龄、个人收入、家庭收入、工作年限、日常时间分配以及个人认知价值排序等。为防止资料漏损与缺失,调研后利用微信与被访者保持沟通。

在访谈过程中,我们在征得访谈对象同意的情况下进行了录音,后将录音整理成文字材料，进行归纳式主题分析，并遵循 Gioia 等提出的研究范式与分析步骤，对访谈材料做客观、系统的分类与编码。[①] 借助 ROST CM6 软件对原始数据进行解析、存储和排序，从而弥补解读式内容分析具有较强主观性的缺陷。

## 四　旅游实践中的女性角色调适

### （一）引导-响应：资本下乡带动乡村女性角色进入

听松创始人梅静自幼深受清西陵文化浸润。用布迪厄社会实践理论解释，传统文化为当地提供了文化资本，旅游发展为文化资本的再生产提供了特定场域，梅静通过参与旅游实践实现了文化的再生产。

本文首先对收集的访谈文本进行描述性统计，使用 ROST CM6 软件进行分词和过滤，删除意义泛化的词，例如"我们""觉得""有的"等，随后将意思统一的词进行合并，例如将梅静、梅老师和梅姐合并为梅静。根据统计结果，词频排名前 50 的高频词统计如表 2 所示，并制作词云图（见图2）。不难看出，由梅静返乡创办的听松主动融入遗产地文化体系，通过文创设计与乡村美育激活了乡土社会的传统资源，并带动当地留守妇女实现身份转换，使其在参与价值创造的过程中获得更多的学习机会和人格尊重。

梅静出生于清西陵腹地的五道河村，祖宅毗邻泰陵，父亲曾为古建工匠，耳濡目染中获得对艺术及建筑的启蒙，随后考取了清华大学美术学院。在读书期间，梅静曾走遍中国的大江南北，调研和测绘多处国家重点文物建筑和历史村镇，既丰富了她在乡村文化遗产实践中的经验，又让她了解了中国广大乡村留守妇女的"失语"与无奈。

---

① Gioia, D. A., Corley, K. G., Hamilton, A. L., "Seeking Qualitative Rigor in Inductive Research: Notes on the Gioia Methodology", *Organizational Research Methods*, 2013, 16（1）: 15-31.

表2　排名前50的高频词

| 序号 | 高频词 | 序号 | 高频词 | 序号 | 高频词 | 序号 | 高频词 |
|---|---|---|---|---|---|---|---|
| 1 | 梅静 | 14 | 思考 | 27 | 结婚 | 40 | 合理 |
| 2 | 听松 | 15 | 收入 | 28 | 声音 | 41 | 家庭 |
| 3 | 旅游 | 16 | 力量 | 29 | 创造 | 42 | 满足 |
| 4 | 角色 | 17 | 工作 | 30 | 快乐 | 43 | 五道河 |
| 5 | 孩子 | 18 | 家乡 | 31 | 生活 | 44 | 发展 |
| 6 | 学习 | 19 | 主动 | 32 | 理解 | 45 | 文化遗产 |
| 7 | 文化 | 20 | 美育 | 33 | 参与 | 46 | 学历 |
| 8 | 自尊 | 21 | 成长 | 34 | 乡土 | 47 | 文创 |
| 9 | 责任 | 22 | 女性 | 35 | 辛苦 | 48 | 民宿 |
| 10 | 独立 | 23 | 乡村 | 36 | 村民 | 49 | 扎根 |
| 11 | 榜样 | 24 | 直播 | 37 | 担忧 | 50 | 就业 |
| 12 | 妈妈 | 25 | 意识 | 38 | 激活 | | |
| 13 | 妇女 | 26 | 压力 | 39 | 日常 | | |

资料来源：根据访谈数据，由作者统计整理得到。

图2　词云图

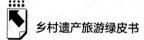

走过很多历史村镇，我意识到，中华文明的脉络就深深扎根在这些乡土文化里。于是，我回到故乡，希望创立源自故乡土壤的文化事业。这个过程绝不是占有农村的资源（土地、矿产），也不仅仅是城乡交换的生意。我们希望在创立听松的过程中，带动留在故乡的妇女参与乡村复兴的事业，让她们明白留在故乡一样可以创造价值。当然，更为重要的是，听松要为下一代，甚至再后来的故乡的孩子们提供一种希望和自信......（Int1）

2015 年，梅静辞去北京的工作返回家乡，通过众筹融到 264 万元启动资金，在自家宅基地建立了听松以及几间民宿客房。"从小听着松涛阵阵，以及其中夹杂的松果飘落的声音，这种声音深入我成长的记忆中，'听松'代表了一种乡愁的声音符号。"（Int1）自此，文化贫瘠的五道河村有了第一个公共文化空间。听松的发展是一个参与的过程，地方居民通过参与转变了生计方式，同时将自身转化为推动内生发展的核心力量。我们在调研中发现，五道河村的年轻人大多在外务工，村内劳动力流失严重。"我们作为乡村企业一定得扎根，必须得跟这一方水土的村民有紧密的联系，带动一些留在乡村的女性体验文化价值和思考的力量。我们希望听松可以成为她们创造价值的平台，这样才能推动乡村发展。"（Int1）听松积极带动当地女性参与乡村发展，为其提供就业岗位。"从生了孩子就没再上班，这儿（听松）开张没多久我就来应聘了，今年是第三年了。"（Int4）五道河村还有许多当地的留守妇女凭借这样的乡村平台实现了身份的转换。"我之前没工作，熟人介绍的，就来这打工了，这儿（听松）真挺好的。"（Int5）

听松自创建以来一直发展"听松 X"项目，即通过出资共建等方式将附近村民闲置的宅基地盘活。民宿里有三间独立的小院，采用邻居赵某薇家的房屋，她丈夫常年在京津打工，赵某薇最初打算将老房改造成二层小洋楼，听松主动找到其进行协商，最终按照听松出具的设计图纸进行了筹资共建。完工后听松取得了房屋六年的使用权，赵某薇也成为听松的一名员工。"我们把老房子让出来三间，我之前一直在家看孩子，跟他们合作了就在这上班。"

（Int3）与此同时，梅静推行的地方文创与新乡土审美推动了乡村产业结构的调整与三次产业的融合，使乡村经济结构更加多元，同时拓宽了当地女性的就业渠道，带动本村及周边村落留守妇女在地就业。截至 2021 年，企业规模增长至 73 人，年营业额近 700 万元，员工全年薪资总额超 200 万元。

### （二）推动-拥护：旅游实践下乡村女性的角色认同

对于乡村地区的女性来说，日常生活实践的本质就是家庭的实现与再生产，如何把自家的日子过好是她们开展经济活动的首要考量。通过考察听松不同年龄段乡村女性的家庭一般特征可以发现，不同年龄段女性对应着不同的家庭状态和家庭责任，她们不仅承担了照顾子女物质生活的责任，而且成为家庭教育的主角和学校教育的配角（见表 3）。面对这种现状，听松在创办初期基于家庭生命周期和妇女的家庭角色来设置柔性工作制度以及灵活的用工模式，引导妇女由"场外人"转向主动参与乡村文旅产业建设。"灵活机动的管理模式能够适应乡村的运行逻辑，从而因地制宜地去创新一种与乡村适配的工作方式，既可以解决留守妇女的就业问题，又可以让她们在乡村轻松而有尊严地生活。"（Int1）听松通过柔性工作制度缓冲了"生产-生活"空间的矛盾，对有接送低龄子女上学需求的女性员工给予宽松的上下班制度，并将听松图书馆开放给员工子女用以读书学习。女性员工的工作空间也可以是其生活空间，打破了"家-企"二元对立的局面。在周末以及寒暑假，听松会面向当地的中小学生设立公益的高校支教讲堂，给本地孩子提供科学启蒙、提升其语文水平，也缓解听松女性员工家庭照料的现实压力。

表 3　听松从业女性的家庭一般特征及工作内容

| 年龄段 | 人数占比 | 家庭一般特征 | 工作内容 |
| --- | --- | --- | --- |
| 18~30 岁 | 11.43% | 一般刚结婚，没有孩子或孩子还小，丈夫大多外出务工，老人协助照顾孩子和农业生产 | 网络直播与乡村美育 |
| 31~45 岁 | 77.14% | 子女外出上学或就业，老人年迈需要照顾，丈夫外出务工或从事本地建筑类工作 | 餐饮与客房服务 |

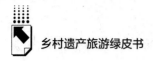
| 年龄段 | 人数占比 | 家庭一般特征 | 工作内容 |
|---|---|---|---|
| 46~60 岁 | 11.43% | 孩子已经结婚,需要照看孙辈,力所能及从事家里的农业生产 | 工艺品打磨 |

资料来源：根据问卷和访谈数据，由作者统计整理得到。

在城镇化建设背景下，听松依靠当地旅游优势，发展以民宿经济为主的第三产业，但第三产业具有较大的不稳定性，极易受到季节等因素的扰动。2017 年下半年，以创始人梅静为设计核心，听松开始精准锁定清西陵地域文化进行深度挖掘，创作出事事如意砚台、如意云尺、鸱吻卷尺等四大类 12 个品种的文创产品。听松设计的第一件产品是拓片纹饰的丝巾，拓片纹饰来自清西陵大红门前麒麟神兽的须弥座，上线一周就预定了近百条，这些弥足珍贵的原乡文化创新所蕴含的力量开启了听松的文创篇章。此后，听松招录了大量当地女性员工，这些女性分布在文创产品加工、线上网络主播、产品线下售卖等岗位，她们之前很少有人从事类似行业，基本上是从零做起，听松为她们制定相应的技能培训体系，引导其在不同业态版块中找到适合自身的发展机遇，并进入角色。"包括我在内有好多女员工之前就是在家带孩子或者外出打工的，听松这边需要人，我们就过来了……在这边（听松）干久了就对清西陵、崖柏之类的懂得多了，就觉得这是老祖宗留下来的金饭碗啊。"（Int12）目前，听松已培养了一批专业的乡村主播销售团队，利用淘宝、抖音、微信等多媒体平台进行产品宣传推广、销售，年销售额从最初不足 10 万元到 2020 年的 400 多万元，疫情期间也没有停工停产，最大限度地保障了员工就业、有持续稳定的收入。当下大多数乡村女性认为自己的社会贡献不足，在促进社会发展方面能力有限，社会服务意识不够强。而通过对听松 35 名女性员工个人价值认知排序的统计可知（图 3），排第一的是社会贡献，她们认为在进入听松之后，具有公益性质的活动为她们提供了参与社会服务的机会和空间，从而促进了她们社会价值的实现。

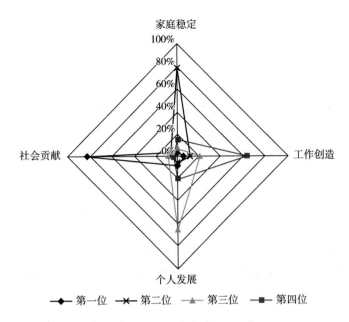

家庭稳定

工作创造

社会贡献

个人发展

◆ 第一位　✕ 第二位　▲ 第三位　■ 第四位

**图 3　听松女性员工个人价值认知排序**

伴随听松产业链的延伸，2020 年初，听松收购了当地妇女赵大姐开办的农家乐"燕赵山庄"，更名为"听松画院"，用来接待写生的高校学生，赵大姐也被听松聘为社区的经理，负责社区的日常管理。随后，听松陆续得到书院中国、教和等基金会的资金支持。在清西陵申报 5A 级景区时，听松因被列入清西陵文化产业定点单位并协助联合国教科文组织访查而备受关注。2022 年 1 月，听松与清西陵保护区管委会签订了研学实践教育基地战略合作协议，进一步拓宽了听松的业态，缓解了旅游季节波动带来的影响。截至 2023 年 1 月，听松共有固定员工 73 人，其中女性员工 45 人，占总人数的 61.6%。听松在旺季顾客人数增多时会招用附近的乡村女性从事餐饮服务、卫生清洁工作，在这种情况下，听松的女性员工比例可达到 90%（图 4 为听松女性员工日常时间分配）。梅静作为听松女性的"精神领袖"，充分考虑了女性员工面临的家庭因素的桎梏，为她们提供了较大的灵活调整空间，并提供技术及思想上的支持，她是将各异质性行动者紧密联合在一起的核心，是促进各利益主体实现共生的核心行动者。听松作为相对有力的行

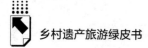

动主体，也成为织密听松女性力量网络的黏合剂，通过提供不同的就业机会吸引当地女性进入，使得留守妇女获得了新的谋生手段，由此获得更多的选择，其自主性得到了激发。

### （三）规范-配合：旅游场域中乡村女性的角色转型

在乡村旅游产业快速发展变革的时期，社会文化传统仍具有较强的约束力，但在新的时代背景下，乡村女性在实践中积极适应角色转变，生成新的习惯，也内生出主体性意识和对生活意义的独立思索与追求。① 我们在对听松35位女性员工日常时间分配的统计中发现，农村女性除了在经济行为上呈现家庭本位的个人主义倾向外，也逐渐承担起家庭经济功能并注重个人能力的提升（见图4）。伴随听松旅游产业链条的延伸，公司会定期对当地妇女开展相关业务培训或组织技能竞赛，激发了乡村妇女学习文化知识和专业技能的热情。她们开始注重教育、考虑自己的职业生活，初步形成了职业观。

> "之前，大多数当地妇女觉得只要尽自己的本分，搞好卫生、带好孩子就行了，没有考虑过自身的发展，对职业根本没有概念。在进入听松之后，看到手工技能好的同事通常获得更高收入，妇女之间隐形的竞争意识开始形成，大家都希望自己的技能高人一筹，以此谋求更好的发展。"（Int13）

个体向新角色过渡或扮演多个角色时容易出现角色冲突，此时就需要通过角色调适来缓解冲突。乡村资源有限，乡村女性作为乡村留守群体，更容易在这种慢节奏的生活状态中停摆，将自己封闭在惯常空间中，隔绝与外界交流的通道。② 在听松的职业规划推动下，女性员工基于对新角色的高度认

---

① 褚玉杰、赵振斌、张丽：《民族社区妇女旅游精英角色：基于性别特质的演绎》，《旅游学刊》2016年第1期。

② Rongna, A., & Sun, J., "Tourism Livelihood Transition and Rhythmic Sustainability: The Case of the Reindeer Evenki in China", *Annals of Tourism Research*, 2022, 94: 112-173.

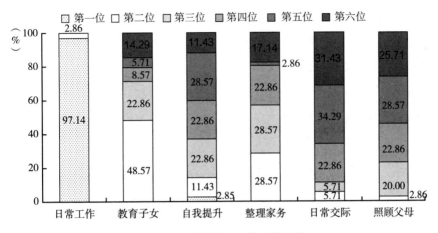

**图4 听松女性员工日常时间分配**

可持续深入实践，强化了她们的职业认同与角色"韧性"。在时间上，游客接待工作具有较强的季节性和时段性，旺季时可以临时增加人手，淡季时上下班的时间相对灵活，管理者与员工之间通过相互协商、调班等方式匀出时间接送孩子、照看老人或完成其他家庭事务。在空间上，听松作为在地旅游企业给从业者的通勤带来极大的便利，且熟悉的社区环境提升了女性的职业安全感。在职业技能上，从事网络直播工作的女性在旅游实践中的胜任感和获得感远多于挑战。她们的主观能动性较高，会主动制订销售计划并实施，会花大量的时间学习专业知识，彼此之间会针对销售技巧、直播话术进行交流学习，这说明乡村旅游不仅能够显著提升年轻外出劳动力的回流意愿，而且提高了妇女留在乡村的意愿。

> 我之前在外地打工，每天很累，也顾不了孩子，后来回村到听松来上班，经过培训之后做了网络主播，在直播间介绍文玩、卖崖柏雕件……做这份工作我还是非常自豪的，传播的是家乡的历史文化，我家乡这么好的地方，我想让更多的人了解。（Int11）

此外，妇女参与旅游推动了地方文化进一步传播与发展。事实上，她们并未开展任何解说培训和专业知识学习，对乡村遗产的认识是在听松文化氛围的潜移默化中形成的。"梅静老师懂得多，也特别会讲，我在听松工作久了，对清西陵、崖柏懂得更多了，有时客人问起来我也能讲两句。"（Int11）乡村妇女受自身能力所限，需要经专业人员与平台的引领来实现自我价值，可以看出这种引领促进了乡村女性角色转型的成功，并且激发了女性价值创造的潜能与动力。

# 五　旅游实践中的女性价值实现路径

协同学创始人 Haken 提出了协同共生概念，即在一定条件下，系统内的子系统通过相互影响和协作最终形成稳定的自组织结构。[①] 该理论与传统资源保护和利用具有一定的相容性，即资源保护和旅游开发具有正向互动性，适度发展旅游能够创造资金流，提升乡村的现代化适应能力，从而增强流动要素扰动下的乡村韧性。本文借鉴协同共生这一概念，对听松文化社区的发展模式进行分析，从精英主导、资本推动以及社区参与三个层面提炼传统村落旅游实践中女性价值的实现路径（见图5）。

## （一）精英主导旅游实践，盘活传统村落文化遗产

梅静作为新时代背景下乡村建设过程中的返乡精英及参与主体，具有乡土情怀、物质资源和威望等社会属性，在多主体合作中起到了纽带作用，对于空间内共同参与实践的成员起到了引领示范作用，使得各行动主体在理念和实践上相互嵌入、共生互动，听松文化社区空间作为实践的"主战场"，为多主体提供了在地就业和价值共创的平台。此外，经过知识渗透潜移默化地建构了地方女性的文化自信，进而对构建地方人文生态系统起到了重要的作用。

对于乡村留守妇女来说，留在乡村而没有随丈夫外出务工，照料老人、抚育儿童以及监管孩子的教育等是其主要任务，而农业生产实际上是其承担

---

① Haken, H., *Advanced Synergetics*, Springer-Verlag, 1983, p. 98.

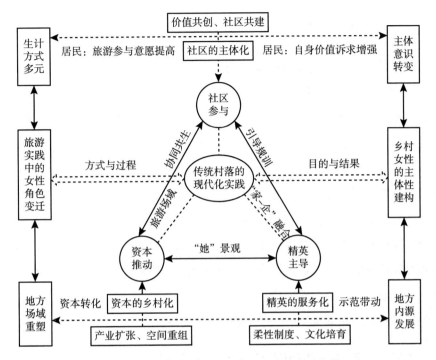

**图 5　传统村落旅游实践中女性价值的实现路径**

家庭再生产责任时的一种顺势行为。我们通过调查发现，虽然很多留守妇女有过在附近乡镇打零工的经历或有打零工的愿望，但当她们尝试进入非农就业劳动力市场时，工作岗位的要求与照料的责任在时间和空间等多个维度存在冲突，最终阻碍她们进入非农就业领域。乡村文旅企业不仅为留守妇女承担社会角色提供了平台，也在一定程度上刺激了地方经济的发展，使地方文化焕发生机。听松文化社区作为"资本下乡"的空间表征，为女性进行自我表达、意见交换以及价值创造提供了场域，它的理念共享、互利共赢以及柔和且富有弹性的社会交往属性能够贴近乡村女性、引导她们离开惯常环境，在更大范围中实现自身价值。①

---

①　吴巧红：《女性在乡村旅游助推乡村振兴中的作用》，《旅游学刊》2018 年第 7 期。

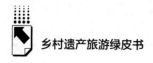

## （二）资本推动资源整合，实现异质景区共生发展

我国传统村落蕴含丰富的遗产资源，听松坐落在遗产腹地，依托文化与旅游交融寻找传统资源保护与利用协同发展的契机，用现代思维助推文化旅游，用新兴的旅游方式为文创铺设坚实的展演舞台，这些既是对乡村文化复兴的呼应，也是推动乡村振兴的重要途径。

我国许多地区文化资源丰富，通过发展乡土文化产业、构建"文化+"新型产业链等手段，可以增强村庄造血机能。乡村企业应向互联网等信息技术借力，与主流媒体合作发布"现象级"文化创意产品，塑造自身文化品牌，充分发挥产业的聚合效应。同时，寻求共生合作组织，与美妆行业、电商行业和餐饮行业等合作，推动横向产业链共生，将当地的文化基因与创意观念进行巧妙融合，使游客充分感受文物建筑等蕴含的丰富内涵，在现代化社会中保持与外界的联系与互动，增强地方经济韧性。

## （三）社区参与角色调适，共创乡村价值

近年来，传统的性别规范在城乡流动中不断遭遇生活现实的挑战。[①] 女性跨越内外边界积极参与公共领域的经济生活已然成为一种常态，中国旅游业中乡村女性从业者所占比重日趋增大，便是生活实践打破传统性别分工的具体体现。听松通过空间实践中蓬勃发展的"她"力量构建了"她"景观。

社会心理学认为，当周围环境变动时，个体为了适应新的社会文化要求，需要不断在各类角色中进行动态调整，这一过程也被称为角色调适，具体而言有以下三点。第一，乡村空间经由旅游实践实现了由农业生产生活空间向旅游消费空间的演变，乡村女性也因此从"家庭守望者"走过不同的角色转变轨迹，最后归于"旅游从业者"角色。乡村女性开始由"局内的局外人"的"他者"和"边缘"生存状态，向"作为主体的局内人"的"主体性"存在转变。第二，资本、市场和返乡精英等主体对乡村旅游空间

---

① 范向丽、郑向敏：《国外性别与旅游研究综述》，《妇女研究论丛》2010 年第 5 期。

的建构，对乡村女性角色形成新的期望和规范，从引导其参与旅游开发，发展到提升其旅游经营技能，影响着乡村女性角色的行为准则和行为方式。第三，村民自身的微观权力、个人技能与观念是影响村民角色扮演与空间实践的内部因素，不同角色主体通过微观空间生产行为促进了乡村旅游空间的景观化。"这些花全都是我种的，以前什么都没有，我嫌院子里面光秃秃的不好看，就买了点种子全种上花了，客人来了看到这个非常喜欢，就一直在那里拍照，他说你们这个地方非常出片、特别美。"（Int19）听松女性的力量像针线一样在空间内穿插拉扯，编织成独特的"她"景观。

# 六　结论与政策启示

本文聚焦乡村旅游场域留守妇女的角色转变，呼应了以往研究中对于乡村弱势女性群体的关注。中国传统文化对女性人格、价值观以及道德的要求过于理想化与完美化，女性在传统文化环境中逐渐接受甚至内化了自身的这种社会角色与地位。然而，旅游业的发展为乡村女性改变传统的社会角色和地位提供了机遇。部分女性抓住机遇，在角色实践中实现了自我成长。本文研究的案例所体现的个案特点尚不能代表中国所有农村妇女的普遍状况，但是其所展现的可能性空间，值得在乡村振兴深入推进过程中给予高度重视，她们探索出的模式和积累的经验也会对其他传统村落女性的组织化和内生性社区建设有所启发。通过本文的分析可以看到，农村女性在乡村社区中不再是需要关怀与扶助的弱势群体，而是需要理解与支持的动力群体。精英主导、资本推动以及社区参与有效地解释了传统村落旅游实践中女性价值的实现路径，但仅仅从形式上满足这三个重要因素是远远不够的，在引入外力援助的同时更需要借助组织的合作力量，内在地形成适宜女性和乡村社会协同发展的内涵与灵魂。

## （一）探索社会资本的合理引入方式

社会主体主导下的乡村适应性构建过程一般依靠精英个人的资本和特

质，通过链接广泛的社会网络，使乡村产生质变，这是一种自下而上的公共策略。[①]在现代化进程中，区域旅游发展为精英的返乡创业提供了契机，他们注入资本与技术，协调政府、村民、游客等多方关系，重塑乡村社会秩序。乡村精英长期扎根或游走于乡村地区，依靠卓越的才能识别社会需求、创新解决方案并为其找到本地支持，构建行动主体网络，这不仅有个人财富或就业方面的逐利性动力，还掺杂了情怀、面子、人情、责任、成就感等情感性动力，通过诸多情感因素树立的形象，成为精英个人人格力量及其在乡村社会权威的来源。探索社会资本合理引入方式，不仅要考虑空间规划和基础设施建设等实体生活空间，更要注重社区资本、居民凝聚力、文化自信等更深层次的精神生活空间。

## （二）在角色转变中促进乡村女性价值实现

在乡村旅游实践中，女性精英在社区中扮演着独特的角色。既有研究表明，女性精英在一般乡村社区的传统文化传播中发挥着重要作用，在民族文化保护中更具特殊作用。在本案例中，梅静作为女性精英热衷当地山水景观与文化遗产，不仅利用自身的影响力在社区内外传播家乡文化，并积极推动文化传承和保护活动的开展，成为守护地方文化的中坚力量。女性精英演绎的文化守护人与社区旅游引领者的角色对当地旅游可持续发展具有积极意义，这不仅构成了旅游社区妇女精英角色的独特之处，也体现了女性性别特质对其角色扮演的独特影响。首先，精英返乡能够为农村地区的女性发展创造条件，提供物质资源、个人资源、社会资源以及文化资源，引导乡村女性角色进入；其次，她们全身心地投入乡村旅游实践，积极寻求角色适应与认同，在熟人社会建立亲密伙伴关系，掌握接待与营销技能并将乡村文化外化呈现，有助于实现经济收入的增加和生计条件的改善；最后，随着旅游参与程度的加深，女性的文化自信和主体性意识不断

---

① Kipp, A., Hawkins, R., & Gray, N. J., "Gendered and Racialized Experiences and Subjectivities in Volunteer Touris", *Gender, Place & Culture*, 2021, 28 (1): 45-65.

提升，逐渐实现自身社会角色的时代转变，促进乡村女性自我价值的实现。

## （三）在赋能增权下构建乡村社区利益共同体

乡村的可持续发展除了依靠政府和乡村精英提供外部帮扶，也应强化居民自身的主人翁意识，构建乡村社区利益共同体。[①] 社区的建设可以以提升文化自信为抓手，增强居民对乡村的心理认同，形成价值共识，促进乡村多元主体参与乡村社会的文旅实践，从而增强乡村内部韧性。在当下女性占主体的乡村地区，可以在实践过程中通过赋能改善居民居住环境，促进社区资源的公平分配及空间发展。通过政府或企业的赋能增权，促进女性意识的觉醒，进一步拓展女性的发展空间。本文基于案例分析并参考以往研究将赋能增权分为三个层面。一是社区整体性赋能。整体性赋能强调消除结构性障碍，通过改善原有社区结构和制度环境达到社区公平，为个人和社会发展构建支持性社会环境，促进社区在社会、经济、生态、文化等多个层面的全面进步。二是社区组织赋能，通过对当地组织赋能可以进一步强化居民的社区参与，以组织为媒介强化社区成员之间的互动关系，搭建社会关系网络，形成利益互惠、价值共创等机制，激活社区的社会资本。三是社区个体赋能，个体赋能通过提升个人的效能感、控制感和主体性激发个体的社区意识，包括责任感、归属感和认同感等，增强个体的自我能力。以社区为本的实践模式有助于改善外在的社会结构，争取更多的支持性资源，同时盘活社区社会资本，促进社区资源的有机整合，从而构建可持续发展的乡村社区利益共同体。

---

① Ying, T., & Zhou, Y., "Community, Governments and External Capitals in China's Rural Cultural Tourism: A Comparative Study of Two Adjacent Villages", *Tourism Management*, 2007, 28 (1): 96-107.

# 典型案例篇

## Classic Cases

# G.17

# 北京爨底下村旅游资源与旅游发展[*]

唐承财　吴粟琛　卢思懿　任倩莹　刘佳依[**]

**摘　要：** 传统村落因其特有的古朴文貌与风土人情吸引着众多游客，为当地旅游发展提供助力。而在旅游发展进程中，对古建筑造成破坏、发展提升缓慢、可持续发展潜力不足等问题对于传统村落来说是不可避免的。本文选取北京爨底下村为案例，通过实地调研与文献研究，对爨底下村的自然景观、建筑景观与文物古迹等旅游资源现状进行了充分分析，研判了爨底下村的旅游发展现状，深度挖掘了爨底下村旅游发展过程中所产生的旅游产品单一化、

* 本文是北京市哲学社会科学规划基金一般项目"北京旅游型乡村振兴水平评价与提升研究"（22GLB036）和北京第二外国语学院 2023 年大学生创新创业项目"北京乡村民宿富民效应评价及提升对策"（X202310031057）的阶段性成果。

** 唐承财，博士，北京第二外国语学院旅游科学学院教授，主要研究方向为生态旅游、乡村旅游、冰雪旅游；吴粟琛，北京第二外国语学院旅游科学学院本科生，主要研究方向为生态旅游、乡村旅游；卢思懿，北京第二外国语学院旅游科学学院本科生，主要研究方向为乡村旅游；任倩莹，北京第二外国语学院旅游科学学院本科生，主要研究方向为乡村旅游、传统村落；刘佳依，北京第二外国语学院旅游科学学院本科生，主要研究方向为乡村旅游、传统村落。

旅游开发同质化、古建筑遭受破坏等问题，并基于爨底下村旅游发展现状，归纳总结了爨底下村以"CBD 模式"为核心的旅游发展"五环模式"，最后提出了六条提升路径。

**关键词：** 爨底下村 传统村落 古村落旅游 旅游发展模式

爨底下村是北京著名的传统村落，也是全国传统村落发展的典型与示范，其在数十年的旅游发展与保护中，形成了自己的道路与特色，很好地解决了村落保护与发展、传承与创新之间的矛盾。爨底下村旅游产业的成功证明了传统村落的保护与发展并非两难，而是可以相互作用、共同促进，形成双赢局面，在全国传统村落保护与乡村振兴大背景下，为推动旅游发展进程提供了鲜活的案例与全新的思路。

本文通过实地调研法与文献研究法，对爨底下村旅游发展现状与问题进行了充分分析，以期探求爨底下村旅游发展提升路径。具体研究包括：实地调研，分析爨底下村旅游发展现状与问题；基于过往研究归纳爨底下村旅游发展"五环模式"；提出爨底下村旅游发展的六条提升路径。

# 一 爨底下村概况及其旅游资源

## （一）爨底下村概况

爨底下村位于北京西郊门头沟区斋堂镇，坐落于镇域西北部的小北沟中，东南距镇政府驻地6公里，西北距柏峪村3公里，距北京城区约90公里，通过007县道连通109国道。当地海拔650米，村域面积约为5.3平方公里，属清水河流域。爨底下村位于温带季风气候区，气温低而多变，多风沙，年平均气温为10.1℃。当地自然植被环境良好，苍松翠柏，绿树成荫，有世外桃源之感。据 2020 年 2 月中国传统村落数字博物馆官网显示，村内人口以汉族为主，户籍人口 102 人，常住人口 98 人。爨底下村年游客接待量接近 20 万人次，旅游收入占全村总收入的 95% 以上，村集体收入突破 100 万元，村民人均收入约 1.5 万元。①

爨底下村四面群山环绕，村落依山而建、依势而就、高低错落有致，形成极具北方特色的传统村落景观。村内现保存有 70 余套古建筑民居，其中大部分民居为明末清初时所建造的四合院式建筑，拥有浓厚的历史底蕴。

丰厚的历史价值使政府对爨底下村的保护等级逐渐提高，该村在 2003 年被授予全国首批"中国历史文化名村"称号，2006 年被列为全国重点文物保护单位，2013 年被住房和城乡建设部、文化部、财政部授予首批"中国传统村落"称号。② 历史文化价值的发掘为爨底下村的旅游产业发展提供了动力，提高了当地旅游经济收入。爨底下村进行了自我探索与创新，形成了符合当地实际情况的旅游发展道路，在全国传统村落旅游发展中发挥了示范作用。

### （二）爨底下村旅游资源分析

#### 1. 自然景观

爨底下村位于门头沟区西北部的深山峡谷中，属温带季风气候，生态环境良好，少"绿水"多"青山"，"青龙""白虎""朱雀""玄武"四山环抱，具有中国传统村落特有的风水格局。周围山脉蜿蜒起伏且形状各异，有"威虎镇山""一线天""蝙蝠献福""笔架山"等壮美的自然景观。此外，其得天独厚的气候和土壤条件不仅适宜耕作，更孕育出了优质的古槐、苍松、杏树等植被景观（见图 1）。

---

① 《爨底下村》，中国传统村落数字博物馆，https：//main. dmctv. com. cn/villages/11010910601/Index. html。

② 王金伟、蓝浩洋、陈嘉菲：《固守与重塑：乡村旅游介入下传统村落居民地方身份建构——以北京爨底下村为例》，《旅游学刊》2023 年第 5 期。

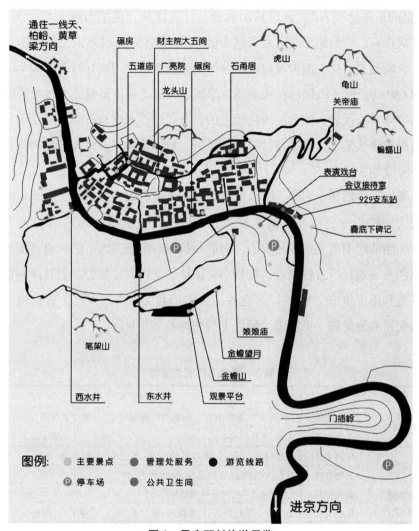

**图 1　爨底下村旅游导览**

资料来源：作者参照爨底下村展示地图重新绘制。

## 2. 建筑景观

据学者研究，[①] 爨底下村具有独特的北方山寨传统村落景观，被称为

---

[①]　唐承财、郑倩倩、王晓迪等：《基于两山理论的传统村落旅游业绿色发展模式探讨》，《干旱区资源与环境》2019 年第 2 期。

"北京的小布达拉宫"。该村依山而建,村内建筑在向阳山坡上以"元宝"形依次排列,自然地形成了独具魅力的"双层村落"。村落古民居以四合院和三合院为主,据中国传统村落数字博物馆数据,村内现存清代民居74套,房屋689间。除了古民居,关帝庙、娘娘庙、五道庙更是爨底下村完善的宗教庙宇体系的代表,镶嵌在古建筑上的精美砖雕、木雕和石雕不仅是珍贵的古村民居建筑艺术,而且是当时民风民俗、村民信仰以及审美情趣的体现。

3. 文物古迹

爨底下村始建于明代,距今已有500多年的历史。村中不仅有着我国保存较为完整的古民居及村落建筑景观,还保留着其特有而珍贵的历史印记——明清时期寓意吉祥的壁画、对联和抗战时期振奋人心的标语,而现存的京西古道遗址、古村遗址、抗日小学旧址等文物古迹更彰显着其深厚的文化底蕴和历史价值(见表1)。这些历史印记和文物古迹为这个古村增添了时空交错的沧桑感,也渲染了爨底下村整体的文化氛围。

表1　爨底下村旅游资源

| 大类 | 亚类 | 代表性资源 |
|---|---|---|
| 自然资源 | 地貌景观 | "一线天""笔架山""神包啸天""蝙蝠献福"以及优质梯田 |
| | 生物景观 | 古槐、苍松、杏树 |
| 人文资源 | 建筑景观 | 双层村落、古民居、娘娘庙、关帝庙、五道庙、木雕、石雕、砖雕 |
| | 文物古迹 | 京西古道遗址、古村遗址、抗日小学旧址 |
| 非物质文化遗产 | 文化空间 | "紫气东来"的独特风水格局 |
| | 民俗文化 | 正月十五转灯游庙、转娘娘驾、祭龙王、晒龙王、梆子戏、蹦蹦戏 |

资料来源:爨底下村景区管理处、爨底下村村志。

# 二　爨底下村旅游发展现状与模式

## (一)爨底下村旅游发展概况

爨底下村历史上曾是京城联系边关的军事要道,是中国北部东西古驿道上一处繁荣的驿站和商品集散地。随着我国交通设施的完善与发展，村边的古驿道作为连接北京和关外的唯一要道的功能完全丧失，村落的发展一度陷入沉寂。改革开放后，在村民和专家学者的共同努力下，越来越多的散客选择来此游玩，而村民也自发地为他们提供简单的食宿服务，爨底下村旅游业的发展初具雏形。1999 年，《爨底下古村保护与开发规划》的出台标志着爨底下村的旅游业开始逐步规范。2001 年后，爨底下村旅游业进入快速发展时期，大多数在外打工的年轻人选择回村投身于旅游服务行业，村内房屋和道路得到进一步修缮，旅游业开始成为爨底下村重要的经济来源。2003 年，爨底下村被列为第一批"中国历史文化名村"，有了这一强劲的助推器，爨底下村的知名度再次扩大，其旅游业的发展也迎来了繁荣时期。

## （二）爨底下村旅游发展现状

爨底下村的旅游呈现良好发展的态势，是村民致富和实现乡村振兴的重要抓手。由于其独特的景观和历史文化价值，爨底下村被列为第二批全国乡村旅游重点村，每年接待游客接近 20 万人次。顶层设计和优势资源的整合，创新的管理和发展模式，以人为本、全民参与的发展理念，彰显着其巨大的旅游发展潜力。到 2021 年底，爨底下村已实现 100% 劳动力零距离就业，旅游业成为该村的主导产业，乡村振兴战略在此取得显著成效；村内的民宿客栈和特色餐饮大多由当地人开办，不仅形成了相对稳定的旅游就业结构，保留了村民自主经营的自由度和积极性，而且提升了村民的就业率和人均收入水平；爨底下村旅游业的发展在提升村民生活质量的基础上，强调全民参与的开发模式，[①] 不仅增强了村民的文化认同感，而且为村民修缮古民居、传承古村落建筑文化、保护当地乡土文化资源提供了资金保障，推动了村落传统文化复兴与乡村经济可持续发展。[②]

---

① 邹统钎、李飞：《社区主导的古村落遗产旅游发展模式研究——以北京市门头沟爨底下古村为例》，《北京第二外国语学院学报》2007 年第 5 期。

② 唐承财、郑倩倩、王晓迪等：《基于两山理论的传统村落旅游业绿色发展模式探讨》，《干旱区资源与环境》2019 年第 2 期。

### （三）爨底下村旅游发展"五环模式"

爨底下村是北京重要的历史文化名村，历史文化底蕴深厚，是乡村旅游的一面旗帜。爨底下村在旅游发展中能够兼顾文化遗产保护与乡村旅游发展。经过数十年的积累，爨底下村的旅游发展模式在摸索中逐渐走向成熟。爨底下村旅游发展采取的是一种以社区为主导的发展模式（Community-Based Development，CBD），该模式的核心理念是社区管理，本地居民与外来管理者分工合作，旅游发展过程中注重本地居民的参与。[①]

爨底下村的文化遗产地属性决定了在发展乡村旅游时要采取社区主导发展模式。社区作用的发挥使爨底下村旅游发展实现了开发模式的自主化、管理模式的合理化、经营模式的现代化、营销模式的策略化、盈利模式的多样化，这些模式有机融合、环环相扣、互相依存、相互影响，形成独具特色的旅游产业发展"五环模式"（见图2）。

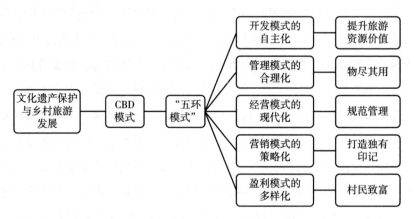

**图2　CBD模式主导的爨底下村旅游发展"五环模式"**

### 1. 开发模式

爨底下村采取以社区为主导的发展模式，赋予社区对当地旅游资源的开

---

① 邹统钎、李飞：《古村落遗产旅游发展的"爨底下模式"》，载邢定康、周武忠主编《旅游学研究》（第二辑），东南大学出版社，2007。

发权力和保护职责，使当地传统历史文化、古建筑得到充分保护，推动了古村落旅游资源与文化遗产资源的可持续发展。[①] 该模式的核心理念在于村民全体参与、自觉参与，在提高村民参与乡村旅游发展积极性的同时，让村民在参与旅游发展的过程中受益，并进一步反哺村落中旅游产业的发展，提升当地旅游资源价值，由此形成良性循环，使旅游产业与当地社区良性互动。

### 2. 管理模式

爨底下村在村级管理模式基础上发展创新，采用了以社区为主导的发展模式，在该模式下，社区拥有更多自行调配区域内旅游资源的权力，同时还具备了区域内一定的决策权。[②] 传统模式侧重保障，政府通过宏观政策与调控措施，有效推进当地建设与发展，保障村民基本权利。社区主导发展模式是侧重动力，通过给予当地更多的自主权，村民可以直接参与当地发展的讨论，提出符合当地现状的发展方式，优化区域内旅游资源的分布与调配方案，做到"物尽其用"。传统的管理模式决定了爨底下村的旅游发展下限，而社区主导发展模式给予了爨底下村旅游发展的无限可能。二者相辅相成，共同推动爨底下村的建设与发展。

### 3. 经营模式

爨底下村最初的经营模式是"集体统一经营+农户分散经营"的自主经营模式。[③] 在斋堂镇政府的领导下，其景区由村委会集体统一经营。在发展初期，爨底下村村民直接参与、直接受益，农户主体发挥自有农居优势，分散经营，承接旅游住宿业务。

随着爨底下村旅游产业的发展，企业与资本开始介入，使爨底下村从自主经营模式向社区控制的共生经营模式过渡。爨底下村的共生经营模式

---

① 邹统钎、李飞：《古村落遗产旅游发展的"爨底下模式"》，载邢定康、周武忠主编《旅游学研究》（第二辑），东南大学出版社，2007。

② 朱丹丹：《旅游对乡村文化传承的影响研究》，硕士学位论文，北京林业大学，2008。

③ 耿江珊：《北京市门头沟区爨底下古村旅游开发研究》，硕士学位论文，广西师范大学，2017。

采取分工合作的方式，外来经营者与本地经营者提供不同等级、不同类别的旅游产品，在不同旅游市场吸引游客，做到相互依存，避免同质化竞争，[①] 推动当地旅游产业形成更加规范的现代化管理机制。社区管理下的共生经营模式符合现阶段爨底下村发展趋势，村民与企业能够在合作中达到共赢。

### 4. 营销模式

爨底下村注重打造自身品牌，形成自身独有的品牌符号。爨底下村将"爨"字注册为商标，[②] 形成了当地独有的文化符号，并基于"爨"文化打造品牌IP，如爨舍是当地基于传统古建筑打造的民宿品牌，极具特色，成为当地旅游的打卡点。爨舍提供具有当地文化风俗的特色活动与服务，很好地满足了游客摆脱城市喧嚣、享受乡村安静闲适生活的旅游需求，提供休闲、娱乐、住宿、餐饮一体化服务。

爨底下村还通过各种形式展现其独特魅力，众多影视剧在爨底下村取景，如电视剧《三国演义》，电影《投名状》《手机》等。面对时代的快速发展，爨底下村紧抓时代机遇，借助网络平台着力打造互联网IP，让更多人借助互联网认识、了解爨底下村，吸引更多慕名而来的游客，一览爨底下村的独特魅力，实现可持续发展。

### 5. 盈利模式

爨底下村基于充分自主的社区主导发展模式，拥有对当地旅游资源调度与管理的权力，可以充分调度当地传统文化资源，大力发展旅游产业，并以旅游产业为龙头，带动各产业共同进步。爨底下村的主要盈利方式为门票、民宿、特色旅游商品销售、餐饮消费等，近年来，以"爨"字理念为核心所打造的爨舍等旅游产品在当地收益中扮演的角色越来越重要。截至2022

---

① 邹统钎、李飞：《古村落遗产旅游发展的"爨底下模式"》，载邢定康、周武忠主编《旅游学研究》（第二辑），东南大学出版社，2007。

② 王欣：《基于游客感知价值的北京乡村旅游优化提升策略研究》，硕士学位论文，中国林业科学研究院，2016。

年，爨底下村有民俗户48户，每户平均年收入30万元左右。[①]

依托"爨"字注册商标，为村民农产品与手工艺品销售提供新途径、新思路，当地农产品和手工艺品成为游客竞相购买的产品，盘活了当地第一、第二产业。[②] "爨"字所蕴含的无形的爨文化正在成为农民致富的有形助力。门票、民宿产业与特色"爨"文化旅游产品的三重推进、相互作用，让古村彻底"活"了起来。

# 三 爨底下村旅游发展的问题与提升对策

## （一）爨底下村旅游发展的问题

### 1. 旅游产品单一

爨底下村是北京市著名的传统村落景点，旅游内容主要为农家乐、民宿，周边除古村落，以自然旅游资源景区、景点为主，旅游产品较为单一。当地村民认为发展旅游业来钱快，家家户户都做起了农家乐、民宿这些难度低、好经营的旅游产品。根据2020年国家发展和改革委员会发布的《大力发展乡村旅游 促进古村长效发展——北京市门头沟区爨底下村》，爨底下村旅游产品大多以民宿、美食为主，饱和度高，旅游产品单一，不利于爨底下村可持续发展。该村落旅游产品单一的主要原因有两个。一是旅游方式和内容单一，爨底下村以乡村旅游为主，发展民宿、农家乐等，娱乐项目少，娱乐方式较为常见和普遍，游客的参与感较弱，互动性较差，对游客的吸引力较小。[③] 二是当地村民普遍受教育程度较低，对于古村落旅游产品的开发与

---

① 《保存完好明清四合院群落，带"活"北京400年深山古村》，"北京日报客户端"百家号，2022年8月8日，https://baijiahao.baidu.com/s? id=1740589835492330760&wfr=spider&for=pc。

② 王欣：《基于游客感知价值的北京乡村旅游优化提升策略研究》，硕士学位论文，中国林业科学研究院，2016。

③ 胡天汇：《京郊乡村旅游可持续性调研——以爨底下村为例》，载中国城市规划学会编《新常态：传承与变革——2015中国城市规划年会论文集》，中国建筑工业出版社，2015。

创新程度不够，仅停留在浅层，影响了爨底下村的旅游发展结构。

## 2. 旅游开发同质化

爨底下村旅游开发同质化主要体现在旅游产品、旅游服务的同质化上。一是餐饮同质化，爨底下村旅游业的美食都以农家乐为主，菜单重复度高，基本是一些常见的农家菜，菜品缺乏创意与特色。[1] 二是住宿同质化，当地主要发展民宿，民宿的风格和服务内容大同小异，缺乏差异化和文化特色，没有完全发挥传统村落特色文化优势；游客选择空间较小，不能满足游客对住宿的个性化、多样化要求。三是景观同质化，爨底下村景点数量少，景区数量少，缺乏独特性，传统村落古建筑类型相似，景点特色不鲜明。四是旅游线路单一，只是两条旅游线路，即传统村落内部旅游观光线路和外围山地生态旅游线路，难以满足旅游市场的多元化需求。五是旅游商品同质化，出售旅游产品的种类、样式、质量、功能雷同，缺乏热门旅游产品。

## 3. 传统村落古建筑遭受破坏

爨底下村旅游潜力的开发需要资本市场的介入，但外部资本的介入在带来更规范的、符合旅游发展的运营方式的同时，对传统村落古建筑的破坏不可避免。2021 年人民资讯网的报道和北京卫视播出的全国首档市民与公共领域对话的社会民生类节目《向前一步》反映，当地存在违法拆除古建筑、私自扩建古建筑等问题，破坏了爨底下村古建筑群原有景色，削弱了古村落传统美感。针对这一现象，政府加大了监管力度，及时处理了违建，拆除了大棚，恢复了村落的整体风貌。[2]

## 4. 交通通达度低，基础设施不完善

爨底下村距离城区较远，地理位置偏远，村落依山而建，依势而就，高低错落，交通干线少，交通通达度低，道路的修缮不够平整，可进入性较差。基础设施不完善，停车场面积有限，车位少，接待能力还需提高。当地

---

① 戴荣里：《古村落文化在乡村振兴中的继承与发展——以爨底下村为例》，《住宅产业》2021 年第 4 期。

② 刘丹：《中国历史文化名村爨底下村的保护利用现状及对策建议》，载刘衍青、方建春主编《第二届中国古村镇保护与利用研讨会论文集》，四川大学出版社，2017。

景区公共厕所数量较少且卫生环境相对较差，很多游客进入景区后找不到厕所，给游客带来不好的游览体验。[①]

### （二）爨底下村旅游发展的提升对策

#### 1. 加强与周边地区的合作，建设京西古村落旅游目的地

爨底下村虽具备独一无二的"爨"文化，但由于地理条件限制，景观多山少水，难以满足游客日益多样的旅游需求。门头沟区的古村落均属于燕赵文化，具有相似的民俗民言，文化底色一致，[②] 可以发挥周边村落旅游景区群聚效应，弥补爨底下村旅游资源较为单一的劣势。基于"斋堂古村落群"的概念，建设集传统村落观光、休闲农业采摘、研学科普、亲子娱乐、乡村休闲度假于一体的京西传统村落旅游目的地。在这个过程中打造特色品牌，加强区域基础设施建设，构筑贯穿京西传统村落的交通网，加强传统村落之间的道路建设、信息共享。

#### 2. 加快精品民宿建设，提升传统村落旅游产品体系

一方面，针对当前民宿产品参差不齐的问题，要加快精品民宿的建设步伐，形成一批高品质的精品民宿，以满足游客乡村度假的需求。另一方面，根据游客的康养、文化、生态需求，根据不同细分市场设计多种旅游产品，[③] 例如，"古村落观光+休闲农业+乡村旅游+精品民宿+写生旅游+生态科普"等丰富的旅游产品体系。

#### 3. 推进文化和旅游深度融合发展，打造体验性强的文化旅游产品体系

文化旅游是传统村落活化利用的重要路径。文化和旅游深度融合发展是促进传统村落高质量发展的重要抓手。以游客需求为基础，结合非遗文化内涵，开发满足游客需求的旅游体验活动。可以通过多种类型的文旅活动，如

---

① 戴林琳：《京郊传统村落的存续现状及其旅游可持续发展——以爨底下村为例》，《旅游规划与设计》2015 年第 3 期。

② 杨德林：《古村落保护与开发、利用、传承》，载北京古都学会编《中国古村落保护与利用研讨会论文集》，中译出版社，2016。

③ 史英静：《传统村落产业发展需要"独一无二"的 IP》，《中国建设信息化》2018 年第 17 期。

举办民俗节、开展村落灯会、进行文旅有奖知识问答等，满足游客参与民俗文化、体验民俗文化的心理需求，提高游客满意度。着眼文化赋能，引进"新乡贤"、新人才，打造爆款 IP。与高校合作，产学研结合，听取专家学者的意见，运作爨底下村的 IP，通过艺术家的创作，开展各类画展、艺术展，展现爨底下村的美学价值。①

### 4.完善基础设施，提高接待能力

鉴于当前爨底下村基础设施不完善、停车场面积有限、距离城区较远、交通通达度低、公共服务设施不完善等问题，本文建议通过当地政府给予资金支持，完善基础设施，扩大停车场面积或容量，增加公共卫生间数量，完善道路、指示牌的设置，完善基础设施，完善当地交通运输网，提高交通通达度，提高接待能力。

### 5.加强旅游培训，积极引进人才

一方面，针对爨底下村旅游涉及的各个方面，对当地居民、从业人员开展较为系统的旅游培训，增强居民服务、运营、管理能力和素养，特别是加强乡土文化教育，留住乡愁乡情。另一方面，坚持人才的内培外引。加强村内人才的培养，挖掘内部潜力；建立弹性的外来人才引进机制，吸引优秀管理人才和运营精英。

### 6.创造性开发与保护文化遗产资源，挖掘并使其与现代社会相适应

挖掘历史文化内涵，平衡文化传播与商业开发。值得传承和开发的不仅是明清古村落这一外壳，还有爨底下村蕴含的古人的宇宙观念、建筑智慧、人生哲学、民俗民风、特色食谱以及谱系翔实的韩氏子孙口述历史。在开发爨底下村时要贯彻保护先行的原则，突出保护其原真性和完整性。保护古建筑是挖掘其所承载的各种文化的基础，可以采取分区式开发模式，划分缓冲区，在村落周边地区建设旅游集散中心、服务中心以及配套设施，保留村落原始形态与文化，保护文物、传承文化，不搬离原有居民，避免出现空心化。

---

① 潘运伟、姜英朝、胡星：《京西古村落遗产旅游可持续发展探索——以爨（川）底下村为例》，《北京社会科学》2008 年第 3 期。

# G.18
# 浙江青田稻鱼共生系统旅游资源与旅游发展

焦雯珺 于周囡*

**摘 要：** 青田县位于我国浙江省中南部，1300多年来一直保持着传统的农业生产方式——稻鱼共生，发展出独具特色的稻鱼文化。青田稻鱼共生系统于2005年被联合国粮农组织列为首批全球重要农业文化遗产，成为中国第一个全球重要农业文化遗产。旅游开发是农业文化遗产保护与发展的重要途径之一，本文以青田稻鱼共生系统为例，对其旅游资源情况、旅游发展现状、旅游发展模式和旅游发展成效进行总结，认为青田稻鱼共生系统的旅游发展存在环境保护压力不断增大、客源市场规模小、遗产原真性面临现代化挑战、利益分配机制不完善的问题，并针对这些问题提出规范旅游开发和经营、丰富旅游产品设计、完善遗产保护机制、完善利益分配机制的发展建议。

**关键词：** 青田稻鱼共生系统 旅游发展 农业文化遗产

---

* 焦雯珺，博士，中国科学院地理科学与资源研究所副研究员、硕士研究生导师，主要研究方向为社会-生态系统可持续机制分析、生态承载力与环境影响评估以及适应性管理策略制定；于周囡，中国科学院地理科学与资源研究所硕士研究生，主要研究方向为环境可持续性评估与区域发展规划。

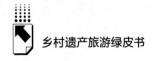

# 一　青田稻鱼共生系统旅游资源及其特征

## （一）系统概况

### 1. 遗产地概况

青田县位于浙江省中南部，瓯江流域的中下游，县域总面积为2493平方公里。全县共辖31个乡镇（街道），总人口48.7万。青田县是中国有名的侨乡，有遍布世界120多个国家和地区的华侨23万多人。青田县自古有"九山半水半分田"之称，辖区内地形起伏大，耕地面积狭小，但得益于气候适宜及水资源较为丰富，自古以来就是水稻种植区。1300多年来，青田县一直保持着传统的农业生产方式——稻鱼共生，发展出独具特色的稻鱼文化。2005年青田稻鱼共生系统被联合国粮农组织列为首批全球重要农业文化遗产，成为中国第一个全球重要农业文化遗产。[①]

### 2. 历史起源与演变

浙江省稻田养鱼历史悠久，最早可追溯至唐景云年间（公元711年）青田建县，至今已有1300多年。在青田县的官方史料中，最早直接记载稻田养鱼是在明洪武二十四年；[②] 到明清时期，青田县志中已有对稻鱼共生系统鱼的种类、形态和养殖环境的详细描述；进入近现代特别是新中国成立后，青田稻鱼共生系统的相关技术开始朝规范化的方向发展，稻鱼共生系统的稳定性和产量得到提高；进入21世纪以来，青田稻鱼共生系统在面积和产量上屡创新高，产业化进程发展迅速，其独特的历史地位也开始为外界所关注，全球重要农业文化遗产的认定大大提高了其社会知名度和影响力。

---

① 孙业红、闵庆文：《中国首个世界农业文化遗产：青田稻鱼共生系统》，《世界环境》2011年第1期。

② 周凡、马文君、丁雪燕等：《浙江省稻渔综合种养历史与产业现状》，《新农村》2019年第5期。

### 3. 结构、功能与价值

#### （1）结构与功能

稻鱼共生是一种典型的生态农业生产方式。在青田稻鱼共生系统内，水稻和田鱼互相依赖、互相促进，水稻为田鱼提供庇荫和食物，而田鱼则起到耘田除草、松土增肥、提供氧气、减少病虫害的作用。这一生态循环不仅减少了系统对外部化学物质的依赖，而且增加了系统的生物多样性。另外，养鱼的稻田为了保证鱼的正常生长，一般都为深水，因此具有一定的蓄水和抗洪作用。[1]

#### （2）多重价值

青田稻鱼共生系统具有生态、经济、社会、文化、科研等多重价值。在生态价值方面，系统通过"鱼吃昆虫和杂草—鱼粪肥田"的方式形成生态循环，可减少化肥和农药的使用；[2] 在经济价值方面，相比水稻单作，稻鱼共生可以提高水稻产量，同时收获鱼，从而增加稻田经济价值；在社会价值方面，稻鱼共生可以有效节省土地，在相同的土地范围内既种稻又养鱼，能够缓解人地矛盾；在文化价值方面，系统在历史的积淀中孕育了厚重的文化，并且形成与系统密切相关的风俗习惯、民间文艺及饮食文化；[3] 在科研价值方面，青田稻鱼共生系统是第一批全球重要农业文化遗产，具有很高的科研价值，应通过多学科交叉和多方法并用对其进行保护研究。

### （二）旅游资源

#### 1. 特色农产品

青田稻鱼共生系统提供了优质的水稻和田鱼。利用当地的稻米可以做成糖糕、米羹、汤圆、松糕、千层糕和粽子等地方特色美食。田鱼可以不经过去鳞就直接烹调，经烹饪后的田鱼味美、性和、肉细、鳞片软且可食、无泥腥味，

---

① 焦雯珺、闵庆文主编《浙江青田稻鱼共生系统》，中国农业出版社，2015。
② 孙业红：《农业文化遗产保护性开发模式研究》，硕士学位论文，山东师范大学，2007。
③ 孙业红、闵庆文、成升魁：《"稻鱼共生系统"全球重要农业文化遗产价值研究》，《中国生态农业学报》2008年第4期。

烹饪方法有红烧、糖醋、清炖等数十种。田鱼通过屠宰、腌制、干燥、配料、熏制等工序制成的田鱼干，味美肥糯，是闻名中外的青田地道土特产。[①]

### 2. 传统生产技术

青田稻鱼共生系统在长期发展中形成了一系列种稻与养鱼技术，这些技术使当地的生态旅游和农业体验具有独特的魅力。在田鱼养殖方面，当地习惯在清明至夏至将鱼苗放入稻田，以稻谷、小麦、剩饭菜为饲料喂食。当地还有采樟树枝、松树枝浸泡在田中的习俗，用于防止田鱼生寄生虫。在水流的进出口用竹篾、枝条编成拦鱼栅，防止逃鱼。在水稻种植方面，水稻秧苗不是直接插入田里，而是先集中种在小的秧田里，等秧苗长大一点再插秧，如有虫害，当地人会使用菜籽油、茶油、桐油等来除虫。[②]

### 3. 地方农耕文化

遗产地保持着人地和谐的农耕文化，当地居民将水稻和田鱼养在一起，通过互利共生的方式实现种植和养殖的有机结合，反映了当地人的生态农业观念。遗产地有田鱼放生、埋葬老田鱼、尝新饭（品尝收获的稻米）等多种民俗。村里女孩出嫁时会用田鱼（鱼种）做嫁妆，象征热爱劳动和致富。[③] 当地还有吃田鱼的饮食文化、雕刻田鱼的石雕文化和许多有关田鱼的民间传说，如方山田鱼的传说、樵夫与田鱼的传说、陈十四除妖救田鱼的传说、田鱼报恩救善人的传说等。

### 4. 乡村传统技艺

青田县共有 13 项国家级、市级以及县级非物质文化遗产，其中与农业文化遗产相关的有鱼灯舞、唱龙灯、粉干制作、田鱼干制作工艺等。青田鱼灯舞为国家级非物质文化遗产，具有国际知名度，在 2008 年北京奥林匹克公园文化活动、2010 年上海世博会、2013 年中国-意大利文化节均有演出。

---

① 焦雯珺、闵庆文主编《浙江青田稻鱼共生系统》，中国农业出版社，2015。
② 杨柳：《生态民俗学视角下的农业文化遗产研究——以龙现村稻鱼共生系统为例》，硕士学位论文，温州大学，2012。
③ 李永乐、闵庆文、成升魁等：《世界农业文化遗产地旅游资源开发研究》，《安徽农业科学》2007 年第 16 期。

### 5. 农业生态景观

青田的梯田倚山开垦，山顶为树林，往下为梯田，村庄散落在梯田中间，再往下为河流，形成自上而下的"森林-梯田-村庄-河流"空间格局。核心保护区龙现村内几乎家家邻水、户户有池，房前屋后、田头地角皆养鱼，形成了青山绿水、鱼欢鲤跳的水乡田园景象。可谓"石桥流水鱼跳，老树绿藤人家"。稻鱼梯田景观除了在空间上呈多样化分布，在时间上也具有多样性，由于植物的季相变化，稻鱼梯田在春夏秋冬不同季节呈现不同的景色。[①]

### 6. 地方传统建筑

遗产地有许多具有当地特色的古建筑，包括宗祠、传统民居、古桥梁等。据统计，遗产地有龙现吴姓，邵山杨姓、邵姓等祠堂 21 座。核心保护区龙现村特色传统民居石垒房，古色古香、富有野趣。龙现村尚有木结构房屋约 46 座，其中延陵旧家为最具特色的典型故居，中西合璧，为青田华侨始祖吴乾奎的住宅。[②] 遗产地还有清朝嘉庆年间建造的高悬桥等，各种桥梁建筑材料和图案不同，展现和记录了当地人民的勤劳和生活景观。

## 二　青田稻鱼共生系统旅游发展现状及成效

### （一）旅游发展现状

#### 1. 旅游人数与旅游收入情况

如表 1 所示，受疫情影响，2020～2022 年青田县旅游收入大幅降低，2023 年开始回暖。2020 年，青田县全年实现旅游总收入 125.0 亿元，比上年下降 23.7%；旅行社实现地接人数 6.97 万人次，比上年下降 20.8%。2021 年，青田县全年实现旅游总收入 24.3 亿元，与 2020 年有较大差距；旅行社实现地接人数 7.1 万人次，增长 0.19%。2022 年，青田县旅游总人

---

① 焦雯珺、闵庆文主编《浙江青田稻鱼共生系统》，中国农业出版社，2015。
② 孙业红：《农业文化遗产保护性开发模式研究》，硕士学位论文，山东师范大学，2007。

数 144.8 万人次，全年实现旅游总收入 16.2 亿元。2023 年上半年，青田县旅游总人数已达到 92.0 万人次，实现旅游收入 13.0 亿元，尤其在 2023 年"五一"期间，青田县全县共接待游客 14.5 万人次，实现旅游收入 2581 万元，基本恢复到 2019 年的水平。①

表 1　2019 年至 2023 年上半年青田县旅游人数和旅游收入情况

| 年份 | 旅游人数（万人次） | 旅游收入（亿元） |
| --- | --- | --- |
| 2019 | — | 163.9 |
| 2020 | — | 125.0 |
| 2021 | 209.1 | 24.3 |
| 2022 | 144.8 | 16.2 |
| 2023 年上半年 | 92.0 | 13.0 |

资料来源：根据浙江省人民政府网站发布的统计数据，由作者统计整理得到。

青田稻鱼共生系统是青田县旅游的重要吸引物，为青田县旅游贡献了大量客流。截至 2022 年底，在青田县举办的历届农业文化遗产大会已累计接待游客近 48.1 万人次。青田县方山乡开设方山谷农遗文化园研学基地，以农业文化遗产为依托开展研学旅游，年均接待游客近万人。

**2. 旅游客源情况**

遗产地的客源主要来自青田县、温州市、丽水市等，也有一些来自杭州市、上海市、宁波市等地的游客，客源范围较小。近年来，游客范围略有扩大，来自杭州市等地的游客人数有所增加。青田县虽为全球重要农业文化遗产地，但国际游客数量较少，主要是参加全球重要农业文化遗产相关国际会议与考察的学者。② 例如，2011 年，联合国粮农组织举办的全球重要农业文化遗产会议将核心保护区龙现村作为考察点，带领多国专家前来考察；2014 年和 2015 年，青田县举办南南合作框架下全球重要农业文化遗产高级培训班两期，也为龙现村带来了一些国际游客；2022 年，全球重要农业文化遗

① 浙江省人民政府网站发布的统计数据。
② 焦雯珺、闵庆文主编《浙江青田稻鱼共生系统》，中国农业出版社，2015。

产大会在青田县召开，多国农业部长和驻华使节，联合国粮农组织、联合国教科文组织等国际机构的代表到访青田县。

### 3. 旅游设施情况

近年来，随着农业文化遗产保护与发展越来越受到关注，青田县政府对旅游发展做出了更明确的规划，并对当地的道路、环境等基础设施进行了改善，同时也对旅游服务接待中心、博物馆、吴乾奎故居等旅游相关资源进行了完善。[①] 据青田县文广旅体局提供的数据，2012~2017 年，青田县累计投入旅游项目建设资金近 8 亿元，实施项目建设 48 个，建设通景公路 152 公里；相关旅游基础设施得到完善，到 2017 年 9 月底，青田县登记在册的农家乐、民宿已达 229 家，民宿床位 1400 多张，餐饮日接待规模 3000 多人次。[②] 2022年，青田县对县域风貌进行进一步整治，推进垃圾、厕所两大改革，整治后农村生活垃圾分类行政村覆盖率达到 100%，无害化处理率达到 100%，并完成了世遗农耕文化风景线建设，创建市级花园乡村 25 个，其中精品花园乡村 5 个，"农遗探寻之旅"旅游线路入选 2022 年"浙里田园"休闲农业与乡村旅游精品线路。[③] 同年，位于青田县方山乡的青田稻鱼共生系统博物馆正式建成开放，并于 2023 年入选浙江省乡村博物馆。为了更好地传播农遗文化，青田县还打造了首个全球重要农业文化遗产公园，于 2022 年底正式揭幕，县委、县政府开发的"农遗共富路"电子路书同步推进，方便前往青田县的游客在线上小程序"农遗共富路"中查询青田县农遗点位、特色餐饮、民宿、自驾路线等信息。

## （二）旅游发展模式

### 1. 农业旅游模式

农业旅游模式是在稻鱼生产的基础上，通过开发利用特色农产品、传统

---

① 苏莹莹、孙业红、闵庆文等：《中国农业文化遗产地村落旅游经营模式探析》，《中国农业资源与区划》2019 年第 5 期。

② 陈则羽：《浙江青田县低碳旅游发展研究》，硕士学位论文，广西师范大学，2019。

③ 《青田县农业农村局 2022 年工作总结和 2023 年工作思路》，青田县人民政府网，2023 年 2 月 1 日，https://www.qingtian.gov.cn/art/2023/2/1/art_1229383142_5060485.html。

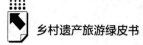

生产技术、农业生态景观等资源，实现生态农业与旅游业的深度结合，达到农业促进旅游业发展，旅游业又进一步振兴农业的目的，主要形式有农家乐、稻田观光和农产品展销。游客可以在农家乐体验田鱼宴和其他地道农家菜，还可以体验田鱼捕捞、水稻种植等农业生产活动，在部分村落还可以观赏到十余种水稻创意图案。部分大型农家乐还提供住宿、梯田漫步、观景平台拍照等服务。当地还利用华侨资源，举办侨乡农博会，游客可以在农博会上购买来自全国各地的特色农产品，特别是全球重要农业文化遗产地的农产品。

### 2. 文化体验模式

文化体验模式是通过打造风土人情以及利用田鱼文化、石雕文化等，吸引游客参与民俗活动，给游客带来丰富的文化体验。目前，青田县基于田鱼文化、石雕文化、华侨文化，开展了梯田开犁节、石雕文化节、西餐美食节、"稻鱼之恋"文化节、"天下第一鱼"青田鱼灯舞表演等活动，并有乡村酒吧体验、咖啡吧体验、青田华侨始祖吴家旧宅观光、青田石雕制作观光等一系列民俗体验和观光活动。青田县还建有世界上第一个全球重要农业文化遗产公园和青田稻鱼共生系统博物馆，游客可以在其中全面感受青田稻鱼共生系统的历史起源、生态模式、农耕技艺和文化传承。此外，还有"农遗共富路"提供自驾体验线路，热爱自驾的游客可以根据"农遗共富路"电子路书的指引感受青田稻鱼共生系统。

### 3. 休闲度假模式

休闲度假模式是通过整合包括稻鱼共生系统在内的乡村旅游资源，利用青田县的自然风光和相关的基础设施为游客提供休闲放松度假体验，比较有代表性的是诗画小舟山。青田县在小舟山乡打造了多个油菜花庄园，在油菜花庄园中有住宿、餐饮设施，游客可以在此住宿、餐饮和观光。通过与中国美院、《浙江日报》、青田石雕艺术学校等单位合作，围绕农耕文化、企业标识、轮回等内容，小舟山乡目前种植了十余个创意油菜图案，吸引了许多游客。

### 4. 研学考察模式

研学考察模式以青田稻鱼共生系统为依托，通过设置青少年科普基地、教学科研基地、休闲示范基地，吸引人们前来参观考察、交流学习。厄瓜多尔归国华侨杨小爱在青田县方山乡开办了方山谷农遗文化园研学基地，设有农耕体验、农业种植、民俗展览、农遗研学、乡情教育、素质训练等活动内容，青少年可以在此学习农遗知识、体验农耕生活。青田县与浙江大学合作在仁庄镇设立了浙江大学青田稻鱼共生系统研究基地、与中国科学院地理科学与资源研究所合作在方山乡设立全球重要农业文化遗产保护与发展青田研究中心，每年接待研究人员来此开展科研工作及参观考察。

### （三）旅游发展成效

#### 1. 促进产业融合、区域发展

青田县通过田鱼捕捞、水稻种植等体验活动吸引游客，使农业与旅游业紧密结合，带动了农家乐的发展，也促进了区域的发展。青田县还打造了稻鱼共生博物馆，设立了稻鱼共生示范基地、种质资源保护区和农业文化遗产研究中心，全面展示青田稻鱼共生系统的历史起源、发展脉络和文化精髓，进一步促进了农业和旅游业的融合发展。旅游业的发展也带动了农副产品的开发与销售，如田鱼干、绿色稻米、油菜籽、豆干、马铃薯等，青田石雕的销售量也得到提高，田鱼干的售卖还带动了当地田鱼干加工业的发展，促进了青田县三次产业融合。除此之外，青田县政府还发布了"全球首条'农遗共富路'电子路书"，推动了全国首趟全球农遗主题高铁专列开进青田，[①] 增加了青田县的可到达性，为区域发展带来了更多的机遇和活力。

#### 2. 提高农民收入、社区参与

青田稻鱼共生系统的旅游发展也提升了当地农产品的知名度，青田稻

---

① 青田县发改局：《传承发展"稻鱼共生系统"推动农业文化遗产助力共同富裕》，《政策瞭望》2023 年第 5 期。

鱼米、青田田鱼等国家地理标志产品的市场价格稳步上升。目前，青田稻鱼米的价格已从1斤2~3元提高到1斤10元以上，为农民带来了更多收入。① 随着旅游的发展，青田县还开发了婚庆喜米、养生禅米、宝贝粥米等一系列衍生产品，丰富了稻米产品的多样性，也提升了稻米的附加值，进一步提高了稻米的价格，使得越来越多农民投入稻鱼种养，提高了社区的参与度。游客的到来还为开设农家乐的农民带来了收入，提高了农民的生产积极性，在一定程度上增强了当地居民对于青田稻鱼共生系统的保护意识。

### 3. 有利于环境改善、生态保护

青田稻鱼共生系统的旅游发展也提升了当地政府和居民对稻田环境和村容村貌的关注度，维护了当地的生态环境与社会环境。在生态环境方面，旅游的发展使政府更加注重田鱼养殖的生态性，引导农民控制田鱼养殖的肥料投入；在核心保护区龙现村，政府建立了若干田鱼种质资源保护区，加强了一些优质地方品种的保护，还加强了全村植被保护和生态景观保护，对当地生态环境的改善产生了积极影响。在社会环境方面，为了保护传统村落及其景观，政府对方山乡村民新居从体量上进行了一定控制，规定2006年以后新建的房屋不能超过3层，还对龙现村的延陵旧家、吴氏宗祠等具有重要意义的传统建筑进行了部分修缮，有效地维护了村落的传统风貌。此外，旅游发展还推动了一批示范点的打造，如龙现村具有特色乡村旅游示范村、市级文明村等称号，小舟山梯田被评为"中国美丽田园"梯田十大景观之一。这些示范点的打造也在一定程度上对青田县的环境改善和生态保护发挥了积极作用。

### 4. 树立品牌形象、带动遗产保护

旅游的发展提高了青田稻鱼共生系统的知名度，形成了旅游发展促进遗产保护、遗产保护支撑旅游发展的良性循环。"青田田鱼"和"青田稻鱼

---

① 邹爱雷、颜剑微：《探索全球重要农业文化遗产生态价值实现机制——以青田县稻鱼共生模式为例》，《浙江国土资源》2023年第5期。

米"获得国家地理标志和绿色有机食品认证，为青田稻鱼共生系统树立了良好的品牌形象，成为青田县旅游的重要名片。当地政府积极推广品牌形象，"青田稻鱼米"成为首届联合国世界地理信息大会指定用米，并在网红直播、盒马鲜生、城市路演等各条战线上齐头并进。[①] 品牌形象的树立吸引了更多游客前来参观，也提高了外来游客对青田稻鱼共生系统的认知。在品牌获得一定发展的基础上，青田县建设的世界首个全球重要农业文化遗产公园于2022年正式运营，全面展示了青田稻鱼共生系统的历史起源、发展脉络和文化精髓，在为游客提供旅游吸引物的同时也实现了遗产地品牌形象的推广，进一步促进了遗产保护。作为中国首个全球重要农业文化遗产，青田稻鱼共生系统旅游发展的经验与做法也为中国其他农业文化遗产地的旅游发展提供了借鉴，发挥了重要的示范带动作用。

## 三 青田稻鱼共生系统旅游发展存在的问题与对策建议

### （一）存在的主要问题

#### 1. 环境保护压力不断增大

随着青田稻鱼共生系统旅游的发展，前往遗产地的游客数量不断增多，旅游的开发行为与游客的消费行为给遗产地的生态环境保护带来一定的挑战。青田县开发了一系列旅游体验项目，包括稻田观光、田鱼捕捞、田鱼宴等，而体验活动的开展不可避免地存在踩踏稻田、乱扔垃圾等环境破坏行为。随着田鱼售价的提高，当地农民希望提高田鱼产量，出现了大量施用饲料和单一养殖田鱼的情况，破坏了原有稻鱼共生系统的生态平衡，给当地环境带来负面影响。村落中农家乐、渔家乐等餐饮业的发展，导致餐饮用水不断增多，造成水污染、垃圾废弃物堆积等问题。如何提高遗产地的旅游接待

---

[①] 青田县发改局：《传承发展"稻鱼共生系统"推动农业文化遗产助力共同富裕》，《政策瞭望》2023年第5期。

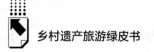

能力，以及如何在旅游接待规模不断扩大的同时保护遗产地的生态环境，是需要面对的问题。

### 2. 客源市场规模小，产品同质化

青田稻鱼共生系统旅游的客源市场以散客为主，大多来自青田县本地，其次是相邻的温州市和丽水市的其他县市，还有杭州市、上海市以及江苏省，其他地区游客量较少，因此客源市场整体规模也较小，制约了当地观光农业和乡村旅游的扩容。① 此外，青田县在旅游开发上存在重复建设问题。例如，在餐饮类产品的开发上，龙现村开设了多家农家乐，农家乐均售卖田鱼宴；在体验性产品的开发上，多为稻田观光、油菜花观光、田鱼捕捞等；在农副产品的售卖上，田鱼干是主要的产品。各类旅游产品的同质化程度较高，增加了青田县旅游业内部竞争强度，削弱了外部竞争力。同时，受现代生活价值导向的影响，田鱼捕捞等体验性项目多追求经济效益，在体验活动中传统技术体现不足，使得产品的吸引力有限，难以扩展客源市场规模。

### 3. 遗产原真性面临现代化挑战

稻鱼共生的技术要求高，在鱼苗的放养量，水稻的栽植密度，鱼病的防治以及农药化肥的使用量、使用方法上都有严格要求。要进行高产养鱼，鱼饲料的最佳投喂量、最佳投喂时间都需要控制，但由于部分技术难度大，在传统技术应用与现代技术结合方面依然存在很多挑战。稻鱼共生的农业劳动力投入要比单作水稻高，水稻生长期为150天，插秧、割稻、耘田时间为20天，其间劳动力必须照看水稻和田鱼，无法从事其他工作。这导致部分经营农家乐的农民从外地购进田鱼进行鱼干加工和餐饮销售，对当地的田鱼加工和销售市场造成一定的扰乱，同时也在一定程度上造成本地田鱼鱼种退化。此外，随着生活水平的提高，现代化的房屋建设也越来越多，部分传统民居遭到废弃，但现代化建筑与村落整体环境不协调，破坏了青田稻鱼共生系统的景观环境。

---

① 毛梦丽、沈世伟：《浙江青田"稻鱼共生系统"旅游开发研究》，《现代化农业》2017年第5期。

### 4. 利益分配机制不完善

在长期的旅游发展中，青田县逐步完善利益分配机制，如新开业的农业文化遗产公园引入相关农旅公司建立三方合作，探索"国企+民企+村企"三企融合的运营机制。但仍存在利益分配不均的问题，主要体现为参与旅游经营的农民获利较少和农民间利益分配不均。当地村民由于文化水平相对较低，缺乏旅游经营管理的专业知识，自主经营的农家乐规模较小，接待游客的规模也有限，而有旅游公司参与投资建设的综合性农庄往往能吸引更多游客，部分参与旅游经营的农民在旅游中获利有限。此外，农家乐旅游经营者为少数，旅游带动的只是少数人经济收益的提升，而对于没有参与农家乐经营的农民来说，虽然他们的房子、田地成为旅游吸引物的一部分，在旅游收益分配时，却不能得到相应的利益回报。

## （二）未来发展建议

### 1. 规范旅游开发和经营，提高环境保护力度

科学评估传统村落的环境承载能力，监管旅游开发和经营活动，引导游客行为。在环境监测方面，可进行"数字稻鱼共生"建设，建立梯田环境监测预警体系，实施梯田环境日常监测，设置环境破坏警戒线，为旅游经营者提供环境预警。在餐饮经营方面，推进垃圾污水收集处理设施的建设，鼓励餐饮污水处理后排放和污水循环利用，提高水资源利用率，减轻农家乐餐饮发展的环境污染。在田鱼养殖方面，通过生态补贴等形式，引导农民生态、科学养殖田鱼，合理施用饲料，拒绝高污染的田鱼养殖方法。在游客管理方面，通过在稻田边设置提示牌、向游客发放科学游览手册等方式，引导游客文明游览，减少踩踏稻田、乱扔垃圾等环境破坏行为。

### 2. 丰富旅游产品设计，扩展旅游客源市场

深入挖掘遗产特色，设计类型丰富的旅游产品，提升旅游产品的独特性，增强青田稻鱼共生系统的吸引力，扩展客源市场。一是结合各农家乐不同的发展条件，科学定位发展方向，差异经营，优势互补，满足不同层次的消费需求，如老年人经营的农家乐可突出稻鱼文化特色，以传统田鱼养殖为

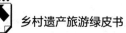
主要卖点，青年人经营的农家乐可突出华侨文化特色，以地道欧洲咖啡为主要卖点。二是要针对不同的细分市场，设计形式多样的旅游产品，丰富景区业态，增强文化体验感，如针对中小学生开发研学产品、针对上班族开发田园观光产品、针对中老年群体开发养生度假类旅游产品。三是加强村落道路建设，设置村落旅游直达班车，提升村落的可达性，在重点旅游区实现免费WiFi全覆盖，进一步推动宽带进农村、进景区，开发遗产地导览小程序，推动旅游便利化。

### 3.完善遗产保护机制，加强遗产原真性保护

进一步完善遗产保护机制，加大对田鱼品种和遗产地风貌的保护力度。在田鱼原真性保护上，通过制定一系列措施提高本地田鱼的市场认可度，加大对本地田鱼鱼种和鱼苗孵化的保护力度，最大限度保证青田田鱼的原真性。具体来说，建立从鱼苗孵化到鱼苗销售、从鱼苗投放到稻鱼共生、从鲜活田鱼销售到田鱼干加工品销售的监督机制，为遗产地田鱼产品提供价格保护，严格审批"全球重要农业文化遗产""青田稻鱼共生系统"等标识的使用，打击从外地购买田鱼并对其进行加工销售的行为。在村落原真性保护上，严格实施村貌保护政策，控制现代化自建房的层高，通过补贴等方式规范居民新建房的风格，努力维护村落传统风貌的整体性、完整性、协调性。

### 4.完善利益分配机制，增加村民旅游收入

为促进更多村民享受旅游发展成果，应进一步完善利益分享机制，提高村民的旅游收入，形成旅游发展带动村民致富、村民支持旅游发展的良性循环。对于因自身知识不足而难以吸引游客的农家乐经营者来说，可对其开展教育培训。由当地政府牵头，定期组织旅游经营培训班，加强农民经营技能培训，培养新农人，使农民充分发挥自身农业技术优势，更好地开展旅游经营。对于无法参与农家乐经营的村民，可建立农户入股分红的资产收益分配机制。鼓励农户开展特色旅游商品生产，稳定获得订单生产、入股分红等收益，并建立人才奖励体系，对旅游经营取得一定成绩的村民进行表彰。

# G.19
# 浙江德清淡水珍珠复合养殖系统
# 旅游资源与旅游发展

杨 伦 张冰彬*

**摘　要：** 浙江德清淡水珍珠复合养殖系统是中国淡水渔业复合养殖系统的典型，是第四批中国重要农业文化遗产之一。该系统所在的德清县位于长三角腹地、浙江省北部，东苕溪流域、天目山余脉的缓坡地带，湿地面积占土地总面积的44%以上，有"水乡泽国"之称。良好的自然环境和丰富的水域资源为该系统发展遗产旅游奠定了坚实基础。当前，德清县以中国重要农业文化遗产为依托，形成了以多种研学教育活动并重、精品民宿集群与多元展示为主要特色的遗产旅游发展路径，不仅有效实现了旅游产业对农业文化遗产保护与发展的促进，也有效带动了区域经济社会的可持续发展。

**关键词：** 珍珠文化　研学教育　精品民宿　多元展示

## 一　概况

浙江德清淡水珍珠复合养殖系统位于浙江省北部的德清县，属杭嘉湖平原，地处北纬30°26′~30°42′，东经119°45′~120°21′之间。浙江德清

* 杨伦，博士，中国科学院地理科学与资源研究所副研究员，主要研究方向为资源生态、农业文化遗产动态保护；张冰彬，中国科学院大学硕士研究生，主要研究方向为农业文化遗产与生态农业。

淡水珍珠复合养殖系统是一种以多层次的"蚌-鱼-粮-桑-畜"复合经营理念为基础，保留并传承了鱼蚌混养、多种鱼类立体养殖、稻田养鱼、稻虾轮作等淡水渔业复合养殖的典型模式，是我国淡水渔业复合养殖的"天然博物馆"。

在食物与生计安全保障上，该系统为农户提供了丰富的物质产品，在有效满足农户自身的食物与营养需求之外，也为他们带来了丰厚的经济收益，还提供了灵活、多样、长效、稳定的就业机会，农户可以参与包括复合养殖、加工、销售、文旅等在内的全产业链发展体系。因此，农户生计在经济、自然、社会等多个维度均呈现较强的可持续性。

在生物多样性与生态功能上，该系统有效保护了包含 10 余种淡水育珠蚌类、40 余种淡水鱼类在内的丰富的水生生物资源。并为 1200 余种野生植物和 1400 余种野生动物提供了优良生境。此外，在提高水体透明度、改善水体质量、净化水质等方面也具有突出的生态价值。

在传统知识与技术体系上，该系统包含以附壳珍珠养殖技术和三角帆蚌人工繁殖技术为代表的淡水珍珠养殖与利用技术体系，以"蚌-鱼-粮-桑-畜"复合经营（见图 1）和鱼蚌混养技术为代表的淡水渔业复合养殖技术体系，以及以桑园管理和耕地复合经营为代表的水土资源合理利用技术体系。

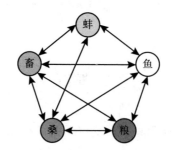

**图 1 "蚌-鱼-粮-桑-畜"复合经营**

在文化、价值体系与社会组织上，基于淡水珍珠复合养殖系统所涵盖的多种农业生产活动类型，该系统形成了以珍珠文化为特色，包含渔文化、稻作文化、蚕桑文化等的传统文化体系。珍珠文化包含祭祀、手工艺、歌舞、饮食和节庆等多种形式。由珍珠文化延伸而来的渔文化涵盖"鱼簖"养鱼和传统规范、"鱼汤饭"等饮食文化，以及"冬捕"等节庆活动。它们与蚕桑文化、稻作文化一起，构成江南"鱼米之乡"的核心文化内涵。

在水陆景观特征上，该系统呈现"漾-基塘-耕地-林地-村庄"镶嵌分布的景观特征。"漾"和"基塘"是景观的核心，大多临近分布。"漾"是珍珠复合养殖的主要场所；"基塘"既是水生生物的生长空间，又是桑蚕、湖羊的生长场所。在空间分布上，东部地区水网密布，而西部地区土地资源丰富。同时，在自然景观之外，遗产系统还保留着以国家文物保护单位——新市河埠群及南圣堂为代表的人文景观。

## 二　旅游资源

### （一）自然景观

浙江德清淡水珍珠复合养殖系统凭借其独特的自然地理条件和生物资源，创造出类型丰富的自然景观，主要包括以"蚌-鱼-粮-桑-畜"复合经营的生态循环系统为主体的田园景观、水文景观和山地景观等（见表 1）。

**表 1　德清县代表性自然景观**

| 自然景观 | 主要内容 |
| --- | --- |
| 田园景观 | 以鱼蚌混养为核心的"蚌-鱼-粮-桑-畜"复合经营系统成为德清县生态农业模式的典型，"蚌-鱼-粮-桑-畜"的景观结构反映了当地土地利用的显著特征，主要体现为种桑、种稻（麦）、畜牧和养鱼相辅相成，桑地、稻田和池塘相连相倚的江南水乡生态农业景观。德清县种植的农作物品种十分丰富，基本涵盖了南方稻田的主要作物品种。养殖业则以家禽养殖为主，同时还拥有"湖羊"等独特的畜禽遗传资源 |

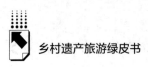

| 自然景观 | 主要内容 |
|---|---|
| 水文景观 | 德清县境内主要有东苕溪和运河两大水系,孕育了"七大潭,八大漾"。东苕溪水系包括湘溪、余英溪、阜溪、禹溪和埭溪。运河水系分东中西三线,既是发达高效的水运交通动脉,也是天然良好的渔业养殖基地。在丰富的水域资源中,苎溪漾、洛舍漾、下渚湖等面积均在 1800 亩以上,并形成了优美的水文景观。<br>蠡山漾位于德清蠡山村,河网交错、荡漾众多,极具江南水乡特色,周边有千年范蠡祠、蠡山八景之"石池剑跃",是一个水生态景观优美、历史文化积淀深厚的旅游佳地,蠡山漾于 2020 年 11 月通过水利部太湖流域管理局组织的全国示范河湖建设验收,成为全国首个示范河湖;<br>苎溪漾位于新市镇宋市村西部,是德清县第一大漾,面积为 2560 亩,岸线长 10.31 公里,2020 年 12 月被浙江省水利厅确定为省级美丽河湖;<br>洛舍漾位于浙北杭嘉湖平原西部,紧邻东苕溪,被洛舍镇环抱,2020 年 12 月被浙江省水利厅确定为省级美丽河湖 |
| 山地景观 | 德清县地势西高东低,西部有山峦 180 多座,分三支向东延伸,其中最负盛名的为莫干山。莫干山属天目山的余脉,群山逶迤起伏、满目苍翠、修篁遍地、环境清幽,是国家重点风景名胜区和长三角地区著名的度假胜地。<br>莫干山茶园景观:莫干山茶园坐落在莫干山的丘陵地带,拥有优越的自然环境和气候条件,适合茶树的生长,主要种植绿茶、红茶和白茶等多个品种,其中以莫干黄芽最为著名,莫干山每年都举办各种茶文化活动,吸引了众多茶叶爱好者和游客前来参观;<br>莫干山精品民宿群:莫干山的民宿群山环绕,竹林点缀,气候宜人,环境优美,给人一种清新宜人的感觉,以"裸心堡""裸心谷"等为代表。其中,"裸心堡"前身是有着百年历史的英式古城堡,也是抗战时期的爱国堡垒,后按照原图纸进行重建、翻修和还原,保留了浓厚的历史气息与文化底蕴 |

## (二)村落及人文景观

德清县保留着丰富的传统村落和文化景观（见表 2），2020 年 12 月，德清县的蠡山村、东衡村、白彪村、二都村四个省级文化村落逐一挂牌。这标志着德清县传统村落保护提升工作全面开启。每个村都有一定数量的保存较为完整的传统建筑和文物古迹，能较完整地体现一定历史时期的传统风貌。近年来，德清县以美好乡村建设为抓手、以村庄规划为引领、以人居环境整治为重点、以村民自治为核心，立足村情实际，彰显文化特色，加快推进传统村落保护发展建设，传统村落保护发展工作取得了一些成效。

#### 表2　德清县部分有代表性的传统村落和文化景观

| 人文景观 | 主要内容 |
| --- | --- |
| 新市河埠群及南圣堂 | 新市河埠群及南圣堂为国家级文物保护单位,位于新市镇镇区,南侧紧邻京杭运河。新市河埠群随大运河发展而成形,是当时运河上重要的商品集散地,在清朝曾是德清珍珠重要的交易场所。现存古建筑风格、样式受运河文化影响深远,明显体现商贸特征,是集宗教文化、运河文化、蚕桑文化、珍珠文化于一体的历史文化名镇。新市古镇获评首批浙江省公共文化国际交流基地,同时建成覆盖城乡的10个"15分钟品质文化生活圈"。南圣堂位于新市古镇南昌街,为国家级文物保护单位和浙江省文物保护单位,为京杭大运河浙江段唯一的历代渔民祭祀之地 |
| 新市镇白彪村 | 新市镇白彪村有古桥13座、古寺庙1座、古树6棵、古道1条。永宁寺位于白彪村,是全国百大古刹之一,距今已有1500余年的历史。宋代智鉴国师驻锡于此,有儒学大家"平野圆"在此讲学授课,儒释并举,誉为佳话。白彪村现存观音殿三间,以传统工艺修建的大雄宝殿为砖、石结构,雕梁画栋,气势雄伟,在浙北佛教寺院中别具一格 |
| 钟管镇蠡山村 | 钟管镇蠡山村境内河道交错、鱼塘遍布,蠡山脚下观音漾碧波荡漾、风景优美。民居多散落于蠡山脚下,傍水而建。蠡山上建有范蠡祠,始建于清代初年,光绪年间进行了重修,坐北朝南、依山而筑,为院落式结构,祠形似舟,故楣有"庙貌扁舟"匾额,建筑风格独特。蠡山村内有国家及各级文物保护单位、古桥、古戏台等多处,留有范蠡和西施隐居于此的美丽传说 |
| 范蠡祠 | 范蠡祠位于蠡山上,范蠡携西施扁舟五湖时,曾隐居此山。乡民为纪念范蠡,将此山命名为蠡山,又将山北洋洋千顷的大湖呼作"范蠡湖",并以范蠡为"土主",建神祠供奉。百年来,特别是动乱年代曾屡遭破坏,其后由四方百姓重新修成,对外开放。当地政府也是顺乎民意,鼎力助成,成就了一段政府意志与百姓愿望和谐一致的佳话。该祠基本按原貌修建,占地近千平方米,结构成低、中、高三阶式。整个祠宇顺山势的高下而卧,前后狭长,远望似一叶扁舟浮于万顷碧波之上。较绝的是祠前门楼为双向戏台,面积约40平方米,前后畅通,这使得两侧位置观众都可观戏,造型很是独特,东西两侧有化妆、道具室,建筑风格较为少见 |
| 小山寺遗址 | 小山寺遗址位于洛舍镇,在明代嘉靖年间《德清县志》中被记载为前山:"前山,在小山东南。"南宋叶扬在此地发明了附壳珍珠养殖技术,并在当时形成了一定的养殖规模,造福了一方百姓。叶金扬死后,为了纪念他,后人在此地建造了一座巨大的庙宇,1856年庙宇依然存在,且当时每年都会举办纪念活动。今为小山寺寺庙遗址 |
| 欧诗漫珍珠博物院 | 欧诗漫珍珠博物院位于阜溪街道,为国家3A级旅游景区,总建筑面积为6200平方米,年接待游客为30万人次。博物院共分为序厅、起源馆、历史馆、文化馆、科普馆、企业馆六大核心展馆,是集展览与研究、宣传与娱乐、公共教育与文化交流于一体的专业珍珠博物院。景区依托中国重要农业文化遗产深厚的历史文化底蕴,秉承"开放、包容、联动、共享"的办院理念,旨在展示、宣传、推广珍珠文化,是中华珍珠文化对话世界的窗口,为全球珍珠产业的研究、展示与发展提供交流平台 |

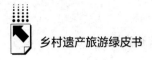

### （三）旅游纪念商品

德清县不仅农业发达，而且历史文化积淀深厚，因而催生了许多当地特色产品，如特色农副产品、手工艺品、文创产品和珍珠产品等，这些产品也已经成为富有特色的旅游纪念商品（见表3）。

表3　德清县富有特色的旅游纪念商品

| 类型 | 主要内容 |
|---|---|
| 农副产品 | (1)渔业产品:德清县渔业发展良好,产品主要包括淡水鱼类、螃蟹和虾类等。淡水鱼有鳙鱼、草鱼、鲤鱼、鲢鱼、鳊鱼等品种;螃蟹有镇海蟹和河蟹两大品种;虾类包括河虾和明虾。此外,清溪花鳖是国家地理标志产品,原产于东苕溪流域,采用仿野生养殖技术培育的清溪花鳖野性十足、风味独特、无腥味;<br>(2)种植业产品:德清早园笋为国家地理标志产品,以其肉质鲜嫩、口感鲜美而受到人们的喜爱。武康茭白以其独特的品质和口感,在当地和周边地区享有较高的声誉。在水果方面,雷甸西瓜、杨墩枇杷、武康草莓、新安冬枣也是德清县农业的支柱产品,极大提高了农民收入;<br>(3)湖羊:湖羊是湖州地区的重要畜牧业资源之一,为农产品国家地理标志产品,具有体型较大、毛色多样、毛质细软、适应力强、肉质鲜美等特点。除了供应当地居民食用,湖州湖羊的肉、羊毛等产品也有一定的市场价值;<br>(4)茶叶:莫干黄芽作为德清负有盛名的茶叶,因条紧纤秀、细似莲心、含嫩黄白毫芽尖而名扬大江南北,畅销长三角地区 |
| 手工艺品 | (1)蚕茧加工品:德清县是中国蚕桑的发源地之一,拥有悠久的蚕丝手工艺传统。德清县的蚕茧加工主要包括缂丝、缲丝、织绸、兜丝绵和织锦绸等工艺,加工品主要包括蚕丝被、丝绸、绣品和丝画等桑蚕制品;<br>(2)其他手工艺品:竹编、木雕和剪纸是德清县手工艺品中的代表。竹编制品精巧而耐用,包括篮子、花瓶、餐具等;木雕工艺在德清县有悠久的历史,常见的作品有屏风、雕花板和器物等;剪纸艺术以其细腻的工艺和独特的图案而著称,常用于装饰和节庆场合 |
| 文创产品 | 德清县在保护和传承历史文化方面做出了积极的努力,也促进了一系列文创产品的出现。这些文创产品将本地的传统元素与现代设计相结合,包含手工皮制品、木工制品、陶瓷制品等。其中,"瓷之源"是德清县著名的陶瓷工艺品品牌,拥有自己的工艺研发中心和生产基地。"瓷之源"的产品以陶瓷制品为主,包括装饰陶瓷、餐具、茶具等 |
| 珍珠产品 | 德清县的珍珠产品以其优质的品质和独特的工艺赢得了广泛的赞誉,是最富特色的旅游产品。在珍珠产品类型上,既包括项链、手链、耳环等珍珠饰品,也涉及珍珠精华液、珍珠面膜、珍珠粉底、珍珠胶囊保健品等 |

## （四）非遗旅游资源

丰富的非物质文化遗产是德清县旅游资源的重要组成部分（见表4）。截至 2021 年 12 月 17 日，德清县有县级非遗 101 项，传承人 95 人；市级非遗 54 项，传承人 55 人；省级非遗 8 项，传承人 9 人；国家级非遗 2 项；联合国非遗 1 项。

**表 4　德清县部分代表性非物质文化遗产**

| 序号 | 项目类别 | 项目名称 | 级别批次 |
|---|---|---|---|
| 1 | 民俗 | 扫蚕花地 | 国家级第二批 |
| 2 | 民间文学 | 防风传说 | 国家级第三批 |
| 3 | 民俗 | 新市蚕花庙会 | 省级第二批 |
| 4 | 民俗 | 防风氏祭典 | 省级第二批 |
| 5 | 民俗 | 乾元龙灯会 | 省级第三批 |
| 6 | 民俗 | 蚕桑生产习俗（德清传统蚕桑生产习俗） | 省级第三批 |
| 7 | 民俗 | 舞阳侯会 | 省级第四批 |
| 8 | 传统医药 | 陆氏医验 | 省级第五批 |
| 9 | 民间文学 | 防风神话 | 市级第一批 |
| 10 | 传统舞蹈 | 丝马灯 | 市级第二批 |
| 11 | 传统舞蹈 | 整鱼灯 | 市级第二批 |
| 12 | 传统舞蹈 | 十样景灯 | 市级第二批 |
| 13 | 传统舞蹈 | 叶球灯 | 市级第二批 |
| 14 | 传统戏剧 | 德清滩簧戏、湖州琴书（德清帮） | 市级第二批 |
| 15 | 曲艺 | 三跳（德清帮） | 市级第二批 |
| 16 | 曲艺 | 蚕花剪纸、羽毛风筝 | 市级第二批 |
| 17 | 传统美术 | 钟管柳条编织技艺 | 市级第二批 |
| 18 | 传统美术 | 张一品酱羊肉烹制技艺 | 市级第二批 |
| 19 | 传统技艺 | 小林缝纫制作技艺 | 市级第二批 |
| 20 | 民间文学 | 范蠡西施传说 | 市级第四批 |
| 21 | 传统技艺 | 竹编技艺（东沈竹编技艺） | 市级第四批 |
| 22 | 传统技艺 | 新市茶糕制作技艺 | 市级第四批 |
| 23 | 传统技艺 | 莫干黄芽制作技艺 | 市级第四批 |

| 序号 | 项目类别 | 项目名称 | 级别批次 |
| --- | --- | --- | --- |
| 24 | 传统舞蹈 | 鳌鱼灯 | 县级第一批 |
| 25 | 传统舞蹈 | 十样景灯 | 县级第一批 |
| 26 | 传统美术 | 年画 | 县级第一批 |

# 三 旅游发展模式

基于德清县丰富的旅游资源和显著的区位优势，当地积极发展以农业文化遗产为核心的遗产旅游，尤其注重生态、文化、乡村、休闲度假和创意等多元化发展，同时积极与上海和江苏等周边地区展开合作，为游客提供丰富多样的旅游体验。

## （一）多种研学教育活动，传承遗产内涵

### 1. 发展背景

德清县既是中国淡水渔业文化的发源地之一，又是江南蚕区最古老的蚕桑生产地之一，对农业文化遗产的保护和传承非常重视。因此，德清县积极推动以农业文化遗产为依托的研学教育活动。这些研学教育活动形式多样、内容丰富，主要面向中小学生和留学生。一方面，学生可以参与中小学课堂的教育活动，深入了解农业文化遗产的历史背景、传统技艺和文化内涵。通过专业导师的指导和互动，学生可以获得更深入的学习体验。另一方面，学生还可参加实地研学教育活动，如实地参观农田、渔场等，亲身感受传统农业文化的生态环境。此外，还有传统文化宣讲和开贝采珠等体验活动，让学生全面了解和体验农业文化遗产。

### 2. 发展现状

（1）研学教育活动

以浙江德清淡水珍珠复合养殖系统为核心，德清县积极探索以中小学生

为主要对象的研学教育活动。当前，德清县确立了下渚湖国家湿地公园研学基地等 17 个中小学生研学实践教育基地，以及田园博览园研学营地等 4 个中小学生研学实践教育营地。这些中小学生研学实践教育基地和营地的设立，为学生提供了实践探索的平台，使他们有机会亲身体验和学习农业文化、自然生态和环境保护等方面的知识。通过这些研学实践，学生能够在丰富多样的场景中进行综合学习，提高综合素质，培养创新能力、合作能力和实践能力。

欧诗漫集团作为我国珍珠行业的龙头企业，积极推广德清淡水珍珠文化，针对不同年龄段的青少年制定了不同的研学旅游课程，并组建了相应的专业研学项目团队，包括课程开发师、研学导师、研学助教等。[1] 此外，欧诗漫集团建设了欧诗漫珍珠小镇、珍珠博物院、珍珠研究院、珍珠设计院、透明工厂、文化长廊、小山漾淡水珍珠生态养殖基地等，为研学教育活动提供了丰富多样的场景和平台。

小山漾淡水珍珠生态养殖基地面积约 50 公顷，截至 2022 年底累计接待各研学团体约 5 万人次，并开发了以珍珠及蚌类展示、蚌类生态立体养殖展示和开蚌体验活动等为代表的研学课程。不同年龄段的学生组队泛舟漾上，深入了解珍珠的生长环境，在感受农遗文化的过程中，感知自然，学习我国淡水珍珠的文化与内涵。

在欧诗漫珍珠文化园景区，学生可以透过玻璃幕墙参观现代化的珍珠生产车间和先进技术设备，近距离感受珍珠加工、生产的每一个环节。在欧诗漫集团的珍珠博物院，讲解员为学生科普淡水珍珠的人工养殖技术，以及世界珍珠养殖技术始祖叶金扬和世界珍珠之源的故事，感受中国重要农业文化遗产的深厚底蕴。此外，欧诗漫集团还出版了《自然瑰宝：神奇的珍珠》《德清有名珠：珍珠之源研究成果汇编》《一辈子只为一颗珍珠》等书籍。

---

① 邓菲菲、王莉：《农业文化遗产研学旅行课程开发研究——以浙江德清淡水珍珠传统养殖与利用系统为例》，《浙江农业科学》2023 年第 7 期。

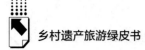

在室内寻宝课堂上，学生可以深入了解珍珠蚌（贝）的内部结构、珍珠形成机理、珍珠鉴赏方法等知识。学生还能体验开蚌采珠以及珍珠产品加工等丰富多彩的项目。指导老师引领学生亲手打开珍珠蚌，采出一颗颗圆润饱满的珍珠，根据珍珠的形状品质，运用一些简易设备，将其加工打孔制作成各类精美的饰品，例如胸针、项链、手链等。此外，学生还可以制作亚微米级珍珠粉 DIY 面膜、开展珍珠粉沉浮实验等，感受中国重要农业文化遗产的深厚底蕴。德清县以农业文化遗产为基础的研学教育活动不仅加深了学生对传统农业文化的了解，还促进了地方文化的传承和发展。这种积极的研学教育模式为培养新一代对农业文化的热爱和关注奠定了坚实基础，也为德清县的可持续发展注入了新的活力。通过这些丰富多样的研学教育活动，学生可以在体验中深入了解和感受农业文化遗产的独特魅力。同时，这些活动也有助于培养学生对自然环境和农村文化的敬畏之心，增强他们的研究能力、观察能力和实践能力。

（2）研修班

在积极拓展中小学研学课程以外，德清县积极探索以欧美及发展中国家的国际留学生研修者等为对象的国际研修活动，着力将德清县打造成中华珍珠文化对话世界的窗口，为全球珍珠产业的研究、展示与发展提供交流平台。由津巴布韦、埃及、阿塞拜疆、巴基斯坦等多个发展中国家官员组成的发展中国家可持续农业发展与智慧农业官员研修班曾先后现场考察了小山漾淡水珍珠生态养殖基地和欧诗漫珍珠博物院，对浙江德清淡水珍珠复合养殖系统在农业文化传承、农业可持续发展研究等方面的工作给予肯定。此外，英国剑桥大学等世界著名高校的留学生也曾到德清县参观欧诗漫珍珠文化园，积极开展国内外文化交流学习。

（3）校本课程

当前，德清县吴兴一小、凤凰小学等学校基于本土地域特征、学校教育特色积极开发蚕桑养殖技术的校本课程，将蚕桑文化引入美术课堂，启发学生运用观察描绘法，绘制介绍本土蚕桑文化的绘本。高桥中心小学开设了"桑果娃的蚕桑之旅"生态劳动项目，旨在让学生学习家乡习俗，提高学生的动手能力，加强文化建设。[①]

（4）暑期讲堂

德清县积极探索暑假期间的实践教育活动，以提升青少年对农业文化遗产及传统农耕文化的认知。当前，通过统筹利用返乡大学生、退休教师、乡贤、知联会成员等资源，在中小学寒暑假、传统节日和双休日等校外时间，组织引导农村未成年人开展实践体验活动，包括创新劳动实践、美育素质、心理健康等课程，让他们近距离感受传统农耕文化的魅力。

3. 启示

德清县通过多种研学教育活动积极探索农业文化遗产的传承与保护，并积累了一定的经验，具体如下。一是跨学科融合。德清县的遗产研学教育注重跨学科融合学习，通过整合不同学科的知识和技能，培养学生的综合思维和创新能力；学校组织跨学科的课程设计和项目实施，让学生能够综合运用不同学科的知识解决问题。二是校内外协同育人。德清县通过组织学校、社区和外部资源协同发展，丰富学生的研学教育内容，扩大研学教育的影响力，鼓励学科教师参与研学教育活动，将学科知识与实际应用相结合，使学生在研学活动中学以致用。学校与当地的景区、博物馆、企事业单位等密切合作，为学生提供实践机会和资源支持。德清县研学教育鼓励学生参与实践活动和实地考察，如社区服务、野外考察、实验研究等。学生可以亲身体验和探索，将课堂知识应用于实际情境中，培养实践能力和问题解决能力。三是应用数字化技术。德清县积极引入创新技术，如虚拟现实、人工智能等，将其融入研学教育。通过利用新技术手段，为学生提供更真实、立体的学习体验，激发学生的学习兴趣和探索欲望。德清县研学教育注重项目学习，学校设立了各种特色项目，如"百科互联网+农业"项目、科技创新实验室、古村落保护与传承项目等，这些项目旨在通过实践和创新，提高学生的综合能力和创造力。四是推动研学旅游产业化。德清县注重发挥学校与社区资源的互动作用，

---

① 孙瑞雪、梁烁烁、叶筱等：《"蚕桑丝织技艺"数字化研学平台的建设与应用——以浙江湖州为例》，《产业创新研究》2021年第16期。

积极与当地企事业单位、社会组织和专业机构合作，共同推动研学教育发展。学校经常组织学生参与社区服务活动、企业实践等，让学生在实践中学习，培养社会责任感和团队精神。推动研学资源进乡村、进农庄，实现旅游产品与农产品抱团营销，构建文旅体研融合发展的现代农业新经济体系，打造研学旅游产业链。例如，钟管镇清溪鳖业农业之旅基地将清溪大鲵、清溪甲鱼蛋等农产品打造成特色研学商品。推动研学旅游数字化，运用信息技术手段，将虚拟现实、人工智能等技术融入研学教育中，为学生提供更多样的学习方式和体验。

在未来的发展中，德清县的农业文化遗产研学教育可以重点关注以下三个方面。一是加强人才队伍建设和研究支撑。一方面，积极组织管理干部参加业务培训，如有关继承传播、经营管理、设计展览等方面的课程；另一方面，打造非遗专家人才队伍，依托浙江大学、浙江师范大学等高校、科研机构，开展非遗代表性项目课题研究，为建设工作提供智力支持。同时，组建非遗志愿者队伍，协助开展相关工作。二是推动研学旅游集聚化。依托"美丽城镇"和"美丽乡村"建设成效，未来德清县研学旅游发展应充分利用全县旅游资源，串联特色旅游景区，定制科技之旅或文化之旅等研学线路，汲取钟管镇"文化+红色+生态+活力"等多样化研学路线的经验，带动片状旅游资源协同发展。三是推动研学旅游品牌化。挖掘特色旅游吸引物，打造宜学宜游、具有地方特色的精品研学旅游新业态。比如，乾元镇与上青旅集团合作打造的上海 U 活青少年活动德清（乾元）基地成为全县首家国家级研学基地，已开发"古城探幽""孔子课堂""国学夏令营"等中小学研学课程，截至 2023 年，接待沪杭高校师生研学团队 300 余批次共 5000 余人。[①]

### （二）民宿集群与多元展示，延伸遗产旅游体验

#### 1. 发展背景

德清县拥有丰富的农村资源和民俗文化，优美的田园风光和独特的农家

---

① 《浙江省湖州市德清县》，国家体育总局，2023 年 1 月 16 日，https：//www. sport. gov. cn/n4/n25081193/n25081138/n25093972/c25111588/content. html。

乐等吸引了许多城市居民前来旅游度假或体验农事活动。德清县乡村旅游发展，不仅为游客提供了优质的农业观光服务，还让游客深度体验了良好的遗产环境，参与多种遗产传承活动。此外，德清县还支持农民开展农家乐和农产品销售，助力农村经济发展。

德清县的民宿发展可分为三个阶段。第一个阶段为2004～2010年的初期阶段，这一阶段民宿投资体量较小，投资来源于个人，进行非专业化的商业运作。第二个阶段为2011～2014年的成长阶段，这一阶段国际投资增加，投资来源于专业民宿企业，形成专业化的商业运作。第三个阶段为2015年至今的成熟阶段，这一阶段政府积极探索民宿产业的标准化进程，并以民宿为依托开展全域旅游。① 除了民宿，德清县积极发掘悠久的农耕历史文化传统，如防风神话、良渚文化、渔文化等。当地政府致力于保护和利用这些文化遗产，通过举办各种文化活动和展览，吸引游客来德清县体验中国传统农耕文化。

**2. 典型经验**

**（1）坚持可持续发展的理念**

当前，德清县在积极探索农旅结合的休闲农业发展过程中，始终坚持低碳、环保、原生态的休闲农业发展理念，代表是在全国范围内首创的由外国人经营的"洋家乐"民宿。"洋家乐"大多由外国人投资或管理，高度融合本地的文化特征，积极探索以本地自然与人文活动为主的体验式居住服务。在"洋家乐"之外，德清县已发展各类民宿800余家，并形成了标准民宿、优品民宿和精品民宿3个等级。同时，德清县休闲农业发展以渔业为基础，体现为将渔业活动、渔业生物资源和渔业文化作为休闲农业的重要内容，职业化的从业人员有130余人。②

**（2）建立规范化的民宿行业标准**

德清县对乡村旅游的接待设施、安全管理、环境保护、服务质量等多个

---

① 董晓英：《全域旅游背景下德清县民宿业发展特色与启示》，《旅游纵览》2021年第4期。
② 杨伦、闵庆文：《德清生态农业实践的典型模式与发展建议》，《农业资源与环境学报》2022年第5期。

方面进行了综合规范化管理和标准化建设。2015 年，德清县出台了《中国·德清乡村民俗标准》，用标准规范约束了"洋家乐"从建设到服务的全部过程，从而确保了"洋家乐"的品质。此外，为保持以"洋家乐"为代表的民宿品牌形象和品质内涵，德清县还编制了《德清西部地区保护与开发控制规划》，参与了国家民宿标准规范制定。

（3）积极探索社区文化建设

德清县充分利用农业文化遗产元素，优化社区风情风貌，例如，建设村落文化馆、蚕桑丝织主题文化广场、主题公园、若干主题雕塑或景观小品，鼓励和支持民众依法依规举办积极有益的民俗活动。鼓励和支持将农业文化遗产资源或相关设施对接融入公共文化服务体系建设，利用乡村文化礼堂举办常态化的农业文化遗产展示、展演活动；鼓励有条件的乡村建设农业文化遗产微展馆，凸显"一村一品"，提高乡风文明，带动乡村治理与乡村振兴；促进农业文化遗产的数字化能力提升，开展网络和新媒体传播，拓展场所数字化功能。

（4）注重政策引导和制度建设

德清县制定了国内首个民宿地方标准，出台了全国首部地方民宿管理办法，开办了首家民宿学院，成为全国首批乡村旅游创客示范基地、全国首个服务类生态原产地保护产品，参与起草了民宿国家标准。[①] 同时，德清县通过积极建立类型多样的休闲农业景观与设施，初步构建了涉及金融、人力、物质、文化等多个方面的社会服务体系，促进小农户、家庭农场、合作社、企业等多个类型的经营主体参与休闲农业发展。[②]

3. 启示

为推动农业文化遗产的保护和传承，德清县在民宿集群与多元展示以及遗产旅游体验方面的积极工作可总结出以下经验。一是传统文化传承方面，在全面梳理农业文化遗产发展历史脉络的基础上，深度挖掘遗产核心要素，如德清县的珍珠文化、渔文化、蚕桑文化等。在此基础上，通过梳理文化形

---

① 董晓英：《全域旅游背景下德清县民宿业发展特色与启示》，《旅游纵览》2021 年第 4 期。
② 杨伦、闵庆文：《德清生态农业实践的典型模式与发展建议》，《农业资源与环境学报》2022 年第 5 期。

态构成及其与自然环境的关系，以艺术创作、文化活动、文旅融合、文创开发等为转化途径，促进农业文化遗产资源活化、转化和升华。同时，构建传统工艺传承发展平台，打造特色产业、产品发展和销售平台，培育认定与农业文化遗产相关的文创骨干企业，引领文创发展，扩大农业文化遗产旅游影响力。二是旅游发展资金方面，设立专门的农业文化遗产旅游发展经费，减免相关企业的税费，并鼓励社会力量通过投资、入股、捐赠等方式参与农业文化遗产保护，确保财政支持和社会资本的多元投入。同时，要综合考虑产业发展、环境整治、生态保护、公共服务等因素，采取多种方式努力满足农业文化遗产展示的用地需求。

# 四　旅游发展的问题与建议

## （一）问题

### 1. 珍珠文化挖掘不足

长期以来，德清县悠久的农业文化遗产资源深藏"闺中"，由于缺乏统一规划和经营意识，德清县在对外宣传历史文化方面，始终没有抓住其最具魅力的一面，无法给外地游客留下深刻的印象，让人们认识到德清县是一个具有悠久珍珠历史文化的地方。外地游客来德清县，更注重观赏自然生态环境，很少关注历史文物古迹及相关传统文化，对于德清县自古以来的珍珠文化及珍珠养殖传统知之甚少。这种情况产生的主要原因是地方政府、科研机构等利益主体在农业文化遗产保护实践中对传统农业文化，尤其是珍珠文化的挖掘力度不够，德清县的核心魅力没有得到全方位的宣传和推介。

### 2. 小农参与度较低

2017~2019年，德清县从事第一产业的劳动力人数占全社会从业人数的10.94%。其中，德清县专业从事淡水渔业复合养殖的农户占第一产业从业人数的45.04%。然而，这些渔业养殖的经营规模、产量和管理模式大多已脱离"小农户"的范畴，户均经营水域面积为0.79公顷，户均渔业产量为

9200 千克，通过承包多个水域形成了 5 名劳动力以上的家庭农场管理模式。① 究其原因，经营规模普遍较小的小农户在参与农业文化遗产保护实践时存在较大的资金和技术障碍，现有的发展政策在有针对性地解决这些问题方面仍然存在较大的发展空间。

**3.研学旅游课程设计有待提升**

当前，德清县研学旅游课程内容主要围绕珍珠、贝壳开展，以可实施性强、趣味性强为主要标准，对于农业文化遗产中农耕技术、乡土民俗、传统物种、田园景观等研学旅游资源的挖掘利用不足。同时，课程主要在室内开展，与农业生产的联系较少，如附壳珍珠养殖技术、立体养殖技术、遗产地乡土民俗及田园景观的学习和参观，导致真实体验与劳动教育不足。此外，课程实施的形式主要集中在手工类活动，学生参与形式不够丰富。②

## （二）发展建议

首先，要以浙江德清淡水珍珠复合养殖系统冲刺全球重要农业文化遗产为契机，建设以支撑农业文化遗产旅游为核心的发展基地，开展以传统农业技术、传统农业文化和传统农业物种资源保护为核心的研究成果展示、普及和宣传工作，实现对传统农业文化的传承。

其次，在财政资金的支持下，充分吸纳企业、非政府组织等社会资本参与农业文化遗产的旅游发展实践，多渠道提升小农户参与旅游发展实践的积极性。同时，在制度上通过设立发展基金、开展培训班、建立社会化服务体系等解决小农户的实际困难。

最后，在研学旅游的发展中要考虑社区的意见和角色。一方面，社区中的居民可以成为研学项目的组织者和解说者，增强研学体验课程效果；另一方面，社区居民的参与可以提高居民的经济收入和参与意识，强化其对社区

---

① 杨伦、闵庆文：《德清生态农业实践的典型模式与发展建议》，《农业资源与环境学报》2022 年第 5 期。

② 邓菲菲、王莉：《农业文化遗产研学旅行课程开发研究——以浙江德清淡水珍珠传统养殖与利用系统为例》，《浙江农业科学》2023 年第 10 期。

和遗产的归属感和认同感,提升遗产保护工作的可持续性。同时,研学旅游要采取区域差异化发展路径。其中,阜溪街道的农业文化遗产研学旅游发展综合优势最为突出,是开发潜力最大的地区;洛舍镇、钟管镇、新市镇、乾元镇和雷甸镇保有一定体量的农业文化遗产资源可供发展研学旅游,是未来农业文化遗产研学旅游发展提升潜力最大的地区;新安镇和禹越镇可供发展的资源较少,目前进行研学旅游发展的潜力不足。各区域在研学旅游项目的设计和互动等方面均应继续加强。①

---

① 王博杰、何思源、闵庆文等:《农业文化遗产研学旅行发展潜力研究——以浙江德清淡水珍珠传统养殖与利用系统为例》,《浙江农业学报》2023 年第 7 期。

# G.20
# 江苏兴化垛田传统农业系统
# 旅游资源与旅游发展

何思源　王博杰*

**摘　要：** 垛田是江苏里下河地区一种独特的农业利用形式，江苏兴化垛田传统农业系统先后于 2013 年与 2014 年被认定为中国重要农业文化遗产（China-NIAHS）和全球重要农业文化遗产（GIAHS），在此之后，垛田旅游业得到快速发展。本文以江苏兴化垛田传统农业系统为案例，从遗产系统的特征出发对其旅游资源进行论述，并结合实地调研情况对其旅游发展的现状及存在的主要问题进行分析，提出有针对性的遗产保护与旅游开发协同发展策略，以促进垛田传统农业系统动态保护和适应性管理的日臻完善。

**关键词：** 农业文化遗产　传统农业系统　兴化垛田　遗产保护

## 一　兴化垛田传统农业系统的特征

据《大不列颠百科全书》记载，中国东南平原有垛田，具体情况不详，与兴化毗邻的姜堰地区，有小部分的垛田地貌。在兴化市下辖的垛田镇、缸顾乡、李中镇、西郊镇、周奋乡五个乡镇内，即兴化垛田传统农业系统的核心区内，共有 6 万多亩垛田集中分布，已经形成独特的文化景观（见表1）。

---

* 何思源，博士，中国科学院地理科学与资源研究所副研究员、硕士研究生导师，主要研究方向为自然保护地生态系统管理与社区协同发展、社区保护；王博杰，中国科学院地理科学与资源研究所博士研究生，主要研究方向为自然保护地管理、遗产旅游和生态旅游。

这一独特的地貌景观先后入围江苏省第三次文物普查十大新发现和全国第三次文物普查重大新发现，2011 年 12 月被江苏省政府确定为第七批省级文物保护单位，2014 年成为联合国粮农组织认定的全球重要农业文化遗产，2022 年被列入世界灌溉工程遗产名录。

表 1　垛田传统农业系统的核心区范围及典型文化景观

| 所在乡镇 | 面积(平方公里) | 行政村 | 典型文化景观 |
|---|---|---|---|
| 垛田镇 | 16.67 | 芦洲、王横、得胜、高家荡、征北、张庄、凌翟、杨荡、张皮垛、申家佃、水产、湖西口 | 垛田风光 |
| 缸顾乡 | 8.67 | 东旺、万旺、夏广 | 千岛垛田菜花 |
| 李中镇 | 4.33 | 苏宋、草东 | 李中水上森林公园 |
| 西郊镇 | 6.33 | 徐圩、马荒 | 徐马荒湿地公园 |
| 周奋乡 | 4.00 | 崔一、崔二、崔三、崔四、斜沟 | 渔业生态园 |
| 合计 | 总面积 40.00 平方公里(约 6 万亩) | | |

注：遗产地范围为 2014 年划定。

兴化垛田传统农业系统是一种典型的湿地生态农业系统，当地百姓在枯水季节将洼地的湿泥挖出，堆积到较高的地方，形成了一块块水中小岛似的垛田。这种独特的水土利用方式，是利用自然、改造自然、与自然和谐相处的杰作，具有鲜明的系统特征。[①] 垛田的水土利用系统采用空间上多层次、时间上多序列的复合方式。在空间结构上，充分利用不同空间资源，种植蔬菜，发展渔业；在时间序列上，根据间作作物生长特性，按不同季节，采用多熟制，充分利用土地和光能资源，最终形成农、林、渔复合系统（见图 1）。

兴化垛田传统农业系统也有着保护农业生物多样性、调节气候和保持水土的生态功能。垛田地区地势平坦、河流纵横、雨量充沛、气候温和，适宜各类农作物的生长。农民在垛上种植各类瓜果、蔬菜、粮食和棉麻等，在水

---

① 何思源、李禾尧、闵庆文：《基于价值认同的保护地管理途径研究——以兴化垛田全球重要农业文化遗产为例》，《遗产与保护研究》2019 年第 1 期。

**图1　垛田农、林、渔复合系统**

资料来源：孙雪萍绘。

中养殖鱼、虾、蟹、贝类，同时还有各类野禽等，保留了诸多品质优良的本地品种，不仅保持了垛田丰富的农业生物多样性，对种质资源的保护也有着重要的意义；垛田四周被水环绕，与单一的陆上耕地相比，这种独特的水陆结合形态对稳定区域大气候、调节局部小气候有显著作用；在垛田独特的自然环境下，农民形成了在垛田边缘覆盖河泥种芋头的习惯，垛田坡面也常常有栽培作物，这些措施可以有效避免垛田受侵蚀崩塌，起到了水土保持的作用。①

　　作为人与水和谐相处的历史产物，垛田是里下河地区水文化的突出代表。发生在垛田芦苇荡里的抗金反元故事，正是施耐庵创作《水浒传》的灵感来源；扬州八怪的代表人物郑板桥出生于垛田，其别具一格的"六分半书"据说正是受垛田散而不乱、错落有致的地貌启发。除此以外，垛田庙会、歌会、农民画、拾破画、判官舞、高跷龙等民俗活动均带有鲜明的垛田色彩。垛田独特的地貌不仅影响了垛田人的生存，也造就了"垛上人"独特的生活观念和文化习俗。

_____

① 李禾尧、何思源、闵庆文等：《重要农业文化遗产价值体系构建及评估（Ⅱ）：江苏兴化垛田传统农业系统价值评估》，《中国生态农业学报》（中英文）2020年第9期。

## 二 兴化垛田传统农业系统的旅游资源评价

### （一）兴化垛田传统农业系统的潜在旅游价值

在旅游价值方面，垛田地区独特的四季农业景观、良好的生态环境和多彩的民俗文化，不仅具有重要的遗产价值，也具备发展乡村旅游的巨大潜力，在景观游憩、文化节事、研学旅游等方面均具有独特的吸引力。利用好遗产地范围内的垛田、农事节事、历史文化等优质资源，既能促进当地经济的多元化发展，也是动态保护传统农业资源的有效途径。[①]

在景观旅游资源方面，包括千垛景区、李中水上森林公园、万亩荷塘景区、徐马荒湿地公园、沙沟古镇、金东门老街等，均是较为成熟的自然与人文景观资源；在文化旅游资源方面，兴化垛田农耕文化所衍生出的饮食文化、民间文艺、风俗习惯等，均对游客有较强的吸引力；在研学旅游资源方面，依托垛田独特的传统耕作模式与技艺以及历史古镇悠久的江南水乡文化，遗产地具有开展中小学研学课程的良好资源禀赋。

在地理位置上，兴化位于江苏省中部长江下游北岸，靠近南京、无锡、苏州、上海等长三角重要城市，在客源吸引力上具有显著优势；长三角地区经济发展水平高，游客消费能力较强，为其旅游发展奠定了较好的基础。同时，当地政府高度重视垛田的保护与可持续利用，旅游作为遗产保护与发展的重要支撑，已得到了当地政府的认可和大力支持。兴化市人民政府先后制定了《兴化市人民政府关于促进休闲农业与乡村发展的意见》《兴化市休闲农业与乡村旅游发展总体规划》《兴化市旅游产业发展十四五规划（2021—2025 年）》《千垛镇十四五发展规划（2021—2025 年）》等支持旅游发展的政策和规划，为垛田农业系统旅游发展提供了良好的政策机遇。

---

① 崔峰、李明、王思明：《农业文化遗产保护与区域经济社会发展关系研究——以江苏兴化垛田为例》，《中国人口·资源与环境》2013 年第 12 期。

## （二）兴化垛田传统农业系统的旅游资源分布与特征

### 1. 旅游资源分布

兴化的旅游业发展始于垛田，兴于千垛菜花。但兴化垛田传统农业系统的旅游资源不仅限于油菜花景观，还包括良好的生态环境、深厚的人文底蕴和富饶的农业资源等。整体来看，兴化垛田传统农业系统的旅游资源以垛田农业系统为核心，以李中水上森林公园、万亩荷塘景区、徐马荒湿地公园等自然景观资源和沙沟古镇、金东门老街等人文景观资源为依托，构成了"农业-自然-人文"复合的旅游资源体系，适宜进行系统化旅游发展。

### 2. 旅游资源特征

兴化垛田传统农业系统遗产地旅游资源呈现以下特征。

第一，农民适应地形利用土地所形成的独特农业景观，代表为千垛景区。垛田是兴化先民在与涝渍灾害的斗争中所形成的特殊景观，千垛景区共计6000余亩，其中核心区1300余亩，每年清明前后油菜花开，形成"河有万湾多碧水，田无一垛不黄花"的壮丽景象。目前，兴化千垛景区是当地旅游发展的核心资源。

第二，具有丰富自然景观和生物多样性的生态系统，代表为李中水上森林公园、万亩荷塘景区和徐马荒湿地公园。李中水上森林公园核心面积约为1050亩，其中水面面积约950亩。20世纪80年代初期，当地民众将此处的湿地荒滩资源依照垛田的范式开辟成垛格，并栽种10万余株池杉、水杉等苗木，目前已形成"林下有水、水中有鱼、林中有鸟"的独特河流人工生态湿地，吸引白鹭、黑杜鹃、野鸭等鸟类常年栖息于此。万亩荷塘景区核心面积约为1110亩，依托当地丰富的湿地资源，栽种了荷花、睡莲、菖蒲等水生植物，在还原里下河水乡生态原貌的同时，提升了水域生物多样性。徐马荒湿地公园核心面积为6000余亩，大面积的芦苇荒滩吸引了大量鸟类繁衍生息。这些以自然系统为核心的旅游资源，为游客提供了多样的自然游憩体验。

第三，随季节变化的农事活动展现了农耕文化及活态文化，代表为垛田地区的农事活动及其衍生的文化活动。一方面，基于二十四节气的垛田农事活动,依托传统农业生产可以为游客带来丰富的旅游体验,特别是对以中小学生为主体的研学群体来说,在观赏垛田美景的同时可以进行农业劳动教育。另一方面,以垛田庙会、高跷龙等为特色的民间节事活动及传统艺术,吸引诸多游客参与体验。以"庙会经济"为核心的传统农业节事活动,不仅推动了当地农业社会的经济发展与文化交流,也以独具特色的农业人文旅游资源吸引游客前来体验。

第四,具有历史文化底蕴的人文资源,代表为沙沟古镇、金东门老街。作为诞生了施耐庵、郑板桥等名人的历史文化名城,兴化有着深厚的江南水乡文化底蕴。沙沟古镇是国家级历史文化名镇和渔文化特色小镇,镇内仲春菜花遍地、盛夏荷花满塘、金秋稻花飘香、隆冬鱼虾满仓,是聚平原之秀色、汇江河之便利的"鱼米之乡"。金东门老街是拥有完整明清古建筑群和鱼骨状街巷体系的古街,保持和沿袭了明清时期的传统风格,历史悠久,文化遗存丰富。沙沟古镇和金东门老街相辅相成,使游客能体验完整的明清人文历史。

# 三 兴化垛田传统农业系统的旅游发展现状

## (一)兴化垛田传统农业系统旅游产品体系

兴化垛田传统农业系统旅游产品具有多元化特征,形成了以观光类为核心,农事体验类、节庆旅游类、运动休闲类和科普研学类为辅助的旅游产品谱系。

第一,以垛田等湿地景观为核心的观光类旅游产品为游客提供了丰富的观赏体验。游客可以欣赏垛田花海,领略乡村自然风貌。千垛景区规划了观光路径和观景台,游客可以便捷地观赏最佳景观。导览服务为游客讲解了历史文化和生态知识,增加了游览的文化内涵。

第二,农事体验类旅游产品为游客提供了亲身参与农耕活动的机会。游客可以参与垛间捕鱼、采摘农作物等里下河湿地传统农耕活动。农事体验不仅增加了游客的参与感，也有助于传承当地农耕文化，让游客深入感受农村生活的魅力。

第三，节庆旅游类产品为游客提供了感受兴化地区传统节日和民俗文化的契机。游客可以参与千垛菜花旅游节、农民丰收节、农耕文化节等活动，亲历传统节事庆典、观看民俗表演和体验手工艺品制作。丰富多样的节庆旅游活动吸引游客到此观赏和体验，让游客在节事氛围中感受垛田文化的魅力。

第四，运动休闲类旅游产品为喜欢户外活动和体育运动的游客开辟了新的体验空间。垛田地区开发了徒步、自行车游线，同时依托本地航空俱乐部，开发了低空直升机、热气球等运动项目，让游客在美景中体验休闲运动。在垛田田间水系、李中水上森林公园河道等水域开展水上运动，包括划船、垂钓、亲子捕鱼等项目，丰富了游客的旅游体验。

第五，科普研学类旅游产品为学生、科研人员以及对垛田农耕文化感兴趣的游客提供了学习交流的平台。通过科普垛田历史文化、传统田间作物种植技术、农业生态保护知识等，帮助游客了解农耕文化的科学知识和传统技术内涵。这类产品促进了游客对农业、生态环境保护的认知和理解，提高了游客对传统农业技术与知识的关注度。

### （二）兴化垛田传统农业系统品牌建立与营销

"兴化垛田"遗产品牌对当地经济，尤其是旅游经济发展起到了较强的推动作用，也使得遗产地政府有动力积极维护、传承垛田的遗产品牌价值。遗产地政府相继出台了诸多系统性保护措施及办法。兴化市于2014年出台了《兴化垛田农业文化遗产保护与发展规划》，该规划划定了生态保护红线，垛田保护逐步受到重视；2017年6月，泰州市第五届人大常委会将《泰州市垛田保护条例》列入立法规划；2021年3月1日，《泰州市垛田保护条例》正式实施；同年，兴化市检察院联合市公安局、农业农村局等七家单位会签《兴化市垛田联动保护协调机制运行办法》，建立了垛田常态化联动保护机制。这些遗产保护规划、条例和机制的建立，使遗产系统和品牌得到规范化、制度化保护。

遗产地政府和社区通过多个途径促进农业系统品牌推广。一方面，借助抖音、小红书、微信公众号等新媒体平台宣传推介兴化垛田。依据兴化本土作家刘春龙的长篇小说《垛上》改编而成的电影《垛上花》于 2021 年上映，从文学和影视双视角对垛田的风土人情进行了宣传，取得了较大的社会反响。另一方面，全力打造垛田农产品品牌，塑造以垛田为基础的稻米、河蟹、特色果蔬、淡水鱼、小龙虾等农业产品全产业链；以垛田保护区为基础，创建了兴化市垛田特色农产品和绿色生产示范区，提升垛田龙香芋、香葱、香姜等生态农产品的种植效益和生态价值；因地制宜打造"千垛百味"农产品区域公用品牌，提高垛田农产品品牌的身份标识化和全程数字化水平。这些农产品品牌提升举措，不仅提高了垛田农产品的生态价值和经济效益，也为垛田旅游提供了附加宣传，实现了遗产保护、农产品价值提升、旅游发展、社会参与的协同。此外，2023 年，遗产地联合中国科学院地理科学与资源研究所、南京农业大学等科研单位、高校以及兴化本地乡贤与本土人才成立了垛田研究会，强化了垛田保护的社会参与。

遗产地政府强化重点旅游景点的打造和推介。通过整合周边优势资源，将农业与旅游有机结合，打造"春看菜花、夏观荷花、秋赏菊花、冬品芦花"的四季花海美景，巧妙地融合自然景观和农业文化遗产，打造具有地域特色和独特魅力的农业品牌，让游客在不同季节踏上独特的农业观光之旅。同时，在农业品牌建设和旅游品牌推介的过程中，加强社区参与的激励机制建设，让农民成为品牌建设的主体，扮演"守护者"的角色、加强其作用，以"种风景、卖风景、富农民"的理念助力品牌利益共享格局构建。

### （三）兴化垛田传统农业系统旅游产业与产值

兴化垛田传统农业系统旅游产业发展规模从小到大、业态不断丰富。2009 年 4 月，兴化垛田的第一届千岛菜花节（后更名为千垛菜花旅游节）揭开了兴化旅游发展的序幕。截至 2023 年 5 月，兴化已连续举办了 15 届千垛菜花旅游节，活动内容从赏花踏青、休闲观光，延伸到民俗展示、文化体验等，活动规模不断扩大，游客人数也不断增多，旅游收入、影响力和知名度逐年提高，2019 年，兴化市千垛菜花旅游节收入为 20.66 亿元（见图 2）。截至 2022 年，兴化全市文旅行业从业人员有 6 万余人，旅游相关行业的年营业收入逾百亿元，被评为江苏省文化和旅游产业融合发展示范区。除千垛菜花旅游节，兴化垛田还形成了品蟹赏菊旅游季、万亩荷塘荷花节、李中水上森林红杉节等特色节事活动旅游。

**图 2　2012~2019 年兴化千垛菜花旅游节旅游收入与游客数量变化**

资料来源：王博杰依据《兴化年鉴》（2013~2020 年）绘制。

注：2020~2022 年受疫情影响千垛菜花旅游节未统计旅游收入及游客数量，故时间截止到 2019 年。

以垛田花海为特色，兴化整合区域内优势旅游资源，逐渐完善全域旅游发展，不仅成功选首批省级全域旅游示范区，也被列入全国休闲农业与乡村旅游示范市。截至 2023 年 8 月，兴化共有全球重要农业文化遗产 1 处（兴化垛田传统农业系统），4A 级旅游景区 2 家（李中水上森林公园、郑板桥·范仲淹纪念馆），3A 级旅游景区 5 家（沙沟古镇、金东门老街、施耐庵文化园、乌巾荡湿地公园、万亩荷塘景区）。[①]

① 兴化年鉴编纂委员会编《兴化年鉴（2022）》，方志出版社，2022。

2018 年，兴化接待游客 780 万人次，实现旅游总收入 70 亿元①；2019 年，兴化全域共接待游客 897 万人次，旅游总收入达 85 亿元②；受疫情影响，2021 年，兴化全域共接待游客 455 万人次，实现旅游收入 29 亿元③。

2023 年以来，兴化旅游开始复苏，兴化市成立文旅产业融合发展委员会，先后承办了第 14 届江苏省乡村旅游节、中国泰州水城水乡国际旅游节，举办兴化市荷文化旅游节、里下河龙舟邀请赛等活动。此外，2023 年千垛菜花旅游节期间，全市各旅游景区总计接待游客 60 万人次，实现旅游收入 3.2 亿元。④

## 四  兴化垛田传统农业系统旅游发展中的主要问题与对策

### （一）主要问题

#### 1. 季节性观光为主，旅游产品单一

目前，兴化垛田传统农业系统的旅游发展模式较为单一，主要依赖季节性的花海观光，核心旅游产品种类有限，缺乏能够为游客提供深度体验的旅游产品，这使得遗产地旅游的可持续性面临一定挑战。

首先，油菜花海作为垛田旅游的核心产品，其经济价值的实现主要依赖每年约 20 天的油菜花期门票收入。这种单一的收入来源使得该地区的旅游业容易受到极端气候灾害等的影响，一旦在花期前后遭遇灾害，当地全年的旅游收入可能会遭受严重负面影响。⑤

① 兴化年鉴编纂委员会编《兴化年鉴（2019）》，江苏凤凰科学技术出版社，2019。
② 兴化年鉴编纂委员会编《兴化年鉴（2020）》，江苏凤凰科学技术出版社，2020。
③ 王璐、高航：《兴化：推动生活性服务业高品质发展 打造人民群众幸福高地》，中国网·东海资讯，2022 年 6 月 28 日，http://jiangsu.china.com.cn/html/2022/rwjs_0628/10980903.html。
④ 《花开千垛梦水乡——2023 中国·兴化千垛菜花旅游节综述（一）》，"兴化发布"澎湃号，2023 年 5 月 23 日，https://www.thepaper.cn/newsDetail_forward_23216241。
⑤ 朱晨慧：《基于游客体验视角的兴化千岛垛田菜花节的旅游吸引力提升研究》，《江苏商论》2018 年第 3 期。

其次，突出的季节性也导致遗产地在高峰期内接待能力面临严峻考验。短期内过多的游客带来了过度旅游问题，包括水资源短缺、土壤过度踩踏板结、生态环境污染以及游客体验不佳等，这不仅会对遗产地的环境造成负面影响，也可能降低游客对垛田传统农业系统的评价，进而削弱垛田旅游的竞争力。

再次，在旅游淡季，无论是垛田景区本身还是周边的农家乐，大都处于低负荷运行状态，旅游设施利用率较低，资产闲置问题突出，缺少旗舰旅游项目以拉长旅游旺季。

最后，遗产地范围内的景区以个别和孤立的景点宣传为主，缺乏在空间和时间上对区域旅游资源的整合，也缺乏不同景区之间的联动。与此同时，农业旅游资源、生态旅游资源和明清人文旅游资源尚未得到充分利用，游客遗产地深度体验、中小学科普研学、中老年康养休闲等满足不同游客群体和偏好的个性旅游产品尚未得到深度开发。

2.过度景点化，旅游形式滞后

遗产地的主要景区普遍存在"小、散、低"的特点，旅游产品档次较低，精品较少，遗产地旅游发展仍然以景点观光和门票经济为主，旅游形式相对单一。

一方面，核心景区的旅游项目相对简单，游客在景点往往只进行较短时间的游览，几乎没有可供游客长时间参与的深度体验项目，难以吸引游客长时间驻留。例如，在观赏过千垛景区后，再游览李中水上森林公园通常只需半天时间，而古镇古街文化旅游景点以步行参观为主，游客停留时间和消费开支均不高，难以发挥深度旅游的经济优势。另一方面，旅游形式滞后带来的同质化问题同样威胁着垛田旅游的发展。[1] 油菜花较低的种植成本引起周边许多市县效仿，南京高淳、上海奉贤、姜堰河横、南通海门、吴江同里等地也纷纷举办菜花节。千垛景区缺乏明显的景观优势，地理位置也相对处于

---

① 朱飞：《兴化垛田农业文化遗产旅游资源开发问题及对策研究》，《江苏经贸职业技术学院学报》2016年第3期。

劣势，竞争压力越来越大。

### 3. 价值发掘有限，旅游资源融合不足

遗产地在旅游发展过程中，缺乏对遗产多元价值的发掘，缺乏对文化及传统知识等非物质文化旅游资源的整合和提升。

首先，兴化垛田传统农业系统虽然已被列为全球重要农业文化遗产和世界灌溉工程遗产，但在旅游发展中，对垛田历史及其内涵的宣传和推介仍然不足，游客对垛田通常只了解字面上的含义，而对垛田的历史由来和系统特色等未有更深入了解，垛田真正的历史底蕴、生态和文化价值尚未得到充分体现，游客未能深入体会垛田的独特魅力。①

其次，以自然生态为核心的景区，未能将本土文化元素进行系统化提炼和融合，导致文化特色和品牌价值尚未得到充分彰显。例如，里下河地区独具特色的民风民俗，以及垛田区域的农耕、捕鱼、锣鼓书、面塑、农民画等本土文化元素和乡村历史传承，在旅游中尚未得到充分展示。

最后，在旅游产业链融合延伸的过程中，旅游业与其他产业的价值融合提升和功能互补欠佳。目前，遗产地所生产的旅游商品仍以初级农副产品为主，高附加值的特色农产品和旅游纪念品的开发、包装和营销尚未形成体系和规模，影响力较小。能真正体现兴化特色并受到游客青睐的旅游纪念品较少，与此同时，兴化特色工艺纪念品，如农民画、拾破画、麦秸工艺品等，仍然停留在非遗保护层面，尚未与旅游景点、旅游纪念品实现联动发展。

### 4. 社区意识不足，农民参与有限

尽管垛田旅游蓬勃发展，但在旅游发展过程中对乡村社区的关注仍然不够，农民在旅游发展中的参与相对有限，旅游发展尚未充分反哺社区。兴化垛田传统农业系统的遗产属性和多元价值对广大小农户而言属于外来概念，遗产系统保护和发展理念并未被充分宣传并得到认可，农民对自身

---

① 陈阿江、刘竹香：《未能传承活化的农业遗产——以垛田农业观光旅游为例》，《学习与探索》2023 年第 6 期。

作为保护者和传承者的身份认知不足，也未充分建立保护和发展间的关联认知，主动参与意识、能力和机会都很有限。① 一方面，虽然垛田旅游景区面积较大，但目前可供社区参与的岗位并不多。当地农民在千垛菜花旅游节期间可以从事少量的划船、摆摊、清洁等短期工作，然而这些工作的薪酬老年人尚且不甚满意，对年轻人来说吸引力就更低了。在千垛菜花旅游节以外的时间，农民仍然主要依靠田地进行农业种植，无论是从经济效益还是稳定性来看，工作的回报和对社区发展产生的积极影响都很有限。② 另一方面，在垛田景区的规划与实际运营中，没有充分考虑建立合理的社区参与机制。垛田景区与当地社区的利益互动主要体现在三个方面：一是为东旺村全体居民报销医保；二是土地流转农户可以获得相应的租金且可以继续在旅游淡季进行农业生产；三是每年千垛菜花旅游节每户家庭可以得到两张门票。总体来看，垛田景区的决策过程并未充分考虑当地社区及农民的意见和利益，未能建立稳定合理的多方参与和共建共享的分配机制。

## （二）旅游发展对策建议

### 1. 设计多种产品，打破季节性约束

兴化垛田拥有丰富且独特的资源，为发展多类型旅游产品和深度旅游提供了基础条件。

首先，开发全季节生态农业旅游产品。旅游开发需要跳出传统的季节性观光发展思路，充分利用垛田的历史文化、地理地貌和生态内涵等，在旅游产品设计过程中，应突出垛田的农业特色和农耕生活体验，将垛田传统农耕文化作为基本内容，以原汁原味的地域特色和垛田风情为核心卖点，组织游客到农户家中探访，在农户的指导下，让游客在垛田中参与农事活动，如收

---

① 何思源、李禾尧、闵庆文：《农户视角下的重要农业文化遗产价值与保护主体》，《资源科学》2020 年第 5 期。

② 陈玫、张爱平、马逸姣等：《基于扎根理论的农业文化遗产地旅游可持续生计探讨》，《四川旅游学院学报》2023 年第 1 期。

割、采摘农产品、捕鱼钓虾等；[①] 学做兴化特色地方糕点和菜肴，与农户一同参与地方庙会、传统佳节等民俗节庆活动，建立集传统农业文化、自然风光和休闲体验于一体的生态农业旅游产品。

其次，可以充分利用遗产地范围内优质的农产品发展美食旅游产品。兴化素有"鱼米之乡"之称，所产垛田龙香芋等特色农产品已在《舌尖上的中国》等节目中名扬海内外，当地所产香葱、莲藕、莴苣、香姜等农产品也符合游客对绿色、生态产品的追求。此外，兴化早茶，如烫干丝、蒸饺、阳春面、麻油馓子等，也吸引了诸多美食爱好者。兴化的旅游产品可以依托这些优质农产品和特色早茶，通过美食旅游与传统观光的相互补充，为游客提供更丰富多样的体验。

最后，以体育旅游丰富旅游产品类型，开拓消费市场。垛田平坦的地势、乡村风光和河湖水系的优势为发展体育旅游提供了机遇，除了千垛菜花旅游节，还可以发展乡间徒步、越野赛跑、单车骑行、皮划艇等休闲竞技体育项目，丰富垛田的旅游产品和节庆活动，提供更具活力和新鲜感的旅游体验。

### 2. 设计多条线路，克服过度景点化思维

在发展兴化垛田旅游时，应打破传统的景点化观光发展思路，根据不同游客群体的需求进行差异化线路产品设计。

首先，连点成线，在空间上整合遗产地优势旅游资源。在旅游产品设计方面，应考虑景点之间的互补效应，联动宣传，进行联合开发和整体营销，形成景点联动，串珠成链；在旅游交通方面，可以推出景点间的旅游专线，提高游客在不同景点间周转的便捷度。

其次，有序衔接，在时间上针对景点时令特征设计深度体验旅游产品，满足不同游客群体的差异化需求。[②] 例如，在李中水上森林公园和万亩荷塘

---

① 罗治得、朱飞：《农业文化遗产旅游开发研究——以江苏兴化垛田为例》，《江苏商论》2018年第3期。

② 翁李胜、刘慧芳：《基于虚拟现实技术的农业文化遗产地旅游营销效果研究》，《安徽农业科学》2023年第2期。

景区，春夏季节可以联动设计亲子类体验旅游线路和产品，开发亲子互动类旅游设施和项目，增加低龄游乐与科普相结合的游览项目，满足家庭游客的需求。在垛田秋季菊花盛开时期，可以设计老年康养旅游线路和产品，增加适老化养生旅游项目，完善基础设施，并在线路中增加养生文化、书法文化等元素，以契合老年群体旅游健体、陶冶情操的需求。在沙沟古镇、金东门老街等人文景点，可以针对学龄人群设计全年度、分节令的明清文化体验研学类旅游产品。

3. 完善基于保护的旅游发展路径，提升品质

农业文化遗产是兴化垛田旅游发展的基石，因此旅游发展必须将遗产保护置于首位。

首先，优化完善垛田旅游相关的联席管理机制，依托垛田现有的保护机构和保护条例，统筹农业、生态环境、自然资源、旅游等各业务部门，以确保农业文化遗产地保护和管理工作得到充分协调，形成兼容垛田景观与环境保护、生物多样性与种质资源保护、乡村振兴的旅游发展路径规划。

其次，建立遗产地旅游发展反哺社区机制，明确反哺资金来源和比例，并对农民在垛田水源保护、垛田维护和环境维持等方面的贡献给予适度补偿。

最后，探索农民留乡/回乡参与遗产旅游的政策激励措施。可以通过特许经营、政策优惠、农业补贴等方式，鼓励农民参与生态农业生产及生态友好旅游服务，在激励旅游发展的同时，降低旅游发展对农业文化遗产的负面影响，促进旅游与农业的良性互动；在吸引外部企业及社会资金参与垛田旅游发展时，也需要明确遗产地社区在其中的参与途径和机制，并给予社区切实的保护。例如，农民可以将流转的土地作为"股本"，成立垛田农民股东大会，明确农民遗产保护的权利和义务，并参与经营分红，建立相关机制满足其表达诉求。

4. 提升作为系统核心的农民能力，推动广泛参与

不同于传统的静态景区，兴化垛田最显著的特点在于其作为农业文化遗产的活态性。农业文化遗产的存续，关键在于以农民为核心的人地关系、土

地福利性质和劳动力的忠诚构成的稳定社会。遗产旅游作为垛田价值转化的重要途径，应始终将农民的利益置于主体位置，将农民视为战略性农业文化遗产守护者。农民参与遗产保护的行为具有正外部性，应得到适度补偿，因此，遗产地旅游发展需要探索合适的社区参与和激励机制。

首先，建立社区公众教育的长效机制，以确保遗产保护理念在民众中得到认可，通过定期开展相关旅游技能培训和遗产保护宣传活动，增强农民参与旅游活动和遗产保护的意识；将遗产地及周边区域作为整体进行保护和管理，增强农民参与意识和责任意识。

其次，针对参与垛田旅游业的农民，应在制度层面制定合理的旅游规划、旅游收益分红政策等，通过增加农民收入，增强其参与农业文化遗产保护及旅游活动的集体意识、责任意识和信心；针对尚未参加旅游业但有明确参与意愿的农民，政府可以提供小额贷款，并放宽贷款要求，加大资金补贴力度，同时为此类农民提供相应的经营技能、管理技术等方面的培训，提高其参与能力。

最后，在社区参与旅游的过程中强化对农民的赋权和增权，重视社区参与的管理模式，逐步完善多元利益主体参与机制，形成权责明确的农业文化遗产地旅游发展管理机制和利益共享机制。

# G.21
# 北京门头沟京白梨栽培系统
# 旅游资源与旅游发展

刘某承　叶入瑜*

**摘　要：** 北京门头沟京白梨栽培系统具有极其丰富且弥足珍贵的农业种质资
源、厚重的农耕文化历史积淀、独特的山地农业以及传统的农耕生
产知识与技术，是遗产地先民历经百年在顺应自然的基础上改造和
利用自然形成的山水林田结合的农业生态系统，是先民留下的宝贵
财富。该系统因在生计、安全、保护等方面的多功能价值，于2023
年被农业农村部列为第七批中国重要农业文化遗产。该遗产地民康
物阜、旅游资源众多，包括11项农业文化遗产资源、17处风景名胜
区、12个中国传统村落，并形成了内涵丰富、极具趣味的乡土文化，
拥有良好的旅游业发展基础。当地政府和民众探索出了"门头沟小
院"精品民宿、休闲采摘和亲子度假等多种旅游产品，但仍存在旅
游品牌业态老化、缺乏首位印象，旅游发展层次偏低、基础设施不
完善，缺乏统一规划管理、尚未形成产业链等问题。对此本文提出
应进行产业协同、空间联动、设施共享，综合发展休闲度假、生态
农业、科创和文创，整合遗产地的古树、古道、自然景观和传统文
化等旅游资源，打造遗产地"两线、两区、多点"的休闲农业发展
格局。

**关键词：** 农业文化遗产　门头沟京白梨栽培系统　旅游产业

---

* 刘某承，博士，中国科学院地理科学与资源研究所副研究员、硕士研究生导师，主要研究方
向为生态补偿与生态产品价值实现；叶入瑜，中国科学院地理科学与资源研究所硕士研究
生，主要研究方向为生态产品价值实现。

# 一 北京门头沟京白梨栽培系统概况

## （一）简介

北京门头沟京白梨栽培系统所在的门头沟区位于北京城区正西偏南，东经 115°25′00″~116°10′07″、北纬 39°48′34″~40°10′37″。东西长 62 公里，南北宽 34 公里，总面积为 1447.85 平方公里。东部与海淀区、石景山区为邻，南部与房山区、丰台区相连，西部与河北省涿鹿县、涞水县交界，北部与昌平区、河北省怀来县接壤。[①]

遗产地范围为北京市门头沟区军庄镇、妙峰山镇和王平镇全域。遗产地核心保护范围为门头沟区军庄镇下属的 5 个村，包括东杨坨村、孟悟村、新村、东山村和香峪村，总面积为 16.03 平方公里，约占遗产地区域总面积的 1.11%。这 5 个村位于军庄镇东部，被简称为"东五村"。

## （二）历史渊源及系统演化

### 1.遗产系统的起源

梨的起源和驯化。中国是梨属植物的起源地之一。梨树栽培难度高，其野生祖先自交不亲和、自花不结果，需要配搭授粉树，且梨树的繁殖不适合扦插或种子繁殖，需要依靠嫁接技术和适宜的嫁接工具。直到 3000 年前，梨树才被人类驯化。

京白梨的历史起源。京白梨起源于北京门头沟区东山村的青龙沟一低洼有水之处，为一棵自然实生树。这棵梨树结的果子果肉细腻、酸甜适口，风味独特。经过人们的大量繁殖和推广，京白梨逐渐被广泛种植。京白梨已有 400 年以上的种植历史，在门头沟的孟悟村、东山村等地仍保有 300 余株

---

① 《门头沟概况》，北京市人民政府，2023 年 4 月 10 日，https：//www.beijing.gov.cn/renwen/bjgk/mtggk/sy/202304/t20230410_ 2994399.html。

200 年以上的老梨树。然而，新中国成立前，在战争破坏、干旱和病虫危害等因素的影响下，一些百年大树死亡，京白梨的种植数量一度减少。新中国成立后，在政府的扶持下，京白梨的生产得到恢复。京白梨原名白梨，1954年，东山村的白梨在北京市梨品品种评比会中脱颖而出，荣获最优产品并改名为京白梨。1959 年国庆 10 周年大庆时，京白梨被送上国宴餐桌，备受中外人士喜爱。京白梨的声誉逐渐扩大，成为中国梨果的代表品种之一。①

### 2. 京白梨栽培系统的演化

永定河流域造就了京西生态。永定河被称为"北京的母亲河"，在这片土地上形成了被历史地理学家称为"北京小平原"的开阔洪积冲积扇。河流带来了肥沃的泥土，加上本地地势平缓，为植被的迭代演化提供了条件。永定河流域对于京白梨的生长发展以及京西地区和整个北京城的意义重大。

"光热水气"孕育了京白梨。京白梨的独特与美味离不开其生长环境。门头沟处于太行山余脉与燕山南麓结合部，两种山脉交接在一起，产生了独特的土质，土壤酸碱趋于平衡，这种酸碱平衡的土壤恰恰是造就京白梨风味的因素之一，并且此地年平均日照为 2470 小时，充足的光照为果实甜度积累提供了保障。门头沟区的军庄镇、妙峰山镇和王平镇地下水资源丰富、水质极佳，为梨树的生长提供了充足的水源，梨树只有经过这样的好水浇灌，才能结出甜度高、水分足的京白梨。此外，门头沟区的地理环境也为京白梨的生长提供了优越条件，如东山村的京白梨种植区，三面环山，一面向阳，夏季昼夜温差高达 20 摄氏度，有助于果实的甜度积累。②

### （三）主要特色

### 1. 繁育了"京白梨"这一传统特色品种

京白梨为秋子梨系统中最为优良的品种之一，是宫廷贡品的杰出代表，

①　尹丹、王玺：《京白梨：妙峰山数百年孕育 明清两代皇家贡品》，《中国食品工业》2021 年第 17 期。

②　蒋航、李亚光、刘祥红等：《依托北京市军庄古梨森林公园建设对京白梨种质资源保护的探讨》，《安徽农业科学》2010 年第 14 期。

具有肉细、汁多、石细胞少、易溶于口、香甜宜人的特点，品质俱佳。据考证，门头沟区京白梨的栽培已有400年以上的历史。自明代起，京白梨就是皇家贡品，慈禧临朝后更是朝中必备，如今也是唯一冠以"京"字招牌的名特果品。

门头沟区是京白梨的发源地，也是京白梨的主要产地之一。2022年，门头沟区京白梨产量为299.9吨，占梨总产量的87%，特别是军庄镇，现有京白梨2130亩，占全区京白梨种植亩数的54.61%，产量为213.5吨，年产值约510万元。

### 2. 孕育了"梨仪"等人文风气和乡土文化

京白梨底蕴丰厚，是京郊果品的有力代表。梨在古代有"雅梨"之称，门头沟京白梨栽培系统遗产地的村民将这些围绕"梨"展现出的美好品质汇聚成"梨精神"，更是将京白梨和梨树看作"梨仪"（礼仪）的化身。这些"梨仪"引导人们崇德向善、知荣明耻，造就有修养的人，构建了质朴与和谐的乡土文化。

在遗产地有处暑吃梨和熬秋梨膏的习俗，寓意着远离灾祸，同时也能够为人体应对即将到来的干燥的秋冬助益脾气，令五脏和平，以增强体质抵御病菌的侵袭。在京白梨漫长的种植历史中，遗产地村民围绕京白梨开发了不少本土吃法并代代传承，结合特有的自然和气候条件，逐渐形成了以梨保健、治病的民间医药文化。

### 3. 创造了石堰梯田等传统知识技术体系

门头沟京白梨栽培系统由高海拔的森林和灌木、低海拔的石堰梯田以及山谷中的村庄和河流或河滩共同组成。依据遗产地多山少田的特点，当地村民通过坡改梯田使得种植田块趋于平缓，并在梯田边缘凿石山、积卵石以筑围堰，用于防止水土流失，创造了石堰梯田技术。

除此之外，有关京白梨的栽培管理技术（砧木苗培育、水肥管理、古树复壮等），病虫害防治技术（糖醋水除虫法或大蒜驱虫法等），果实采收、储藏及运输技术（"推把儿法"摘梨技术、黄花蒿运输及催熟技术、"摘青吃黄"催熟技术）等也都有广泛的传播历史与群众基础，展现了当地村民

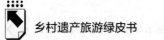

尊重自然、适度改造自然、与自然相互依存的生态智慧。

4. 形成了"山水林田"相协的农业-生态-文化复合体

遗产地以中、低山地为主,兼有丘陵、河谷、平原等。在山区高海拔、陡坡处,天然分布着荆条、胡枝子等根系发达的灌木或乔木,有效固定了土壤。

在丘陵地带,京白梨树与核桃、猕猴桃等树种相互镶嵌,构成了区域的中层结构。梨树等果树与蔬菜、旱作作物形成立体结构,行间可间作矮秆植物。复合种养系统创造了丰富的生态位,并促进地区增产增收。

在山脚下,是当地村民居住的村庄。种梨人与梨树相辅相成、相互依赖。当地村民也是京白梨文化的载体,"梨精神"在当地村民中建立又在当地村民中代代传承。京白梨系统完美展现了"山水林田"相协的农业-生态-文化复合体结构,向人们展示了"天地大美而不言"的天人合一图景。

## 二 北京门头沟京白梨栽培系统的旅游资源

### (一)农业文化遗产

门头沟京白梨栽培系统遗产地地处西山永定河文化带和长城文化带的交会处,依托灵山、百花山、妙峰山等太行山脉自然资源,形成了丰富的高海拔山地农业业态,农业文化遗产资源丰富,包括75项以京白梨为代表的农业文化遗产资源,其中京白梨栽培系统遗产地内的军庄镇、妙峰山镇和王平镇有11项农业文化遗产资源(见表1)。农业文化遗产凝聚了先民的智慧,经历了长期的实践和筛选,体现了可持续发展理念,又构成了一种四季变换的自然之美与多彩的人文之美的和谐统一,兼具生态价值、文化价值与经济价值,可以其为依托发展农业文化遗产主题旅游。

**表 1　门头沟京白梨栽培系统遗产地内的农业文化遗产资源**

| 系统性农业文化遗产资源 | 要素类农业文化遗产资源 | | | | |
|---|---|---|---|---|---|
| | 特色农产品 | 传统农业民俗 | 传统农耕技术 | 传统农业工程 | 特色农业景观 |
| 门头沟京白梨栽培系统；门头沟妙峰山玫瑰花栽培系统；门头沟陇驾庄盖柿栽培系统 | 禅房玫瑰花 | 妙峰山庙会 | 坑田 | 三家店渠 | 妙峰山镇玫瑰谷 |
| | 军庄马牙枣 | 京西太平鼓 | 沟田 | | |

资料来源：《北京市农业文化遗产普查报告（2022）》。

## （二）自然生态

门头沟京白梨栽培系统遗产地位于北京市的生态涵养区，该区地处燕山山脉腹地，拥有大片的山林、山峡、山谷和溪流，是北京市内少有的自然生态保护区之一，以壮丽的山水景观、多样的植被和动物资源吸引众多游客。

该地风景名胜古迹众多（见表2）。有2A级以上景区17处，除了著名的"三山两寺"（灵山、百花山、妙峰山、潭柘寺、戒台寺），还有八奇洞、灵水举人村、京西十八潭、京西古道、定都阁、珍珠湖、爨柏、黄芩仙谷、小龙门森林公园、瓜草地、神泉峡、双龙峡。景区资源可为休闲农业的发展起到引流的作用。

**表 2　门头沟京白梨栽培系统遗产地的部分风景名胜古迹**

| 风景名胜 | 地点 |
|---|---|
| 京西十八潭 | 王平镇 |
| 瓜草地 | 王平镇 |
| 王平湿地 | 王平镇 |
| 清凉界 | 王平镇 |
| 神泉峡 | 妙峰山镇 |
| 妙峰山 | 妙峰山镇 |
| 军庄梨园 | 军庄镇 |

## （三）乡土文化

门头沟京白梨栽培系统遗产地不仅保存了珍贵的京白梨种质资源，创造了完整的、成体系的京白梨栽培系统，而且形成了与京白梨密切相关的乡土文化，主要是以"梨仪"为核心的人文风气。梨是"雅"物，在古代有"雅梨"之称，遗产地村民将这些围绕"梨"展现出的美好品质汇聚成"梨精神"，将京白梨和梨树看作"梨仪"（礼仪）的化身。这些"梨仪"包括尊卑谦让、抵御诱惑、公正无私、爱才敬才、不卑不亢和饮水思源等。乡土文化内涵丰富，可据此发展研学旅游，促进中华优秀传统文化的传播。

以京白梨为核心形成了独具特色的饮食文化。京白梨往往在处暑成熟，当地有"处暑吃梨"的习俗。处暑后天气开始干燥，吃梨可助益脾气，令五脏和平，以增强体质抵御病菌的侵袭。此外，当地还围绕京白梨开发了不少本土食谱和衍生品。

门头沟京白梨栽培系统遗产地的非物质文化遗产主要包括妙峰山庙会等传统民俗（见表3）。妙峰山庙会是集传统文化、民俗活动和娱乐于一体的盛大节日活动。庙会期间，成千上万的游客和信众从各地汇聚于此，祈福祈禧。庙会举办地有众多的庙宇和神像，供信众祭拜，人们可以在这里感受宗教信仰的力量和庄严肃穆的氛围。除了宗教活动，妙峰山庙会还有丰富多彩的民俗表演和娱乐活动。庙会期间，有各种传统表演，如舞狮、舞龙、杂耍、民间歌舞等，吸引了众多游客。此外，还有各种纪念品和小吃摊，游客可以品尝各种美食并购买纪念品。庙会的热闹气氛和独特的文化氛围使人们沉浸其中，感受节日的喜庆和欢乐。

**表3　门头沟京白梨栽培系统遗产地部分非物质文化遗产**

| 序号 | 项目类别 | 项目名称 | 级别批次 |
|---|---|---|---|
| 1 | 民俗 | 妙峰山庙会 | 国家级第二批 |
| 2 | 传统医药 | 裴氏正筋疗法 | 北京市级第五批 |
| 3 | 传统音乐 | 军庄镇东杨坨大秧歌 | 区级第一批 |
| 4 | 传统舞蹈 | 西石古岩村落子 | 区级第一批 |
| 5 | 传统技艺 | 京白梨栽培技术 | 区级第七批 |
| 6 | 民间文学 | 京西古道传说 | 区级第七批 |

资料来源：北京市门头沟区人民政府，https://www.bjmtg.gov.cn/。

这些独特的非物质文化遗产增强了门头沟旅游的吸引力和趣味性，加以合理宣传利用，可对门头沟区旅游业的发展产生较大助力。

## （四）传统村落

门头沟区传统村落数量为北京市最多且保护最为完好。全区共有中国传统村落12个，包括龙泉镇的琉璃渠村、三家店村，斋堂镇的爨底下村、黄岭西村、灵水村、马栏村、沿河城村、西胡林村，大台街道的千军台村，雁翅镇的碣石村、苇子水村，王平镇的东石古岩村（见表4），占全市总数（22个）的54.5%。其中，中国历史文化名村3个，包括斋堂镇爨底下村、灵水村，龙泉镇琉璃渠村，占北京市总数（5个）的60.0%。全区共有市级传统村落14个，除中国传统村落，还包括清水镇燕家台、张家庄2个村，占全市总数（44个）的31.8%。东石古岩村位于门头沟京白梨栽培系统遗产地王平镇，是遗产地重要的文旅资源。

**表4 门头沟区中国传统村落**

| 村庄名称 | 是否属于门头沟京白梨栽培系统遗产地 |
| --- | --- |
| 东石古岩村 | 是 |
| 灵水村 | 否 |
| 琉璃渠村 | 否 |
| 三家店村 | 否 |
| 黄岭西村 | 否 |
| 苇子水村 | 否 |
| 千军台村 | 否 |
| 马栏村 | 否 |
| 碣石村 | 否 |
| 沿河城村 | 否 |
| 西胡林村 | 否 |
| 爨底下村 | 否 |

资料来源：北京市门头沟区人民政府，https://www.bjmtg.gov.cn/。

在门头沟的山区，可以看到许多保存完好的古代村落，如爨底下村、东石古岩村和灵水村等，这些村落中的建筑多为传统的木质结构，保留了古代建筑的风格和特色。在这些古村落中，可以欣赏到精美的木雕、石雕和砖雕，展示了古代工匠的智慧和技艺。

### （五）相关文物保护单位与古迹遗址

文物保护单位和古迹遗址是了解中国历史和文化的重要窗口（见表5）。门头沟京白梨栽培系统遗产地文物与古迹遗址丰富，具有独特的旅游资源、深厚的历史文化底蕴和景观魅力，为游客提供了丰富的旅游体验。游客通过参观和学习，可深入了解古代建筑、艺术和宗教等方面的知识，在休闲娱乐之余提高自己的文化素养，体验传统文化的魅力。

**表5　门头沟京白梨栽培系统遗产地文物保护单位**

| 类别村庄 | 文物保护单位 |
| --- | --- |
| 妙峰山镇 | 妙峰山娘娘庙、涧沟村灵官殿、下苇甸村龙王庙 |
| 王平镇 | — |
| 军庄镇 | 军庄村过街楼、东杨坨村朝阳庵 |
| 总计 | 5处 |

资料来源：北京市门头沟区人民政府，https：//www.bjmtg.gov.cn/。

## 三　北京门头沟京白梨栽培系统的旅游发展模式

### （一）"门头沟小院"精品民宿

"门头沟小院"精品民宿是指利用门头沟农村地区的居民自有住宅、集体用房或其他合法建筑，结合本地人文环境、自然景观、生态资源及生产生活方式进行设计，经区精品民宿发展协调联席会联审和验收的小型住宿设施，包括但不限于客栈、庄园、宅院、驿站、山庄等。截至2022年12月，

"门头沟小院"精品民宿发展到 80 家，覆盖 55 个村，总体接待能力超过 1000 人。①

2022 年，为推进"门头沟小院"精品民宿持续健康绿色发展，促进门头沟区精品民宿基础性硬件设施和经营服务文化品质的提升，北京市门头沟区政府出台《"门头沟小院"精品民宿标准与评定程序》。据《门头沟区申报休闲农业重点县资源优势材料汇编》统计，截至 2022 年 7 月，"门头沟小院"乡村民宿累计盘活闲置农宅 374 套，其中 14 家乡村民宿被纳入北京市首批党政机关定点会议（培训）服务场所，初步构建起较为完备的乡村民宿发展体系。

目前，"门头沟小院+"发展模式得到政府的鼓励和扶持。比如，王平镇东马山家精品民宿推出"小院有戏"文化品牌系列活动，精彩的演出深得游客喜爱。在"小院有戏"和沉浸式汉服体验等文化品牌活动的加持下，2022 年"五一"小长假期间，当地单日游客量比 2019 年同期增加 20%，精品民宿预订率达 100%。今后，可以依托"门头沟小院"精品民宿进一步盘活闲置资源，通过"租金+分红+就业"模式帮助村民增收致富，让农民成为旅游的参与者与服务者，共享遗产保护与利用的成果。当地建设以农遗为主题的"门头沟小院"精品民宿，在增强地区接待能力的同时也可以为游客提供独特的农家小院体验。

### （二）休闲采摘

门头沟京白梨栽培系统遗产地拥有以京白梨为代表的优质农林资源，目前已形成多处采摘园，包括香峪七彩生态园、孟悟生态园、东山贡梨园等。此外，军庄镇孟悟村、东山村仍保有 300 余株 200 年以上的老梨树。利用现有京白梨果园建设农事体验基地和梨林，为游客提供采摘和种植体验，可以增进游客对京白梨栽培系统的认识。同时，举办京白梨文化节、京白梨采摘

---

① 《门头沟区立足生态资源禀赋　奋力描绘乡村振兴美丽画卷》，北京市门头沟区人民政府，2022 年 12 月 20 日，https://www.bjmtg.gov.cn/bjmtg/c102696/202212/a59e0a7e95854c77be5e2269799fc354.shtml。

节等系列活动，可以发展乡村休闲旅游。

依托良好的自然环境和距离六环路十几分钟车程的地理优势，门头沟区妙峰山镇近年来持续打造休闲旅游业态，为京城市民提供周末京郊休闲的好去处。2022年9月，妙峰山镇桃园村的共和亲子花园举办的京白梨采摘活动拉开了京西金秋采摘季的序幕。果园内布置许多凉亭，前来采摘的游客可以自带野餐食材在林间用餐，享受山间的风景与户外的清新空气。在亭子前挂的风铃上还有一些名牌，以梨花或梨为主题，写有相关的典故或故事，如"孔融礼""两颗梨"，可以让游客了解"梨"这一自然果品的文化内涵。①

### （三）亲子度假

近年来，北京周边乡村旅游品类发展迅速，其中亲子度假是最受欢迎的旅游产品。北京京郊乡村酒店民宿预定，亲子家庭预定占比近40%，暑期露营人群中亲子家庭占比较往常增长20%。亲子度假是门头沟区一个重要的发展模式。目前，经营者纷纷结合风景区、果园等已有条件推出各种优质活动，吸引了大量游客。

门头沟京白梨栽培系统为人们展示了先民的勤劳、勇敢与智慧，具有深远的教育意义。一是教会人们与自然和谐相处，遗产系统是一个经过千年发展形成的稳定结构，充分体现了"天人合一"的生态理念，以及充分接受自然熏陶、"尊重自然、顺应自然"，进而在保护自然的前提下利用自然的自然观。二是教会人们勤于劳动。农业劳动是人类最古老、最重要的劳动类型，中国是农业大国，有着数千年的农耕历史，让孩子从小接受农业生产劳动的教育具有重要意义，遗产系统可天然地承担此项职能。三是农耕文化教育。数千年发展的农业文化遗产系统凝结着数千年的农耕文化，让孩子接触、接受这种文化对其成长、成才具有重要的意义。

谷山村农耕文化园坐落于门头沟京白梨栽培系统遗产地妙峰山镇，园区

---

① 武雅娟、高同雨、李晶等：《生态涵养区林下经济发展特征及对策建议——以北京市门头沟区为例》，《农业科技通讯》2022年第11期。

依山傍水、风景宜人，是永定河文化带景观代表，多次被评为北京市网红打卡地、北京市休闲农业五星级园区、非物质文化遗产展示基地，同时也是研学机构及社会大课堂的教育基地。园区以完整的农耕体验为特色，不仅收藏了超过十万件各个时代的农耕用具，还开展了系列农耕体验与教育研学课程，让习惯了城市生活的人们找回儿时的乡韵，让孩子亲身体会《悯农》的诗意。园区课程内容丰富，包括农耕劳作类、自然教育类及食育课堂类，分为知识学习和实践体验两大类，可根据时间自行选择。还可以组织汲水、推独轮车、脱粒、犁地等互动赛事，孩子可以在树林中捡鸡蛋、写生、摄影、做手工。体验内容根据不同时令、体验者年龄段进行量身定制。

基于自然体验的亲子手工课也是亲子家庭游乐的一大选择。孩子们可以取材于自然，参与植物拓染、古法造纸、花卉种植、香囊制作等活动。部分采摘园区也融入了亲子度假项目，依托果园的自然条件，融入儿童游乐设施、自然教育、营地等元素，通过注入文化传统、自然教育、户外拓展、营地建设等内容，延长了采摘游客的在园时间，也提升了其在园区的二次消费，为乡村振兴提供新动能。园区改造升级后，客单价大约提升了50%以上。

## 四　问题及对策

### （一）问题

#### 1.旅游品牌业态老化，缺乏首位印象

当前遗产地旅游产业发展缺乏有力的引擎抓手，六大文化多而不精，没有特别突出的文化品牌可以与北京市其他郊区竞争，缺乏主 IP 和品牌影响力。[①] 门头沟京白梨栽培系统是门头沟旅游的一张金名片，但目前对核心吸

---

① 付凯、宋平一：《打造绿色发展"聚宝盆"北京市门头沟区加强京白梨品牌保护和发展》，《中国质量监管》2020 年第 5 期。

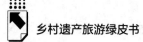

引力资源的挖掘不够，尚未形成独具特色的爆款产品。"门头沟小院"精品民宿无论是品牌影响力还是产业规模都落后于延庆、怀柔、密云等区的民宿。核心旅游品牌的缺失是当前遗产地发展的一大问题。

**2. 旅游发展层次偏低，基础设施不完善**

当前遗产地的山区面积占比较大，同时受生态保护红线的影响，产业用地规模较小、用地分散、基础设施不完善等问题突出。例如，公共交通体系尚未健全，深山区核心旅游景区、景点可达性较差；住宿和景区配备的停车场数量少，容易造成拥堵；乡村文化底蕴深厚、自然禀赋独特，但餐饮、住宿的条件与旅游发展程度不匹配，如沟域和主干线餐饮设施匮乏。

**3. 缺乏统一规划管理，尚未形成产业链**

作为北京市的生态涵养区，旅游业是推动遗产地转型发展的重要途径，当前仍缺乏对其统一规划管理。例如，休闲农业各个项目分布零散难以形成规模效应、"门头沟小院"精品民宿布局缺乏系统性规划，导致竞争力和吸引力不强。统一规划管理的缺失导致遗产地旅游产业始终难以形成规模化、系统化的发展格局。此外，项目设施不到位、可消费内容少等问题，无法形成一个产业链条，依靠短期节事吸引来的游客基本留不住。

总体来看，当前遗产地旅游业整体面临内容少、链条短、组合弱的困境："食"未形成品牌、"住"量少品弱、"行"快进快出、"游"同质化严重、"购"品类单一、"娱"缺乏爆款引流。

## （二）建议

### 1. 重塑旅游发展定位

北京门头沟京白梨栽培系统旅游发展应依托自身的农业产业基础与历史文化特色，集合遗产地的古树、古道、自然景观和传统文化等旅游资源，打造遗产地"两线、两区、多点"的休闲农业发展格局，形成集农业生产、采摘体验、休闲娱乐、科普教育、产品加工销售于一体的产业类型丰富多元的产品体系，将遗产地建成文化溯源、民俗风情与田园生活体验的特色农业文化旅游地。

## 2. 优化旅游产业空间布局

挖掘文化内涵，注重参与体验，加快创意发展，加大休闲农业资源整合力度，集合遗产保护地核心区的古寺、古道、古井、古树及京白梨农遗旅游资源，打造遗产地"两线、两区、多点"的休闲农业发展格局。

两线是指京西商旅古道休闲农业精品线路和京白梨农遗教育休闲农业精品线路。京西商旅古道休闲农业精品线路以东石古岩传统村落、韭园美丽乡村和西马各庄"一村一品"示范村等休闲农业节点为依托，以京西商旅古道为脉络，充分利用京白梨、休闲农业园、休闲农庄、沿线古道等资源，发展民俗接待、特色餐饮、乡村作坊和乡村夜经济等业态。京白梨农遗教育休闲农业精品线路以谷山村五星级休闲农业园、科技小院、乡村民宿、民俗接待等休闲农业节点为依托，充分利用沿线京白梨这一农遗资源，打造以京白梨为核心的集观光、采摘体验、休闲娱乐、科普教育、特色产品食用于一体的全方位旅游体验线路。

两区是指"金顶农香"乡村休闲区和"古道农家"乡村休闲区。"金顶农香"乡村休闲区打破妙峰山镇、军庄镇行政区域界线，发展"农业+民俗"乡村休闲业态。充分利用军庄京白梨、妙峰山玫瑰的品牌优势和谷山村五星级休闲农业园等休闲园区，保护和传承京白梨果品品质，广泛传播京白梨农耕文化。"古道农家"乡村休闲区打破妙峰山镇、王平镇行政区域界线，发展"农业+古道"的乡村休闲业态。充分利用京西商旅古道沿线的风土人情，采用住农家、吃农饭、享农情、游古道等休闲方式，与宣纸烙画、麦秆画、妙峰山庙会等传统文化融合发展。

多点是指旅游线路两侧及周边散落的景点与传统村落。

## 3. 构建多元化旅游产品体系

以北京门头沟京白梨栽培系统特色农业景观观光、京白梨采摘、农业休闲为主题，形成农业文化遗产主题旅游、生态体验旅游、研学旅游三大特色旅游产品。

一是农业文化遗产主题旅游。依托"东五村"目前已有的香峪七彩生态园、孟悟生态园、东山贡梨园等，利用香峪村现有京白梨果园打造农事体验基地，包括采摘和种植等农事体验、梨林漫步等内容。在东山村建设京白梨主题餐厅和深加工坊，如梨膏坊、梨汁坊、梨花酒坊、梨花膏坊、梨香坊、梨花茶坊等。

二是生态体验旅游。依托军庄镇和妙峰山镇现有农林资源、京白梨种植区"山水林田"和谐统一的生态系统景观、王平湿地等自然资源发展生态体验旅游。以"香峪七彩生态园、孟悟生态园、东山贡梨园"为主要承载空间，建设京西自然教育中心。

三是研学旅游。依托京白梨科普教育推广基地和京白梨双创基地科技园区，发展以农事体验、传统文化教育、京白梨栽培系统科普文化教育、水土保持科普文化教育等为内容的特色旅游。以科创研学为目标，结合现有京白梨园打造京白梨科普教育推广基地。在妙峰山镇翻新龙凤岭水土保持科技示范园，强化其在科普教育方面的功能。

4. 塑造旅游目的地品牌体系

将"农遗良品"融入遗产地产品品牌宣传，依托"农遗良品"讲好"京白梨"故事，提升"京白梨"的知名度和影响力。一是联合聘用、组建专业的市场营销团队，充分利用"农高会"、中央电视台和省级电视台公益广告等各种机会，以及微博、微信、抖音等各种互联网平台推广北京门头沟京白梨品牌，提高门头沟京白梨的知名度。二是举办京白梨梨花节、京白梨采摘节等系列推广活动，通过这些主题鲜明、形式新颖、影响广泛的系列活动，擦亮、叫响京白梨品牌。

5. 完善旅游公共服务配套体系

建设相应的农业文化遗产展示宣传设施，在不违反农业文化遗产保护原则的基础上，建设完善遗产地旅游集散中心和游客服务中心，为游客提供咨询、休憩、卫生、特色纪念品购买等基本服务，建设一批农业文化遗产特色明显的"门头沟小院"精品民宿、京白梨主题餐馆、主题购物商店。一方面为游客提供体验当地自然、文化与生产生活方式的住宿设施；另一方面为游客提供京白梨酒、京白梨果脯、京白梨特色菜、旅游纪念品等农业文化遗产相关产品，更好地满足多层次、个性化、品质化的大众消费需求。

# 云南红河哈尼稻作梯田系统
# 旅游资源与旅游发展

孙业红　陈振婷　薛嘉成　武　晴　赵靖蓉　付　娟*

**摘　要：** 云南红河哈尼稻作梯田系统（哈尼梯田）于 2010 年被联合国
粮农组织认定为全球重要农业文化遗产，2013 年被列入世界
文化遗产名录。哈尼梯田旅游资源丰富、民族色彩浓郁，"四
素同构"的农业生态系统闻名中外，但旅游产品供给仍无法
满足市场需求，旅游发展可持续性需要加强。随着大众化旅游
时代的到来，在全域旅游的背景下，未来哈尼梯田旅游发展需
要结合自身资源特色，更加关注梯田地区社区居民的生计，丰
富业态形式，增强旅游发展的可持续性。

**关键词：** 哈尼梯田　旅游　四素同构

## 一　哈尼梯田农业文化遗产特征

哈尼梯田位于云南省哀牢山南段，遍及红河州元阳、红河、金平、绿春
四县，总面积约 100 万亩，以其壮美的梯田风光和独特的哈尼文化而声名远扬。

---

* 孙业红，博士，北京联合大学旅游学院旅游管理系主任、教授，中国科学院地理科学与资源
研究所高访客座研究员，主要研究方向为遗产旅游、农业文化遗产动态保护、旅游资源开发
与规划；陈振婷，北京联合大学硕士研究生，主要研究方向为旅游地理；薛嘉成，北京联合
大学硕士研究生，主要研究方向为旅游地理；武晴，北京联合大学硕士研究生，主要研究方
向为旅游地理；赵靖蓉，北京联合大学硕士研究生，主要研究方向为旅游职业教育；付娟，
北京联合大学硕士研究生，主要研究方向为农业文化遗产旅游。

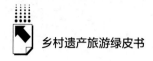

### （一）历史起源与演变

红河州地势险峻、地形封闭，早期只有少数土著居民在此居住。战国时期战乱频繁，人口不断流失，直至庄蹻入滇，带来了中原地区的先进文化与农耕技术，同时也使得红河地区被正式纳入管辖范围。根据中国历代汉文史籍文献记载，哈尼族是最早迁入红河南岸的民族。唐南诏国和宋大理国时期，蒙自、建水一带的彝族先民不堪压迫和战乱，南渡红河。元朝之后，众多汉族人口从四川、江西、湖北等中原地区和江南地区迁入，红河地区人口激增，少数民族文化与中原文化、江南文化不断碰撞交融。明朝后，不断有苗族、瑶族、傣族迁入，与此同时土司制度在此建立，红河地区的社会制度、聚落形态、文化特征有了基本雏形。

哈尼族先祖进入红河地区后，便在此地种稻治田，经历战乱、疾病、自然灾害，哈尼族的先民凭借勤劳的品格和坚韧的精神在红河地区不断开垦梯田、耕种水稻、繁衍生息。唐朝的《蛮书·云南管内物产》记载："蛮治山田，殊为精好。"清嘉庆年间的《临安府志·土司制》也有相关记载："依山麓平旷处，开凿田园，层层相间，远望如画。至山势峻极，蹑坎而登，有石梯蹬，名曰梯田。水源高者，通以略杓（涧槽），数里不绝。"以上可以说明，经过各民族先祖的耕耘，清朝时期红河地区的水稻耕作方式、梯田空间基本格局已然形成。

### （二）哈尼梯田景观格局

哈尼梯田生物多样性丰富、生态景观独特、民族文化悠久，"林-寨-田-水""四素同构"的农业生态系统闻名中外，具有较高的历史、文化、美学、经济、科学价值。由于构造运动，哈尼梯田所处区域沟壑纵横、山高谷深，垂直气候显著，聚落的发展受到独特地形、海拔、气候的影响。

哈尼梯田境内云雾缭绕、水汽丰富，形成了溪流常年流淌的独特景象，不仅为当地村民的日常生活提供了基础保障，也串联起了当地的独特景观。同时由于特殊的地形特征，聚落大小规模不等，交错分布于山腰各处。为了方便管理与耕作，耕田多分布在聚落周围、耕作半径一般较小。故而形成了哈尼梯田独特的"四素同构"农业生态系统——森林密布于村寨上方，山腰处为村寨，农家肥成为下方梯田栽培的养分，水流自森林而下浇灌梯田。以森林为资源库，以村寨为人类繁衍生息的基本居所，梯田是农耕劳作的载体，水流纵贯其中，四种要素立体分布，促成了区域内的物质循环。

### （三）哈尼梯田生产、加工知识与技术体系

哈尼梯田在漫长的历史演化中，形成了自成一体的生产加工知识和技术体系，并以其独特性在全球重要农业文化遗产体系中独树一帜。

从选种的适应性来看，哈尼梯田进行稻作选种时多选用本地红米品种，本地红米品种抗病、抗虫能力更强，遗产多样性丰富，相比其他外来品种更能适应复杂的高原环境，农民收成有一定保障。

从传统知识与技术来看，哈尼族向来敬畏自然，一是每个村子均设有寨神林，村民不能随意进入；二是村民多通过植树造林的方式来表达森林崇拜，进而实现对森林资源的有效保护。除此之外，哈尼族也通过寨神林崇拜、木刻分水等一系列民族文化习俗和水利管理措施来保护森林、节约水资源，并严格遵守至今。各村寨均设有沟长，在梯田蓄水期和稻苗生长期负责沟渠的引水、淤泥疏通、垃圾清理等日常维护工作，保障溪水能自然流进各家农田。

## 二 哈尼梯田的旅游资源

### （一）自然生态资源

哈尼梯田涵盖范围广，广泛分布于云南红河南岸地区，十大片区所在乡镇为元阳县新街镇、攀枝花乡，绿春县三猛乡，以及金平县阿得博乡等。遗产地梯田面积约 6.5 万公顷，分布在海拔 700~2000 米的山峰中，与日出、

日落和云海等天象景观相映衬，设有三大景区，分别为坝达景区（包括全福庄、箐口、麻栗寨等连片 1.4 万多亩的梯田）、老虎嘴景区（包括勐品、阿勐控、硐浦等近 6000 亩梯田）、多依树景区（包括多依树、爱春、大瓦遮等连片上万亩梯田）。

哈尼梯田的自然生态资源依托自然保护区、森林公园和风景名胜区等核心要素和"林-寨-田-水""四素同构"模式，是生态观光旅游模式发展的基础。因而，哈尼梯田发展自然生态观光旅游既是"山水林田湖草生命共同体"的现实印证，也是"绿水青山就是金山银山"的生动写照。

此外，哈尼梯田中分布有多种国家一级保护植物、珍稀野生动物，生物多样性保存完好。梯田周边有大围山、分水岭和黄连山三个国家级自然保护区，各自然保护区内生物多样性丰富、生态环境优良。大围山自然保护区海拔落差可达 2288.6 米，热带山地森林景观保存完整；分水岭自然保护区有国家重点保护植物 105 种、国家重点保护鸟类 58 种；黄连山自然保护区是我国灵长动物种类最多的自然保护区。哈尼梯田依托三大国家级自然保护区内"高原森林-热带雨林"的垂直景观变化，形成了研学旅游、森林疗养、徒步探险等旅游产品。

## （二）历史文化资源

哈尼文化源于哈尼族特有的迁徙历史和梯田稻作模式。千百年来散居于高山河谷之间的哈尼族具有鲜明的文化特征，其特有的历史建筑、宗教文化、遗址遗迹等物质文化和非物质文化成为吸引人们到此观光、体验、游览、感悟的重要因素。

哈尼梯田的历史文化认知旅游模式注重对哈尼族文化的传承和展示。游客通过参观哈尼族传统民居，了解哈尼族人民的传统生活方式和习俗。同时，游客还能观赏到哈尼族的传统歌舞表演，感受丰富多彩的文化艺术形式。哈尼梯田旅游强调生态保护和文化传承，通过了解哈尼族文化、参与生态保护和与当地居民互动，游客可以在旅游中获得更多体验、感受更多内涵，从而提升旅游的价值和意义。

### （三）民俗风情资源

民俗风情资源包括以民族舞蹈、原生态山歌、特色手工技艺等为表现形式的民间风俗习惯，是民俗风情旅游模式的基础。红河州境内民族文化多样，截至 2022 年末，有哈尼族、彝族、苗族等 7 个少数民族 290.42 万人，[①] 各民族在长期的生产生活中形成了丰富多彩的民族文化。州内民族特色村寨形态各异、数量众多，如奕车文化的发祥地大羊街乡被《中国国家地理》评为中国最美的六大乡村古镇之一，其相关服饰与传统节日也被评为国家级非物质文化遗产。围绕梯田，哈尼族形成了许多重要的原始礼仪和独特的民俗风情，包括节庆、服饰、音乐、舞蹈和传统手工艺等。例如，在春耕时节祭祀守护神的"昂玛突"、在秋收时节祭祀天神的"苦扎扎"、农历十月祭祖认宗的"咋勒特"（庆祝丰收）等。

通过组织文化展示活动、开设民俗体验课程等，让游客有机会深入了解和体验哈尼族的文化，同时也为当地居民提供了传承和展示自己文化的机会。

### （四）多功能综合性资源

多功能综合性资源以哈尼梯田景观游览为核心，以民俗风情、历史文化为重点要素，结合现代农业产业园，打造集梯田观光、民俗体验、文化认知于一体的多功能综合性有机结合体。

近年来，随着城镇化、农业现代化的发展，为提升梯田的综合效益，红河州各县开始依托原有的农业生产基础及旅游景区和景点进行联动，扩大和增加观光农业项目，通过相互带动，发展农业与旅游业融合的新型产业。稻田养鱼养鸭是哈尼梯田农耕文化的重要内容，为恢复原有传统技艺，提升经济效益，红河州于 2013 年开始在四县哈尼梯田恢复并示范推广稻鱼鸭综合种养模式，实现了"一水三用、一田多收、生态循环、高效节能"的农业

---

① 《红河》，云南省人民政府，2023 年 11 月 20 日，https：//www.yn.gov.cn/yngk/szmp/2019 02/t20190227_ 99292. html。

可持续发展。元阳县从 2014 年开始推进哈尼梯田示范"稻-鱼-鸭"综合种养工程，同时打造宜居、宜商、宜业、宜游的特色风情小镇，推进旅游产业转型升级，这成为解决农民增收问题的重要途径。

# 三 哈尼梯田旅游发展现状与成效

## （一）2022~2023年哈尼梯田旅游发展状况

### 1. 市场现状分析

哈尼梯田于 2010 年被联合国粮农组织认定为全球重要农业文化遗产，2013 年被列入世界文化遗产名录，哈尼梯田从此进入旅游发展新时代，进入旅游快速发展的阶段。多年来，遗产地核心区元阳哈尼梯田景区业态不断丰富，年均吸引游客 349.1 万人次，实现旅游收入 44.8 亿元。[1] 据统计，2023 年，随着旅游市场复苏回暖，"五一"假期景区共接待游客 293.63 万人次，实现旅游总收入 28.03 亿元。[2]

目前哈尼梯田的主要客源市场为省内地区，包括昆明、弥勒和玉溪等城市和蒙自、个旧、建水等周边市县。省外客源市场以广东省和浙江省为主。国外客源市场主要是日本、法国、英国、荷兰和澳大利亚等国。[3]

### 2. 游客消费行为分析

基于对游客的分析，本文发现，哈尼梯田的国内外客源市场可进入性较低，云南西部游客较少，大多数国内、国际游客通过东部发达地区的交通枢

---

[1] 《梯田秋色醉人心 "活态"瑰宝耀眼绽放！红河哈尼梯田保护利用工作综述》，"云南网"百家号，2023 年 9 月 22 日，https：//baijiahao. baidu. com/s？id = 1777728923420521426&wfr = spider&for = pc。

[2] 《有一种叫云南的生活丨"三千四百年" 打开红河生活方式》，"云南经济新闻网"百家号，2023 年 6 月 9 日，https：//baijiahao. baidu. com/s？id = 1768153755752210683&wfr = spider&for = pc。

[3] 陈伟、成竹：《云南元阳哈尼梯田世界遗产地旅游发展研究——基于越南沙巴旅游发展模式的对比分析》，《旅游研究》2015 年第 1 期。

纽城市进入红河。① 目前哈尼梯田的旅游者以青壮年、中年为主，教育水平较高，摄影爱好者居多，大多为自驾游客，客源地以东部地区和较为发达的地区为主。近年来随着旅游业的发展，哈尼梯田的客源市场由国内向国外逐年拓宽。但是哈尼梯田的旅游产品仍然以观光类产品为主，且距离主要客源地较远，景区交通条件欠佳、容纳游客数量有限，因此游客重游率低。此外，梯田由于受到季节限制，每年的旅游旺季也仅为过年前后三个月。②

从消费结构上看，目前到哈尼梯田旅游的基本消费为交通费、住宿费和餐饮费。从游客购买纪念品的满意度调查上看，游客很少买到契合心意的纪念品。③ 从游客感知上看，游客对景区现状非常不满意和不满意的比例较低，但是感觉一般所占比例较高，总体感觉较差的比例较低。

基于对旅游市场的分析，我们发现，随着人们生活水平的提高，哈尼梯田旅游市场呈现新趋势。近年来，自由行、自驾游市场份额不断上升，休闲度假游热度不断提升，研学旅游、定制游等旅游形态不断丰富。从总体上看，云南省旅游资源丰富、景点众多，哈尼梯田与大理、丽江、香格里拉等热门地区相比，仍存在交通通达性较差、旅游形态单一、市场份额不稳定等问题。因此，面对周边旅游市场的竞争，突出自身特征、整合周边资源、提升吸引力将是哈尼梯田未来旅游发展的关键。

### 3. 游客体验及服务满意度评价

游客在旅游中获得符合期望的"满意体验"，取决于目的地的景观质量、文化氛围以及旅游活动与配套服务等要素。哈尼梯田目前仍存在旅游产品同质化严重、旅游活动单一、旅游形式缺乏深度开发等问题，企业和社区的服务意识欠缺、游客重游率与推荐率低。从文化氛围的表达上看，哈尼梯

---

① 张永勋、闵庆文、徐明等：《农业文化遗产地"三产"融合度评价——以云南红河哈尼稻作梯田系统为例》，《自然资源学报》2019 年第 1 期。

② Geoffrey Wall、孙业红、吴平：《梯田与旅游——探索梯田可持续旅游发展路径》，《旅游学刊》2014 年第 4 期。

③ 陈伟、成竹：《云南元阳哈尼梯田世界遗产地旅游发展研究——基于越南沙巴旅游发展模式的对比分析》，《旅游研究》2015 年第 1 期。

田旅游产品仍以梯田观光为主，其他产品形式尚处于挖掘阶段。从旅游活动与配套服务上看，旅游服务模式较为低级，现代旅游服务的供给能力有限，导致了游客参与度低、旅游体验感不佳。游客是哈尼梯田发展旅游的直接收入来源，低体验感促使低参与而产生低消费，从根源上影响了就业供给和农户收入。

## （二）哈尼梯田旅游发展成效

### 1. 促进了遗产保护

哈尼梯田的旅游发展有效促进了对哈尼梯田的保护。为了更好地发展旅游，多利益主体共同发挥作用。红河州各县成立了州、县的管理委员会，并以此为基础明确了各级管委会、乡镇、村寨对周边生态环境的保护、管理主体责任。旅游发展让更多居民看到了梯田景观对游客的重要吸引力，从而减少了弃耕的行为，并更好地维护梯田景观，参与梯田系统保护的积极性也有所提高。企业依托农业文化遗产形成了一些特色产品品牌，如"阿波红呢"和"元阳红梯田红米"等，开展梯田红米有机认证，推动了哈尼梯田产品的开发和销售。与此同时，哈尼地区的非物质文化遗产得到了相应的保护，如哈尼古歌、长街宴等民俗文化的传播力度不断扩大，包括拍摄大型歌舞剧和电视专题片；组织国家和省、州民族文化传承人对哈尼农耕文化、口碑文化、饮食文化等非物质文化遗产进行系统普查、发掘、收集、整理；创建并完善非物质文化遗产项目库等。这些措施有效推动了对整个哈尼梯田农业文化遗产的保护。

### 2. 推动了旅游减贫

哈尼梯田旅游发展的一个重要贡献在于减贫。红河州深居滇南，交通不便、环境闭塞，多数地区存在产业发展基础设施薄弱、新型经营主体散小弱、产业融合度不高、抗风险能力不足等问题。当地政府利用旅游发展进行脱贫攻坚，至2019年，红河县、绿春县、金平县、元阳县四县综合贫困发生率均低于3%，并完成摘帽。

比较典型的通过旅游发展脱贫的案例就是"阿者科计划"。阿者科村地处哈尼梯田世界重要农业文化遗产核心区内，海拔 1880 米，全村共 64 户 479 人。村寨于 1988 年建立，是红河哈尼梯田申遗的 5 个重点村落之一，也是第三批国家级传统村落。但是阿者科是元阳县的典型贫困村落，该村人均年收入约 3000 元，村内大量人口外出务工、空心化现象严重、现代教育缺失，全村整体发展落后、缓慢。2018 年，元阳县委、县政府邀请中山大学旅游发展规划研究中心的专家团队到元阳梯田区开展调研与规划工作。团队联合当地政府部门编制"阿者科计划"，实行内源式村集体企业主导的旅游开发模式，即阿者科村成立旅游公司，村民签订协议，把村寨的旅游经营权让渡给公司，乡村旅游发展所得收入三成归村集体旅游公司，用于公司日常运营，七成归村民，这是企业、社区共同发展旅游的典型示范。[①]"阿者科计划"实施后，村民收入不断提高，人居环境不断改善，对旅游业也有了更多期待，越来越积极地参与旅游接待活动，村庄整体发展不断向好。"阿者科计划"通过人才支撑和政府支持，激发了村民发展旅游的积极性，成为旅游脱贫的中国范本，入选了联合国全球减贫案例。

### 3. 实现了旅游增权

哈尼梯田旅游的发展在一定程度上为当地社区进行了增权。哈尼梯田旅游业起步于 20 世纪 80 年代，旅游发展初期面临诸多困境，其中包括政府、开发商、村民等不同利益主体的冲突。在不同利益主体的冲突中，村民不可避免地处于弱势地位，利益诉求较难得到满足，进而影响其对旅游参与的积极性和价值感知。已有研究显示，[②] 旅游发展初期有 89.12% 的村民对景区旅游经营情况和开发决策不甚了解，而有一半村民表示愿意从事旅游经营服务活动，但同时村民受资金、经营经验缺乏等限制，旅游参与困难重重。

增权的实质是通过增强当地社区和村民在旅游发展中的控制权、决策

---

① 白艳莹、伦飞、曹智等：《哈尼梯田传统农业发展现状及其存在的问题——以红河县甲寅乡作夫村和咪田村为例》，《中国生态农业学报》2012 年第 6 期。

② 张永勋、闵庆文、徐明等：《农业文化遗产地"三产"融合度评价——以云南红河哈尼稻作梯田系统为例》，《自然资源学报》2019 年第 1 期。

权、获利权，调动其参与积极性，使村民主动参与旅游开发。随着哈尼梯田旅游业的发展，景区内的部分村民通过开客栈、到景区企业就业、出售民族工艺品，收入得到增加，生活有所改善。基于哈尼梯田旅游发展的实际情况，近年来当地各县政府，依托旅游发展，引入农业、旅游业企业增加村民经济收入，组织村民成立旅游发展公司自我经营、内部管理，提升了村民的话语权和决策权，进而转变了原有社会角色，从旅游增权的角度推动了哈尼梯田的可持续发展。

### 4.改善了环境问题

哈尼梯田旅游发展在很大程度上促进了梯田地区的环境改善。旅游能通过自身活动促进、刺激环境保护，同时也为环境保护提供经济支持。发展旅游对哈尼梯田的环境保护有显著作用。旅游开发前，哈尼梯田地区的环境状况不佳，尤其是人居环境问题比较严重。随着世界文化遗产、全球重要农业文化遗产的申报，当地依托梯田资源，突出环境保护与观光、体验、休闲、生态多位一体深度融合，出台了《红河哈尼梯田元阳核心区保护利用试点总体规划（2016—2030年）》《红河哈尼族传统民居保护修缮和环境治理导则》等规划条例，各县也开始关注对传统民居的保护与村落环境的改善，并开始着手挂牌保护传统民居、修缮老房危房、开展村落环境清理等工程，实现了对哈尼梯田自然景观和人居环境的保护和改善。

## 四 哈尼梯田旅游开发利用中的问题与对策

### （一）主要问题

#### 1.居民生活与地方经济发展的矛盾

哈尼族世代居住于哀牢山区，有着丰富的种植梯田的经验，然而旅游发展并未惠及全部哈尼族人民。哈尼梯田发展旅游后，当地居民生活与地方发展产生了一定矛盾。

已有研究发现，随着我国遗产旅游的发展，遗产的主人正慢慢成为遗产地虚置的客体，被隔离于遗产保护规则、遗产行动和遗产法治之外。最直接的表现为政府是遗产地标准的制定者或管理者，开发权则被开发商掌握。此外，哈尼梯田作为旅游景区不等同于主题公园，旅游公司入驻后，对游客收取门票，在一定程度上混淆了居民是梯田资源主人的客观事实，引发了居民生活和旅游发展的矛盾。

**2. 资源开发与梯田保护的矛盾**

**（1）梯田景观资源受到损害**

哈尼梯田是自然与文化结合的产物，是当地居民的物质生产生活资料，其景观系统有着独特的构成机理。随着旅游发展，旅游公司纷至沓来，个别旅游公司在当地实行旅游开发计划时，缺乏对梯田景观系统和当地精神内涵的准确认识，导致对原有景观资源的破坏，如原有石板路被现代切割石板替代、梯田内部结构被新修的观景台破坏。

此外，旅游导致哈尼梯田地区总体上供水不均，出现了沟渠、河道等水利设施的损毁，灌溉水量不足、自然灌溉体系结构性问题突出也使得部分地区梯田面积减少。同时，部分地区的交通、水利、通信设施建设横穿梯田，影响了哈尼梯田的景观结构。

**（2）旅游扰动对遗产地人居环境造成影响**

扰动依据产生的动力源可以分为自然扰动和人为扰动，旅游扰动是众多人为扰动中的一种，是指在开发、建设过程中，旅游对当地的环境和生态造成的影响，可从社会影响、经济影响、生态影响、文化影响等方面进行测度。

农业文化遗产地发展旅游伴随着一系列人类活动，不可持续的旅游活动对遗产地而言产生了十分强烈的人为扰动。在旅游项目建设过程中，交通、住宿、休闲设施的建设都会造成土地占用、植被破坏、景观破碎等问题。在旅游活动进行中，大量游客带来的垃圾剧增、水资源污染等严重影响了哈尼梯田的生态环境。哈尼梯田进行旅游开发后，发展旅游的村落的社区内部生态环境、生活治安都受到了一定程度的负面影响。

### 3. 开发利用与梯田文化多样性传承的矛盾

（1）农业生产不可持续

哈尼梯田多使用传统农耕方式，机械化程度较低，劳作强度大，经济产值低。哈尼村落大量人口外出务工，乡村空心化现象显著。由于青年劳动力流失，从事农耕作业的大多为老年人，劳动效率低于青年劳动者，[①] 出现了现有梯田疏于耕种，原有农耕技术逐渐退化流失的现象。伴随着现代农业和旅游业的大力发展，为了"生存"与为了"生活"的农业经营模式并存，而在发展主义和经济利益的驱使下，"揠苗助长"式地缩短生长周期使得农产品品质下降以及农民兼业化、非农化现象频发；加之统一的政令和模式，极易导致对传统农耕文明精髓的遮蔽或扼杀，甚至出现弃农化的倾向，[②] 进而影响粮食生产的可持续性。此外，随着农耕技术的现代化，一些具有悠久历史的传统耕作方式正在逐渐消失，而化肥农药的大量使用和作物品种均一化等对生态环境和食品安全也产生了一定影响。

（2）放旱改旱

近年来，由于水源减少、劳动力流失、劳动强度变大、梯田产值走低、当地居民生活观念发生改变等诸多因素，在哈尼梯田遗产地出现部分水田变旱田或改种其他经济作物的现象，元阳、红河、绿春、金平四县的"水改旱"问题尤其突出，其可持续发展面临较大挑战。

已有研究显示，2011 年以来，陆续有农户将水田改旱田，且水田改旱田的发生率高于农地撂荒。大部分农户表示因水资源短缺被迫改旱田，仅个别农户为种植香蕉等作物而主动改旱田。[③] 究其原因，水田作物单一，水稻种植需要劳动力持续性投入。而旱田可种作物较为多样，如棕榈、桃树等，劳动力投入较少。近年来在遗产保护机构的监管下，水田改旱田现象得到遏

---

① 白艳莹、伦飞、曹智等：《哈尼梯田传统农业发展现状及其存在的问题——以红河县甲寅乡作夫村和咪田村为例》，《中国生态农业学报》2012 年第 6 期。

② 倪慧：《生态文明视角下哈尼梯田农业可持续发展的理念与路径》，《世界农业》2014 年第 11 期。

③ 张爱平：《农业文化遗产旅游地不同类型农户的农地利用行为演变分异——以哈尼梯田为例》，《旅游学刊》2020 年第 4 期。

制，但已完成改旱田的水田难以恢复。①

（3）传统民居变迁

蘑菇房是哈尼族人民的传统住宅，是哈尼族村落的基本景观。哈尼族家庭一幢完整的蘑菇房，包括正房、左右厢房、庭院和围墙等数个建筑单元。若干家庭的蘑菇房逐次排列，逐渐变成了一个哈尼族村落的蘑菇房群落。蘑菇房与梯田相间排布、错落分置是哈尼梯田发展旅游的一大特色资源。但随着人们生活水平的提高、茅草原料数量的减少，哈尼梯田中各村落已有不少村民改用石棉瓦代替传统茅草建造屋顶，也有少部分村民直接浇筑水泥房，传统建筑的旅游吸引力和竞争力正逐渐降低。

（4）外来文化入侵

一方面，由于部分外来文化的冲击，村民对哈尼传统农耕文化和农耕内涵的兴趣日趋淡薄。梯田文化的主要传承人即摩匹，被边缘化和外在化，逐渐失去了对本族文化的自觉性和热爱，沦为了文化边缘人②。有些村落的年轻人在民族语言、传统服饰等方面出现淡化、消失现象，这也反映了民族文化传承人逐渐消失的隐患。

另一方面，旅游活动的大规模开展使哈尼梯田各村落的社会和文化受到冲击。随着东部发达地区游客的涌入，其所带来的价值标准、消费态度和生活方式在各哈尼村落中不断传播和渗透，久而久之，部分年轻人的思想和行为出现消极变化，对原本的传统生活方式开始不满，进而对原有文化体系的精神内核产生冲击。

此外，随着旅游业的开展，民间习俗和传统节庆等传统文化内涵与表演过程被不断简化和过度商品化。以民族歌舞、口头文学、手工艺术为代表的民族文化反映了哈尼族人民在长期生活、劳作过程中形成的精神内涵，正日渐流失。

---

① 张灿强、闵庆文、田密：《农户对农业文化遗产保护与发展的感知分析——来自云南哈尼梯田的调查》，《南京农业大学学报》（社会科学版）2017年第1期。

② 董云川、曾金燕：《红河哈尼梯田文化传承的危机与生机——以学校场域为视角》，《西北工业大学学报》（社会科学版）2020年第3期。

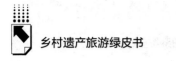
### （二）哈尼梯田旅游发展新趋势和新机遇

哈尼梯田所在红河州作为云南建设面向南亚、东南亚辐射中心的重要前沿，也是国家"一带一路"建设的重要节点。哈尼梯田申遗成功以来，景区重点发展旅游特色村、农家乐、农家客栈，鼓励农户从事旅游生产、运输、服务等行业，直接或间接吸纳当地农户在家门口就业。而"阿者科计划"是旅游扶贫的典型案例，为哈尼梯田旅游发展揭开了新篇章。

随着乡村旅游、遗产旅游、研学旅游、小众高端游等旅游新业态的不断丰富，红河州以哈尼梯田为重点，围绕"文化+旅游""健康+旅游""教育+旅游""体育+旅游"，推出了生态康养、乡村旅游、户外休闲、研学科考等高品质的旅游产品，建设了多批主题各异的旅游小镇。2022 年以来，红河州紧扣"一环、两带、六中心"旅游高质量发展新格局，出台了《红河州"十四五"文化和旅游发展规划》《红河州旅游业高质量发展三年行动计划（2020—2022 年）》等文旅规划，通过拉动项目投资，全州旅游基础设施得到较大改善，旅游服务供给体系得到升级。当前，红河州正加快综合交通运输体系建设，全面提升交通便捷度和通达度，哈尼梯田机场也不断突破原有发展痛点，迎来旅游发展新机遇。

### （三）2023 年哈尼梯田旅游发展建议

2023 年是红河哈尼梯田被列入世界文化遗产名录十周年。2023 年 2 月，州人民政府通过了《云南省红河哈尼族彝族自治州哈尼梯田保护管理条例实施办法》；同年，红河州"世界文化遗产保护传承 助推乡村振兴"案例入选文物事业高质量发展十佳案例。随着新时期经济社会的发展，人民群众生产生活方式的改变，红河哈尼梯田作为活态遗产，其保护管理工作面临着保护面广、保护要素多等新任务、新要求。

哈尼梯田遗产价值包含视觉审美、社会宗教结构、生态农业模式等多个方面，这也是梯田价值的核心所在。农业文化遗产是由多种要素构成的自然、经济、社会综合体。未来哈尼梯田旅游发展需要做到以下几点。①

## 1. 景观要素与遗产整体性保护

对哈尼梯田景观整体性保护需从时间、空间、文化三个维度共同把握，在整体性保护的基础上发掘具有突出价值的核心要素，并对周围区域的建筑、道路等环境加以规划管理，保证景观的整体和谐。在以旅游为导向的发展模式下，梯田聚落常被理解为以生产为主的梯田以及以生活为主的村落，作为人与自然共同作用的结果，聚落形成的自然生态基底是森林和水系，以及由梯田衍生的非物质文化，这些都应该被纳入遗产保护的视野。

## 2. 尊重民族信仰与文化内涵

哈尼族笃信万物有灵，认为是诸神赐予了耕田、水源，故于每年农历三月辰日举行祭祀，祈祷风调雨顺、感恩诸神保佑。而哈尼古歌则唱出了哈尼族在漫长的劳作生活中对勤劳的赞美、对生命的敬意、对自由的歌颂，这也充分展现了哈尼族独一无二的生命观。因此，哈尼梯田旅游开发应保持少数民族原真性的生活场景和原生态的自然地理与环境，在文化产品商品化开发的过程中需要充分尊重民族共有精神与原有居民的真实意愿，尊重民族信仰的神圣性。

## 3. 优化与升级传统产业

遗产地旅游发展在很大程度上受制于旅游配套服务水平和基础设施建设的不足。红河州生物种类多样、生态环境优美。优化与升级传统产业需要结合第一产业中珍稀植物的培育、野生动物的驯养繁殖和第二产业的花卉种植、果蔬加工等内容，重点关注旅游业和现代农产品加工业，通过旅游业带动发挥当地农耕文化、农业景观的资源优势，进而探索哈尼梯田产业发展的有效模式，以核心旅游资源为支撑，引入企业支持，争取政府资金，构建传统生产与现代旅游融合发展的模式。

## 4. 融合现代和传统的管理机制

社区参与是哈尼梯田旅游业实现可持续发展的重要措施，而梯田发展的

---

① 赵云、彭雪:《传统保护机制在构建哈尼梯田世界遗产协同治理模式中的作用》，《中国文化遗产》2018 年第 2 期。

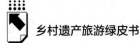

流动性、活态性则需要多元主体互动。让当地居民、政府和企业等利益主体共同参与政策制定，调动当地居民参与积极性，让当地居民通过提供服务和基础设施获得多样化的生计来源，是实现哈尼梯田旅游脱贫的关键。

此外，还需提高梯田文化与哈尼精神的表现力。积极引入影视剧组，以梯田文化和哈尼精神为核心拍摄相关纪录片，借助互联网平台扩大传播范围。积极引导旅游经营主体对相关物质文化产品进行包装开发，如组织游客穿着哈尼族传统服饰、参与梯田劳作活动、参与特色食品制作、发展民俗体育旅游等。

5. 研读政策动态，强化保障支撑

2023 年以来，文化和旅游部接连发布了《关于推动非物质文化遗产与旅游深度融合发展的通知》《非物质文化遗产数字化保护数字资源采集和著录》，以及"春雨工程"——文化和旅游志愿服务边疆行等计划实施方案。哈尼梯田旅游发展迎来了新的生机。各级政府应根据哈尼梯田旅游发展现状，积极学习、研究相关政策，加强项目谋划，积极与国家发展和改革委员会、农业农村部、住房和城乡建设部、文化和旅游部等部门汇报衔接，争取中央资金和政策支持，争取对口帮扶，为乡村遗产旅游提供更坚实的政策保障。

# Abstract

China is a big and an ancient agricultural country. Its long agricultural civilization and vast territory have created a rich and diverse rural heritages. Rural heritage, including systematic agricultural heritage, traditional villages and intangible cultural heritage, is the imprint of the development of rural China, and its conservation and active utilization is also an important part of rural revitalization. Rural heritage tourism is an important way to protect and activate the utilization, and has developed into rural research tourism, rural health tourism, rural ecological tourism, rural holiday tourism, rural food experience, rural residential tourism and other formats. This report aims at the problems existing in the development of rural heritage tourism, and puts forward some suggestions, including: vigorously carry out the survey of heritage elements; clear the rural heritage tourism orientation; promote the construction and improvement of rural infrastructure; strengthen the sustainable concept of rural heritage tourism development, and explore the historical and cultural connotation of traditional villages; Develop tourism resources according to local conditions, strengthen scientific and technological support, promote heritage protection, introduce high-level talents, and increase personnel training.

This report is the first research focusing on rural heritage tourism in China, which is divided into three parts: general report, sub-report and case report. The sub-report also includes three parts: agricultural heritage tourism development, rural intangible cultural heritage tourism development and traditional village tourism development. The general report analyzes the background of the development of rural heritage tourism, summarizes the current situation of the development of rural heritage tourism in China, and puts forward the countermeasures for the

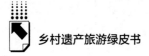

development of rural heritage tourism in general. The agricultural heritage tourism development part of the sub-report analyzes agricultural heritage tourism resources, products, industrial integration of tourism development, community participation issues, and the construction and promotion of agricultural heritage tourism image, etc. At the same time, big data is used to build the evaluation index system of China's agricultural heritage tourism development. The development status of big data of agricultural heritage tourism in China is analyzed. The rural intangible cultural heritage tourism development part analyzes the rural traditional customs, rural traditional skills, rural food culture, rural traditional festival activities and other tourism development. The part of tourism development of traditional villages analyzes the tourism development mode of traditional villages, the development of rural homestay in traditional villages, and the communication between hosts and visitors in traditional villages, and uses big data to analyze the tourism development problems of traditional villages in China. This report mainly analyzes the cases of female participation in traditional villages, tourism development cases of Cuandixia Village in Beijing, and tourism development of Qingtian Rice-fish Culture System in Zhejiang; Deqing Freshwater Pearl Mussels Composite Fishery System in Zhejiang; Xinghua Duotian Agrosystem in Jiangsu; Mentougou Jingbai Pear Cultivation System in Beijing; Honghe Hani Rice Terrace System in Yunnan. It provides practical cases for the development of rural heritage tourism, and provides reference and guidance for the revitalization of rural industry and culture as well as the sustainable development of rural tourism.

**Keywords**: Rural Heritage; Tourism Development; Agricultural Heritage System; Intangible Cultural Heritage; Traditional Villages

# Contents

## I    General Report

**G**.1   Rural Heritage Tourism in China and Its Development in 2023

*Min Qingwen, Sun Yehong, Zhang Xiaoli and Cheng Jiaxin* / 001

**Abstract**: China is a big and ancient country. Its long agricultural civilization and vast territory have created a rich and diverse rural heritages. Rural heritage, including systematic agricultural heritage, traditional villages and intangible cultural heritage, is the imprint of the development of rural China, and its conservation and active utilization is also an important part of rural revitalization. Research and practice show that rural heritage tourism is an important way to protect and activate utilization, and has developed a variety of formats such as rural research tourism, rural health tourism, rural ecotourism, rural food experience, rural homestay tourism. On the basis of defining the concept and connotation of rural heritage and rural heritage tourism, this report summarizes the form composition, main characteristics and main models of rural heritage tourism at present, and puts forward some suggestions in view of the existing problems, including: conduct a survey of rural heritage elements and analyze tourism potential; clarify the positioning and development principles and paths of rural heritage tourism; Strengthen collaboration among multiple departments and formulate support policies to promote the protection of rural heritage and tourism development; Promote the construction and improvement of rural infrastructure; enhance the sustainable concept of rural heritage tourism development; explore the historical and cultural

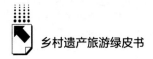
connotations and ecological service value of rural heritage, and promote the development of rural heritage tourism through technological means; strengthen relevant research and scientific popularization, enhance capacity building, and increase talent training efforts.

**Keywords**: Rural Heritage; Rural Heritage Tourism; Agricultural Heritage Systems; Intangible Cultural Heritage; Traditional Village

# II    Special Reports

### Agricultural Heritage Tourism Development

**G**.2    China Agricultural Heritage Tourism Big Data

Development Report in 2023

*Wang Jinwei, Cao Shuting, Sun Yehong and Min Qingwen* / 040

**Abstract**: Based on China's agricultural heritage tourism big data index system, this report analyzes the development status of China's agricultural heritage tourism industry. The report used the network big data platform to analyze the development of agricultural heritage tourism in China and the general trend of the Internet popularity of 139 important agricultural heritage projects in China. The index system of China's agricultural heritage tourism big data was constructed, and the development status of agricultural heritage tourism in 31 provincial administrative regions (excluding Hong Kong, Macao and Taiwan) and 7 geographical divisions were analyzed. The data results show that the regions with high scores in the comprehensive index of agricultural heritage tourism development in China are mostly concentrated in the southern region with relatively rich agricultural heritage resources, and the top ten provincial administrative units are: Zhejiang Province, Shandong Province, Jiangsu Province, Yunnan Province, Guangxi Zhuang Autonomous Region, Anhui Province, Sichuan Province, Hunan Province, Guangdong Province, Fujian Province. In terms of regional development, the eastern region and the southern region have significant advantages, and the seven comprehensive indexes of geographical divisions rank successively: East China, Southwest China, North China, South China, Central China, Northwest China and Northeast China.

Keywords: Agricultural Heritage Systems; Tourism Big Data; Network Attention

**G . 3** Connotation, Characteristics, and Evaluation of Tourism Resources in Agricultural Heritage Systems in 2023

*Min Qingwen, Wang Bojie* / 059

**Abstract:** Research and practical experience have consistently demonstrated that tourism plays a pivotal role in the dynamic conservation and adaptive management of Agricultural Heritage Systems (AHS). Agricultural Heritage Tourism (AHT) has consequently emerged as a significant research area within the realm of agricultural heritage conservation and heritage tourism. This report systematically reviews pertinent literature and integrates insights from agricultural heritage tourism development practices to present the concepts, connotations, and classifications of agricultural heritage tourism resources. Additionally, the study analyzes the distinctive characteristics of agricultural heritage tourism resources, along with the critical considerations essential for harnessing the full potential of these resources. We found that agricultural heritage tourism resources exhibit dynamism, region-specific features, a symbiotic relationship between production and daily life, ecological and cultural complexity. Therefore, this study advocates for a comprehensive assessment of resource value, development suitability, development utilization potential and related tourism resources during the initial stages of tourism resource development. This assessment should guide prudent and rational resource development and utilization, taking into account the holistic nature of agricultural heritage sites.

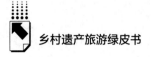
**Keywords**: Agricultural Heritage Systems; Tourism Resources; Dynamic Conservation; Adaptive Management

**G.4** Agricultural Heritage Tourism Products Development and Design in 2023

*Sun Yehong, Wang Jing, Yao Cancan and Zhang Xiaoli* / 078

**Abstract**: The development and design of tourism products is the basis of the development of agricultural heritage tourism. Agricultural heritage sites are mostly located in rural areas. Relying on the unique agricultural culture, rural landscape and rich folk culture, a variety of different tourism products can be designed. Many researches and practices show that at present, most of the tourism of agricultural heritage sites in China still stay in the level of rural primary sightseeing tourism products, showing problems such as insufficient cultural exploration, traditional forms of expression, and insufficient service capabilities. Agricultural heritage tourism products should be a kind of special tourism products, which need to reflect the characteristics of agricultural heritage, from the perspective of dynamic protection and value dissemination of agricultural heritage, give play to its educational and popular science functions, and enhance the awareness of endogenous protection of heritage of all stakeholders. Based on this, the report proposed that the design of agricultural heritage tourism products should follow the development principles of residents' core, value dissemination, tourists' participation and product diversity. At the macro level, it should be clarify the connotation of agricultural heritage tourism resources, develop experiential tourism products and establish tourism product brands. And strengthen the design of immersive experience products, research products and tourism interpretation system at the micro level.

**Keywords**: Agricultural Heritage Systems; Tourism Products; Heritage Tourism

**Abstract**: Under the background of economic globalization, agricultural heritage systems (AHS), as complex agricultural systems with a long history, are facing the challenge that they are abandoned because of the lack of effective development and utilization. AHS sites have resource advantages such as eco-environment, rural culture and pastoral landscapes. Promoting the integrated development of industries led by tourism is an important way to solve the challenges faced by the sustainable mechanism of AHS. AHS sites bear the responsibility of heritage conservation. And industrial integration in tourism development should follow the principles including protection priority, agriculture as the foundation of other industries, local resource advantages as the basis of industrial development, local farmers as the main body, industries showing local cultural characteristics, and ensuring AHS sustainability, and make full use of the advantages of local resources to expand the industrial chain on the basis of agriculture. At the same time, comprehensive consideration should be given to issues such as conservation and development and the conflict between stakeholders while promoting the integration of agriculture and processing industry, tourist reception industry, marketing industry, e-commerce industry, research and education industry.

**Keywords**: Agricultural Heritage Systems; Tourism Development; Integrated Mechanism; Stakeholders

**Abstract**: Being complex and dynamic, agricultural heritage is highly relevant

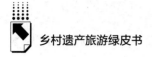

to heritage communities. Community residents, as the core stakeholders of agricultural heritage systems, are the owners and guardians of heritage resources and landscapes. With the rapid development of tourism, issues such as low participation and low willingness for tourism participation, low satisfaction and uneven distribution of benefits among community members have gradually become prominent. Such situation triggers the marginalization of heritage communities to some extent. Therefore, to further promote the sustainable development of agricultural heritage communities, it is necessary to continuously strengthen community participation in tourism development and enhance community benefits through various measures, including expanding the paths and models of community participation, enhancing the capacity of heritage communities, and establishing a clear management mechanism for heritage sites with multiple stakeholders, promote the sustainable development of community livelihoods in agricultural heritage sites.

**Keywords**: Agricultural Heritage Systems; Community Participation; Benefit Sharing Mechanism; Sustainable Development

## G.7 Construction and Promotion of Agricultural Heritage Tourism Image in 2023

*Sun Mengyang, Fang Wenjing* / 128

**Abstract**: Under the background of the rural revitalization strategy, the agricultural heritage is being transformed from the agricultural production mode passed down from generation to generation to unique tourism resources, and the agriculturalheritage tourism area pays attention to the construction and promotion of the tourism brand image. This report is based on 62 news reports from 19 globally important agricultural heritage sites in China since 2021. It analyzes the situation of brand image construction and promotion of tourism destinations, points out problems such as low public awareness and insufficient distinctive positioning, and sorts out the factors that contribute to the construction and promotion of brand image of agricultural heritage sites. It proposes to improve public awareness, create tourism perception image, carry out systematic image promotion work and enhance the professional competence of disseminators in tourism image construction and promotion.

**Keywords:** Agricultural Heritage Tourism Area; Tourism Image Construction; Brand Image

**Rural Intangible Cutural Heritage Tourism Development**

**G.8    Research on Rural Traditional Customs and**

**Tourism Development in China in 2023**

*Liu Zhihua, Wang Jing and Liu Zheng* / 140

**Abstract:** As an emerging form of tourism, rural traditional customs tourism has rich cultural connotations and development potential. In recent years, under the background of the rural revitalization strategy, traditional rural tourism has developed rapidly, the market has gradually expanded, the service quality has continuously improved, and characteristic products and services continue to emerge. However, there are still a series of problems in the development of rural traditional customs tourism, such as insufficient protection and inheritance of customs, single tourism products, imperfect services, incomplete management systems, and disharmony with local socio-economic development. To solve these problems, this report proposes a series of strategies and suggestions, including excavating and organizing rural traditional customs tourism resources, designing traditional customs tourism experience routes and products, strengthening publicity and promotion, strengthening management and service, and protecting and utilizing the rural environment. The aim is to promote the sustainable development of rural traditional customs tourism and achieve the symbiosis of rural tourism with traditional customs and culture.

**Keywords:** Rural Tourism; Rural Traditional Customs; Cultural Inheritance

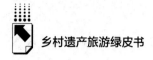

**G**. 9　Study on Rural Traditional Skills and Tourism

Utilization in China in 2023

*Shi Shaohua*, *Liu Zhihua*,

*Sun Yuanyuan*, *Du Huifang and Li Yue* / 162

**Abstract**：Based on the connotation, function and characteristics of traditional skills, this report puts forward the classification system and characteristics of rural traditional skills. Based on this, the report further summarizes the current situation and dilemma of tourism utilization of rural traditional skills, and puts forward the optimization path of tourism utilization of rural traditional skills, that is, with the cultural experience of tourists with rural traditional skills as the core, the cultural reproduction, re-dissemination and re-presentation of rural traditional skills are constantly realized through tourism, and construct a way of protecting and utilizing rural traditional skills with the participation of multiple subjects.

**Keywords**：Rural Traditional Skills；Tourism Utilization；Protection and Inheritance

**G**. 10　Research on the Development of Rural Catering

Culture Tourism in China in 2023

*Jiang Hui*, *Mao Shimeng* / 179

**Abstract**：Under the promotion of the rural revitalization strategy, rural tourism has flourished, and rural catering cultural tourism has also achieved unprecedented development. As one of the elements of tourism, diet is an important carrier and key factor for the high-quality development of rural tourism. This report elaborates on the tourism value of rural catering culture in China, the current situation of rural catering culture tourism development, the main problems in rural catering culture tourism development, and tourism development suggestions. It focuses on the current situation of rural intangible cultural heritage of diet, food customs, national geographical indication products in rural catering culture, as well as the incomplete infrastructure, single industrial structure, lack of unified standards in rural tourism development and utilization, lack of professional management talents, lack of clear cultural inheritance concepts, unstable supply of raw materials, and insufficient promotion and publicity were discussed in detail, and relevant suggestions were put forward to promote the sustainable development of rural catering culture tourism, such as diversified development of rural industries, unified standards, talent recruitment, protection of rural catering cultural heritage, construction of food supply chain, and formation of media promotion matrix.

**Keywords**: Rural Tourism; Catering Culture; Intangible Cultural Heritage of Diet; Food Customs

**G**. 11 Research on the Current Situation and Strategy of Tourism Development of Traditional Festivals in Rural Areas in 2023

*Wang Qiuju, Zhang Xiaorui and Wang Yue* / 199

**Abstract**: Traditional rural festivals play an important role in rural cultural heritage and promoting rural revitalization. With the in-depth development of rural tourism, the tourism development of rural festivals has received more and more attention. In this report, through the Baidu search engine, tourism websites and WeChat public number, the spatial and temporal data of traditional rural festivals was obtained to comprehensively analyze the spatial clustering characteristics and temporal distribution characteristics of rural festivals; and the market survey method was adopted to analyze the current situation and problems of tourism development of traditional rural festivals from the perspective of tourists' perceptions. On this basis, relevant development strategies are proposed. Through the report, it is found that China's current cultural experience of tourism products of rural festivals is constantly enhanced, the more obvious regionality; participation in the heat

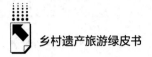

increased, the influence of the scope is expanded; resource integration in-depth, the spillover effect is enhanced. At the same time, there are still serious homogenization, imperfect infrastructure, small influence range, narrow profit channels, scarce human resources and other development problems. According to the actual situation and needs, four development strategies are proposed: marketization, interpretive, supportive and protective.

**Keywords:** Rural Tourism; Traditional Festivals; Tourism Development

**Traditional Village Tourism Development**

**G.12** Traditional Village Tourism Development Model and

Optimization Suggestions in China in 2023

*Tang Chengcai, Li Yifei, Wang Xiyu, Zhan Lan and Cai Minhuai / 221*

**Abstract:** Traditional villages are of great cultural, scientific and historical value, however, at the same time, there are still issues that need to be addressed in the development of traditional village tourism. This report analyzes the concept and tourism value of traditional villages, and discusses the development models of traditional village tourism, including scenic area development, traditional village museum, ancient village tourism, rural homestay tourism, intangible cultural heritage tourism integration, and rural comprehensive body development. It also dissects the status of traditional village tourism development and points out five issues, including the lack of systematic development, homogenization of tourism development, damage caused by tourism development, increased risk of cultural diversification, and low-quality tourism services. In the end, the report proposes six optimization suggestions for the development of traditional village tourism, including scientific planning of traditional village protection and tourism development, improvement of traditional village tourism product system through "one village, one own strategy", comprehensive enhancement of traditional village tourism service quality, strengthening the protection and restoration of traditional village cultural landscapes, reinforcing ecological construction of traditional villages, and enhancing the construction of talent team of traditional villages through internal cultivation and external introduction.

**Keywords**: Traditional Village; Tourism Development Mode; Activation and Utilization; Rural Revitalization

## G.13 Research on the Development of Rural Homestays in Traditional Village Tourism in 2023

*Tian Caiyun, Pei Zhengbing and Wu Chunhuan / 235*

**Abstract**: As an important carrier for the active protection and organic development of traditional villages, rural homestays can promote rural tourism, achieve historical and cultural inheritance, and assist in rural revitalization. This report analyzes the current development status and problems of four types of rural homestays: natural scenery experiential homestays, traditional architectural experiential homestays, lifestyle experiential homestays, and intangible cultural heritage experiential homestays. It explores the development and operation models of rural homestays in traditional villages. Finally, five measures and suggestions are proposed: homestay development should coordinate with the environment and culture of traditional villages; modern and diverse characteristic experiential products should be created; the operation of homestays should focus on specialization, branding, and clustering; the development of homestays should strengthen resource conservation and ecological environment protection; the development of homestays requires support from policies, funds, and personnel.

**Keywords**: Traditional Villages; Rural Homestays; Rural Tourism

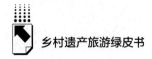

**G**.14   Research on the Optimization Strategy of Host-guest Interaction, Exchange and Integration in the Development of Traditional Village Tourism in China in 2023

*Li Yanqin, Zhang Pengfei / 249*

**Abstract**: The report focuses on the generalized host-guest relationship (i. e. the "host-businessman-guest" relationship) in the development of traditional village tourism. By analyzing rural tourism research and typical cases from 2020 to 2023, this report explores the issues in host-guest interactions, and uses the "resonance-co-creation-co-existence" value synergy chain as an analytical framework to find solutions. It is found that there are issues in the host-guest interactions of traditional villages, such as unequal opportunities for residents to participate in tourism, unisolated production and living space of residents, commercialization of host-guest interaction activities, and imbalanced host-guest interaction scenarios. Based on the experiences of successful and unsuccessful rural tourism, optimization strategies for promoting interaction, exchange and integration between hosts and guests in traditional villages are proposed from three aspects: value resonance, value co-creation, and value co-existence. These include the cultural carrier and story productization, the guest hostization and scenic scenarization, and the eastern synergy and western subjectification.

**Keywords**: Host-guest Interaction; Interaction, Exchange and Integration; Traditional Village; The Value Synergy Chain of "Resonance-co-creation-co-existence"

**G**.15   Big Data Analysis of Traditional Village Tourism in China

—*A Comparative of Destination Image Perception*

*Across Time Based on Ctrip Online Review in 2023*

*Wang Heng, Zhang Airu and Xu Xue / 263*

**Abstract**: This report uses the Octoparse collector to select Ctrip. com

Chinese traditional villages network comments, and use ROST CM6 software to deduplication and adding customization, split words, word frequency analysis and sentiment analysis of the comment text data. Based on the results of word frequency analysis, a statistical table of high-frequency words of traditional villages in 2015−2017, 2018−2020 and 2021−2023 was formed. The analysis results show that traditional villages in China are mainly open to tourists in the form of scenic spots (attractions), and the architecture and beautiful scenery of traditional villages are the main factors that attract tourists. Based on the theories of traditional village cognitive model and cognitive elements of tourist destinations, the cognitive image of traditional villages is divided into five main categories: tourism resources, tourism environment and facilities, transportation services and facilities, tourism behaviors, and tourism cognition and evaluation using content analysis. The results of the report show that with the development of society, tourists' attention and tendency to tourism resources gradually increase, while tourism behavior and tourism cognition and evaluation are relatively stable over the three periods. According to the results of sentiment analysis by ROST CM6, it can be seen that tourists' positive emotions gradually decreased over time, while negative emotions increased year by year. This indicates that tourists' dissatisfaction with tourist destinations has gradually increased, the reason involves unstandardized management of scenic spots, poor service attitudes, poor protection of landscape facilities, and unreasonable ticket prices.

**Keywords:** Traditional Villages; Online Comments; Image Perception

**G.16** The Path of Realizing Women's Value in Traditional

Village Tourism Practice

—*Taking Wudaohe Village in Xiling Town as an Example*

*Tao Hui, Yang Yang and Zhang Mengzhen /* 287

**Abstract:** In recent years, China has vigorously promoted rural revitalization policies and rural tourism has flourished, providing opportunities for women to participate in tourism practice. The value of women has been reshaped in the reproduction of rural space. This report takes Wudaohe Village in Xiling Town, Hebei Province, as an example and analyzes the role transformation of traditional village women in tourism practice in Chinese context based on role theory and constructs the logic of value realization of "her" power. It is found that rural women have realized the transition from a single "outsider" role to a comprehensive role with an enhanced sense of self-selection and active service to rural rejuvenation through the interaction of daily livelihood, daily interaction, and daily concepts. In addition, rural women follow the role adjustment process of "role entry-role identification-role transformation" in tourism practice and construct a sense of subjectivity in this process. This report provides theoretical and practical guidance for rural women's role transmutation and the construction of subjectivity by exploring the implementation route of rural women's values in tourism spatial practice.

**Keywords:** Traditional Village; Female Value; Subjectivity

# Ⅲ   Classic Cases

**G.17**   Tourism Resources and Development of Beijing
Cuandixia Village

*Tang Chengcai, Wu Suchen,*
*Lu Siyi, Ren Qianying and Liu Jiayi / 306*

**Abstract:** Traditional villages in the tourism development process because of its unique ancient culture and local customs attract many tourists to go, to provide assistance for the development of local tourism, while the development process of tourism on the destruction of ancient buildings, slow development to enhance, the lack of sustainable development potential and other issues are inevitable. This report selects Beijing Cuandixia Village as a case point, through field research and literature research, the Cuandixia Village natural landscape, architectural landscape and cultural relics and other tourism resources status quo fully analyzed, research and judgment of the current stage of the Cuandixia Village tourism development status quo, in-depth excavation of the Cuandixia Village tourism development process of simplification of tourism products, homogenization of tourism development, ancient architecture destruction and other issues, and based on the Cuandixia Village tourism development status quo, summarized based on the current situation of tourism development in Cuandixia Village, it summarizes the "five-ring model" of tourism development based on the "CBD model" as the core, and finally puts forward six enhancement paths.

**Keywords:** Cuandixia Village; Traditional Village; Ancient Village Tourism; Development Mode

## G.18 Tourism Resources and Development of Qingtian Rice-fish Culture System in Zhejiang Province

*Jiao Wenjun, Yu Zhounan / 319*

**Abstract:** Qingtian County is located in the middle and south of Zhejiang Province. Rice-fish co-culture, a traditional agricultural production mode, has been developed in the county over 1,300 years and a unique farming culture has been continuously developed. Qingtian Rice-Fish Culture System (QRFCS) was recognized by Food and Agriculture Organization of the United Nations (FAO) as the Globally Important Agricultural Heritage Systems (GIAHS) in 2005, which is the first GIAHS in China. Tourism development is one of the important ways of conserving and developing agricultural heritage systems. Taking QRFCS as an example, this report summarizes its tourism resources, the current status, achievements and problems of its tourism development. Main problems include heavy pressure from environmental protection, small scale of tourist source market, impact of modernization on heritage authenticity, and imperfect benefit distribution mechanism. The future development directions are proposed accordingly, includ-

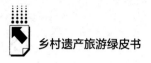
ing standardizing tourism development and management methods enriching tourism product designs, improving the heritage conservation mechanism and the benefit distribution mechanism.

**Keywords**: Qingtian Rice-fish Culture System; Tourism Development; Agriculture Heritage system

**G.19  Tourism Resources and Development of Deqing Freshwater Pearl Mussels Composite Fishery System**

*Yang Lun*, *Zhang Bingbin* / 333

**Abstract**: Deqing Freshwater Pearl Mussels Composite Fishery System is a typical representative of the Chinese freshwater fishery system, one of the fourth batch of China-NIAHS. Deqing County, where the system is located in the north of Zhejiang Province, the wetland area accounts for up to 44% of the total land area. The good natural environment and rich water resources have laid a solid foundation for developing tourism in the system. At present, based on the Deqing Freshwater Pearl Mussels Composite Fishery System, Deqing County has formed a variety of study and education activities, boutique lodging clusters and diversified display as the main characteristics of the tourism development path, which has not only effectively realized the promotion of the tourism industry to the protection and development of Deqing Freshwater Pearl Mussels Composite Fishery System, but also effectively driven the sustainable development of the regional economy and society.

**Keywords**: Pearl Culture; Experiential Education; Boutique Homestay; Diversified Exhibition

G . 20   Tourism Resources and Development of the Xinghua

Duotian Agrosystem in Jiangsu Province

*He Siyuan , Wang Bojie* / 350

**Abstract**: Duotian is a unique form of agricultural utilisation in the Lixia River region of Jiangsu. This traditional agrosystem was enlisted as the Nationally Important Agricultura Heritage Systems ( China − NIAHS ) and the Globally Important Agricultural Heritage Systems ( GIAHS ) in 2013 and 2014, respectively. Since then, the tourism of Doutian has developed rapidly. We took the Doutian traditional agrosystem as a case to analyse its tourism development. We first commented on the current tourism resources systematically from the perspective of heritage features. Then, we continued to investigate the current status of tourism development and the main problems embedded based on data from fieldwork. Finally, we proposed development strategies that targeted coordinating heritage conservation and tourism progress to perfect the living heritage approach to and adaptive management of Duotian agrosystem conservation.

**Keywords**: Agricultural Heritage System; Traditional Agricultural System; Xinghua Duotian; Heritage Protection

G . 21   Tourism Resources and Development of Mentougou

Jingbai Pear Cultivation System in Beijing

*Liu Moucheng , Ye Ruyu* / 366

**Abstract**: Mentougou Jingbai Pear Cultivation System in Beijing is an agro-ecosystem combining mountain, water, forest and field, which is formed after centuries of transforming and utilizing nature based on natural adaptability by the ancestors of the heritage site. It has extremely rich and precious agricultural germplasm resources, thick historical deposits of farming culture, unique mountain agriculture, as well as traditional farming production knowledge and technology.

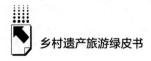
The system was listed by the Ministry of Agriculture and Rural Development in 2023 as one of the projects of National Important Agricultural Heritage of China for its multi-functional value in terms of livelihood, security and protection. The site has a large number of tourism resources, including 11 agricultural heritage resources, 17 scenic spots and 12 traditional village. As a result, a rich and interesting local culture has been formed, with a good foundation for tourism development. The local community has explored a variety of tourism products such as "Mentougou Xiaoyuan" Boutique Homestay, leisure picking and parent-child vacations. However, there are still some problems, including the aging of the tourism brand, the low level of tourism development, the initial stage of industry chain, and so on. Finally, it is proposed to carry out "industrial synergy, spatial linkage, facility sharing" strategy, and coordinated develop leisure and vacation, technology and culture. Simultaneously, it should integrate the tourism resources such as ancient trees, ancient paths, natural landscape and traditional culture of the heritage site, to create a leisure agriculture development pattern of "two lines, two districts and multiple points".

**Keywords**: Agricultural Heritage System; Mentougou Jingbai Pear Cultivation System; Tourism Industry

### G.22 Research on Tourism Rescoures and Development of Honghe Hani Rice Terraces in Yunnan Province

*Sun Yehong, Chen Zhenting, Xue Jiacheng, Wu Qing,*
*Zhao Jingrong and Fu Juan* / 381

**Abstract**: The Hani Terraces were recognized by the Food and Agriculture Organization of the United Nations (FAO) as a Globally Important Agricultural Heritage Systems in 2010 and inscribed on the World Heritage List in 2013. The Hani Terraces are rich in tourism resources and ethnic colors, and the agro-ecosystem of "four elements of the same structure" is famous both at home and abroad, but the supply of tourism products is still unable to meet the market demand, and the sustainability of tourism development needs to be strengthened. With the arrival of the era of mass tourism, in the context of regional tourism, the future development of Hani Terraces tourism needs to be combined with its own resource characteristics, pay more attention to the livelihood of the community residents in the terraced area, enrich the form of business, and enhance the sustainability of tourism development.

**Keywords**: Hani Terraces; Tourism; Quadruplex Isomor Phism

社会科学文献出版社

# 皮 书

## 智库成果出版与传播平台

### ❖ 皮书定义 ❖

皮书是对中国与世界发展状况和热点问题进行年度监测，以专业的角度、专家的视野和实证研究方法，针对某一领域或区域现状与发展态势展开分析和预测，具备前沿性、原创性、实证性、连续性、时效性等特点的公开出版物，由一系列权威研究报告组成。

### ❖ 皮书作者 ❖

皮书系列报告作者以国内外一流研究机构、知名高校等重点智库的研究人员为主，多为相关领域一流专家学者，他们的观点代表了当下学界对中国与世界的现实和未来最高水平的解读与分析。

### ❖ 皮书荣誉 ❖

皮书作为中国社会科学院基础理论研究与应用对策研究融合发展的代表性成果，不仅是哲学社会科学工作者服务中国特色社会主义现代化建设的重要成果，更是助力中国特色新型智库建设、构建中国特色哲学社会科学"三大体系"的重要平台。皮书系列先后被列入"十二五""十三五""十四五"时期国家重点出版物出版专项规划项目；自2013年起，重点皮书被列入中国社会科学院国家哲学社会科学创新工程项目。

# 皮书网

（网址：www.pishu.cn）

发布皮书研创资讯，传播皮书精彩内容
引领皮书出版潮流，打造皮书服务平台

## 栏目设置

**◆ 关于皮书**

何谓皮书、皮书分类、皮书大事记、
皮书荣誉、皮书出版第一人、皮书编辑部

**◆ 最新资讯**

通知公告、新闻动态、媒体聚焦、
网站专题、视频直播、下载专区

**◆ 皮书研创**

皮书规范、皮书出版、
皮书研究、研创团队

**◆ 皮书评奖评价**

指标体系、皮书评价、皮书评奖

## 所获荣誉

◆ 2008 年、2011 年、2014 年，皮书网均
在全国新闻出版业网站荣誉评选中获得
"最具商业价值网站"称号；

◆ 2012 年，获得"出版业网站百强"称号。

## 网库合一

2014年，皮书网与皮书数据库端口合
一，实现资源共享，搭建智库成果融合创
新平台。

皮书网

"皮书说"
微信公众号

**权威报告·连续出版·独家资源**

# 皮书数据库
## ANNUAL REPORT(YEARBOOK)
## DATABASE

## 分析解读当下中国发展变迁的高端智库平台

### 所获荣誉

- 2022年，入选技术赋能"新闻+"推荐案例
- 2020年，入选全国新闻出版深度融合发展创新案例
- 2019年，入选国家新闻出版署数字出版精品遴选推荐计划
- 2016年，入选"十三五"国家重点电子出版物出版规划骨干工程
- 2013年，荣获"中国出版政府奖·网络出版物奖"提名奖

皮书数据库

"社科数托邦"
微信公众号

### 成为用户

登录网址www.pishu.com.cn访问皮书数据库网站或下载皮书数据库APP，通过手机号码验证或邮箱验证即可成为皮书数据库用户。

### 用户福利

- 已注册用户购书后可免费获赠100元皮书数据库充值卡。刮开充值卡涂层获取充值密码，登录并进入"会员中心"—"在线充值"—"充值卡充值"，充值成功即可购买和查看数据库内容。
- 用户福利最终解释权归社会科学文献出版社所有。

数据库服务热线：010-59367265
数据库服务QQ：2475522410
数据库服务邮箱：database@ssap.cn
图书销售热线：010-59367070/7028
图书服务QQ：1265056568
图书服务邮箱：duzhe@ssap.cn

# 法律声明